本書爲北京市社會科學基金重點項目成果，編號：12WYA003

黃季剛《說文同文》研究

韓琳 著

中國社會科學出版社

圖書在版編目（CIP）數據

黃季剛《說文同文》研究 / 韓琳著 . —北京：中國社會科學出版社，2021.5
ISBN 978-7-5203-7266-4

Ⅰ.①黃⋯ Ⅱ.①韓⋯ Ⅲ.①《說文》—研究 Ⅳ.①H161

中國版本圖書館 CIP 數據核字（2020）第 179441 號

出 版 人	趙劍英
責任編輯	郭曉鴻
特約編輯	杜若佳
責任校對	師敏革
責任印製	戴　寬

出　　版	中國社會科學出版社
社　　址	北京鼓樓西大街甲 158 號
郵　　編	100720
網　　址	http://www.csspw.cn
發 行 部	010-84083685
門 市 部	010-84029450
經　　銷	新華書店及其他書店

印　　刷	北京明恆達印務有限公司
裝　　訂	廊坊市廣陽區廣增裝訂廠
版　　次	2021 年 5 月第 1 版
印　　次	2021 年 5 月第 1 次印刷

開　　本	710×1000　1/16
印　　張	23.75
字　　數	377 千字
定　　價	138.00 元

凡購買中國社會科學出版社圖書，如有質量問題請與本社營銷中心聯係調換
電話：010-84083683
版權所有　侵權必究

目　録

序　　　　　　　　　　　　　　　　　　　　　　　　　（1）

緒論《說文同文》名義　　　　　　　　　　　　　　（1）

第一章　《說文同文》意義關係研究　　　　　　　　（27）
　第一節　《說文同文》義同條例　　　　　　　　　　（29）
　第二節　《說文同文》義同關係總結　　　　　　　　（47）
　第三節　《說文同文》的義通關係　　　　　　　　　（65）
　第四節　《說文同文》義通條例總結　　　　　　　　（87）
　第五節　《說文同文》意義關係綜合考察　　　　　　（123）

第二章　《說文同文》聲韻關係研究　　　　　　　　（141）
　第一節　黃季剛古音學體系概述　　　　　　　　　　（142）
　第二節　《說文同文》音同關係考察　　　　　　　　（187）
　第三節　《說文同文》音近關係考察　　　　　　　　（194）
　第四節　《說文同文》音轉關係考察　　　　　　　　（219）
　第五節　《說文同文》聲韻規律定量分析　　　　　　（233）

第三章 《說文同文》聲義網絡系統　　　（240）
第一節　語言產生階段　　　（241）
第二節　文字產生階段　　　（243）
第三節　文字繁衍階段　　　（259）

第四章 從《說文同文》看黃季剛語言文字學研究轉型特色　（306）
第一節　從假借轉注看黃季剛語言文字學對傳統的突破　（306）
第二節　黃季剛漢字本體功能論　　　（318）
第三節　黃季剛語言發生發展論　　　（327）
第四節　黃季剛"本字"系統論　　　（340）
結　語　　　（356）

參考文獻　　　（358）
附　錄　　　（361）
後　記　　　（371）

序

李運富

  2007年韓琳在博士論文基礎上出版《〈黃侃手批說文解字〉字詞關係研究》，大概因爲我是她的博士論文指導老師，所以請我給這本書寫了個序，題名爲《闡釋與評論：繼承和發揚傳統學術的必由之路》。序中指出：章黃的學術論著深奧難懂，需要專門闡釋和評論，才能有效繼承和發揚。儘管對章黃語言文字學的研究已有不少成果，"但就學術界的總體情況看，人們對於章黃的認識仍然是模糊的，蜻蜓點水、隨意評論的多，深入體會、認真闡釋的少，致使有關研究不全面、不深入、不系統，甚至產生誤解和歪曲，嚴重影響到章黃語言文字學的繼承和發揚。這種狀況亟待大批從事實出發的新研究成果（包括肯定的和否定的）來突破"。《〈黃侃手批說文解字〉字詞關係研究》當然是新成果之一，而十多年過去，韓琳又推出了第二部研究章黃的著作——《黃季剛〈說文同文〉研究》，而且期間還發表過十多篇有關章黃的論文。這種心無旁騖，"咬住青山不放松"，專門就某一主題進行深入挖掘的治學精神令人欣慰。所以我願意再爲她的這本新書寫幾句話。

  第一部書主要内容是對《黃侃手批說文解字》中的批語及相關字詞進行細致整理和校勘，并對每組材料的字際關係和字詞關係進行深入考證和明確標注，進而總結黃侃的字詞關係理論及方法，對黃侃的學術成果進行客觀肯定和適當批評。如果說這是對黃侃字詞關係理論總體性的研究，字用學色彩較濃，那第二部書就是對黃侃標注"同文"關係的材料的專門研究，語言學色彩更濃一些。因爲這種材料的字詞關係是基本確定了的，所以研究的重點在"同文"之間的意義關係和音韻關係。

相對於十年前的那本書而言,《黃侃〈說文同文〉研究》顯得更成熟一些,說明韓琳十多年來沒有荒廢學業,而且有所長進。主要表現在沒有局限於材料的瑣碎分類,能跳出材料做一些理論思考,并且能聯繫黃侃其他一些著作的觀點和思想來考慮問題,如《黃侃論學雜著》《文字聲韻訓詁筆記》等,還能用歷史發展的眼光來解釋章黃學說中某些具有交叉或矛盾的概念術語,所以總體來看眼界更寬廣,思慮更深邃。

研究《說文同文》涉及兩個彼此聯繫而又相互雜糅的領域,即同源字和同源詞領域。這兩個領域的關係問題,韓琳在《黃侃〈手批說文解字〉字詞關係研究》中已經涉及,但稍顯籠統而未及深入考察。當時韓琳的觀點是變易、孳乳屬於造字領域的字詞關係,變易同詞異字,從音義上看包括音義全同的異體字和同義音轉的轉語。轉語怎麼會是"同詞"?當時學界很多成果也將黃侃的變易和孳乳等同於分化語和轉語,但對二者的區別未作深入辨析。變易、孳乳和分化語、轉語分屬兩個不同的理論體系。《說文同文》研究中,韓琳從清理黃侃相關論述入手,從語言歷史發展的角度,將語言音義的發展畫分爲一語、從一語到異語、異語三個層次,緊扣黃侃理論和材料中的"重新分析"環節,不僅厘清了黃侃同源字和同源詞體系,而且構架出《說文同文》聲義網路,黃侃研究的很多理論問題得以澄清。這種在原材料中下功夫、不以今人覆蓋古人、力求揭示語言材料真實面目的鑽研精神和科研作風是值得稱道的。作為國學大師,黃侃的語言文字學承其師章太炎,銜接傳統和現在,對其語言文字學術思想的深入挖掘和準確闡釋具有學術史創新價值。

之所以會導致對變易、孳乳的不同理解,是因為音義相儷的"變易"的"義"主觀性強,難於把握。《說文同文》研究中韓琳分別清理了義同、義通關係,明確其聯繫和區別,從分化語角度聯繫《同文》語料總結出與語言發展密切相關的思維規律、術語體系、音義源流,從轉語的角度明確方言和方音也即由於地域原因導致的語言與文字的本質差別,這些都建立在對黃侃意義發展、訓釋分類和思維規律相關論述的準確理解和把握上。

黃侃語言文字學體系中以聲韻貫穿文字訓詁是總體思路。黃侃古本音體

序

系一直以來受到詬病的是聲韻相挾而變"乞貸論證"。韓琳在《說文同文》研究中，深入辨析黃侃相關論述和語音材料，總結出黃侃古音研究思路和方法，得出聲韻相挾而變的理論實質是聲韻配合規律，是綜合音理、音證、方言、音史得出的理論體系。這一結論對學界的質疑提供了新的考察思路。結合《說文同文》語音關係得出的聲韻頻數表、比率表對解釋黃侃《說文同文》聲韻構成具有較強的闡釋力，也充分展示了黃侃較爲嚴格的音韻標準。

韓琳做學問捨得吃苦，而且能持之以恆，分析材料也比較細膩，能發現一些不太爲人注意却值得討論的問題。這是她能不斷取得成果的主要原因。但韓琳在行文表述方面，常有不够細心嚴謹的地方，這是需要提醒她注意的。作者能儘量消除這些瑕疵，使内容與形式完美統一，相得益彰。

二〇一八年九月

緒論《說文同文》名義

在黃季剛先生語言文字學術體系中,《說文》學佔有舉足輕重的地位。先生"一生精力,盡萃於斯,其在大徐本《說文解字》上的識語,約數十萬言"①。這些批語文墨燦然,充塞在《說文解字》大徐本的天頭地脚。內容主要涉及兩大領域,一是探"由來",牽"相應",梳理語言文字發展的源流和統系;另一領域是辨"字體",聚文字,清理文字產生與文獻使用過程中的字詞關係。這兩大領域,都是《說文解字》"一切字書之根柢"②"小學主中之主"③的集中體現。

黃季剛先生在《說文略說·論字體之分類》首先根據《說文解字》是否收錄,分爲"《說文》正字""《說文》後出字"兩大部分,"正、同、通、借"屬於《說文》正字,"訛、變、後、别"屬於《說文》後出字。《黃侃手批說文解字》中許多說明字詞關係的批語,就是這些術語的實際運用。黃焯先生曾將這些批語及其涉及的字組錄出,編輯成《說文同文》和《字通》,收入《說文箋識四種》④和《黃侃文集·說文箋識》⑤。《說文同文》主要是對黃季剛《說文》批注中用"同"標注的批語的整理彙編。

關於《說文同文》的性質,陸宗達、王寧先生有如下論斷:"《說文同文》是對《文始》的重要補充和檢驗。我國由訓詁學中發展的傳統字源學,

---

① 黃侃箋識,黃焯編次:《說文箋識四種·出版說明》,上海古籍出版社1983年版,第1頁。
② 黃侃述,黃焯編:《文字聲韻訓詁筆記》,上海古籍出版社1983年版,第71頁。
③ 同上書,第6頁。
④ 黃侃箋識,黃焯編次:《說文箋識四種》,上海古籍出版社1983年版。
⑤ 黃侃著,黃焯整理,黃延祖重輯:《說文箋識》,中華書局2006年版。

由《文始》和《說文同文》作了總結。同時，近現代的新字源學，也由這裡起步。《文始》和《說文同文》在漢語字源學的發展上，是具有承前啓後的作用的。"[1]陳建初在《黃侃先生所批〈說文同文〉初探》[2]以音義關係將《同文》分爲三種基本類型：音義全同，占7.3%；音義相通，占90%；音義較遠，占1.5%，最後明確了《同文》的基本性質：《同文》基本上就是同源字。北京師範大學2000級陳曉强碩士學位論文《〈說文同文〉研究》重點探討了《同文》對《文始》的繼承和發展，並得出結論，認爲《說文同文》對《文始》的繼承以"變易"爲主，《說文同文》的基本性質是"變易"。論文進一步指出："'變易'是一個歷史概念，在字（詞）的發生階段，'變易'表現爲同詞異形現象，跨越這個歷史階段，'變易'很可能演變爲同源異詞現象。"

以上研究成果在《說文同文》材料定性上是基本一致的，即黃侃《說文同文》與章太炎《文始》都是立足於漢字的音義而類聚的同源字材料。關於《說文同文》的類型，筆者認爲陳曉强"'變易'是一個歷史概念"的觀點極具啓發性。關於"變易""孳乳"有一個問題容易引起困擾，這兩個概念均源自許慎《說文解字·敘》，章、黃用以概括文字伴隨語言產生和發展的不同規律，筆者在拙著《〈黃侃手批說文解字〉字詞關係研究》[3]將季剛先生"字體分類"、概念和相關論述相聯繫作了深入探討，得出了結論"變易""孳乳"是字詞關係條例，"變易"同詞異字，"孳乳"異詞異字。這一結論與陸宗達、王寧二位先生"變易是同源字，而不是同源詞"的結論是相合的，但與學術界普遍認同的"變易"是音轉同源詞、"孳乳"是義衍同源詞的發生學分類有出入。"變易"的歷史層次性觀點，爲"同文"提供了新的研究思路和闡釋角度。

---

[1] 陸宗達、王寧：《論〈說文〉字族研究的意義——重讀章太炎〈文始〉與黃侃〈說文同文〉》，《訓詁與訓詁學》，山西教育出版社1994年版，第408頁。
[2] 陳建初：《黃侃先生所批〈說文同文〉初探》，《古漢語研究》1990年第1期，第55—63頁。
[3] 韓琳：《〈黃侃手批說文解字〉字詞關係研究》，中央民族大學出版社2007年版。

一 關於"同文"的名稱

"同文"的名稱來自黃焯先生的輯錄。黃焯先生在《說文同文》中這樣界定:"《說文》搜集自有文字來至漢世正字,惟其中同字極多。先叔父季剛先生嘗就其音義之相同或相通者類聚而比次之,注云'某同某某',或云'某與某同'。蓋據章君《文始》所列,並自下己意,其於文字孳生演變之跡具爲彰顯。""若更取《字林》所多之字與《說文》對勘,則知其多出之字大半贅肬。至《集韻》字數達五萬餘,則孳乳少而變易益多。"① 這段話共包含以下幾方面内容:一,"同文"即"同字";二,"同文"類聚原則:音義相同相通者;三,"同文"性質與比重,孳乳少而變易多;四,"同文"類聚目的:文字滋生演變之跡。五,"同文"的結果:後世字書收字數量越來越多。黃季剛先生在《說文略說·論字體之分類》"同"字條下這樣解釋:"《說文》言五帝三王之世,改易殊體;又六國時,文字異形。"這裡"同"的立足點在於"殊體""異形"。可以看出,黃焯先生對"同文"的解釋與黃季剛先生"字體分類"對"同"的解釋角度不同,但互相補充。"字體分類"中所說的"同"著眼於漢字形體的改易,立足於漢字本體;而黃焯先生所說的"同文"是指"音義相同相通者",立足於音義,即漢字的功能。既然黃焯先生在《同文》輯錄時認爲"文字滋生繁衍"時"孳乳少而變易多""同字極多",爲何不以"同字"爲所類聚材料定名,而是用"同文"?這個問題關係到《說文同文》類聚的源頭和原則,闡釋清楚這個問題需要回溯到許慎"文"和"字"的界定。

許慎《說文解字·敘》:"倉頡之初作書,蓋依類象形,故謂之文。其後形聲相益即謂之字。文者,物象之本。字者,言孳乳而浸多也。"段注:"依類象形,謂指事、象形二者也。……形聲相益,謂形聲、會意二者也。……倉頡有指事、象形二者而已,其後文與文相合而爲形聲、爲會意,謂之字。……獨體曰文,合體曰字。"段玉裁認爲"文"指"六書"中的"象形""指事","字"是由"文"會合而成的字,包括"六書"中的"會意""形聲"。陸宗達先生在《說文解字通論》中指出:"在這裡段氏誤解了

---

① 黃侃箋識,黃焯編次:《說文箋識四種》,上海古籍出版社1983年版,第3頁。

許慎的原意。許慎所說的文和字是說明漢字的歷史發展；六書則指的是漢字字形的構造法則。範疇既異，界說不能相混。……'文'代表的是字原，'字'是在'文'的基礎上孳乳派生出來的。章太炎先生就是根據這一學說來作《文始》的。"①所謂"文"指文字產生初期描繪外界事物的形象和狀態的圖畫符號文字。章太炎先生"刺取《說文》獨體，命以初文，其諸省變及合體象形指事與聲具而形殘若同體複重者謂之准初文，都五百十字，集爲四百五十七條，討其類物，比其聲均，音義相讎，謂之變易，義自音衍，謂之孳乳"②。《文始》的"初文""准初文"既是文字形體繁衍發展的源頭，又是語言聲義變轉的根源。從這個源頭出發，"變易""孳乳"，語言沿音義軌道變化，文字伴隨語言而衍生。這樣文字不再是無系統的散沙。在《聲韻略說》中黃季剛先生進一步闡明這種思路："聲義同條之理，清儒多能明之，而未有應用以完全解說造字之理者。侃以愚陋，蓋嘗陳說於我本師；本師采焉以造《文始》，於是，轉注、假借之義大明；令諸夏之文，少則九千，多或數萬，皆可繩穿條貫，得其統紀。"③這裡的"文"不再局限于"初文""准初文"，而是泛指所有文字，貫穿衆多文字、成就文字統紀的是"繩""條"也即"聲義"，而聲義就是"變易""孳乳"的立足點。由此可見，《說文同文》的定名，首先用"同"確立了文字統系的基礎，即聲義；其次用"文"明確了文字體系的源頭，即初文、准初文。黃焯先生在輯錄《同文》時這樣說："《說文》搜集自有文字來至漢世正字，惟其中同字極多。"首先，"同字"屬於《說文》正字，這與季剛先生"字體分類"中第一部分所列"正""同"條例是相合的，又"先叔父季剛先生嘗就其音義之相同或相通者類聚而比次之，注云'某同某某'，或云'某與某同'。蓋據章君《文始》所列，並自下己意，其於文字孳生演變之跡具爲彰顯"。其次，"同字"依聲義而類聚，體現了文字孳生發展軌跡。無疑，黃焯先生所言之"同字""同文"名稱及"某同某某"批語是相同的。

黃季剛先生認同許慎"文"與"字"的區別，他認爲"故獨體爲文，最

---

① 陸宗達：《說文解字通論》，北京出版社 1981 年版，第 46—47 頁。
② 章太炎：《文始·文始敘例》，浙江圖書館校刊。
③ 黃侃：《黃侃論學雜著》，中華書局 1964 年版，第 93 頁。

朔之書。合體爲字，後起之書也"。"造字之初，必先具諸文，然後諸字始得因之以立。"①在《說文同文》中，"同文"和"同字"術語都存在。

黃季剛先生"同文""同字"批語却超出了黃焯先生所言範圍，多指古文同形現象。例如：

【保之古文與孟之古文同字】《說文·人部》："保，養也。呆，古文保。"又《子部》："孟，長也。㝬，古文孟。"馬敘倫《說文解字六書疏證》卷二十八："倫謂古文經孟、保兩字或皆作呆，故八篇保之古文亦作呆。"②

直接以"同文""同字"系聯的字組畢竟是少數，黃焯先生所録"同文"材料更多是用"同"聯繫的字組，黃焯先生以"同文"命名實際上是突出了"文"在聲義字組中的源頭、統領作用。

《說文同文》中使用了"同文"的條例有 7 條，使用了"同字"的條例有 11 條，其中有兩條是重複，可合併爲一條，故共 10 條。先看同文的條例：

【疋與足同文】《說文·疋部》："疋𤴔，足也。上象腓腸，下從止。古文以爲《詩·大疋》字，亦以爲足字，或曰胥字。"又《足部》："足𤴿，人之足也。在下。"季剛先生"足"字批注："足聲通疋，（古文或以爲足字）。"段玉裁在《說文·敘》中界定"其云'古文以爲'者，……亦皆所謂'依聲托事'也。……本有字而代之，與本無字有異。然或叚借在先，制字在後，則叚借之時本無其字，非有二例。……亦由古文字少之故。"古文字少而假借，因此"疋與足同文"，後來二字分化，因"聲通"而"依聲托事"，小篆字形上略作區别。

【羔同䍽。所以言从照省聲者，以與䍽同文知之】《說文·羊部》："羔，羊子也。从羊，照省聲。"《詩·召南·羔羊》："羔羊之皮，素絲五紽。"毛傳："小曰羔，大曰羊。"《說文·羊部》："䍽，羊未卒歲也。"《廣韻·小韻》："䍽，羊子。"二字疊韻，聲音相近，意義相同，均指的是小羊。羔，見母豪部；䍽，澄母豪部。

【叡，此與耿介之介同文】《說文·奴部》："奴，深堅意也。"段注："凡言意者，曷下意内言外之意。其意爲深堅，其言云叡也。"《廣韻·代韻》：

---

① 黃侃：《黃侃論學雜著》，中華書局 1964 年版，第 3 頁。
② 李圃：《古文字詁林》第十册，上海教育出版社 1994 年版，第 1091 頁。

"叡,深堅意也。"可見,"叡"指的是意志堅定。《說文·八部》:"介,畫也。从八从人。人各有介。""介"的本義是疆界,界限,劃界限可以隔離,於是引申出獨特的意思。耿介的意思就是正直,不同於流俗。屈原《楚辭·九辯》:"獨耿介而不隨兮,願慕先聖之遺教。"二字聲音完全相同,"叡"與"介"的耿介義也相近。

【殄同𡰪。𡰪,古文殄,尸、𡰪一聲對轉同文,古以尸為殄】《說文·歺部》:"殄,盡也。……𡰪,古文殄如此。"《說文·尸部》:"尸𡰪,陳也。象臥之形。"《古文字詁林》卷四釋"殄"引高淞荃《說文別釋》:"《說文》以𡰪為古文殄字……。𡰪字亦象臥人。"楊樹達《文字形義學》:"𡰪從𡰪之反文,人盡為𡰪,物盡為殄也。"《白虎通·崩薨》:"尸之為言失也,陳也,失氣亡神,形體獨陳。"《太玄·沈》:"前尸後喪。"俞樾《群經平議》:"尸當訓陳,言前雖陳列之,後終喪失也。"可見,尸的本義是陳列,但本身帶有喪失的意思在內。而殄的本義是盡,滅絕。二字古文同形。後分化,同聲類,准雙聲,韻旁轉,聲音相近,意義相關。

【㲋,㲋,篆文㲋。兔兔四字同文。《廣雅》:"兔,脫也",恒言亦曰兔脫。蓋知兔兔同文而有二讀】《說文·㲋部》:"㲋,獸也。似兔,青色而大。象形。頭與兔同,足與鹿同。""㲋"是"㲋"的篆文。《說文·兔部》:"兔,獸名。象踞,後其尾形,兔頭與㲋頭同"。"㲋"是一種似兔又比兔大的青色的獸。與"兔"同文,同在頭部。"兔"善逃逸,段注:"兔,兔脫也。"《十駕齋養心錄·兔與脫同義》:"《說文》無免字,兔即免也。"這說明古文"兔""免"古文同形,後分化,為區別而減少筆畫,遂成"免"字。馬敘倫《說文解字六書疏證》卷十九引章太炎曰:"《說文》無免。有從免聲之字。錢大昕以為兔字之別,不如云即㲋也。'㲋'籀文作'㲋',稍變則為'**免**',又變乃成兔。"由此可見,㲋、㲋與兔、免四字古文應同形,後分化。

【七,疑此字與中同文】《說文·七部》:"七𠀆,陽之正也。从一,微陰從中袞出也。"又《中部》:"中屮,艸木初生也,象丨出形。"七、中在篆文字形上有一定的相似處。許慎釋篆文都表示"出"義。二字同為屑韻,中,徹鈕,七,清鈕,季剛先生云"七""疑與中同文",對二字在形義上的"同"還缺乏足夠的證據，單從《說文》所釋形義看，小篆形近，意象同，同音義通。

【豕與亥同文】《說文·亥部》："亥，荄也。十月微陽起，接盛陰……𠀎，古文亥爲豕，與豕同。"商承祚《說文中之古文考》："甲骨文作𠀎，家字所從同。金文善鼎作𠀎，爲古亥豕一字之證。故'己亥涉河'誤作'三豕涉河'也。"①因此才有專爲區別而起的後出字"豨"。《說文·豕部》："豕，彘也。竭其尾，故謂之豕，象毛足而後有尾。讀與豨同。……𠀎，古文。"段注："古文與亥同字。"段氏這裡的"同字"實指古文同形。

以上七條"同文"，有五條古文同形。且這五組字古文都爲象形字，後分化。羔、挑同義音轉，叡、介同音義通。

"同字"11例中，有7例是古文同形關係，如：

【蓐與農同字】【農與辰同字】【辱與辰蓋同字】《說文·辰部》："辰，震也。三月陽氣動，雷電振。民農時也。"又《晨部》："農，耕人也。從晨囟聲。𠋫，籀文農從林。𠋫，古文農。𠋫，亦古文農。"郭沫若《釋干支》②："農事之字每多從辰，如農、如蓐（疑此即薅之初文，下有說）皆是。許君注意及此，故側重農事以釋辰，此其卓識。……故辱字在古實辰之別構，唯字有兩讀，其爲耕作之器者則爲辰，後變則爲耨，字變音亦與之俱變。其爲耕作之事則爲辱，辱者，蓐與農之初字也。蓐乃象形字，與卜辭農字作𠋫者全同。由音而言，則辱、蓐與農乃侯東陰陽對轉。故辱、蓐、農古爲一字。""𠋫"即"農"字。"辰"甲骨文金文象蜃形，古代除草用的農具犁頭是用蜃殼磨利而成，《淮南子·氾論訓》："古者剡耜而耕，摩蜃而耨。"高誘注："蜃，大蛤，摩令利，用之耨；耨，除苗穢也。""農"字的本義"耕也"即由此來。"辱""蓐"字古文字和"農"同形。後分化。

【月與外古同字】《說文·月部》："月，闕也，大陰之精，象形。"又《夕部》："夕，莫也。從月半見。""外，遠也。卜尚平旦，今夕卜，於事外矣。"于省吾《甲骨文字釋林·釋古文字中附劃因聲指事字之一例》："月本有形可象，夕則無形可象，故夕字的造字本義，乃於月字的中間附加一個豎

---

① 李圃：《古文字詁林》第十册，上海教育出版社1994年版，第1217頁。
② 同上書，第1124頁。

劃，作爲指事字的標誌以別於月，而仍因月字以爲聲。"孫詒讓《古籀拾遺卷中》："古夕月二字形近多通用。"月、夕造字取象一致。馬敘倫《說文解字六書疏證》卷十三："閒之古文作閑。外即月字，然乃月之古文奇字。外即外之變，从夕卜，象月弦時。古文筆勢詘曲。或作卜。外、月同部同紐，其爲一字明矣。"

【申與寅同字】陸宗達、王寧先生《訓詁與訓詁學·古漢語詞義答問》《干支字形義釋》中解釋說，"寅"的小篆字體寅是文姬匜所載寅的訛體，而寅與申的古文申略同。且"寅"在武寅鼎上爲寅，與申也相近。《周易·艮卦》："艮九三，艮其限，裂其夤"。焦循章句："夤，胂也。在脊之下半。"陸德明釋文："夤，鄭本作臏。"《字詁·夤》："黃公韶《韻會》以臏、夤爲一字。"《說文·肉部》："胂，夾脊肉。"夤、臏和胂同義，"寅當是申的別體"。寅、夤古音喻母先部，申、胂審母先部。

【容與睿一字】【㕣蓋與容同字】《說文》："㕣，山間陷泥地。……㕣，古文㕣。""㕣"字古代文獻寫作"沇"，"沇"是水名，以水命州名，因制"兖"字。馬敘倫《說文解字六書疏證》："㕣字蓋从谷省。古文㕣作㕣，則从谷不省。……㕣，鈕樹玉曰：《玉篇》《廣韻》並無，谷部有'容㕣'訓'深通川'，不應重出，疑後人增。"所謂重出，是說㕣古文"㕣"與容㕣當爲一字重文。《說文·谷部》："容，深通川也……濬，容或从水。濬，古文容。"《集韻·祭韻》："叡，《說文》：'叡，深明也。通也。'古作容。"《漢書·五行志中之上》："經曰：貌曰恭，言曰從，視曰明，聽曰聰，思曰容。"顏師古注："容，通也。古文作睿。"

有三例同義音轉，包括一例方言音轉字：

【㢉鹵蓋同字】《說文》："鹵：西方鹹地也。……安定有鹵縣東方謂之㢉，西方謂之鹵。""鹵""㢉"是同義音轉字。㢉音穿母鐸部，鹵音來母模部。紐同類，韻對轉。

【利蓋與劑鈍同字】《說文·刀部》："利，銛也。刀和然後利，从刀和省……鈍，古文利。"又《金部》："鈍，利也。"《玉篇·金部》："鈍，刀利也。"利、鈍二字疊韻，意義相同。《說文·刀部》："劑，齊也。"《爾雅·釋言》："劑，翦齊也。"郭璞注："南方人呼翦刀爲劑刀。"劑的本義是剪斷，剪齊。劑與利疊韻，聲音相近，意義相通。

【瘕與蠱同字】《說文·疒部》："瘕，女病也。"《難經·奇經八脈》："任之爲病，其内苦結，男子爲七疝，女子爲瘕聚。"虞庶《難經論》："瘕者，謂假於物形是也。"瘕的本義是女子腹中苦塊病，也泛指一般人腹内結塊。因這種病的表現症狀與腹中生蟲的表現症狀類似，故也指腹中生蟲病。《山海經·南山經》："麗𪊨之水出焉，而西流注於海，其中多育沛，佩之無瘕疾。"郭璞注："瘕，蠱病也。"《說文·蟲部》："蠱，腹中蟲也。"二字發音部位相同，爲准雙聲，疊韻，音近義同。

一例音近，意義上關係較遠。

【臨與䀣同字】《說文·臥部》："臨，監臨也。"林義光《文源》："品從物也，象人俯視从物形。"《說文·宀部》："䀣，安也。从宀，心在皿上。人之飲食器，所以安人。"二字同聲類，爲准雙聲，聲音相近，但意義上比較遠。

"同字"的十一例中，有七例古文同形，兩例同義音轉字（包括一例方言音轉字），兩例音近義通字，一例暫時找不到意義關係的字。

《古文一字兩用》："古文而有一字而兩用者。如✡城郭、✡城墉，𡉚讀汪，𡉚封之古文，❀申、❀玄、❀糸，冂郊門、冂墉之古文諸字是。蓋古文異字同體者多，同形異義者衆也。"①古文同形，所記錄的音義或相關如郭和墉，或同形而義無關涉。最初造字依類象形表意，一字多義。後分化表意，依聲義而制字形。季剛先生在《初文音義不定於一》中說："蓋初期象形、象事諸文，只爲事物之象徵，而非語言之符識，故一文可表數義。……自形聲相益，一文演爲數字，後世字書，則分部別屬，遂令形專一義。"②可見，初文多音義，是文字依聲義繁衍的源頭。這個問題，我們在第四章會聯繫語言文字發展層次進一步展開討論。

以上分析的《說文同文》中的"同文"和"同字"條例基本方向一致，大部分都是古文同形，即使是同義音轉字，也都是建立在依類象形的"文"的基礎上，從字形結構方面看，都建立在非形聲字的關係上。二者的區別

---

① 黃侃述，黃焯編：《文字聲韻訓詁筆記》，上海古籍出版社1983年版，第50頁。
② 同上書，第204頁。

是,"同文"多立足於古文同形,"同字"多立足後世分化繁衍的字原初同形。季剛先生批語中這兩個術語明確了初文和新語新字源流相繫關係。這與黃焯先生所言"同文"主旨是相合的。因此,"同文"應該是以"文"(即初文、准初文)爲起點而牽繫類聚、音義同條屬連、季剛先生《說文解字》批語中以"同"系聯的字組。

二　關於《同文》的功能

陸宗達《說文解字通論》:"'文'是漢字形體的根源,聲音的根源,字義的根源。由文到字是漢字發展的方向。"①

《說文略說·論文字製造之先後》:"由文入字,中間必經過半字之一級。半字者,一曰,合體,合體指事如叉,如叉;合體象形如果,如朵。二曰,消變,省者如孔,如乑;變者,如匕,如七,如乂,如夭,如矢,如尢。三曰,兼聲,如氐,如内。四曰,複重,如二、三積於一;艸、卉積於中,𠬪從𠂇又,北從人匕。此種半字,既爲會意、形聲之原,再後乃有純乎會意、形聲之字出。其奇侅者,會意、形聲已成字矣,或又加以一文,猶留上古初造字之痕跡。如龍之爲字,從肉,童省聲,固形聲字矣,而𩫖爲象形;牽之爲字,從牛玄聲,又形聲字矣,而冂象牛縻。此二文,或象形,或指事,又非前之半字比,今爲定其名曰雜體。以上所說造字次序:一曰文,二曰半字,三曰字,四曰雜體。就大體言,二可附於一中,四亦三之支別。然則文、字二名,可以統攝諸字無所遺也。"②這裡所說的"文"就是章太炎《文始》的"初文","半字""諸省變及合體象形指事與聲具而形殘若同體複重者"就是准初文,由初文、准初文出發,《文始》依聲義平面系源、歷史推源,以得出語言文字之源流與統系。由此看來"文"不僅是漢字形體之源,而且是系聯語詞聲義之起點。"求其統系者,求其演進之跡也;求其根源者,溯其原始之本也。"③"原始之本",黃季剛先生稱爲"語根":"由象形、指事字以推尋言語音聲之根,是求其語根也。""近時若章太炎《文

---

① 陸宗達:《說文解字通論》,北京出版社1981年版,第46—47頁。
② 黃侃:《黃侃論學雜著》,中華書局1964年版,第3頁。
③ 黃侃述,黃焯編:《文字聲韻訓詁筆記》,上海古籍出版社1983年版,第193頁。

始》，只能以言文字，不能以説語言。……故《文始》所言，只爲字形之根源，而非字音字義之根源也。"①這兩段論述嚴格區分了字形之根和音義之根，體現了黄季剛先生對文字語言準確的把握，由象形、指事字根推求語言音聲之根只是以已知求未知的一種操作上的方便。這樣的實踐有時又會導致概念上暫時的混同："不可分析之形體謂之文，可分析者謂之字。字必統于文。故語根必爲象形指事。……蓋文字之基在於語言，文字之始則爲象形指事。故同意之字往往同音；今聚同意之字而求其象形指事字以定其語根，則凡中國之文字皆有所歸宿矣。"②所謂"語根必爲象形指事"，用"必"字將字根與語根的關係必然化了。"語根"本是指言語音聲之根，語言的發生歷史久遠，"語根"雖存在，但却是無形的。"字形之根"是有形的最小的形音義結合體，以"有形"溯"無形"，著眼於其間"根源"的共性，基於操作上的可控性，是可行的。章太炎先生以"初文""准初文"爲語根、黄季剛先生雖然明確《文始》所言，只爲字形之根源，而非字音字義之根源，字根和語根應區別，但在相關論述中也間有混用。"語根"與"字根"混同雖然基於概念的操作性，但也具有一定的迷惑性，反映出這一時期學者在字詞關係認識上的局限。

陸宗達先生所言"文"是漢字"聲音的根源，字義的根源"應該體現在三個方面。季剛先生説："中國文字凡相類者多同音，其相反相對之字亦往往同一音根。"③"音根"與"相類""相反""相對"之語義密切相關。"義自音衍，謂之孳乳。"章太炎這個定義包含兩方面内容，"自音"指孳乳的基礎，"義衍"指孳乳的内容，"孳乳寖多者，一語而衍爲數字"。"一語"指聲義同條，"故觀念既改，界説亦異者，文字之孳乳也"。觀念改、界説異即意義推衍。用不同的字記録新的音義就是孳乳。"義自音衍"藴含了語言和文字、文字的形音義發生順序及聲義同條之理。關於語言文字和聲音的關係，章太炎認爲"若夫音以表言，言以達意，舍聲音而爲語言文字者，天下

---

① 黄侃述，黄焯編：《文字聲韻訓詁筆記》，上海古籍出版社 1983 年版，第 199 頁。
② 同上書，第 53 頁。
③ 同上書，第 47 頁。

無有"①。黃季剛先生作出進一步闡釋："文字根於言語，言語發乎聲音，則聲音者，文字之鈐鍵，文字之貫串。"文字的聲、義、形三者之中，又以聲爲最先，義次之，形爲最後。"凡聲之起，非以表情感，即以寫物音，由是而義傳焉。聲、義具而造形以表之，然後文字萌生。昔結繩之世，無字而有聲與義；書契之興，依聲義而構字形。……因此以談，小學徒識字形，不足以究言語文字之根本，明已。"②由此可知，聲以傳義，聲義同條而成語言，"相類""相反""相對"指字記錄的詞義之間的關係，詞義的發展建立在"同一音根"的基礎上，這就是"義自音衍"所涵蓋的道理。

　　陸宗達先生之所以用"漢字形體的根源，聲音的根源，字義的根源"來表述"文"的功能，而沒有用"字根"，是因爲前後二者屬於不同領域。黃季剛先生在"字體分類"第一部分《說文》正字"中，分爲正、同、通、借，"同"是說明《說文》正字"在字的孳生層次的聲義關係，"通""借"是在字的使用層次的關係，"正""同"字是"通""借"之根，季剛先生稱之爲"字根"："既有假字，必有其根；推其字根，即推其本字也。"③單從名稱上來看，"字根"應該是文字之根。文字有造字和使用兩個領域，字根也相應地應有造字之根與用字之根兩方面含義。"假借字的根"即用字之根："凡言假借者，必有其本，故假借不得無根，故必有其本音、本形、本義在其間也。"假借是文獻用字現象，受具體文本所限，所以其"根"是受局限的："單獨之本，本字是也；共同之本，語根是也。"④"單獨"和"共同"區分了字根和語根的層次和界域，如前所引，"字根"必須追尋到本音、本形、本義，《說文解字》析漢字形義之本源，"字體分類"的"正"字類即"字根"之所依。依類象形的"文"是漢字孳生之源頭，"治《說文》欲推其語根，宜於文字說解及其所以說解三者細加推闡。凡文字解之至無可解，乃字形之根。純象形、指事字是所謂文。一面爲文字之根，一面又爲聲音之根，訓詁之根，形聲義三者實合而爲一，不可分離，故文爲形聲義之根。"⑤

---

① 章太炎：《章太炎全集》（七），上海人民出版社 1980 年版，第 203 頁。
② 黃侃：《黃侃論學雜著》，中華書局 1964 年版，第 93 頁。
③ 同上書，第 55 頁。
④ 同上書，第 60 頁。
⑤ 同上書，第 199、56、53、60 頁。

綜上所述，"文"是形根、音根、義根，聲義同條，故"文"也是聲義之根，"同文"就是以漢字形體的源頭"文"爲操作上的源頭，沿聲義鏈條而衍生的語言文字源流相系的系統。

三　關於《說文同文》的性質

關於《同文》的性質，陳曉強在碩士論文《〈說文同文〉研究》有如下觀點：第一，《說文同文》的基本性質是在《文始》的基礎上對具有"音義相讎"的變易關係的字（詞）進行系聯。① 第二，"章、黃'變易'觀中存在字、詞未分的問題"②。第三，"變易"是一個歷史概念，在字（詞）的發生階段，"變易"表現爲同詞異形現象，跨越這個歷史階段，"變易"很可能演變爲同源異詞現象。③ 以上這些觀點有一些切中實際的創見，但也存在一些問題。

創見性一在於提出"變易"概念的歷史性問題，引導我們關注"變易"的歷史層次，拓寬了考察文字的視角；創見性二在於指出章、黃"變易"觀存在字、詞未分問題。前後兩個問題是相聯繫的。引導我們將變易、孳乳放在語言文字發展的大背景下動態地考察其中蘊含的規律。

存在的問題：一是認爲《說文同文》是在《文始》基礎上進行變易系聯，這樣章黃一脈傳承的同源字（詞）系聯思路重心不穩，尤其是對章太炎列爲"孳乳"、黃季剛列爲"同"的條例，以"變易"解釋，就使章黃同源理論和實踐相錯位，這與《同文》繼承和驗證《文始》的初衷是相違背的。二是淡化了"變易""孳乳"不同的性質，將章的"孳乳"定性爲黃的"變易"從材料上混淆了這兩種概念和條例的界限，使理論和實踐不吻合。三是模糊了文字和詞彙之間有機關係，雖然也看到"章、黃從字的角度對'變易''孳乳'的界定其實只是'變易''孳乳'的表層內容，在'變易''孳乳'的深層，它是和詞彙的孳生、增長相關的"④。但又強調"章、黃'變

---

① 陳曉強：《〈說文同文〉研究》，碩士學位論文，北京師範大學，2003年。
② 同上。
③ 同上。
④ 同上。

易'的內容更多是從詞的角度來界定和使用"①。這些都說明對文字的繁衍孳生和詞彙的發展變化之間不同層次的關係尚缺乏更系統的把握。

(一)"變易"和"孳乳"的區別

黃季剛先生在《文字聲韻訓詁筆記》中給"變易"下了如下的定義:"敘云:'五帝三王之世,改易殊體。'謂之殊體者,其義不異,惟文字異耳。故觀念既同,界說亦同,文字之變易也。"②這一定義明確了"變易"就是許慎在《說文解字·敘》中所說的"改易殊體"。文字用形體記錄了音和義——語詞,語詞是社會觀念在人們頭腦中的概括的反映,"變易"就是文字記錄的語詞不變,而文字的形體產生了變化。"變易"關係的字有以下形音義關係:一方面"觀念同,界說同",即文字記錄的詞音義相同;另一方面"唯文字異",即記錄語言的文字形體不同。

"孳乳"一詞也見於《說文》,《說文·子部》:"孳,汲汲生也。"《說文解字·敘》:"倉頡之初作書,蓋依類象形,故謂之文;其後形聲相益,即謂之字;字者,言孳乳而寖多也。"這兩句話概括了隨著社會的發展,新字依據"形聲相益"的方式不斷產生、字數不斷增多的現象。章太炎先生強調"義自音衍",用音和義兩方面的變化來說明文字所記錄詞的變化。黃季剛先生進而作如下界定:"孳乳者,語相因而義稍變也。""故觀念既改,界說亦異者,文字之孳乳也。""孳乳者,譬之生子,血脈相連,而子不可謂之父。"③"文字孳乳,大抵義有小變,爲制一文。"④所謂"語相因"指語詞發展的相互關聯性,指新詞與舊詞之間的音義聯繫,類似"血脈相連"的父子關係;"義稍變"著重指新舊語詞之間的意義聯繫,即所謂"觀念改""界說異",文字之"孳乳"就是隨著語詞意義變化而變化的文字的形體變化。

季剛先生在《文字聲韻訓詁筆記》中認爲"變易""孳乳"是古今文字變化的兩條途徑:"古今文字之變,不外二例:一曰變易,一曰孳乳。變易者,聲義全同而別作一字。變易猶之變相。孳乳者,譬之生子,血脈相連,

---

① 陳曉強:《〈說文同文〉研究》,碩士學位論文,北京師範大學,2003年。
② 黃侃述,黃焯編:《文字聲韻訓詁筆記》,上海古籍出版社1983年版,第29頁。
③ 同上書,第34頁。
④ 黃侃:《黃侃論學雜著》,中華書局1964年版,第11頁。

而子不可謂之父。中國字，由孳乳而生者，皆可存之字。由變易而生之字，則多可廢。雖《說文》中字亦然。如唁从口，言聲。言已从口，而更加口，此三代之俗字。若孳乳字非特不可廢，且須再造也。"①爲什麼"變易"所造之字可廢，而"孳乳"所造之字須再造？變易字多可廢，是因爲"音義相讎"。"讎"是對等、對應之義。"變易"是基於對等、對應音義的一字的形體變化。季剛先生在"略論文字變易之條例及字體變遷"將"變易"分爲書法變易、筆畫變易、傍音變易、全體變易、聲轉韻轉變易和文字變易六種，前面兩種側重於由書寫等因素構成的異寫字關係，第三、四種主要指形聲字形體構件改換而形成的異構字關係，從分類命名看，這四種變易字主要指漢字本體的變化，音義對等是基礎。聲轉韻轉變易和文字變易是建立在同義音轉的基礎上。"觀念既同，界說亦同，文字之變易也。""觀念""解說"即指語義而言。"變易"產生了字的多個形體，造成了字的重複，也造成了詞的重複，如黃侃上述論述中所舉的"言"和"唁"。

《說文·口部》："唁，弔生也。从口言聲。《詩》曰'歸唁衛侯'。"《詩經·鄘風·載馳》："載馳載驅，歸唁衛侯。"毛傳："弔先國曰唁。"孔穎達疏："昭二十五年，公孫於齊次於陽州。齊侯唁公于野井。《穀梁傳》曰：'弔失國曰唁。唁公不得入於魯是也。'此據失國言之。若對，弔死曰弔，則弔生曰唁。""弔""唁"散文則通，對文則別。"唁"之"弔"義應該是在"言"字"問"義基礎上引申而來，《廣雅·釋詁二》："言，問也。"王念孫疏證："'唁'亦問也。"因此"言"可兼賅"弔唁"義，《莊子·養生主》："彼其所以會之，必有不蘄言而言，不蘄哭而哭者。"高亨新箋："言與哭相對。常借爲唁……唁、言古同聲。"季剛先生歸之爲"變易"是因爲在文字產生層次上，"唁"記錄"弔問"一詞與"言"重複。"孳乳"是爲不同的詞所造的字，所以須再造。所謂的"變易猶之變相"就是說"變易"造成了"相"——文字的視覺符號的改變，而其實質——聽覺符號"音"和思維符號"義"的結合體"詞"並沒有改變，這樣形成的字與"孳乳"——父子傳承裂變而形成的字有本質的不同，"變易"造成了詞的重複，因此"多可

---

① 黃侃述，黃焯編：《文字聲韻訓詁筆記》，上海古籍出版社1983年版，第34頁。

廢"，"孳乳"形成了不同的詞，所以"且須再造也"。因此季剛先生在《論俗書滋多之故》中說："古字重複，皆由變易。"並用典籍注釋例子證明了這一點："鄭君《周禮》注云：'資字，以齊、次爲聲，从貝變易。'《說文》以齋、資異字，鄭以爲同字。如此言，是古字重複，皆由變易。"①這句話中的"字"指的就是詞，"齋""資"是同詞的不同字形。《說文》以後孳乳字日多，證明語言的發展促進文字發展："俗書遞增偏旁，亦未嘗不合孳乳之理。俗書增多，此其二也。""以《字林》而言，其所載之字，如禰，《說文》應通用昵，今以爲親廟，別造一文；牞，《說文》應通用听，今以爲牛鳴，別造一文；遶，《說文》應用繞，今以爲圍，別造一文；注《說文》應通用注，今以爲解，別造一文。此等字在今日有不能廢者。"②"不能廢"，說明新字所記錄的是新詞，與通過"變易"產生的新字有本質的不同。

關於《說文同文》的比例構成，季剛先生在《說文中多相同之字》中已交代清楚："若更取《字林》所多之字與《說文》對勘，則知其多出之字大半贅肬。至《集韻》字數達五萬餘，則孳乳少而變易益多。"③黃焯先生也在《說文箋識四種》前言引用了這句話："《說文》之後的字書，隸書改變，皆循故例，故俗書亦增多。"④這裡所言"故例"指的是《說文》重文之例，由東漢到清代，幾千年間，仿照《說文》的字書多出，所收字數也越來越多。增出的字"要其大半，皆爲變易。俗書滋多，此其一也"⑤。"大半"變易並未否定"孳乳"的存在。"文字孳乳，大氐義有小變，爲製一文。……此則轉注所施，隨意賦形，由少趨多，自然之勢。……而俗書遞增偏旁，亦未嘗不合孳乳之理。俗書滋多，此其二也。"⑥"俗書"增多正是沿著"《說文》正字"的"同"文繁衍途徑。

（二）"變易"和"孳乳"的聯繫

陳曉強"變易是一個歷史概念"啓發我們思考"變易"的歷史層次性問

---

① 黃侃：《黃侃論學雜著》，中華書局1964年版，第10頁。
② 同上書，第11頁。
③ 黃侃述，黃焯編：《文字聲韻訓詁筆記》，上海古籍出版社1983年版，第70頁。
④ 同上書，第10頁。
⑤ 同上。
⑥ 黃侃：《黃侃論學雜著》，中華書局1964年版，第11頁。

題。如黄季剛先生所舉"言"和"唁"字。"唁"字的産生造成了"弔問"一詞重複，後來"言""唁"二字功能分化，"唁"成爲記錄"弔問"一詞的專用字，從詞彙發展的鏈條上看，"義自音衍"，二字之間又形成孳乳關係。《說文》以齎、資異字，鄭以爲同字"也正說明這個問題。

《說文·貝部》："資，貨也。""齎，持遺也。"從《說文》訓釋看，二字意義相關。《周禮·天官·外府》："凡祭祀賓客喪紀會同軍旅共齎。賜予之財用。"鄭玄注："齎，行道之財用也。……鄭司農云：'齎或爲資'。今禮家定齎作資，玄謂齎資同耳，其字以齊、次爲聲，從貝變易。古字亦多或。"孫詒讓正義："此齎猶言持也，謂行道所持之材用。"在漢字産生層次上，"齎"同"資"，二字同詞。後功能分化，"齎"專表"持遺"一詞，"資"表資財。從新詞産生的角度"齎"爲孳乳字，但並不能否定"齎"字産生時同"資"。這就反映出字、詞産生的層次性問題。

季剛先生"字體分類"第六類"文字變易"指"就一字而推變數字，其大較不變者也。就一義而多立異名，其本始不變者也"。"大較不變"的"不變"即指"本始不變"，"大較"說明意義變化的比例和程度。《說文略說·論變易孳乳二大例》按照字形與音義的結合線索將變易字分爲三大類，其中第三類"字形既變，或同聲，或聲轉，然皆兩字，驟視之不知爲同"。所舉例字有囟、顛、頂、題一組："天之訓爲顛，則古者直以天爲首，在大字中則天爲最高，在人身中則首爲最高，此所以一言天而可表二物也。然與天同語者，有囟，聲稍變矣，由囟與天而有顛。此之造字，純乎變易也。顛語轉而有頂，有題，義又無大殊也。假使用一字數音之例，而云天又音囟，音顛，音頂，音題，又有何不可？是故囟、顛、頂、題，皆天之變易字也。而《說文》不言其同，吾儕驟視亦莫悟其同也。"[①]此處將天、顛列爲變易，其音義關係是"義無大殊""語轉"。其變化類型屬於"一語"。在《論語言變化》中季剛先生又說："如顛、天一字，古本一語。蓋以體言，極高者曰顛，其大而最高者則曰天，乃因其義有別而造兩字。以造字論，顛後於天；以語義論，天則由顛分化而來。"這裡又認爲"天"是"顛"的語義分

---

① 黄侃：《黄侃論學雜著》，中華書局1964年版，第7頁。

化字。相同的語言材料得出正好相反的結論，根本點在於判定意義關係的標準。這就是前文所言"大較不變"的原因。認爲"顛"爲"天"同義音轉變易字，是因爲其"古本一語"，《說文·示部》"天，顛也"是其推論的基礎和依據。認爲"顛"爲"天"的分化語，是基於二字後來義衍而分化。

《說文同文》"A 同 A1……"系聯，並沒有明確區分是變易還是孳乳，必須根據黃季剛先生關於"變易""孳乳"二大條例的論述仔細辨析。陳曉强《〈說文同文〉研究》在舉例闡說《同文》對《文始》的繼承時說："《同文》的基本性質是變易，《同文》'A 同 A1……'對《文始》'A 孳乳爲 A1、A2……'的繼承將《文始》的孳乳關係處理爲變易關係，體現了《同文》對《文始》的繼承和發展。如：《文始七·幽冬侵緝類》：'道，所行道也。馗字从首，是古文以首爲道也。道又孳乳爲導，導引也；亦爲迪，道也。蓋古文有道無導，最初有首無道。首有主領之義，引申爲向道作道，道複引申爲道路，乃分別導引之字作及迪矣。'……從章先生觀點出發，本爲'向導'義的'道'和後起專爲'向導'義而造的'導'之間並沒有發生'義衍'，'道''導'應爲變易關係，《文始》'道又孳乳爲導'則在表述上前後存在矛盾。《同文》'導同道'可能就是從這個角度來糾正《文始》錯誤的。從字形上着眼，'道'的本義似應爲'所行道'，'導引'是'所行道'的引申義，因此《文始》'道又孳乳爲導，導引也'的說法又有其合理的一面。"①這段論述前面分析"道""導"爲變易關係是基於文字功能分化之前同詞異字現象，後文又承認《文始》"道又孳乳爲導"具有合理性，是立足於新詞產生，漢字功能分化。之所以會產生兩種不同的判斷結果，一方面在於"變易"的歷史層次性，另一方面在於詞義的模糊性和文字功能分化時間的不確定性。

（三）"變易"和"轉語"的關係

上文所分析"變易"的歷史層次性體現在"變易"與"孳乳"的聯繫上，另一方面體現在對方言音轉字的歸類上。季剛先生《略論字體變易之條例及字體變遷》②分變易條例爲六，第五種"聲轉韻轉變易"指的就是方言

---

① 陳曉强：《〈說文同文〉研究》，碩士學位論文，北京師範大學，2003年。
② 黃侃述，黃焯編：《文字聲韻訓詁筆記》，上海古籍出版社1983年版，第28頁。

音轉字:"聲轉韻轉變易:聲轉之變,由於方言;韻轉之變,本乎方音。故聲轉韻轉變易易與孳乳相混。惟孳乳之字之變,或不能與本義相通;而聲轉韻轉之變,百變而不離其宗者也。""百變而不離其宗"之"宗"即指詞義,方言方音雖聲音變轉,但對應的意義始終不變。而孳乳字意義發生了改變,"或不能與本義相通。""方音"和"方言"之異,黃季剛先生在《以聲韻求訓詁之根源》條也涉及:"以聲訓或義訓推之者。聲訓者,根乎方音不同;義訓者,根乎方言之不同。蓋一字而南北異讀,方音之異也;一義而東西異稱,方言之異也。故推其生聲之由,則本乎方音之異;推其生義之由,則本乎方言之異。"① 又《論語言變化》:"聲訓根乎方音不同,義訓根乎方言不同。語言文字之變,由方音與方言之異。唯以聲訓者,根乎方音之不同;義訓者,根乎方言之不同。而方音之變,又只能變韻而不能變聲也。"② 這兩段內容涉及的問題其實是一個,"方音"與"方言"均同義音轉,但同義的方言詞有不同的"生義之由"。方音音轉表現為韻轉關係,方言音轉表現為聲轉關係。顧名思義,方言屬於語言,方音關注語音,指方言音讀字,為標記某詞語的某種方言音讀而創造或借用的漢字,語音上的差異主要在韻。方言指不同方言對同一意義的不同用字,語音上的差別主要在聲。"方音"和"方言"的區別,主觀上有一種區別字和詞的意圖,方音是記錄同一個詞的同一個字的不同讀音。"方言"是"一物而東西異稱",指不同方言對同一意義的不同用字,語音上的差別主要在聲。季剛先生在《方言·方音》中說:"揚子雲為《方言》,其方言與方音不同。知方言與方音別,而後訓詁條理乃有可言。《爾雅》溥、廓皆訓大,而溥與廓聲不同,此方言之變。凡發音必有其義,而所以呼溥為廓,必有其呼之故也。《爾雅》:'吾、卬,我也。'今言或謂我為俺,此則方音之不同也。"③ 據此,方音同義韻轉,方言同義聲轉,二者不在同一層次,"方音"屬語音地域變化,"方言"側重語言意義系統,同義異字,具有不同的音義結合理據。"變易條例"第三條:"傍音變易,謂一字其聲變而其形不變者也。蓋其變多由乎方音之不同,遂而一字殊

---

① 黃侃述,黃焯編:《文字聲韻訓詁筆記》,上海古籍出版社1983年版,第194頁。
② 同上書,第206頁。
③ 同上書,第137頁。

體，如瓊或作瑓，作瓗，作琁是也。"方音不同，採用不同的聲符所造的字聲韻有不同。這樣改換聲符的形聲字之間形成音轉關係。語音稍縱即逝，語音的差異在書面語中主要體現在不同的形聲字聲符，而在口語系統，主要體現在語音的差別。詞是音義結合的最小單位，音是形式，義是內容，內容決定形式。方音轉語實際上反映了同一詞的語音形式的變化。陸宗達、王寧先生在《音轉原理淺談》中為我們概括了這一點："比較義衍推動的造字和方言音變推動的造字，可以看出：前者因詞分而字分，後者雖字分（採用不同的寫法），而在口語裡，實際上沒有產生兩個詞，只是同一詞的讀音不同而已，所以，從意義上說，前者已經分化，而後者其實相同。"①"在口語中"其實就是對"變易"層次的劃分。方言、方音在最初產生的歷史層次上同詞異字，而後又產生分化，記錄同義音轉方言詞的專用字就成為音轉同源字。詞是音義結合體，音和義兩個要素形成語言發展的兩大支柱，任何一方的變化都會導致語言的變化。《論語言變化》："語言之變化有二：一由語根生出之分化語；二因時間或空間之變動而發生之轉語。"② 這一分類依據的標準是"發生"，"由語根生出之分化語"，指以語根為起點、意義變化推動詞語分化的義衍同源詞；"由時間或空間變動而發生之轉語"側重於"音轉"，指由於時空變化而發生的語音變轉同源詞。發生學兩大類型分別立足於義、音兩個立足點。"分化語者，音不變而義有變；原其初本為一語，其後經引申變化而為別語別義。……轉注則義同而語為二。……特其音有轉變。"③ 從前後語境看，這裡所說的轉注，實即轉語。《文字學筆記·六書》："凡一義而數聲者，依聲而制字，而轉注之例興。"④ 黃季剛先生認為"六書"為造字之本，轉注是一義依聲造字。"轉語"指同義因聲轉而發生的語言變化。二者角度不同，但緊密聯繫。

黃季剛先生《略論字體變易之條例及字體變遷》中六種變易都是同義音轉字。建立在文字產生的層次上，分化語和轉語是建立在詞語分化的層次

---

① 陸宗達、王寧：《訓詁與訓詁學》，山西教育出版社 1994 年版，第 397 頁。
② 黃侃述，黃焯編：《文字聲韻訓詁筆記》，上海古籍出版社 1983 年版，第 205 頁。
③ 同上書，第 206 頁。
④ 同上書，第 79 頁。

上，前者同詞異字，後者異詞異字。"變易"的歷史層次性揭示了字、詞發生發展的不平衡性。如果忽視了這一規律，就會為前四種異體條例和後二種同義音轉條例的不諧和所左右，而得出片面的結論。章太炎先生"轉注假借說"："余以轉注、假借，悉為造字之則。……蓋字者，孳乳而浸多。字之未造，語言先之矣；以文字代語言，各循其聲。方語有殊，名義一也，其音或雙聲相轉，疊韻相迤，則為更制一字，此所謂轉注也。"①有學者在討論《文始》"變易"的性質時得出如下結論：太炎先生的"轉注"說的實質乃是語轉②，"變易"與章氏"轉注"理論基本吻合；語轉是可以使"變易"與"異體""孳乳"區別開來的本質屬性。"變易"的實質是語音發生變化。"雖然《文始》變易材料中存在少量的異體字，但是音義全同的異體字並不符合變易材料義同音轉的總體特徵，作者設置'變易'一例的主要意圖並不在於揭示異體關係。因為異體現象不是《文始》變易材料的主體，也不能反映'變易'的本質屬性。"④以上觀點之所以會將"異體""變易"截然區分，就在於以今人的學理標準作判斷，同源詞的發生學分類先入為主，是立足於詞的層次上分析問題，而忽視了記錄詞的符號"字"的存在。"音義相讎，謂之變易"。"所謂'音義相讎'，指具有'變易'關係的一組字，它們所記錄的語音和意義在'變易'前後是相匹配、相對當的關係。"⑤這樣將音義關係割裂開來理解，恰恰偏離了"聲義同條"的軌道，僅僅局限於變易前後字義之間、字音之間的對應上，而忽視了"變易"同詞實質。章、黃"變易""孳乳"一脈相承，如果依據以上這一結論，黃季剛先生"變易"的六大條例就無從談起。

（四）"變易"與"轉注"的關係

"太炎先生雖然結合'六書'將'轉注'闡釋為一種'造字之則'，但

---

① 章太炎，《國故論衡》，上海古籍出版社2003年版，第36頁。
② 劉麗群：《論文始"變易"的性質》，《章黃學術思想研討會暨陸宗達先生誕生110周年紀念會》論文集（上冊），第311頁。
③ 同上書，第316—317頁。
④ 同上書，第310頁。
⑤ 同上書，第304頁。

若究其根本，其'轉注'說的實質乃是語轉。"①以語轉來理解太炎先生"造字之則""轉注"，立足點和分析問題的角度都不一致。作者僅僅看到"方語有殊，名義一也，其音或雙聲相轉，疊韻相迤，則爲更制一字，此所謂轉注也"。而忽視了前面一句話"以文字代語言，各循其聲"。聲音只是轉注的條件和線索，"轉注"之間具有多種意義關係："語言之始，義相同者多從一聲而變，義相近者多從一聲而變，義相對相反者亦多从一聲之變。"②義相近、相對、相反已經大大超越了"變易"義同的限制。黃季剛先生在《論學雜著》中這樣闡述造字宗旨："聲義同條之理，清儒多能明之，而未有應用以完全解說造字之理者。侃以愚陋，蓋嘗陳說於我本師；本師采焉以造《文始》，於是，轉注、假借之義大明；令諸夏之文，少則九千，多或數萬，皆可繩穿條貫，得其統紀。"③轉注、假借之例乃"造字之理"，章、黃的"轉注假借"同一原理，章太炎《轉注假借說》："轉注者，繁而不殺，恣文字之孳乳也；假借者，志而如晦，節文字之孳乳者也。二者消息相殊，正負相待，造字者以爲繁省大例。"④《訓詁學筆記》："轉注者，所以恣文字之孳乳；假借者，所以節文字之孳乳。"⑤"轉語"立足於詞，而"轉注"立足於字，"變易""孳乳"是造字條例，"轉注""假借"是造字規律，"變易""孳乳"是"轉注"規律的具體實施，"變易多而孳乳少"符合事實，而將"轉注"专屬於"變易"有失偏頗。

綜上所述，《說文同文》是以"聲義同條"之理解說"造字之理"，以變易同詞、孳乳異詞二大例來統攝紛繁複雜的漢字，"繩穿條貫"而得出的漢字"統系"。

四 關於《說文同文》材料整理

（一）依據版本

關於《說文同文》，現有以下兩個不同的版本：一是1983年上海古籍

---

① 劉麗群：《論文始"變易"的性質》，《章黃學術思想研討會暨陸宗達先生誕生110周年紀念會》論文集（上册），第311頁。
② 章太炎：《國故論衡》，上海古籍出版社2003年版，第40頁。
③ 黃侃：《黃侃論學雜著》，中華書局1964年版，第94頁。
④ 章太炎：《國故論衡》，上海古籍出版社2003年版，第39頁。
⑤ 黃侃述，黃焯編：《文字聲韻訓詁筆記》，上海古籍出版社1983年版，第78頁。

出版社出版的《說文箋識四種》(分別爲《說文同文》《字通》《說文段注小箋》《說文新附考原》);二是 2006 年中華書局出版的《說文箋識》,是《黃侃文集》系列中的一種。二者的區別是:《說文箋識》是對《說文箋識四種》加以重輯,除《說文》原文字頭採用小篆外,批語都爲楷體。而《說文箋識四種》沒有寫小篆,直接將黃侃的批語摘錄下來,然後將其所屬部首用小字在後面標出,並且全部文字爲手寫體。本書以上海古籍出版社的《說文箋識四種》中的《說文同文》爲基礎,參照中華書局的《說文箋識》,校以上海古籍出版社和中華書局影印版《黃侃手批說文解字》、台灣石門出版公司《黃季剛先生遺書·批注說文》,力求做到研究材料的準確。在論證具體問題時,會參考少許黃氏門人的材料和論斷,主要有潘重規《中國文字學》和黃侃著述、黃建中整理的《說文箋講》。

(二)整理原則

1.排異

排除非"同"條例 110 條,主要包括:

一是"相應""由來""相近"字組,如:【辰或謂即晨之本字,彼由辰來。】

【叔亦近通。】

二是季剛先生"字體分類"術語字組,正、通、變、訛、變、後、別。如:

正:【魖,此艱難正字。】

借:【其訓事理者借爲笏。】

後:【瑞後出字作璲,剝即卜之後出。】

別:【件即健之別字。】

變:【儿,人之變。】

三是其他字詞關係字組。如:

"即"類:【必或即畢之古字,曹一曰邌行即曹偶字,晨,或即辰字。亦即宸字。】

"作"類:【於古文但作丂。閼厭飫字又作饇。俑人字本作偶。】

"古"類:【古貨字。刀又古一字也。】

異文類:【禿,語轉爲童,即秀之異文。】

2. 合併(1208條)

全同合併:內容相同,只是文字順序排列不同的條例,合併爲一條。

如:【閽同闇夘闈】【闇同夘闈閽】【闈同閽闇夘】。

包含合併:字組互相包含,以最大字組兼賅:

四下【胤同身辰娠㑉】,八上【㑉同娠胤】【身同辰,又同㑉娠胤】,十三上【娠同㑉】。

3. 並列

同一條內並列,如:民,同萌芒夢,同氓甿。

別義同並列,如:育別義同凸。

引申同並列,如:革引申同鞨。

4. 删除

《黃侃手批說文解字》中不存在的條例:六上【夢同㝱】。

經過以上整理,一共剩餘1410條。

(三)論證步驟

由於黃季剛"同文"是就"音義相同或相通者,類聚而比次之……蓋據章君《文始》所列,並自下己意,其於文字孳生演變之跡,具謂彰顯"①。可見,《說文同文》的"同"通過文字的類聚,體現了音義相同或相通關係,而音義是語言的兩大要素,文字是記錄語言的符號系統,文字孳生演變,反映了語言音義關係的變化。黃季剛先生據章君《文始》所列,"音義相同,謂之變易","義自音衍謂之孳乳",揭示出"文字孳生演變之跡"。本書分別在考察《同文》意義系統和語音系統的基礎上,進一步探討黃季剛先生關於文字系統和語言系統的理論和觀點。前文已介紹,由於"變易"的歷史層次性、詞義的模糊性和文字功能分化時間的不確定性,導致有的《同文》同條而黃季剛判斷有異,如【天囟顛頂題】兼屬變易和孳乳,"方音"產生之初口語中同詞異字而後同義音轉造字同源。因此本書在考察《同文》意義關係、語音關係時,首先遵循"以黃證黃"原則,在黃季剛手批《同文》和相

---

① 黃侃箋識,黃焯編次:《說文箋識四種》,上海古籍出版社1983年版,第3頁。

關論述中搜集黃季剛先生判斷爲"變易"的字考察其"義同"條例,斷爲"孳乳"的字以考察其"義通"關係。其次再依據總結出來的義同、義通條例擴大到所有《同文》字組。

（四）聲韻體系

《論聲音條例古今同異》和《音略》[①]整理了古今聲韻條例,明確古本音體系古本聲十九紐,古本韻二十八韻。今據以作以下聲韻表。

表一　　　　　　　　聲紐表（小字爲今變聲）

喉	影喻爲		□		曉	匣
牙	見	溪群		疑		
舌	端知照	透徹穿審	定澄神禪	泥娘日	來	
齒	精莊	清初	從床	心邪疏		
唇	幫非	滂敷	並奉	明微		

在《古聲韻古本音概略》[②]所列"古今聲類表"中,僅分喉、舌、齒、唇四類。喉音和牙音合併爲一類。

表二　　　　　　　　韻部表

	陰	歌	灰		齊	模	侯	蕭	豪	咍
收鼻	入	曷	沒	屑	錫	鐸	屋		沃	德
	陽	寒	痕	先	青	唐	東		冬	登
收唇	入	合		帖						
	陽	覃		添						

---

① 黃侃:《黃侃論學雜著》,中華書局1964年版,第98、62頁。
② 黃侃述,黃焯編:《文字聲韻訓詁筆記》,上海古籍出版社1983年版,第156—160頁。

在《古聲韻古本音概略》中，僅列陰、入、陽三大類，不分收鼻還是收唇，列合覃、帖添在咍德登後。"此表排列略依旁轉最相近者爲次第。"①

（五）古音表譜

黃侃的音韻體系相應的聲韻譜是劉賾的《說文古音譜》②。

劉賾，著名語言文字學家，書法家，1914 年考入北京大學國文系，師從黃侃先生治語言文字學。其在語言文字學領域成就卓著，爲章黃學術重要繼承人，主要的著作有《聲韻學表解》《說文古音譜》等。《說文古音譜》，以黃侃所定古本韻與古本聲、今變聲爲基礎，經緯相貫，制爲表格，將《說文解字》九千餘小篆並許慎的說解分別隸屬其中，使文字古形、古音、古義相得益彰，爲推求音義相關之理、尋繹語言文字衍變之跡奠定了基礎。黃焯稱其什百于段玉裁《六書音韻表》，是研治《說文解字》的基礎工具書。以下是對該書的使用方式說明：

1. 版本上，《說文古音譜》曾經於 1963 年由湖北人民出版社影印刊行，線裝　函三册，現中華書局 2013 年版則改原上、中、下三册爲卷上、卷中、卷下，從此合爲一編，以供檢索。可能出於保存劉賾手稿的考慮（其不失爲一種書法藝術作品），本書全部爲影印本，即全部爲作者毛筆手寫體。

2. 内容上，其將《說文》九千餘小篆字體全部歸類到相應的二十八韻部之中。但就檢索上而言，其缺乏相應的檢索目錄，小篆字體又不便於查找。我們將其轉錄成電子繁體字版，部分古文、或體、籀文等没有找到對應字的則保留小篆體，並不影響本書的研究。

確定每個字聲韻歸屬的具體做法如下：1. 依據《說文古音譜》確定《說文同文》中每一字的聲韻歸屬。2. 對於該手册中未收錄的，則根據諧聲偏旁、參照《廣韻》音系推定。

---

① 黃侃述，黃焯編：《文字聲韻訓詁筆記》，上海古籍出版社 1983 年版，第 160 頁。
② 劉賾：《說文古音譜》，中華書局 2013 年版。

第一章 《說文同文》意義關係研究

《說文解字·敘》:"文者,物象之本。字者,言孳乳而寖多也。著於竹帛謂之書。書者如也。以迄五帝三王之世,改易殊體。封于泰山者七十有二代。靡有同焉。"黃季剛先生說:"改易殊體者,一字而析爲數形。孳乳寖多者,一語而衍爲數字。自清儒多能明聲義同條之理。至黃先生從章公研治小學,乃始應用此理,以解說造字之法。公作《文始》,紬繹初文五百十名,傅以今字。於是竹帛之書,少則九千,多或數萬,皆可繩穿條貫,得其統紀。其爲例有二:曰音義相讎,謂之變易,即五帝三王之改易殊體者也。曰:義自音衍,謂之孳乳,即所謂形聲相益,孳乳寖多者也。"[1]這段論述明確以下幾個問題:第一,變易、孳乳的區別:變易,爲"改易殊體",一字數形,是單純的字形改易問題,屬於基於"語"的文字本體的變化;孳乳,是"一語而衍"的文字的繁衍,屬於語言變化導致的文字形體變化。第二,變易孳乳的聯繫:聲義同條造字,文字"得其統紀",音義關係爲貫穿文字體系的依據。音義相讎而造字爲變易,音轉義衍而造字爲孳乳。第三,"文字成立先後,既不可索,即使出於倉頡一人,亦自無嫌。蓋提挈綱維,止在初文數百,自是以降,要皆由初文變易孳乳而來也。""初文"是變易、孳乳的起點,變易、孳乳是後世文字增多的主要途徑。

從文字繁衍角度,黃季剛先生用比喻的方式進一步揭示出變易、孳乳的區別。《論文字變易孳乳二例》:"古今文字之變,不外二例:一曰變易,一

---

[1] 黃侃述,黃焯編:《黃侃國學講義錄》,中華書局2006年版,第4頁。

曰孳乳。變易者，聲義全同而別作一字。變易猶之變相。孳乳者，譬之生子，血脈相連，而子不可謂之父。中國字，由孳乳而生者，皆可存之字。由變易而生之字，則多可廢。雖《說文》中字亦然。如啥從口，言聲。言已從口，而更加口，此三代之俗字。若孳乳字非特不可廢，且須再造也。""聲義"是詞的構成單位，是造字的依據，聲義全同而別作一字，所產生的形體只是字的外相——字形的改易，通過視覺可感知的外在字形是漢字的本體，"變易"產生了記錄同聲義的多個字形。"變相"指文字視覺符號變化，其實質——聽覺符號"音"和思維符號"義"的結合體"詞"並沒有改變，這樣形成的字與"孳乳"——父子傳承裂變而形成的字有本質的不同。這裡以人爲喻，"變易"如同一個人或不同角色或不同時期的變化；"孳乳"是聲義相通、爲不同聲義的異詞造字，就如同祖、父、己、子、孫在時間鏈條上展開的傳承同一血脈的不同個體。從語言經濟律角度，"變易"是同詞重複，多個詞形無疑會形成表意干擾項，所以"多可廢"；從語言表達律角度，"孳乳"是爲不同的詞所造的字，所以須再造。

從意義關係角度，李剛先生明確指出："敘云：'五帝三王之世，改易殊體'，謂之殊體者，其義不異，惟文字異耳，故觀念既同，界說亦同者，文字之變易也。最初造文，一字本無多義，然衍之既久，遂由簡趨繁，由渾趨析，故觀念既改，界說亦異者，文字之孳乳也。"[1] 變易"其義不異"，變易途徑所產生的字"觀念同""界說同"，意義關係相同，而孳乳是義衍而來，觀念改、界說異，意義關係相通。黃焯先生輯錄《說文同文》，在引言中也提到："先叔父季剛先生嘗就其音義相同或相通者，類聚而比次之，注云某同某某，或云某與某同。蓋據章君《文始》所列，並自下己意，其於文字孳生演變之跡，具爲彰顯。"[2] 可見，《說文同文》的"同"體現的就是音義相同或相通的關係，本章《同文》意義關係，分爲"義同"和"義通"兩部分予以考察。

---

[1] 黃侃述，黃焯編：《文字聲韻訓詁筆記》，上海古籍出版社1983年版，第29頁。
[2] 黃侃箋識，黃焯編次：《說文箋識四種》，上海古籍出版社1983年版，第3頁。

第一節 《說文同文》義同條例

本節從黃季剛"變易"相關論例、同文的訓釋關係角度考察義同條例。

一 從黃季剛的變易分類看義同條例

黃季剛先生在《文字聲韻訓詁筆記》中將變易分爲六類。

（一）書法變易：有兩種。一種指的是因時代的變遷而產生的字體的變易，"自造字迄于秦世，代異其體，始則古文，繼以大篆，而終以小篆，其體既異，故書法不同"。[①] 這裡的"體"指古文、大篆、小篆"代異其體"，隨時代變遷而變化的同一個字的書體變化，記錄同一個音義，書寫的風格隨時代不同而有變化。體現了歷時的字體演進過程。還有一種是共時段正體和或體關係，如祀和禩。《說文·示部》："祀，祭無已也。从示巳聲。禩，祀或从異。""祀"和"禩""就一種字同時言"，都是小篆字體。《說文·示部》："祡，燒柴焚燎以祭天神。从示此聲。……禷，古文祡从隋省。""祡"古文作"禷"，季剛先生認爲乃"同類字相類者言"，所謂同類字，指二字相同部首同音義而類聚，實際上仍然是歷時字體變化。以上兩種"蓋皆就一字全體而言也"。所謂"一字全體"，是指同一字的記錄功能相同。

（二）筆畫變易：指的是書寫過程中，字形在筆畫上發生一些改變。如季剛先生所舉的例子："就一字中一點一畫言之也。蓋最初造字，悉爲本體，然同時亦不免有異其點畫者。如上之作二，古文本體也。又作⊤，作⊥，則點畫之異趣耳。然猶不失造字之本義也。至於⊥變爲上，丅變而爲下則造字本義竟不可曉。"[②] 上面所舉的一系列"上"字的不同形體，均爲記錄本義的漢字本體，只是異其點畫，字體的區別在漢字書寫單位層次。

（三）傍音變易：指的是聲符發生的變化，但變化了的聲符與原聲符聲

---
① 黃侃述，黃焯編：《文字聲韻訓詁筆記》，上海古籍出版社 1983 年版，第 29 頁。
② 同上書，第 30 頁。

音相同或相近。季剛先生所舉的例子爲："瓊或作璚，作瓗，作琁。"《說文·玉部》："瓊，赤玉也。从王夐聲。璚，瓊或从矞。瓗，瓊或从巂。琁，瓊或从旋省。"這些字同屬於小篆字體，同一部首，聲符變化。

（四）全體變易：從字形結構關係角度看有以下幾種情況。

同爲形聲字，聲符不變，改換意義相近義符，如踰逾，越逑。

同爲形聲字，義符不變，改換聲音相近聲符。如：《說文·赤部》："經，赤色也。从赤巠聲。赬，經或从貞。䞓，或从丁。"

同爲形聲字，改換聲符和形符。《說文·玉部》："玭，珠也。从王比聲。蠙，《夏書》玭从虫賓。""蠙"爲經典中與小篆字頭"玭"同功能的異形字。

第二種是字形結構上發生了變化。《說文·艸部》："蕢，艸器也。臾，古文蕢，象形。""蕢"爲形聲字，"臾"爲象形字，二字從不同的構字方式上體現共同的詞義。又"經"下："涑，經棠棗之汁。或从水。泟，涑或从正。""涑"爲會意字，"泟"爲形聲字。

書法變易和筆畫變易是由書寫等因素形成的異寫字關係，主要表現在同一字隨時代而異的書體風格的差異和同一字書寫單位和筆畫形態的不同。傍音變易和全體變易是字形構件、結構模式不同的異構字關係。四種類型均建立在音義對等的基礎上，反映的是造字同功能的字之間的形體關係。《說文同文》中這樣的例子有很多。

【人同儿】《說文·人部》："人，天地之性最貴者也。"又《儿部》："儿，仁人也。古文奇字人也。孔子曰：'在人下，故詰屈。'""人"爲小篆，"儿"是古文奇字，二字同功能，在小篆字形體系中組字位置不同，"人"居左，"儿"在下，是書法變易。

【遲同邌】《說文·辵部》："遲，徐行也。从辵犀聲。《詩》曰：'行道遲遲。'""邌，徐也。从辵黎聲。""犀"心母灰部，"黎"來母灰部，舌齒疊韻。二者是傍音變易。

【佚同憺】《說文·人部》："佚，安也。"《廣雅·釋詁四》："佚，靜也。"王念孫《廣雅疏證》："佚與憺字通，字或作澹，又作淡。"《說文·心部》："憺，安也。"《慧琳音義》卷二十七"憺怕"注："憺字書作佚。"炎，爲母添部，詹，照母添部，二字疊韻。這是全體變易中聲符、形符均改變。

第一章 《說文同文》意義關係研究

【簾同幓】《說文·竹部》："簾,堂簾也,从竹廉聲。"又《巾部》:"幓,帷也。从巾兼聲。"《釋名·釋牀帳》:"幓,廉也",王先謙《釋名疏證補》引葉德炯曰:"幓即簾也,北人以帛爲之,南人以竹爲之,故其字从巾从竹兩相通。"二字意義完全相同,形符反映的是各自的材質,"兼"爲"廉"聲符。這也是全體變易中的聲符、形符均改變。

【刅同鍚】《說文·刀部》:"刅,傷也。从刀从一。"徐鍇《說文解字繫傳》:"此正刀創字。言刃所傷也。"《說文·矢部》:"鍚,傷也。从矢,傷省聲。"段玉裁注:"鍚,爲矢之所傷,引申爲凡傷之稱。"二字均以"傷"聲訓,同爲唐韻,刅,初母,鍚,審母,"刅"爲會意字,"鍚"爲形聲字,造字方式不同,詞義相同。這是全體變易中的字形結構不同。

【嘌同毚】《說文·口部》:"嘌,疾也。从口票聲。"《集韻·笑韻》:"嘌,車行疾無節。"《說文·兔部》:"毚,疾也。从三兔。"段注:"兔善走,三之則更疾矣。""嘌"爲形聲字,其快疾義取自飄、漂的飄搖不定義。"毚"爲會意字,其快疾義取自於兔子善於奔跑。二字古音均豪部,嘌,滂母;毚,幫母,意義相同。這是全體變易中的字形結構不同。

【厂同抴】《說文·手部》:"抴,捈也。"《廣韻·薛韻》:"抴,亦作拽,拕也。"段玉裁注:"抴與曳音義皆同。"《說文·丿部》:"厂,抴也。象抴引之形。"二字音義相同,"抴"是形聲字,以手爲形符,表示用手來拖拽牽引,而"厂"是象形字,象抴引之形。抴、厂同爲喻母曷部字,這也是全體變易中的字形結構不同。

(五)聲轉韻轉變易。"聲轉之變,由於方言;韻轉之變,本乎方音。故聲轉韻轉變易易與孳乳相混。惟孳乳之字之變,或不能與本義相通;而聲轉韻轉之字,百變而不離其宗者也。"[1]這裡所說的"百變不離其宗"之"宗"就是詞義。聲轉韻轉變易體現在聲音發生了變化,而詞義不變。方音指方言音讀字,爲標記某詞語的方言音讀而創造或借用的漢字,語音上的差異主要在韻。方言指不同方言對同一意義的不同造字,語音上的差別主要在聲。陸宗達、王寧先生《音轉原理淺談》:"比較義衍推動的造字和方言音變推動

---

[1] 黃侃述,黃焯編:《文字聲韻訓詁筆記》,上海古籍出版社1983年版,第31頁。

的造字，可以看出：前者因詞分而字分，後者雖字分（採用不同的寫法），而在口語裡，實際上沒有產生兩個詞，只是同一詞的讀音不同而已，所以，從意義上說，前者已經分化，而後者其實相同。"① 季剛先生所舉的例子是川和水，"如水屬舌音透母，灰韻，川屬舌音透母，痕韻。論形皆象水流，論義皆以名水，論聲皆屬舌音，論韻灰、痕對轉，則二字實一字耳。然泛名爲水，則大小淺深均不異，而川則貫通流水也，其所以異者，則音轉之異耳"②。"水"泛名，"川"側重貫穿通流水，二字的差別主要體現在語音對轉關係。同文字例如：

【嗌同咽】嗌和咽二字互訓。《說文・口部》："咽，嗌也。"段注："咽者，因也。言食因於是以上下也。"又："嗌，咽也。"段注："嗌者，扼也。扼要之處也。"《山海經・北山經》："食之已嗌痛。"郭璞《山海經注》："嗌，咽也。今吳人呼咽爲嗌。"二字同義，影紐雙聲，"嗌"入聲錫韻，"咽"先韻，是因地域原因造成的方音音轉字。

【蚅同螫】《說文・蟲部》："蚅，螫也。从虫，若省聲。"段注："蚅螫葢本一字，若聲赦聲聲同部也。或讀呼各切，山東行此音。或讀式亦切，關西行此音。見釋玄應書。今人乃以此篆切呼各，下篆切式亦，分而二之。"《說文・蟲部》："螫，蟲行毒也。从虫，赦聲。"蚅螫二字均鐸韻，"蚅"曉母，"螫"審母，方音"分而二之"，是不同方言爲同一義造的不同字形。屬於聲轉之變，是方言音轉字。

（六）文字變易："就一字而推變數字，其大較不變者也，就一義而多立異名，其本始不變者也。"③ 這裏所說的"大較不變"的是文字記錄的聲義，相同相近聲義鏈條上產生一系列新字，表義有細微的差別，或相同或相近。"其本始不變者"指的聲義之源。季剛先生所舉的例子爲"丩、豖、希、布、絺、𥿋、彖、彘、帀"這一組字。根據發音部位區別爲三類：

喉音：丩 希 帀

舌音：豖 𥿋 絺 𥿋

---

① 陸宗達、王寧：《訓詁與訓詁學》，山西教育出版社1994年版，第397頁。
② 黃侃述，黃焯編：《文字聲韻訓詁筆記》，上海古籍出版社1983年版，第31頁。
③ 同上。

第一章 《說文同文》意義關係研究

齒音：[字形] [字形]

"以上所舉，以形而言，不出象形、指事、會意之外；以義而言，不出豕義之外；以聲而言，不出喉齒之外。則諸字或以聲變，或以韻變，然同一體也。"

"同一體"立足於造字同聲義同功能。多個字形之間並沒有形聲字，說明這些字都還處於象形造字階段的"初文"層次，"就文而論，亦非造自一時。何以明之？中之與端，水之與川，聲有對轉，而語無殊。……此如造自一時，何由重複？是則轉注之例已行於諸文之間久矣。"① 初文之間，也有變易關係。《初文多轉注》："同聲同義而異字即轉注也。"②"水"與"川"，音轉而語無殊即此，季剛先生變易分類第五類即舉這二字爲例。豕義諸字也是這種關係。

"總觀變易各條，於已知全體與傍音之變易始終不可廢，而聲韻之變易則必消滅也。"從形體結構看，全體變易字和傍音變易字多屬於形聲字結構單位和結構模式的變化，而聲韻之變包括方音方言之變和初文轉注，是由於時間和地域的變化而產生的同聲義的不同形體，"必消滅"說明它們造成了語言冗餘現象沒有長久生存的必要。

從漢字記錄聲義角度看，季剛先生變易分類主要包括同音同義和同義音轉兩類，其中的"同義"並不完全對等。第五類"聲轉韻轉變易"所舉"水"和"川"二字，許慎釋"川"用的是義界方式："貫穿通流水"，"水"是主訓詞，與"川"同義，"貫穿通流"是義值差，交待"川"區別於"水"的特點，主要體現在暢通無阻和水流聲勢上。第六類"文字變易"中豕義諸字，意義關係還可以作進一步區分。第一是部分和整體的區別，如"丑"是豕之頭，與釋爲"豕"義諸字是部分整體的關係。第二是地域專名與一般通名的關係，如《說文·丑部》："彘，一曰河內名豕也。"是專名與通名的區別。第三是外在形制區別，如"豚"釋小豕，"小"即區別於"豕"的特點。第四是種屬差別，如"豨"是彘屬，"象"是豕屬。第五是主體與動作關係，如"豕"訓"豕走"。第六是古文同形，如在《論筆勢變易》中，季剛先生

---

① 黃侃：《黃侃論學雜著》，中華書局1964年版，第4頁。
② 黃侃述，黃焯編：《文字聲韻訓詁筆記》，上海古籍出版社1983年版，第61頁。

指出："󰀀，古文殺，又爲古文󰀁。豕，古文作󰀂，亥亦然。《說文》野獸字多从豕，豕部字有廣狹二義。狹義爲家畜之豕，廣義則爲凡野獸之稱。豕之古文與殺之古文同形，蓋論其名詞則爲野獸，論其動詞則爲殺也。"① 如此說來，"殺"之古文與諸"豕"義字意義上廣狹有別，名動有別。季剛先生在《訓詁概述》中談到"治小學之法約有三"："三曰名事同源，其用不別。名者，名詞；事者，動詞、形容詞。凡名詞必皆由動詞來。……蓋古代一名之設，容涵多義，凡若此者，其例實多矣。"② 以上季剛先生所舉諸例屬於"名事同源"，不同的文字形體爲變易，其後"凡名詞必皆由動詞來"，語言分化，音義相關，不同文字之間是孳乳關係。可見，"變易""孳乳"之間體現了語言的源流關係，處於語言發展鏈條上的不同節點，二者概念上能區分，但實際操作層面使用同一組字形，所以會導致歸屬爭論。關於這一點我們在後文義通關係部分有進一步的分析。

二 從《論變易孳乳二大例》（上）③ 看義同關係

以字形爲線索，黃季剛先生分"變易""孳乳"各分三條例，現舉"變易"條例說明其義同關係。

"變易之例，約分爲三：一曰，字形小變；二曰，字形大變，而猶知其爲同；三曰，字形既變，或同聲，或聲轉，然皆兩字，驟視之不知爲同。"

"字形小變"類包括三種情況，一舉上、中二字說明《說文》小篆與古文形體筆畫多少與曲直之異："如上，古文作󰀃，指事也；篆則爲󰀄，此但依據古文，偶加筆畫，實無意義。中，古文亦作󰀅，其中一曲，亦毫無所表也。"二舉隶、弟、民、酉說明篆文从古文之象："《說文》所載，隶，重文，有篆文隸，从古文之體。弟，古文作󰀆，从古文韋省，丿聲；而篆文即从古文之象。民，古文作󰀇，象形者也；而篆文即从古文之象。酉，古文作󰀈，从卯，从一，閉門象也，而篆文即象古文酉之形。"在《論筆勢變易》中黃季剛先生仔細分析了這些字從古文到篆文之間的形體變化，說明其是爲

---

① 黃侃述，黃焯編：《文字聲韻訓詁筆記》，上海古籍出版社1983年版，第28頁。
② 同上書，第180—181頁。
③ 黃侃：《黃侃論學雜著》，中華書局1964年版，第6頁。

第一章 《說文同文》意義關係研究

求筆就與茂美而改易省簡筆畫而來，實爲變易分類中的筆畫變易和書法變易："此等變易筆畫，而別爲一字。後來隸、草變更，與正字宛若二文，皆此例之行者也。""字體之變易其爲文字中最大障礙可知。"①

"字形大變"例說明《說文》篆文和重文之間爲變易關係，後世分化爲二字。從所舉正篆和重文字形上看，多屬於"變易分類"中的傍音變易，如祀與禩、瓊與璚，象形初文和形聲字之間如求與裘、云與雲，會意字和形聲字之間如"冰"和"凝"、會意字改換意符如"杭"與"抗"，都屬於"變易分類"中的"全體變易"。"凡《說文》所云重文，多此一類。皆一字而異體，使《說文》不以爲重文，未嘗不可爲二字也。後世俗別字之多，又此例之行者也。"正篆與重文後世分化，原本同音同義的同一個詞分化爲兩個詞，記錄不同的音義，如是導致"俗別字"增多的主要原因。究其分化原因，主要有兩種：一是引義分化，如冰和凝。《說文·仌部》："冰，水堅也。从仌从水。凝，俗冰从疑。"依《說文》的解釋，"冰"是正篆，"凝"是俗體，水凍堅而凝，後"凝"用來表示"冰"的引申義而與"冰"分化。二是假借分化，在《說文》爲重文，後因假借而分化爲不同的字，如求與裘、云與雲，抗與杭。《說文·衣部》："裘，皮衣也。从衣求聲。一曰象形，與衰同意。求，古文省衣。"又《雨部》："雲，山川氣也。从雨，云象雲回轉形。云，古文省雨。"求與裘、云與雲的區別在《說文》中是古文和篆文的區別，後因"求"假借爲"要求"字，"云"假借爲"云謂"字而古、篆分化。"抗"與"杭"在《說文》中是正篆與或體關係，《說文》："抗，扞也。从手亢聲。杭，抗或从木。""杭"後來用爲地名，而與"抗"分化。

第三類字形既變，"或同聲，或聲轉。然皆兩字，驟視之不知其爲同"。此條下舉兩組字。一爲"天"之變易字，有囟、顛、頂、題，"天之訓爲顛"爲聲訓，從詞彙意義來說，"天"有"天空"和"顛"兩個義項，"古者直以天爲首，在大字中則以天爲最高，在人身中則首爲最高，此所以一言天而可表二物也。""最高"即"顛"義，是從空間位置角度說明瞭"天空"與"顛"共同的特點。"天""頂"同訓，"顛""頂"互訓，《說文·頁部》：

---

① 黃侃述，黃焯編：《文字聲韻訓詁筆記》，上海古籍出版社1983年版，第33頁。

"題,頟也。""頟"即額字,人面最高處;又《囟部》:"囟,頭會腦蓋也,象形。"囟門是頭部最頂端。"然與天同語者,有囟,聲稍變矣,由囟與天而有顛。此之造字,純乎變易也。顛語轉而有頂,有題,義又無大殊也。假使用一字數音之例,而云天又音囟,音顛,音頂,音題,又有何不可?是故囟、顛、頂、題,皆天之變易字也。而《說文》不言其同,吾儕驟視亦莫悟其同也。""天"之變易字組之間的意義關係,一由訓釋而得,季剛先生在解釋訓詁訓釋方式時說:"《爾雅》於義界與義源往往不分。如初、胎二字皆訓始,'初'與'始'乃義訓,聲與義不相應。而胎與始則實爲一字。始者女之初,謂女人懷第一胎,胎、始讀同。其聲音固有密切之關係也。"《爾雅》以"始"訓"胎",屬於訓義源,聲義相應的不同字形"實爲一字"。這其實是聲義同條之理。《說文》釋天、顛、頂是聲訓,聲義同條,"實爲一字";"題""囟"是義訓,類似《爾雅》以"始"訓"初",聲義不相應,但其意義構成中包含"顛頂"義素。天、囟、顛先部疊韻,與"頂"先青旁轉,題、頂齊青對轉,除"囟"齒音心紐外,其餘均舌頭音。由此可見,貫穿"天"組變易字的是"最高"意象,"顛頂"義,這就是"聲義同條"。

第二組字是亏、於、乎、兮、余、粵等。"亏,古文以爲于字,于者,象氣之舒于,此可知于即亏之變易矣。然从于出者,有乎,語之餘也;有兮,象氣越於餘也;有余,語之舒也;有㐬,二餘也;有粵,亏也。自亏以下,《說文》列爲數字,而聲或尚同,或已轉;使推其本源,固一字也。後世造字,因聲小變而別造一文,又此例之行者也。"這組字從結構上看,或爲象形字,或爲會意字,義均指"語(氣)之舒于","亏"溪紐,其餘均爲喉音,喉牙聲轉。後因聲小變而別造文,屬於初文轉注,等同於"變易分類"中的文字變易。

以上三個條例,第一、二條音義相讎,第三條同義音轉。"後世字書俗別字多,苟其關於訓詁,大概可以從省並。"可"省並",說明僅僅是文字形體的變化,其基點即"音義相讎""同義音轉"。應該明確以下幾點:"變易"改易殊體,造字同功能,不涉及後世文字分化問題,立足點在《說文》共時系統;判斷變易字之間的意義關係需要借助於《說文》訓釋,一是直訓類型,如同訓、互訓、遞訓;二是聲訓和義訓,聲訓體現"聲義同條",揭示的是義源，是變易字聲義依據；義訓僅僅體現意義界域，還需要根據變易字組確定其間意義關聯層次。聲義同條的依據常常是隱含的，需要進一步揭示其意義構成。

三 從《俗書增多之故》看義同關係

自從《說文解字》誕生以來，就被作爲後世漢字規範標準，《說文》收錄的字也被稱爲"正字"，與之相對的同職能民間俗寫字形被稱爲"俗字"。唐代顏元孫的《干祿字書》將同職能的異形字分爲俗、通、正三類，清代畢沅《經典文字辯證》將經典文字分爲正、省、通、別、俗五類，分類趨細，但"正""俗"相對的思路得到傳承。黃季剛先生《字書編制之法》："字分正俗，非徒博好古之名，實則小學疆畛待此而分明，意義根源必待此而明晰。今宜仿'字典'每畫中有正有增，以見於《說文》者爲正，以後出字爲增。""字者孳乳而浸多，即許云'五帝三王改易殊體。'秦漢篆體引爲正文。……今宜取後來造字確有主名者，如孫休武曌等，別出爲一編，不使與正字相混，近日繙西籍，所待於造字者猶多。要之界畫分明，雖日出千名，仍不干倉頡之統紀爾"。① "字體分類"首先以"《說文》正字"和"《說文》後出字"分兩大類，是以《說文解字》作爲後世新字產生的基礎，《說文》後出字收錄了與"《說文》正字"同功能的異形字。而後在《說文》正字大類中，又分一小類"正"，季剛先生界定曰："《說文》敘篆文，合古籀，遂爲正文之淵藪。今所謂正，並以《說文》正文爲主。"俗書增多，數量的增加並不說明語詞的增加，"《說文》搜集自有文字來至漢世正字，惟其中同字極多。若取《字林》所多之字與《說文》對勘，可知多出之字大半贅疣也。至《集韻》字數達五萬餘，蓋孳乳少而變易益多矣。"② 所謂的"同字"多指音義相讎的變易字，同功能異形，詞語重複，所以爲"贅疣"。

季剛先生在《論俗書滋多之故》③ 中分析了"俗書增多"的表現方式和原因。

---

① 黃侃述，黃焯編：《文字聲韻訓詁筆記》，上海古籍出版社 1983 年版，第 16—17 頁。
② 同上書，第 70 頁。
③ 黃侃：《黃侃論學雜著》，中華書局 1964 年版，第 10 頁。

黃季剛《說文同文》研究

（一）表現方式

1. 不相知而變："不相知"是在最初不明了語詞專用字是否具備的情況下，用形聲造字法造字："變易之始，或不相知而變，各據音而加偏旁是也。"

2. 相蒙而變："蒙"是遮蓋、延續的意思，"相蒙"是相互承接之義，指籀、篆、古"同字異書"，屬於書法變易類型："或相蒙而變，籀不同於古，篆不同於籀，同字而異書，是也。《說文》重文，大氐爲二例所攝；其間又有或體，如祀或从異作禩，是也。有後人改作，如對，漢文改作對，疊，王莽改作疊，是也。有今俗字，如灋，今作法；圅，俗作肣，是也。自《說文》以來，隸書改變，皆循故例，故俗書亦增多。"[1] 這裡所言"故例"指的是《說文》重文之例，由東漢到清代，幾千年間，仿照《說文》的字書多出，所收字數也越來越多。增出的字"要其大半，皆爲變易。俗書滋多，此其一也"[2]。

（二）原因

季剛先生舉了一系列字例，說明"相蒙而變"。首先是《說文》正篆和古籀以及小篆或體，其特點是"同字異書"，正篆和古籀是歷時的，正篆和或體是共時的。如：《說文·示部》："祀，祭無已也。或从異作禩。"

"後人改作"如：《說文·丵部》："對，應無方也。从丵从口从寸。對，對或从士。漢文帝以爲責對而爲言，多非誠對，故去其口以从士也。"漢文帝改字，依據仍然是同一個語詞，"責對"，修改了一個部件，形成新的構字理據。又《說文·晶部》："疊，楊雄說：以爲古理官決罪，三日得其宜乃行之。从晶从宜。亡新以爲从三日太盛，改爲三田。"王莽改字，仍然是針對一個語詞，修改字形中的構件，形成新的構字理據。

以上兩種改字，都是人君以威權改字，依據漢字表意特點，通過修改構字部件而修改構字理據，記錄的語詞不變，並未影響漢字功能。

《說文·廌部》："灋，刑也。平之如水，从水；廌，所以觸不直者；去之，从去。佱古文。法，今文省。"

《說文·马部》："圅，舌也。象形。舌體马马。从马，马亦聲。肣，俗

---

[1] 黃侃：《黃侃論學雜著》，中華書局 1964 年版，第 10 頁。
[2] 同上書，第 11 頁。

第一章 《說文同文》意義關係研究

圅从肉今。"

今文指許慎生活的時代通行的文字，漢代通行的是隸書，隸書筆畫改變了小篆的線條，形體上有了很大變化，其中一個變化就是"省"。"法"相對於"灋"而言，省去的部件正是部首字，這個關鍵部件是"灋"字主要構字理據所在，省去以後，形體簡化了，但漢字形意關係不能再解說。"圅"字是象形字，俗字"肣"是形聲字。構字模式改變了，但字的記詞功能沒有變化。

"《說文》之後的字書，隸書改變，皆循故例，故俗書亦增多。"所說的"故例"，我們在前文已經總結，語詞不變單純字形的改變。所謂"俗書"相對于《說文》正字而言，"俗體云者，求之古籀，既無其字，校以秦文，更有不合，義無所從，乃名曰俗。俗體、或體，其在漢世，本皆通行。許君作書，不容懋遺。秦篆三千之文衍爲九千，由斯旨也。"①"要其大半，皆爲變易。"由於"變易""音義相雠"，而造成了"文字中最大障礙"。②

民間用字和字體變化是變易"俗書增多"的主要原因，相對于《說文》正篆的"俗書"（即民間用字）與漢字功能分化密切相關，"自《說文》以來，隸書改變，皆循故例，故俗書亦增多。即以《說文序》言之，著於竹帛之著，篆止作箸；叵複見遠流之叵，篆只當作不可。是許君論字，已不能盡汰俗書。"其中所舉的例子著作字正篆作箸，段注："假借爲箸落、爲箸明。""箸"从竹，本爲飯欹義，借用爲著落、著名字，而分形爲"着""著"，"著作"是"著落"義的引申義，《漢書·溝洫志》："爲著外繇六月"，顏師古注："著，謂著於簿籍也。"《說文新附》："叵，不可也。从反可。"徐灝注箋："叵，不可之合音。"季剛先生舉《說文序》說明"許君論字，已不能盡汰俗書"。俗書雖然是民間用字，但具有較強的群眾基礎。而大量俗書源於隸變。"案其異體，如《說文》之玭，《字林》作璑；《說文》之黁，《字林》作釄；《說文》之蠟，《字林》作䏽；《說文》之謚，《字林》作謚。又如《說文》之櫅，《字林》變其形而作棨；《說文》之槀，《字林》變其形而作槁。此皆篆有正文，隸從改作。"③以上所列舉的字，季剛先生所

---

① 黃侃述，黃焯編：《文字聲韻訓詁筆記》，上海古籍出版社1983年版，第76頁。
② 同上書，第33頁。
③ 黃侃：《黃侃論學雜著》，中華書局1964年版，第10—11頁。

舉的這些例子都是漢字形體的變化，或改換省簡部件，或改變構字模式，但漢字所記錄的語詞並無變化。

四　從訓釋的角度看義同關係

　　黃季剛先生變易分類第六類文字變易中舉"天、囟、顛、頂、題"爲例。季剛先生在《義訓與聲訓》①中對其中"天""顛"的音義傳承作了進一步分解："今試取《說文》之以聲訓者言之。如'天，顛也。至高無上，從一大。'天何以不讀爲至高無上，而讀爲天耶？言在人身之上爲顛，在形氣之上爲天。天之與顛實爲一語耳。說解中字與天有關者如大屬舌音定紐，曷韻，與天之屬舌音透紐先韻者，其發音相近。又至屬舌音端紐，屑韻。屑與先爲對轉。以至之形容詞作名詞用。上爲舌音唐韻，上與天又爲雙聲，故天之構成爲顛、至、上、大四者，此之說解爲一因而衆果，或衆果而一因。《爾雅》所謂黃河所渠並千七百一川色黃也。"這裡立足於《說文》對"天"的說解，系聯了"天"的聲訓字，得出了"天之構成"，所謂"一因而衆果""衆果而一因。""一因"指"一語"，即聲義同條，將"天"之音讀與意義相聯繫進行考察，"天之與顛實爲一語"。其音義傳承式爲：

〔顛〕——人身之上

〔天〕——形氣之上

"上"是"天""顛"二字間的音義傳承因素。

《說文》"天"說解中的"衆果"聲韻關係爲：

天：舌音透紐先韻

大：舌音定紐曷韻

至：舌音端紐屑韻

上：舌音透紐唐韻

　　正如同"《爾雅》所謂黃河所渠並千七百一川色黃也"。說解中的"衆果"就像"黃河所渠並千七百一川"，"一川色黃"是事物本質。聲義即其語言傳承因素。季剛先生用此例目的在說明"凡一字與他字系屬者多"，是

---

① 黃侃述，黃焯編：《文字聲韻訓詁筆記》，上海古籍出版社1983年版，第190頁。

對《說文》訓釋和形義說解中的音義傳承體系的系聯。

季剛先生另外又舉二例:"再就吏字言之。《說文》'吏,治人者也。从一从史,史亦聲。'治本水名,本作理。吏與史實爲一字。吏即史之變易字。'史,記事者也。从又持中。中,正也。'"史何以必執中,按史與士、事古文作同字。史于古有三說。就廣義言之,凡作官者爲史,論其狹義,則爲刑官。吏爲治人,《孟子》稱爲天吏,亦以吏爲法官。假借作理,又借作李。行李,四方聽訟之人。如《召伯》聽訟于甘棠之下是也。吏屬舌音來紐,咍韻,亦可讀齒音如齜疏吏切字是。方吏字未造之時,當即以史代之。此不必明言一字而實一字也。與史相系者又有寺,官府之治事之處。从寸之聲。是寺又有齒舌二音。寺與史、吏亦無別。蓋就其人言之,則爲史吏,就其人之地言之則曰寺。在古昔之世,凡觀念既同,人地固不分也。反正亦不分。"此段分三層清理:

其一,同字系聯:"吏與史實爲一字。吏即史之變易字。""史與士、事古文作同字。""史"是"吏"的聲訓字,亦聲聲符字,又以"事"爲聲訓字,三者結構均爲會意字,彼此關係即我們在前文季剛先生"文字變易"類提到的的初文轉注字。

其二,詞彙意義分解。

史:廣義史官,狹義刑官,法官。

史吏:就其人言之,舌齒二音。

寺:就其人之地言之,舌齒二音。

意義關係:"寺與史、吏亦無別","在古昔之世,凡觀念既同,人地固不分也。反正亦不分"。

其三,字際關係梳理。

"吏,法官。"假借作理,又借作李。行李,四方聽訟之人。

另一例:"又如'丕,大也。从一,不聲。''不,鳥飛上翔不下來也。'是'不'有高義。高義和大義實相關。又《說文》云:'昌,大陸也。'引申云殷阜昌諸義。是丕即阜之後出字。"這裡在清理聲訓關係的基礎上,重點解析意義關係。

首先,舉出"不"是"丕"的聲符字,聲訓字,聲義相關,意義關係爲

· 41 ·

"高義大義實相關"。

其次，利用同訓，系聯"皂"和"丕"，"丕即皂之後出"。意義關係爲"引申爲殷皂昌諸義"。

在解析上面兩例的基礎上，季剛先生總結出以下方法："故求訓詁者，一曰同聲，二曰同訓，三曰同義。不得于其說解，就求其所以說解，不得於其所以說解，則求之於其聲與同類。"所謂"說解"和"其所以說解"，季剛先生在《說文依據》中有具體闡釋："《說文》每字下'某也，某也'之文皆爲'从'字以下之文而設，'一曰'之文亦同斯例。凡與上'从'字有關之義，雖至罕見，在所必取，無關之義，雖至常見，在所必棄。不明斯例，妄爲改補，雖補'一曰'至於十數，其義猶未賅備也。"①據此，"說解"指意義說解，"所以說解"指形體解析。如上引對"天""吏""史""丕"的解釋就貫穿了這一思想。其基礎就是《說文》形義系統。季剛先生以此概括出三個"求訓詁"角度：聲、訓、義。又得出三個入手點：意義說解、形體說解、聲韻關係。"若《說文》《釋名》不必相應而皆可通者，以字不一音也。""字不一音"，故"《說文》《釋名》不必相應"，從不同的音入手探索其意義關係"皆可通"。

《說文同文》是黃侃先生對《說文解字》的批注，要考察《說文同文》的意義關係，那就必須與《說文解字》的訓釋語關聯起來。黃季剛先生在《訓詁構成之方式》中指出："互訓亦可稱爲直訓，凡一意可以種種不同之聲音表現之，故一意可造多字，即此同意之字爲訓，或互相爲訓亦可稱爲代指。凡《說文》'元，始也。''丕，大也。'易言之，則訓始爲元、訓大爲丕亦可。只大爲普通義，人所易知，丕則非人所盡知耳。直訓之例，大抵皆義訓。義訓之例，必爲同類。如《爾雅》初、胎二字皆訓始，而初義爲裁衣，胎義爲受生，二字義同者，以裁衣之第一步與人生之第一步無別也。"②這段話提到兩種立足於義同的訓釋，即互訓和同訓。所謂"義訓之例，必爲同類"是建立在義類的基礎上，如"初"和"胎"，在《說文》中分別屬於不同部首，《說文》訓釋字義好像關係不大，但始義可統攝二詞義。如果用

---

① 黃侃述，黃焯編：《文字聲韻訓詁筆記》，上海古籍出版社1983年版，第83—84頁。
② 同上書，第186—187頁。

義素分析法分析，如初［＋始，＋裁衣］，胎［＋始，＋受生］，"始"應該是共同義素。而這個義素是隱含的，需要同義類聚才能總結歸納出來。"義訓者，觀念相同，界說相同，特不說兩字之製造及其發音有何關係者也。如《說文》'元，始也。'以造字論，元與始之聲、形皆無關，元爲喉音，始爲舌音。元屬寒母，始屬咍母。只以其觀念相同，可以相訓。"①《爾雅》於義界與義源往往不分。如初、胎二字皆訓始，'初'與'始'乃義訓，聲與義不相應。而胎與始則實爲一字始者女之初，謂女人懷第一胎，胎、始讀同。其聲音固有密切之關係也。"②這裡所說的"義界"，實指意義界域，聲義不相應，不等同於訓詁方式義界。爲區別，本書特將意義界域義界改稱爲"義域"。"義源"立足於聲義源流關係，聲義同爲一字。

同訓是用相同的訓釋詞訓釋若干個被訓釋詞，訓釋詞與被訓釋詞之間有同義域和同義源兩類。同義域建立在意義相同的基礎上，同義源建立在音義相同基礎上。如：

【殘同戔】"殘"與"戔"《說文》均訓爲"賊也"。二字同義源。

從訓釋方式分，《說文同文》的同訓也可以分爲單音詞同訓和義界式同訓兩種，單音詞同訓，若干被訓釋詞用同一訓釋詞解釋。如【丕同嘏】在《說文》中的解釋是"丕，大也。""嘏，大也。"義界式同訓指若干詞的訓釋中，有義界訓釋方式，帶有相同的訓釋成分，黃季剛先生在《訓詁構成之方式》中指出："謂此字別於它字之寬狹通別也。……凡以一句解一字之義者，即爲義界。"③如【翳同儔】在說文中的解釋是"翳，翳也。所以舞也。""儔，翳也"。《說文同文》中同訓共192條，其中單音詞同訓有173條，義界式同訓共19條。

互訓即同義之字互相訓釋，上文所舉《說文》"元，始也。""丕，大也。"同義相釋，訓釋詞與被訓釋詞可以交換位置。"元""丕"二字《說文》訓釋是以常用義釋非常用義。《說文》中並沒有相應的互訓。季剛先生只是舉例說明"易言之亦可"。《說文同文》材料中互訓有以下兩種表現形式：

---

① 黃侃述，黃焯編：《文字聲韻訓詁筆記》，上海古籍出版社1983年版，第190頁。
② 同上書，第189—190頁。
③ 同上書，第187頁。

一是單音詞互訓，如：

【火同燬】《說文·火部》："火，燬也。"又："燬，火也。"

【濫同氾】《說文·水部》："濫，氾也。"又："氾，濫也。"

二是義界式互訓。"謂此字別於它字之寬狹通別也。……凡以一句解一字之義者，即爲義界。"①義界式互訓如：

【瘳同瘉】《說文·疒部》："瘳，疾瘉也。"又："瘉，病瘳也。"

【助同扜將，同左】《說文·力部》："助，左也。"又《左部》："左，手相左助也。"

經筆者統計，《說文同文》共有 50 條中有互訓的關係，其中單音詞互訓共有 29 條，義界式互訓共有 21 條。

根據同訓和互訓類聚的《同文》義同條例建立在音義關係上，對照前引黃季剛先生對《爾雅》同義分類，《同文》類聚的是同義源關係。同義源關係建立在音義基礎上，彼此間音義相應。包括音義皆同字和同義音轉字。

音義皆同字如：

【親同至親】《說文·宀部》："親，至也。"段注："至者，親密無間之意。《見部》曰：'親者，至也。'然則親與親音義皆同。故秦碑以親軔爲親巡。《廣韻·真韻》曰：親，古文親也。"親的金文𦥑與"親"金文𦥑同。《泰山刻石》："親軔遠黎"，《史記·秦始皇本紀》："親巡遠方黎民。"二字音義皆同。

【殘同戔】《說文·戈部》："戔，賊也。"段注："此與殘音義皆同，今則殘行而戔廢矣。""殘""戔"二字音義同。

【盌同㼝】"盌""㼝"二字同音，《說文解字》均訓爲"小盂也"。段注："㼝，小盂也。盂者，飲器也。《方言》曰：'盂，宋楚魏之間或謂之盌。'""盌""㼝"二字音義同，應用於不同地域。

同義音轉字如：

【聽同聆】"聽""聆"二字互訓。段注："聆者，聽之知微者也。"聽，透母青部，聆，來母青部。二字疊韻。雖然意義相同，但也有程度上的細微

---

① 黃侃述，黃焯編：《文字聲韻訓詁筆記》，上海古籍出版社 1983 年版，第 187 頁。

差別。

【濫同氾】"濫""氾"二字互訓,均指氾濫。濫字來母添韻,氾字敷母添韻,二字疊韻。段注:"濫,氾也。謂廣延也。""氾,濫也。玄應引此下有謂普博也四字。""濫""氾"多用於廣度的漫衍,如《左傳·昭公二十七年》:"叔孫氏懼禍之濫,而自同于季氏,天之道也。"劉向《九歎·思古》:"且倘佯而氾觀",王逸《楚辭章句》:"氾,博也。"二者意義相同。

【鍾當同䀎】鍾字照母東韻,䀎字定母侯韻。二字對轉。《說文·金部》:"鍾,酒器也。从金重聲。"段注:"古者此器蓋用以宁酒,故大其下,小其頸。"《說文·金部》:"䀎,酒器也。"段注:"《毛傳》大斗長三尺,謂勺柄長三尺也。"二者意義相同,均指酒器,但形狀不同。

【𡠉同𡠈同燊𦦼】《說文·𡘲部》:"𦦼,盛皃。从𡘲从日。"《廣韻·止韻》:"𦦼,盛皃。"《說文·焱部》:"燊,盛皃。从焱在木上。"段注:"木部𡠉字下曰'衆盛也。'此與同意。"燊字疏紐痕部,𦦼字疑紐咍部,訓釋語都是"盛皃"。

【菹同藉。又同席】《說文·艸部》:"菹,茅藉也。从艸租聲。《禮》曰:'封諸侯曰土,菹曰白茅。'""藉"爲"菹"聲訓字,菹,精母模部;藉,從母鐸部。二字聲同類,清濁小別,韻對轉,均指祭祀時承祭物的墊子。王筠句讀:"藉菹一事,經皆言菹,注皆言藉,其物則用茅。"《說文·艸部》:"藉,祭藉也。"段注:"秸字下禾稾去其皮,祭天以爲藉也。引伸爲凡承藉、蘊藉之義。"《周禮·春官·宗伯》:"(司巫)祭祀則共匰主,及道布,及菹館。"鄭玄注:"菹之言藉也。祭食有當藉者。館所以承菹,謂若今筐也。"《周禮·地官·鄉師》:"大祭祀,羞牛牲,共茅菹。"鄭玄注:"鄭大夫讀菹爲藉,謂祭前藉也。"

《說文·巾部》:"席,籍也。《禮》:天子諸矦席有黼繡純飾。从巾庶省。"段玉裁改"籍"爲"藉",並曰:"此以疊韻爲訓。"席,邪母模部;菹,精母模部;藉,從母鐸部。"席"是古人坐臥憑依之器具,用蘆葦、蒲草、竹篾編制而成。《玉篇·巾部》:"席,牀席也。"《正字通·巾部》:"席,坐臥所藉也。"《周禮·春官·序官》:"司几筵,下士二人,府二人,史一人,徒八人。"鄭玄注:"筵亦席也,鋪陳曰筵,藉之曰席。"賈公彥疏:

"設席之䈬,先設者皆言筵,後加者爲席。""苴""席"同訓"藉",義同。"苴""藉"對轉,"苴""席"疊韻聲同類。

從以上例證,同訓和互訓所類聚的《同文》之間的意義關係或者全同,或者有略微的差別,主要體現在深度、廣度、數量、地域等差別。而其中所涉及的音義類型正與黃季剛先生"字體分類"中的變易字分類相同。

五 從黃季剛《手批文始》例證[①] 看義同關係

季剛先生在《黃侃論學雜著》中所舉的關於《文始》中變易孳乳的一組例證[②],梳理初文"夸"的變易、孳乳系列。橫列爲變易,反映的是音近義同的關係,直列爲孳乳,反映的是音近義通的關係。

其中橫列的一共有三組。

第一組:夸—過—跨—胯—跬—奎—越—迹——逦

季剛先生在疏通聲韻關係的基礎上,主要從以下幾方面梳理同義關:

一是明初文:"夸"訓跨,"即初文'過'字甚明。"

二是歸異體:"夸"之異體:過、跨、跬、越、迹、逦。

三是理同義:"跨步義與度義非有殊,故曰變易。"
"半步與跨步義非有殊,故曰變易。"
"逾與度義同。"

四是牽訓釋:"跨訓渡,與過訓度同。"

五是示音轉:"夸對轉寒,則變易爲逦,過也。"

六是系相因:"古者,名詞與動詞、静詞相因,所從言之異耳。……即如跨、胯二音,其初固同,其後乃分爲二。自跨之物言之,則曰胯,自跨之事言之,則曰跨。""奎、趌亦一名一動,與胯、跨爲一名一動同。"

第二組:絝—襗

季剛先生按:"襗即絝之異文。"

《說文·糸部》:"絝,脛衣也。从糸夸聲。"段注:"今所謂套袴也,左右各一,分衣兩脛,古之所謂絝,亦謂之褰,亦謂之襗,見《衣部》。"《說

[①] 黃侃:《黃侃論學雜著》,中華書局1964年版,第172頁。
[②] 同上書,第7頁。

文·衣部》："襗，絝也。"段注引《釋名》曰："汗衣，近身受汗垢之衣也。《詩》謂之澤，受汗澤。"可見，"襗"與"澤"音近義通。"絝"應該是上位概念。絝，溪母模部，襗，定母鐸部。

第三組：寬—奯—闊

《說文·大部》："奯，空大也。"段注："此謂空中之大，與豁義略同。"又《門部》："闊，疏也。"段注："《去部》曰：'疏，通也。'闊之本義如是，不若今義訓為廣也。从門𧨿之从囧。"又《宀部》："寬，屋寬大也。"段注："《廣韵》曰：'裕也，緩也。'其引伸之義也。"季剛先生按："闊亦變易為奯，空大也。……空大與疏遠，義非有殊，故為變易。"

從以上梳理可以看出，變易義同，並非意義完全等同，意義領域或寬狹有別，如絝與襗；或動作微異，如過、度、跨、逾；或建立在思維通感的基礎上，如寬、奯、闊。變易立足于造字同詞，其後意義發展，詞語分化依同聲造新字，所以"同義變易"體現出鮮明的歷史層次性。

第二節 《說文同文》義同關係總結

季剛先生在《文字學筆記·鐘鼎甲骨文字》中舉例說明古文字中的變易現象："毛公鼎不能全屬讀，吴大澂擬之《尚書》則非是。其中有⊕字，釋者以為環字。按⊕者田之別體。《說文》：'田，穿物持之，从一橫貫，象寶貨之形。'田作動詞用為穿，名詞則為貫穿之物。田除一則為田，亦即為⊕，⊕從卝來，卝，古文礦，古猛切，銅鐵樸石也。卝又為卵之古文，《五經文字》《九經字樣》皆云卝，《說文》以為古卵字。蓋銅鐵未采與雞未孵同為樸也。在人與鳥獸之棲為卵，在寶物為卝，其理正同。卝讀礦屬見紐，讀卵屬來紐，古見來二紐多相通，田亦卝之變易字。卝本作⊕，不省作⊕，則與今卵字同也。"[①] 這段話涉及的漢字形體，彼此間存在以下幾組

---

① 黃侃述，黃焯編：《文字聲韻訓詁筆記》，上海古籍出版社1983年版，第21—22頁。

關係：
　　別體：⊙ ▣
　　古文：⊙ ⑪ ⑯（古文丱），丱（卵之古文）
　　變易字：毌（丱）
　　同字：丱：[＋銅鐵未采，＋樸]　卵：[＋雞未孵，＋樸]
　　毌的詞義：穿（動詞），名詞（貫穿之物）

別體和古文屬於季剛先生變易分類中的書法變易，音義皆同；"同字"就是變易字，以上同字和變易字之間的意義關係有兩種，一種是意象貫穿，如"丱卵同字"，"樸"爲貫穿義象；一種是動作和客體關係，如"毌"有動詞和名詞兩個義項。本段變易字比較全面地反映了變易字之間的意義關係，即意義相同、義象貫穿和邏輯關係。

一　意義完全相同

季剛先生"變易分類"中的前四種"書法變易""筆畫變易""傍音變易"和"全體變易"不僅包括歷時的字體變化，如古文、篆文、隸書字形相承關係，而且包括共時態的《說文》正篆和小篆或體關係。從季剛先生對這四類變易字的命名可以看出，更多偏重於漢字形體變化中的影響因素，如書體、書寫單位、構字部件和構字模式，與重文、異體概念一致。"重文"本指與《說文》正篆同功能的古文、籀文和小篆或體，命名側重於"重"，指記詞功能和文字形體的重複。"異體"命名更偏重於同功能異形，指基於同一記詞功能的文字形體之"異"。這兩個概念與變易"改易殊體"的界定是一致的。

第二種義同是方言方音同義音轉字。季剛先生在變易分類第五類中具體作了說明："聲轉韻轉變易：聲轉之變，由於方言；韻轉之變，本乎方音。故聲轉韻轉變易易與孳乳相混。惟孳乳之字之變，或不能與本義相通；而聲轉韻轉之變，百變而不離其宗者也。"這段話着重比較了兩組概念：一是方言和方音，雖然都是同義音轉，但音轉類型不同。《聲韻學筆記·方言·方音》："揚子雲爲《方言》，其方言與方音不同。知方言與方音別，而後訓詁條理乃有可言。《爾雅》溥、廓皆訓大，而溥與廓聲不同，此方言之

第一章 《說文同文》意義關係研究

變。凡發音必有其義，而所以呼溥爲廓，必有其呼之故也。《爾雅》：'吾、卬，我也。'今言或謂我爲俺，此則方音之不同也。"①"溥"唇音，"廓"牙音，《爾雅》二字同訓，"凡發音必有其義"，不同的方言區民衆發音習慣、習俗和心理取向不同，表現在方言上"所以呼溥爲廓，必有其呼之故也"。"溥""廓"各有不同的音義結合理據，因此命之爲"方言"不同。本質是異詞同義。而"吾""卬""我""俺"都是影母字，是基於同一個音義理據上的語音變轉，語音差異更多地表現於口語中。本質是同詞異音。比較的第二組概念是變易字和孳乳字的義。"百變而不離其宗"之"宗"即指詞義，方言方音雖聲音變轉，但對應的意義始終不變。而孳乳字意義發生了改變，"或不能與本義相通。"

　　第三種義同是"廣異體"字。黃季剛先生在《文字聲韻訓詁筆記》"古人訓詁之體不嫌重複"條引《廣雅疏證》卷十上"參也"條說："古人訓詁之體不嫌重複。如崇高字或作嵩。而《爾雅》云：'嵩，崇高也。'篤厚字，《說文》作竺，而《爾雅》云：'篤，竺厚也。'《字林》以䠡爲古嗟字，而《爾雅》云'䠡，嗟也。'孫炎以遹爲古述字，而《爾雅》云：'遹，述也。'若斯之流，即所以廣異體也。"②

　　"崇高字或作嵩"：《說文·山部》："崇，嵬高也。"《釋名·釋山》："山大而高曰嵩。"畢沅疏證："嵩，古通作崇。"《爾雅·釋詁》："嵩，高也。"邵晋涵正義："嵩爲崇字之或體。"

　　篤厚字：《說文·二部》："竺，厚也。"《爾雅·釋詁下》："竺，厚也。"邵晋涵正義："竺與篤通。"《說文·馬部》："篤，馬行鈍遲。"《釋名·釋言語》："篤，築也。"畢沅疏證："篤，古作竺。"許釋"篤"本義無文獻用例，朱駿聲通訓定聲："篤，假借爲竺。""篤"可視爲"竺"義專有字形。

　　"《字林》以䠡爲古嗟字"：《爾雅·釋詁下》："嗟，䠡也。"陸德明釋文引《字林》："古嗟字。"《玉篇·長部》："䠡，今作嗟。"

　　"孫炎以遹爲古述字"：《說文·辵部》："遹，回避也。"《爾雅·釋言》："遹，述也。"陸德明釋文引孫炎："古述字，讀聿。"《說文·辵部》："述，

---

① 黃侃述，黃焯編：《文字聲韻訓詁筆記》，上海古籍出版社1983年版，第137頁。
② 同上書，第230頁。

· 49 ·

循也。"朱駿聲通訓定聲:"經傳多以遹爲之。"《爾雅·釋詁上》:"遹,循也。"郝懿行義疏:"遹者,通作述。"二字同爲沒韻。

　　季剛先生以"古人訓詁之體不嫌重複"總攝四組字,"體"指字體,"重複"與"重文"旨同。但從所舉字例看,"崇嵩""瑳嗟"是造字同功能,"篤竺""遹述"屬於用字同功能,"不嫌重複"指造字同功能。命之爲"廣異體"是在"異體"基礎上的擴展,立足於造字同功能的形體變易。所謂的"廣"是在原異體概念上有突破,不再局限於同音義,而擴展爲同義音轉。而"同義音轉"實質是變易。如"崇嵩","崇"是《說文》正字,"嵩"字後出,《說文·新附》:"嵩,中嶽嵩高山也。从山从高,亦从松。韋昭《國語》注曰:'古通用崇字。'"二字都應是"崒高"義的專用字,"崇"形聲字,"嵩"會意字。疊韻,聲同類。後世分化,"嵩"成爲山名。而所謂的"古嗟字""古作竺""古述字"說明在古代二者同功能,後來才產生分化。

　　變易字同義關係通常表現在訓釋上。如:

　　【旁同溥博誧】《說文·上部》:"旁,博也。""旁""博"二字均唇音,音近義通。《廣雅·釋詁一》:"旁,大也。"王念孫疏證:"旁者,廣之大也。"《說文·水部》:"溥,大也",又《言部》:"誧,大也。"《玉篇·言部》:"誧,大言。"《說文·十部》:"博,大通也。从十从尃。尃,布也。"《玉篇》:"博,廣也。通也。""旁""博"義象爲廣大,"博""溥""誧"同訓"大",廣度和量度相關。溥、博、誧三字和"旁"字韻對轉,聲紐同類。

　　【譺同懝癡】"譺""懝"二字均疑紐咍韻,《說文》同訓。《言部》:"譺,騃也。"徐鍇繫傳:"言多礙也。"《說文》:"懝,騃也。"段注:"懝騃,即《方言》之癡騃。《疒部》曰:'癡,不慧也。'"二字都爲"鈍"義,區別在於"譺"指的是言語上的不流利,而"懝"指的是心智的遲鈍,"癡"側重於病態。《方言》卷十"癡,騃也。"錢繹箋疏:"懝,與癡義同"。"懝"與"癡"疊韻,方言音轉。

　　【墩同磽】《說文·土部》:"墩,磽也。"又《石部》:"磽,磬石也。從石堯聲。"段注:"磽與土部之墩音義同。"

二 義象相同

季剛先生曾引用劉師培的觀點說明義象問題。在《文字聲韻訓詁筆記·字義起於右音說》:"儀徵劉申叔師培先生有《論字義之起原》一文,謂上古音起於義,故字義咸起於右旁之聲。其字以右旁之聲爲綱,以左旁之形爲目,蓋有字音乃有字形也。且當世之民未具分辨事物之能,故觀察事物以義象區別,不以實體區分。字音既原於字義。既爲此聲即爲此義。凡彼字右旁之聲同於此字右旁之聲者,則彼字之義象亦同於此字之義象。義象既同,在古代亦只爲一字。"① 所謂"義象"就是貫穿於詞中的音義理據,"實體"指實物,在語言表現爲詞彙意義,同聲者同義象,同義象者在古同爲一字。根據季剛先生對字例的表述整理如下:

凡字之从侖者,皆隱含條理分析之義:

論:[+言,+條理分析]

倫:[+人,+條理分析]

綸:[+絲,+條理分析]

輪:[+車,+條理分析]

淪:[+水,+條理分析]

凡字之从堯者,皆含有崇高延長之義:

趬:[+走,+崇高延長]

顤:[+頁,+崇高延長]

墝:[+土,+崇高延長]

磽:[+石,+崇高延長]

驍:[+馬,+崇高延長]

獟:[+犬,+崇高延長]

翹:[+羽,+崇高延長]

从台之字皆有始字之義;

从少之字皆有不多之義;

从亥之字皆有極盡之義;

---

① 黃侃述,黃焯編:《文字聲韻訓詁筆記》,上海古籍出版社 1983 年版,第 206–207 頁。

從音之字皆有幽暗之義；

從寺之字皆有獨字之義。

以上的論述和字例分析方法，實際上等同於同源詞的義素分析法。同聲符的形聲字，同聲符音義相承揭示的是核義素。所謂"古人制字，字義即寄於所從之聲。就聲求義，則隱義畢呈"。聲義呈"隱義"，"隱義"即義象，同"義象"是同字的依據。"古人援義象以制名，故數物義象相同，命名亦同；及本語言制文字，即以名物之音爲字音，故義象既同，所從之聲亦同；所從之聲既同，在偏旁未益以前，僅爲一字。"①

同義象的變易字形體關係首先表現爲同聲符的形聲字，一聲兼多義後加義符以別義，即廣義分形字。其間的意義關係多爲義象貫穿。如季剛先生所舉從"侖""堯"聲的形聲字。再如：

【屏同屛】《說文·广部》："屛，蔽也。"段注："此與尸部之屛義同，而所謂各異，此字從广，謂屋之隱蔽者也。"《說文·尸部》："屛，蔽也。"屏指的是屏障之物，而屛指屋之隱蔽者。"蔽"爲二者的義象。

【嬰同纓】"嬰"是古代婦女的頸飾，連貝而成，類似現代的項鏈。項鏈的特點即環繞。《山海經·西山經》："嬰以百珪百璧。"郭璞注："謂陳之以環祭也。""纓"是系帽的帶子，《說文》："纓，冠系也。"也有環繞的特點。段注："冠系，可以系冠者也。系者，係也，以二組係於冠，卷結頤下，是謂纓。"二字相同的義像是環繞。

同義象的變易字其次表現爲訓釋中的音近義通字。"諧聲之字音所由起，由於所從之聲，則本字與訓詞音近者，由於所從得聲之字與訓詞音近也。古字音近義通，恒相互用，故字從與訓詞音近之字同聲，猶之以訓詞之字爲聲。"②

【泐同阞】《說文·𨸏部》："阞，地理也。"《玉篇·阜部》："阞，地之脈理。"《說文·水部》："泐，水石之理也。"段注："泐，水之理也。""阞""泐"二字都是來母德韻字。"阞"爲地理，從𨸏力聲。泐爲水石之理，朸爲木之理，均爲阞聲，則以理、力雙聲，理音轉力，從力得聲，仍

---

① 黃侃述，黃焯編：《文字聲韻訓詁筆記》，上海古籍出版社1983年版，第207頁。
② 同上書，第210頁。

第一章 《說文同文》意義關係研究

取理義也。""理"是阞、朸、泐字共同的意義要素。

再次，同義象變易字突破形體和聲訓限制，音近義通義象爲貫穿。"若所從之聲與所取之義不符，則所從得聲之字必與所從得義之字聲近義同。……蓋一物數名，一義數字，均由轉音而生。"如"朕"字與阞、泐雙聲對轉，《說文·久部》："朕，欠出也。"段注："欠出者，謂欠之出水文棱棱然。"

《說文同文》中例子再如：

【芬同皀馝苾棻】《說文·皀部》："皀，穀之馨香也。象嘉穀在裹中之形。匕，所㠯扱之。或說皀，一粒也。凡皀之屬皆从皀。又讀若香。"段注："米之馨香曰皀。""又《食部》："馝，食之香也。从食必聲。《詩》曰：'有馝其香。'"又《屮部》："芬，艸初生，其香分佈。从屮从分分亦聲。芬，芬或从艸。""苾，馨香也。""棻，香木也。"芬爲棻的聲符，敷母痕部；馝、苾同聲符，並母屑部，這四字均爲唇音，訓釋中貫以"香"，《說文·黍部》："香，芳也。从黍从甘。"段注："艸部曰：芳，艸香也。芳謂艸，香則汎言之。"王筠句讀："甘者，穀之味；香者，穀之臭。""皀"有兩讀，並合一讀，與分、必同爲唇音。乃許釋或說"粒"義。又讀"香"，同爲曉母唐部。段注："按顏黃門云：《通俗文》音方力反。不云出《說文》，然則黃門所據未嘗有方力反矣。而許書中卿鄉字从皀聲，讀若香之證也。又鳥部鵖鴔字从皀聲，《爾雅音義》云：鵖，彼及反，郭房汲反，《字林》方立反，是則皀有在七部一音。當云讀若某，在又讀若香之上，今奪。"皀、香均會意字。"皀"義象爲"香"，因其一物兩讀，而以唇音字與芬、棻、馝、苾雙聲音轉。

"義象"同者，于"古一字"，交代了變易字的另一特點。季剛先生對"天""顛"變易關係的分析中貫穿了義素分析思路，如："天何以不讀爲至高無上，而讀爲天耶？言在人身之上爲顛，在形氣之上爲天。天之與顛實爲一語耳。"[①]"天""顛"一語，"上"爲貫穿的"義象"。只是這一義象貫穿的聲義關係，"不限形體"，已經突破了形聲字的疆域，"上"是《說文》釋

[①] 黃侃述，黃焯編：《文字聲韻訓詁筆記》，上海古籍出版社1983年版，第190—191頁。

"天"的聲訓字。季剛先生的分析可用以下義素分析式表示：

天：[＋形氣，＋上]

顛：[＋人身，＋上]

季剛先生在《論變易孳乳二大例上》談到變易字的第三類"三曰字形既變，或同聲或聲轉，驟視之不知爲同"。也舉了"天""顛"例："天之訓爲顛，則古者直以天爲首，在大字中則以天爲最高，在人身中則首爲最高，此所以一言天而可表二物也。"①"最高"也是義象，貫穿的是"天""顛"。"一言天可表二物"是說"天"有兩個義項"顛"義和"天"義。這裡的"天""顛"用義素分析式表示即：

天：[＋大字中，＋最高]

顛：[＋人身中，＋最高]

"中國文字凡相類者多同音，其相反相對之字亦往往同一音根。"②"相類"立足於意義的共同點，意義之間是順向關係；"相反"立足於不同點，意義之間是逆向關係；"相對"立足於對應點，意義之間是對應關係。正象季剛先生分析《說文》"不"字的訓釋那樣，"高義大義實相關。""高"相對於"低"而言，指垂直的距離大，"大"相對於"小"而言，本指物體的體積、面積，二者是從不同的角度正向觀察思考分析問題，符合思維規律。季剛先生分析"天""顛"的義象"高""上"也屬於這樣的相類關係。"凡相類者多同音"，"相類"的意義和相同的聲音結合而成相同的義象。

就天、囟、顛、頂、題一組變易字而言，義象呈現層次不同，比較直接的是以聲訓的方式系聯在一起，如《說文·一部》："天，顛也。"又《頁部》："顛，頂也。""頂，顛也。"一種以義訓的方式隱含，需要聯繫義象進一步揭示，如《說文·囟部》："囟，頭會腦蓋也。"又《頁部》："題，額也。"這幾個字所體現的意義貫穿相同的義象，都是指物體的頂部或上端，是對具有相同意義特徵的不同客觀事物綜合觀察感悟得到的。這說明季剛先生界定變易的"義同"建立在音義同條相貫義象的基礎上，不在詞彙意義層次，而是詞義的下位層次，即義素層次。

---

① 黃侃：《黃侃論學雜著》，中華書局1964年版，第7頁。
② 黃侃述，黃焯編：《文字聲韻訓詁筆記》，上海古籍出版社1983年版，第47頁。

"音義相讎謂之變易。"誠如季剛先生所總結的："故求訓詁者，一曰同聲，二曰同訓，三曰同義。"把握《說文》訓釋所提供的聲義線索，找到貫穿變易字聲、義的義象，是探索變易字之間意義關係的至關重要的一環。

三 名事同源

季剛先生在《黃侃論學雜著》中所舉的關於《文始》中變易孳乳的一組例證，見本章第一節第五條下。橫列爲變易，反映的是音近義同的關係，直列爲孳乳，反映的是音近義通的關係。《說文·夂部》："旱，跨步也。从反夊。䟽从此。"又《辵部》："過，度也。"季剛先生分三步說明二字之間的變易關係。首先明語音，黃案："䟽讀若過。旱音亦同。""旱""過"同類音相轉。其次明意義，"跨步義與度義非有殊，故曰變易。"第三步，以訓釋關係字說明，"跨訓渡，與過訓度同。""旱"訓跨，"即初文'過'字甚明。""過""跨"訓同，二字均"旱"異體。這裡所說的異體，即季剛先生所言之"廣異體"，同義音轉，等同於變易字。橫向變易字中，季剛先生斷爲"旱"之異體的有：過、跨、跬、越、遙、遁。

《說文·足部》："跨，渡也。从足夸聲。"又《肉部》："胯，股也。从肉夸聲。"季剛先生認爲"古者，名詞與動詞、靜詞相因，所從言之異耳。段君注《說文》：每加所以字，乃別名詞於靜、動詞，其實可不必也。即如跨、胯二音，其初固同，其後乃分爲二。自跨之物言之，則曰胯，自跨之事言之，則曰跨。《公羊傳》曰：'入其門，無人門焉'，上門舉其物，下門舉其事，而二義無二文；此可證跨、胯之本同矣。胯，苦故切，讀平聲；則與跨之本音同。"[1] 這段舉了兩組例子類比說明，以"門"一字名詞、動詞兩種用法，說明"胯""跨"最初同爲一字，後來分化，用兩個同聲符的字分別記錄名詞、動詞不同的用法。章太炎《國故論衡·語言源起說》："實、德、業三各不相離。……一實之名，必與其德若，與其業相麗。""實""德""業"大致與名詞、形容詞、動詞相當。黃季剛《以聲韻求文字之系統》："文字之初，根基言語，迨乎造字，亦必名詞與動詞同出，固不可强爲之先後也。"

---

[1] 黃侃述，黃焯編：《文字聲韻訓詁筆記》，上海古籍出版社1983年版，第165頁。

黃季剛《說文同文》研究

《訓詁學筆記‧訓詁概述》："名事同源,其用不別。名者,名詞;事者,動詞、形容詞。凡名詞必皆由動詞來。"①這說明文字在造字之初的本義應該是實、德、業相應的,不會截然分別。如"雨"既可爲動詞下雨義,又可爲名詞義。"名事同源",語言發生時,實、德、業相依,名稱、動作、性狀一體,不應強分前後。從我們現在的角度看,"跨"和"胯"一爲動詞一爲名詞,所記錄的具體詞義不同,但最初二字一體相依,分化是後來的事。這種現象在古代很普遍,常常是一名而容蓋多義,名詞、動詞、形容詞皆出自同一音義。

另一組字"奎、赶"的情況也是一樣。《說文‧走部》："赶,半步也。"又《大部》："奎,兩髀之間。"季剛先生認爲:"奎、赶亦一名一動,與胯、跨爲一名一動同。"②最初它們是同一個詞,後來區分詞性,產生新字記錄新詞。從季剛先生對這兩組字例的分析可以看出,"變易"具有歷史層次性,"音義相讎"的歷史層次是語言發生時,《說文》形、音、義是探索語言發生狀態的有效依據。

《說文同文》中後世以詞性區分原初本爲一字者有很多。名動關係如:

【筆同敕】《說文‧竹部》："筆,擊馬也。"段注:"筆,所以擊馬也。"許慎注釋是動詞義,段注爲名詞義。與季剛先生所言"名詞與動詞同出,固不可強爲之先後也"的論述相合。《說文‧攴部》:"敕,擊馬也。"段注:"所以擊馬者曰筆,亦曰策,以策擊馬曰敕,策專行而敕廢矣。"策、敕同音初紐錫部,在物爲筆,在事爲敕。

【薪同新】《說文‧艸部》:"薪,蕘也。"又《斤部》:"新,取木也。从斤亲聲。"段注:"取木者,新之本義,引申爲凡基始之稱"。在物爲薪,在事爲新。

【命同名】《說文‧口部》:"名,自命也。"許慎訓釋已經明確"名""命"的詞性。《廣雅‧釋詁》:"命、名,名也。"王念孫《廣雅疏證》:"名、鳴、命,古亦同聲同義。"

【帚同埽】《說文‧土部》:"帚,糞也。从又持巾埽门内。古者少康初

---

① 黃侃述,黃焯編:《文字聲韻訓詁筆記》,上海古籍出版社1983年版,第180—181頁。
② 黃侃:《黃侃論學雜著》,中華書局1964年版,第166頁。

第一章 《說文同文》意義關係研究

作箕、帚、秫酒。少康，杜康也，葬長垣。"《慧琳音義》卷三十二："掃帚"注："帚，即今之掃帚也。"《說文·土部》："堶，棄也。从土，从帚。"在物爲帚，在事爲堶。

【藥同瘵】《說文·疒部》："瘵，治也。从疒樂聲。讀若勞。療，或从尞。"又《艸部》："藥，治病艸。"在物爲藥，在事爲瘵。

名、形關係如：

【煗同澳】《說文·火部》："煗，溫也。"又《水部》："澳，湯也。"

【玓同旳】《說文·玉部》："玓瓅，明珠色。"又《日部》："旳，明也。"

四　一名涵多義

季剛先生在《訓詁學筆記·訓詁概述》中從三個角度分析了字、義不對等關係，首先，從字、義關係角度，說明字書所收文字越來越多，但字義並沒有隨之增加。"名義相依，名多而義少。……然其能爲訓詁之根源者，實不出二千字。蓋字雖與時俱增，而義類固屬有限。是則初文爲字形、字義之根本，實一字而含多義矣。"①其次，從聲、義關係角度，認爲聲音即訓詁。再次，從詞性相關角度，提出"名事同源，其用不別"。名指名詞，事指動詞、形容詞。其中的例子多爲聲訓，如"古時或以羊代祥""抑或以馬爲武也。""古即以燕爲宴饗字"，"兔善逃失而即以爲脫免字。"並指出："蓋古代一名之設，容涵多義，凡若此者，其例實多矣。"

季剛先生在《獨立之訓詁與隸屬之訓詁》中區別了兩種意義："《爾雅》於義界與義源往往不分。如初、胎二字皆訓始，'初'與'始'乃義訓，聲與義不相應。而胎與始則實爲一字。始者女之初，謂女人懷第一胎，胎、始讀同。其聲音固有密切之關係也。"②我們在前文已指出，這裡的"義界"，與訓詁方式"義界"同名異實，實指意義界域，聲義不相應。爲區別，本書特將意義界域改稱爲"義域"。義域，指比較寬泛的意義範圍，一般建立在義訓基礎上。義源，釋詞與被釋詞之間聲義相應，一般建立在聲訓基礎上。《說文》互訓和同訓體現"義同"的關係，既包括聲訓，又包括義訓，《義訓

---

① 黃侃述，黃焯編：《文字聲韻訓詁筆記》，上海古籍出版社1983年版，第180頁。
② 同上書，第189—190頁。

與聲訓》："義訓者，觀念相同，界說相同，特不說兩字之製造及其發音有何關係者也。""只以其觀念相同，可以相訓，而非完全之訓詁也。完全之訓詁必義與聲皆相應。""總之以義訓者，苟取以相明，惟聲訓爲真正之訓詁。"①"故文字之訓詁必以聲音爲綱領，然則聲訓乃訓詁之真源也。"②同訓、互訓建立在聲訓基礎上，直接體現義源；若建立在義訓基礎上，首先體現義域，同文義同關係還需要深入考察，同中存在異，但都包含在義域中。如上一條所引《文始》"干"孳乳變易圖中"逭"字，有兩組，變易一組、孳乳一組，就是因爲"逭"一名涵多義。

《說文·辵部》："逭，過也。从辵侃聲。"段注："本義此爲經過之過，心部愆、寋、誉爲有過之過，然其義相引申也。"

在本義項上有變易字組"逭－越－越"，《說文·走部》："越，度也。"段注："與辵部逭字音義同。"《辵部》："越，踰也。"逭、越爲母曷部，愆溪母寒部。

在引申義上，有孳乳字組"逭－辛－愆"。《說文·辛部》："辛，辠也。……讀若愆。"桂馥義證："《廣韻》以辛爲愆古文。"《古書疑義舉例·以讀若字代本字例》："辛，讀爲愆，今經典皋辛字皆作愆。"《說文·心部》："愆，過也。寋，或从寒省。誉，籀文。从心衍聲。"段注："愆，過者，度也。凡人有所失，則如或梗之有不可徑過處，故謂之過。"逭、辛、愆同爲溪母寒部，逭、愆同訓爲"過"，却立足於"逭"的兩個詞義。

我們從互訓和同訓的例子出發，進一步擴展至《說文同文》的全部義同條例去考察其意義上的細微差別。

聲義同條，聲音即訓詁，聲訓直接揭示義源。聲訓同訓者如：

【啓同開闓】《說文·門部》："闓，開也。"段注："本義爲開門，引申爲凡啓導之稱。《方言》卷六：'開户，楚謂之闓。'"《說文·口部》："啓，開也。"段注："此字不入户部者，以口户爲開户也。""開""闓"同音，溪紐咍韻，"啓"溪母齊韻。

【歆同歓】《說文·欠部》："歆，歠也。从欠酓聲。《春秋傳》曰：歆

---

① 黃侃述，黃焯編：《文字聲韻訓詁筆記》，上海古籍出版社1983年版，第190頁。
② 同上書，第194頁。

·58·

而忘"。又《歠部》："歠，歙也。"歙爲影母覃韻，歠爲疏母帖韻，旁對轉。

聲訓互訓者如：

【民同氓】《說文·毋部》："民，衆氓也。"又《民部》："氓，民也。"

【呂同脊】《說文·呂部》："呂，脊骨也。"又《𠕎部》："脊，背呂也。"呂，來紐模部，脊，精紐錫部，二字聲母發音部位相近，韻部旁對轉。

與"義源"相對應，季剛先生提出"義界"說明義訓聲與義不相應。《說文·刀部》："初，始也。"段注："裁衣之始也。《衣部》曰：'裁，製衣也。'製衣以鍼，用刀則爲製之始，引伸爲凡始之偁。此說从刀衣之意。""初"與"始"乃義訓，聲與義不相應。初，初母魚部；始，審母咍部。季剛先生認爲古音照二、照三分屬舌、齒音。故二字聲韻相差較遠。故判斷以"始"訓"初"是義訓。"義界"說明兩字意義屬於某界域内。變易同文音義相讎，但意義也有細微差别，主要表現在以下幾個方面：

（一）種屬差別

同文的訓釋詞之間是上下位關係，上位訓釋是直訓，下位訓釋是以上位詞爲主訓詞的義界，彼此意義差別在種屬關係。

【火同燹】《說文·火部》："火，燬也。""燹，火也。"

《玉篇·火部》："燹，野火也。"火，曉母歌部；燹，心母痕部。

【聲同僁】《說文·耳部》："聲，音也。"《爾雅·釋言》："僁，聲也。"郭璞《爾雅注》："聲，謂聲音。"《人部》："僁，聲也。"段注："謂小聲也。"《廣韻·屑韻》："僁，動草聲。又云鳥之聲，又僁僁，呻吟也。""聲"泛指聲音，而"僁"指細小的聲音。聲，書母清部，僁，心母屑部。

【喈同呝】《說文·口部》："喈，鳥鳴聲。一曰鳳皇鳴聲喈喈。"徐鍇繫傳："聲衆且和也。"《集韻·皆韻》："喈喈，和聲也。"《說文·口部》："呝，喔也。"《廣韻·麥韻》："呝喔，鳥聲。"喈，見母灰部；呝，影母錫部。

（二）程度差別

這裡的程度包括很多的角度，如速度、溫度、色度的不同等，舉例如下：

【走同趨】二字互訓，都表示快走的意思，但仍然有速度上的細微差別。

《說文·走部》:"走,趨也。"段注:"《釋名》曰:'徐行曰步,疾行曰趨,疾趨曰走。'此析言之。許渾言不別也。"

【駋同駉】《說文·馬部》:"駋,馬行皃。"段注:"牛徐行曰牧牧,馬徐行曰駋駋,今人俗語如是矣。"《說文》:"駉,馳馬洞去也。"段注:"洞者,疾流也。以疊韻爲訓。"二字都是馬行的樣子,但"駉"的速度要比"駋"快一些。

【聽同聆】二字互訓,都表示聽的意思,但也有程度上的細微差別。段注:"聆者,聽之知微者也。"聆與聽相比,是更加細緻的傾聽。

【幺同絲】《說文·幺部》:"幺,小也。象子初生之形。"《說文·絲部》:"絲,微也。"王筠《說文句讀》:"絲、微,皆小也。"段注:"小之又小則曰幺。从二幺。二幺者,幺之甚也。"

【八同穴】《說文·小部》:"八,別也。象分別相背之形。"《說文·八部》:"穴,分也。"段注:"穴从重八者,分之甚也。"

【餇同饒】《說文·勹部》:"餇,飽也。"《玉篇·勹部》:"餇,猒也。"《說文·食部》:"饒,飽也。"段注:"饒者,甚飽之詞也。引以爲凡甚之稱。"

【坻同渚】《說文·土部》:"坻,小渚也。《詩》曰:'宛在水中坻。'"段注:"坻者,水中可居之最小者也。"《說文》:"渚,水。《爾雅》曰:'小州曰渚。'"

【黝同黯】《說文·黑部》:"黝,微青黑色也。"又:"黯,深黑也。"

【纔同繰】《說文·糸部》:"纔,帛雀頭色。一曰微黑色如紺。"又:"繰,帛如紺色。或曰:深繒。""纔"是指黑裏帶紅的顏色,"繰"是指微帶紅的黑色帛。纔,床母添部;繰,清母豪部。

【熱同煖】《說文·火部》:"熱,溫也。"《釋名·釋天》:"熱,蓺也。如火所燒蓺也。"《說文·火部》:"煖,溫也。"段注:"煖,今通用煗。"二者意思都是溫度高,但在使用中熱的溫度要更高一些。

【濫同氾】二字互訓,均指氾濫。段注:"濫,氾也。謂廣延也。"《日知錄》卷二十七:"濫者,氾而無節之謂。"《玄應音義》"氾流"注:"濫也。謂普博也。"二字同義,但程度不同。

· 60 ·

第一章 《說文同文》意義關係研究

（三）形制差別

【橐同囊】二字互訓，都指的是裝物的袋子。但在外形上有一些細微的差別。段注："按許云：'橐，囊也。''囊，橐也。'渾言之也。《大雅》毛傳曰：'小曰橐，大曰囊。'高誘注《戰國策》曰：'無底曰囊，有底曰橐。'皆析言之也。囊者，言實其中如瓜瓢也。橐者，言虛其中以待如木樸也。"

【䰝同鍑鏊】《說文·鬲部》："䰝，鍑屬。"段注："鍑四升曰豆，豆四曰區，區四曰䰝。"《爾雅·釋水》"覆䰝"陸德明《經典釋文》引郭云："䰝，古釜字。"《說文·金部》："鍑，釜大口者。"《急就篇》卷三"鐵鈇鑽錐釜鍑鏊"顏師古《急就章》注："大者曰釜，小者曰鍑。"《說文·金部》："鏊，鍑屬。"《廣雅·釋器》："鏊，釜也。"三者爲同一類屬的事物，但各自形狀不同。

【鴻同鶴鵠】《說文·鳥部》："鴻，鴻鵠也。"段注："單呼鵠，絫呼黃鵠、鴻鵠，黃言其色。鴻之言雈也，言其大也，故又單呼鴻雁之大者曰鴻，字當作鳿而假借也。"王筠句讀："鴻鵠二字爲名，與黃鵠別。此鳥色白，異於黃鵠之蒼黃也。"《史記·陳涉世家》："燕雀安知鴻鵠之志哉！"司馬貞索隱："鴻鵠是一鳥，若鳳皇然，非謂鴻鴈與黃鵠也。"《說文·鳥部》："鶴鳴九皋，聲聞於天。"《急就篇》卷二："豹首落莫兔雙鶴"，王應麟《急就篇》補注："鶴，似鵠，長喙。"鴻鵠與鶴外形稍有差別。

【鍾當同甄】《說文·金部》："鍾，酒器也。从金，重聲。"段注："古者此器蓋用以宁酒，故大其下，小其頸。自鍾傾之而入於尊，自尊勺之而入於觶。故量之大者亦曰鍾，引申之義爲鍾聚。"《說文·金部》："甄，酒器也。从金甄。象器形。"二者都是酒器，但形狀不太相同。

【匡同盧】《說文·匚部》："匡，飲器，筥也。"段注："竹部曰：筥，䈰也。䈰一曰飯器。容五升。䈰有三義。而筥匡取此一義耳。"《說文·皿部》："盧，飲器也。"段注："凵部曰：凵盧，飯器，以柳爲之。《士昏禮》注曰：笲，竹器而衣者，如今之筥、筶簏矣。筥、筶簏二物相似，筶簏即凵盧也。"二者都是飯器，屬同一類物品，但形狀有不同。

【韣略同韣】《說文·革部》："韣，弓矢韣也。"又《韋部》："韣，弓衣也。"韣義爲箭筒，韣義爲弓袋，二字均爲舌音，准雙聲，屋韻疊韻。

· 61 ·

【券同契】《說文·刀部》："券，契也。券別之書，以刀判契其旁，故曰契券。"又《大部》："契，大約也。"段注："約取纏束之義。《周禮》有司約。大約劑，書于宗彝。《小宰》：'聽取予以書契。'大鄭云：'書契，符書也。'後鄭云：書契謂出予受入之凡要。凡簿書之冣目，獄訟之要辭，皆曰契。""契"和"券"是一物兩稱。"契"是刻，《釋名·釋書契》，"契，刻也。刻識其數也"，而"券"有別分義，一般是寫在簡牘上，然後用刀分成兩半，雙方各執一半，踐約合券以作徵信。"契"着重於合，"券"着重於分。

（四）材質差別

【篇同笔】《說文·竹部》："篇，以判竹圜以盛穀也，从竹耑聲。"又："笔，篇也，从竹屯聲。"《急就篇》卷三："笔、篇、筤、筥、簊、箅、籌。"顏師古《急就章注》："笔、篇皆所以盛米穀也。以竹木簞席若泥塗之則爲笔；織草而爲之則曰篇，取之圓團之然也。"

【箴同鍼】《說文·金部》："所目縫也。"段注："縫者，以鍼紩衣也。竹部箴下曰：'綴衣箴也。'以竹爲之，僅可連綴衣。以金爲之，乃可縫衣。"《說文·竹部》："箴，綴衣箴也。"二者同義，都指縫衣針，但材質、功用不同。

【鉊同籥】《說文·金部》："鉊，鑽也。"朱駿聲通訓定聲："鉊，凡鐵鉗火夾之類皆是。"《說文·竹部》："籥，箝也。"段注："夾取之器曰籥，今人以銅鐵作之，謂之鑷子。"朱駿聲通訓定聲："凡脅持物，以竹曰籥曰箝，以鐵曰鈙曰鉗曰鑽，蘇俗謂之鑷子。"二字意思相同，都是表示夾子，但是具體材質略有不同，這從形符上可以體現。

【栅同柵】《說文·木部》："栅，編樹木也。"《集韻·諫韻》："栅，編竹木爲落也。"《說文·木部》："柵，落也。"段注："柴垣曰柵，木垣曰栅。"玄應《一切經音義》卷十四引《通俗文》："柴垣曰柵，木垣曰栅。"

【繮同鞅】《說文·糸部》："繮，馬紲也。"《玉篇·糸部》："繮，馬緤也。"《說文·革部》："鞅，頸靼也。"《集韻·陽韻》："鞅，馬頸革。"兩字皆指栓牲口的繩子，只是所指事物具體材質不同，"繮"一般是絲繩制，"鞅"一般是皮革制。

第一章 《說文同文》意義關係研究

（五）方式差別

【熙同燥】《說文·火部》："熙，燥也。"王筠《說文句讀》："言曬之使燥。"《說文·火部》："燥，乾也。"《易》："燥萬物者莫熯乎火。"二字詞義同中有異，"熙"的乾燥是來自日曬，而"燥"的乾燥是來自火烤。

【厄同握搹】《說文·丮部》："厄，拖持也。"《說文·手部》："搹，榦持也。"段注："榦持者，謂有所操作，曲其肘如榦而持之也。"《說文·手部》："握，搤持也。"三個詞都是義界訓釋，主訓詞都爲"持"，但詞義特點不同。

【縣同係】《說文·県部》："縣，繫也。从系持県。"段注："繫當作系。……系篆下云繫也。當即縣也之譌，二篆爲轉注。古懸掛字皆如此作，引伸之，則爲所系之偁。《周禮》縣系於遂。《邑部》曰周制。天子地方千里。分爲百縣則系於國。秦漢縣系於郡。《釋名》曰：'縣，縣也。縣係於郡也。'自專以縣爲州縣字，乃別製从心之懸掛，別其音縣去懸平。"《說文·人部》："係，絜束也。"段注："絜束者，圍而束之。……束之則縷與物相連，故凡相聯屬謂之係。……按俗通用繫。"二者同爲懸係義，但方式不同。

【爪同操】《說文·爪部》："爪，丮也。"又《丮部》："丮，持也。持，握也。象手有所丮據也。外象拳握形。"《說文·手部》："操，把持也。"爪，壯母蕭部；操，清母豪部。

【趌同蹇】《說文·走部》："趌，蹇行趌趌也。"《玉篇·走部》："趌，蹇行。"《廣韻·仙韻》："蹇，足跟也。"又《足部》："蹇，跛也。"趌，溪母寒部；蹇，見母寒部。"趌"側重指狀態，"蹇"側重指動作。

（六）名量差別

【桬同舟】《說文·木部》："桬，船總名。"朱駿聲通訓定聲："桬，字亦作艘。"徐鍇繫傳："桬，今俗言船一桬也。"《說文·舟部》："舟，船也。古者，共鼓貨狄刳木爲舟，剡木爲楫，以濟不通。象形。"二者是名物和數量單位的關係。桬，心母蕭部；舟，照母蕭部。

（七）角度差別

【槮同森棽櫹】《說文·林部》："森，木多皃。""槮，木長皃。《詩》曰：'槮差荇菜。'"二字意思相同，均表示的是樹木高聳繁茂的樣子，但"森"

· 63 ·

着眼於數量，而"椾"着眼於高度。

【滋同增】《說文·水部》："滋，益也。"段注："此字从水茲，爲水益也。凡經傳增益之義多用此字。"《廣韻·之韻》："滋，蕃也。"《說文·土部》："增，益也。"《廣雅·釋詁二》："增，加也。""增"義爲層層累加。"益"側重于水，是體積的膨脹；"增"例置於土，是不斷加高。

【顤同贅】《說文·頁部》："顤，大頭也。"《廣韻·宵韻》："顤，額大兒。"《說文·頁部》："贅，贅顤，高也。""顤，高長頭。"《廣韻·豪韻》："贅，高頭也。"段注："贅，當云頭高也。"高、長、大相關，"顤"側重於長度，"贅"側重言體積。

【寷同龐】《說文·宀部》："寷，大屋也。"《說文·广部》："龐，高屋也。"大、高義相關，"寷"傾向於體積大小，"龐"傾向於空間高度。

【蓐同丵】《說文·蓐部》："蓐，陳艸複生也。"徐鍇繫傳："蓐，陳根相繁縟。"《說文·丵部》："丵，叢生艸也。象丵嶽相竝出也。"王筠《說文句讀》："丵嶽，疊韻。蓋争高競長之狀。"二字均表示草叢生，但"丵"側重言艸空間聚集，而"蓐"側重言艸時間更替。

【颮同颶】《說文·風部》："颮，疾風也。""颶，大風也。"二字意思相同，"颮"側重言速度，"颶"側重強度。

【姣同好】《說文·女部》："姣，好也。"段注："姣謂容體壯大之貌。"徐灝注箋："凡从交聲之字其義多爲長。"《說文·女部》："好，美也。"《戰國策·趙策三》："鬼侯有子而好，故入之於紂。""姣"傾向於身材，"好"傾向於容貌。

【昵同邇】《說文·日部》："暱，日近也。昵，或从尼作。"《集韻·質韻》："昵，親也。"《玄應音義》卷十三"親昵"引郭璞注："昵謂相近也，亦親也，私昵也。"《說文·辵部》："邇，近也。"《爾雅·釋詁下》："邇，近也。"邢昺疏："謂殆近也。""昵"是人之間的親昵，"邇"是空間距離上的接近。

（八）聯綿音轉

【彳同躅】《說文·彳部》："彳，小步也。"王筠句讀："彳亍，皆當有行止二義。行，人之步趨也，彳得其半，故曰小步。亍反彳，故曰步止，彳亍即分行字爲二，故兼行止二義也。"朱駿聲通訓定聲："彳亍，今字作蹢躅。"《說文·足部》："蹢，住足也。"段注："蹢躅，各本奪此二字，文選注四引皆有。逗足也。……蹢躅之雙聲疊韻曰踟躕，曰跢跦，曰峙䠧，曰篿箸。俗用躊躇。"許訓"彳"小步，"蹢"住足，正是足徘徊躊躇義。彳，徹部母錫；蹢，澄母錫部。《訓詁學筆記·雙聲疊韻字雖不可分別解釋然各有其本字》："大氐雙聲疊韻之字其義即存乎聲。求諸其聲則得，求諸其文則惑。……凡疊字及雙聲疊韻連語其根柢無非一字者。"①段注所舉諸雙聲疊韻字均爲後起形聲字，其根柢即初文，即形音義相合的"彳""亍"。

第三節《說文同文》的義通關係

陸宗達、王寧先生在《訓詁與訓詁學》中指出："如果從《說文同文》中將其義通的條例歸納出來，當可使同源字的系聯在理論上更自覺，在實踐上更少錯誤。"② 義同基於變易，義通基於孳乳。《說文·敘》："形聲相益謂之字。字者，言孳乳而寖多也。"以"孳"聲訓"字"，一方面說明漢字造字階段的特點，表意符號文字體系階段以形聲組合造字爲主要造字方式；另一方面交代了漢字孳生發展規律。"音義相讎，謂之變易。義自音衍，謂之孳乳"。文字依變易孳乳而增多，貫穿其中的是音義，即所謂的"同條相貫"。"凡聲之起，非以表情感，即以寫物音，由是而義傳焉。聲、義具而造形以表之，然後文字萌生。"③ 聲以傳義，義自音衍，"自音"是孳乳條件，"義衍"是孳乳核心內容。我們研究《說文同文》義通關係主要體現於孳乳字之間的意義關係上。

---

① 黃侃述，黃焯編：《文字聲韻訓詁筆記》，上海古籍出版社1983年版，第227頁。
② 陸宗達、王寧：《訓詁與訓詁學》，山西教育出版社1994年版，第408頁。
③ 黃侃：《黃侃論學雜著》，中華書局1964年版，第93頁。

一　從《變易孳乳二大例》(下)看義通關係

在《變易孳乳二大例下》，季剛先生將孳乳劃分爲三類：

（一）"所孳之字，聲與本字同，或形由本字得，一見而可識者也。"

此孳乳字聲與本字同者，季剛先生舉四例說明：

"仁之語本於人也。"《說文·人部》："儿，仁人也。古文奇字人也。象形。孔子曰：在人下，故詰詘。"

"武之字本於馬也。"《說文·馬部》："馬，怒也，武也。象馬頭髦尾四足之形。"

"準從水來。"《說文·水部》："水，準也。北方之行。象衆水並流中有微陽之氣也。"

"類從雷來。"《說文·雨部》："靁，陰陽搏動，雷雨生物者也。从雨，晶象回轉之形。"

這四組字，季剛先生用"本於""從……來"術語說明字組内部字詞關係，"人""馬""水""靁"均象形字，"本於""由來"字均象形字的同聲字，前三個字來源於《說文》聲訓。季剛先生對各組字的意義關係進行了闡發，匯總有兩類：

一是事"性"源於事，如：

"由人而有仁，仁訓親也。然而《說文》又有儿字，即古文奇字人，而訓仁人。"——人之性仁。

"由馬而有武，武之字，《說文》但引《左傳》'止戈爲武'說之，然馬下說解云：'武也。'"——馬之性武。

"由水而有準，準，平也；水之性平。"——水之性平。

二是同狀異所：

"由雷而有類，種類相似也，雷之聲同。"——雷回轉聲同，種類相似。

"形由本字得"，季剛先生舉形聲字系列爲例，表述分兩種術語：

一是"由聲符而有"：

"由句而有"：鉤、笱。《說文·句部》："句，曲也。"《金部》："鉤，曲鉤也。"又《竹部》："笱，曲竹捕魚笱也。"

"由臤而有"：緊、堅。《說文·臤部》："臤，堅也。""堅，剛也。""緊，

第一章 《說文同文》意義關係研究

纏絲急也。"臤即堅義,"緊"釋"急",以情狀突出以速度、頻率、密集度,亦堅義。

"由丩而有":茻、糾。《說文·丩部》:"丩,相糾繚也。一曰瓜瓠結丩起。""茻,艸之相丩。""糾,繩三合也。"以"丩"爲聲符者,貫穿糾繚義。

"由𠂢而有":衇、覛。《說文·𠂢部》:"𠂢,水之衺流別也。""衇,血理分衺行體中者。""覛,衺視也。"以"𠂢"爲聲符者,貫穿"衺流別"義。

這四組形聲字,"由聲符有"說明聲符是孳乳的起點,聲符音義貫穿形聲字。在《說文》中,"句""丩"是亦聲部首。

另一表述指出一聲所孳之字,如:

"一叉聲也,其所孳之字:搔、瑤、蚤、騷、慅"。

《說文·又部》:"叉,手足甲也。"

又《手部》:"搔,括也。"段注:"掊杷,正搔之訓也。"意思是用指甲刮撓。

又《玉部》:"瑤,車蓋玉瑤。"段注:"瑤蚤爪三字一也。皆謂蓋橑末。"指車蓋弓端伸出的爪形部分,常以金玉爲飾。

又:《䖵部》:"蚤,齧人跳蟲也。"善跳躍。

《馬部》:"騷,擾也。"

《心部》:"慅,動也。"

"叉"義"手足甲",名物字"瑤"形似,爲"蚤"蟲特徵。爲動作"搔""騷""慅"的憑藉。

"一壬聲也,所孳之字:廷、莛、梃、挺、珽、桯、桱、脛、頸、廷、侹、頲、經、徑、婞、庭、勁、呈、逞、徎"等。

《說文·壬部》:"壬,善也。一曰象物出地挺生也。"以"挺"聲訓"壬",所孳之字分三個聲符系列;一是廷,二是巠,三是呈,"壬"是最小的聲素。①

《說文·廴部》:"廷,朝中也。"《後漢書·郭太傳》:"母欲使給事縣廷。"李賢注引《風格通》:"廷,正也,言縣廷、郡廷、朝廷皆取平均正

---

① 聲素是漢字形體中最小的聲音要素,指形聲字以外的所有漢字。見張儒、劉毓慶《漢字通用聲素研究·序言》,山西古籍出版社 2002 年版,第 3 頁。

· 67 ·

直也。"

又《艸部》："莛，莖也。"朱駿聲通訓定聲："莛實與莖同字。"

又《木部》："梃，一枚也。"朱駿聲通訓定聲："竹曰竿，草曰莛，木曰梃。"段注："凡條直者曰梃。梃之言挺也。"

又《手部》："挺，拔也。"《集韻·梗韻》："挺，直也。"

又《玉部》："珽，大圭，長三尺。抒上，終葵首。"段玉裁引《禮記·玉藻》注："此亦笏也，珽之言挺然無所屈也。"

又《人部》："侹，長貌。"段注："侹與挺音義略同。"《玉篇·人部》："侹，正直兒。"

《頁部》："頲，狹頭頲也。"《爾雅·釋詁下》："頲，直也。"郭璞注："頲，正直也。"

《广部》："庭，宮中也。"段注："庭者，正直之處也。"

《艸部》："莖，枝柱也。"段注："艸木榦也。"

《木部》："桱，桱桯也。東方謂之蕩。"徐鍇繫傳："勁挺之兒也。東方今關東江淮謂杉木長而直爲杉桱"。

《肉部》："脛，胻也。"段注："膝下踝上曰脛，脛之言莖也，如莖之載物。"

《頁部》："頸，頭莖也。"

《糸部》："經，織從絲也。"指的是織布機上的縱線。

《彳部》："徑，步道也。"

《女部》："娙，長好也。"指的是女子身長而美好。

《力部》："勁，彊也。"

《口部》："呈，平也。从口壬聲。"段注："壬之言挺也，故訓平。"

徐鍇繫傳："桯，即橫木也。"

《說文·辵部》："逞，通也。"

《說文·彳部》："徎，徑行也。"段注："依今本《說文》：音義則徎與逞同。"

"壬"象物出地挺生，挺直、挺拔是其性狀，在不同方所、主體和環境中，就有了莛、莖、梃、珽、脛、頸、頲、經、徑、桯、桱、侹、娙等。從

第一章 《說文同文》意義關係研究

挺直、挺拔性狀引申出強健、有力的特性,進一步孳乳出"勁"。從直義引申,產生了平、通義,進一步孳乳出呈、逞、徎,廷、庭二字就是平、通性狀呈現的方所。

第一類孳乳字,主要有兩個來源:一是《說文》聲訓字,探討"本於""由來",在《手批說文》中"由來"就是專門逆推本源的術語。二是諧聲系列。諧聲聲符字是音義來源。這兩類孳乳字的起點都是象形指事字,聲符系列可以追索到最小的聲素,如"句",凵聲,"凵"爲聲素。

(二)"所孳之字,雖聲形俱變,然由訓詁輾轉尋求,尚可得其徑路者也。"

季剛先生舉四例以訓詁輾轉尋其來源:

"諄之語亦由臺來也。"首先立足于《說文》"諄,告曉之孰也"。在訓釋中尋找聲訓字,得到"孰";"諄與孰聲轉,而皆從臺聲。"訓詞和被訓詞之間同聲符,其共有的聲符即孳乳音義來源。

"皮之語當由朩來也。"首先找到兩象形字"皮""朩",其次分別在其訓釋中尋找關聯,"皮,剝取獸革者謂之皮。""朩,分枲莖皮也。"以"皮"訓"朩"知二義相近,以被訓詞爲音義之源。

"安之字由燕來也。"首先審字形,彙聚音義關聯字:"安之字,從女在宀下,而晏、侒、宴,悉與同義";其次根據初文變易關係找到聲義相關字:"檢孔字之訓云:乙至而得子,嘉美之也;乙、燕同物而聲轉。"中間隱藏一環,根據語音尋找通用關係,《說文·燕部》:"燕,玄鳥也。"段注:"乞下曰:燕燕也。齊魯謂之乞。古多叚燕爲宴安、宴享。"

"容之語亦由谷來也。"首先在訓釋中找線索:"容之字訓盛",判斷爲義訓;其次依聲音找通用關係:"古與欲通用";再次在通用字形中尋聲義相關線索:"欲從谷聲,而得谷義。"因此得出結論。

"凡此類字,輾轉推求,而蹤跡自在。"其訓詁途徑有三個要點:一是聲訓,二是諧聲系列,三是通用線索。根據術語看,孳乳之實質仍然是"語之由來"。

(三)"後出諸文,必爲孳乳,然則其詞言之柢難於尋求者也。"這裡所言爲孳乳數名稱物,其得名之由,"不易推得本原"。黃季剛先生有如下闡釋：" 名物須求訓詁，訓詁須求其根。字之本義既明，又探其聲義之由來，於是求語根之事尚焉。《呂氏春秋》云：'物自名也，類自召也。'蓋萬物得名，各有其故，雖由約定俗成，要非適然偶會，推求其故，即求語根之謂也。"①這就是說推求名物得名之故應以音義爲綫索，"求語根"，但因"其詞言之柢難於尋求"，季剛先生稱名物探源爲"絕緣之學"。②

二 從《論俗書滋多之故》(二)看義通關係

"文字孳乳，大氐義有小變，爲制一文。"季剛先生在《論俗書滋多之故》中談到孳乳字意義之間的關係從兩個角度舉例論證：

（一）思維邏輯角度

通別異："別""通"是指事物的種屬變化，"有由別而之通者，從丫而有角。"《說文·丫部》："丫，羊角也。""角，獸角也。"由羊至獸，前屬後種。"有由通而之別者，從鳥而有隹。"《說文·鳥部》："鳥，長尾禽總名也。"又《隹部》："隹，鳥之短尾總名也。"由禽至鳥，前種後屬。

所施異："有所施異，因造一名者，从義而有檥。"《說文·我部》："義，己之威儀也。"《說文·木部》："檥，榦也。"段注："人儀表曰榦，木所立表亦爲榦，其義一也。"

廣狹異："有義稍狹，因造一名者，因句而有鉤，是也。"《說文·句部》："句，曲也。"《金部》："鉤，曲鉤也。""句"曲義交代性狀，適用於所有事物，"鉤"是曲狀物。在《變易孳乳二大例下》中第一種類別包括此例。

體貌異："蟬、蛻一語，而蟬言其體，蛻是其皃。"《說文·蟲部》："蟬，以旁鳴者。"《說文·蟲部》："蛻，它蟬所解皮也。"蛻是蛇、蟬所脫的皮，"蟬"是整體，而"蛻"指外表皮層。

總別異："凡鳧一根，而凫爲總名，鳧爲別物。"《說文·几部》："鳥之短羽飛几几也。""鳧，舒鳧，鶩也。从鳥几聲。"段注："許意不以鳧入鳥部而入几部，此句、丩二部之例。"《說文》"句""丩"二部是亦聲部首，"几"

---

① 黃侃述，黃焯編：《文字聲韻訓詁筆記》，上海古籍出版社1983年版，第197頁。
② 同上書，第9頁。

同爲亦聲部首。"几"總說短尾鳥飛貌,"鳧"下段注:"野曰鴈、鳧。而畜於家者曰舒鴈、舒鳧。是爲鵝、鶩。舒者,謂其行舒遲不畏人也。""鳧"指具"几"狀貌的鳥。

狀所異:"在上曰頸,在下曰脛,形同也,而因處異,造二文。"《說文·肉部》:"脛,胻也。"段注:"卻下踝上曰脛。脛之言莖也,如莖之載物。"《說文·頁部》:"頸,頭莖也。"脛、頸二字均釋爲"莖",形狀相同,所處位置不同。

形制異:"冕服有巿,玄端有韠,物同也,而因制異,造二文。"《說文·巿部》:"巿,韠也,上古衣蔽前而已,巿目象之。天子朱巿,諸侯赤巿,大夫蔥衡。从巾,象連帶之形。韍,篆文巿,从韋从犮。"《說文·韋部》:"韠,韍也。所目蔽前,目韋。下廣二尺,上廣一尺,長三尺,其頸五寸。一命縕韠,再命赤韠。从韋畢聲。"二者都是古代朝覲或祭祀時遮蔽在衣裳前面的一種服飾,但二者具體形態不同,且所用的環境也不同。"巿"是用在冕服上的,而"韠"是用在玄端上的,冕服和玄端都是禮服,但冕服只有天子可穿,而玄端天子大臣均可穿。二者功能同,但形制異。

"此則轉注所施,隨意賦形,由少趨多,自然之勢。"所謂"轉注所施,隨意賦形"即"聲義連貫而造字謂之轉注"。[①]

(二)古今造字角度

"有古已造而今從同,《說文》本字往往不見經傳,即此理。"《說文》

"有古本同而今別造",以《說文》與《字林》對比,共舉四例:

"禰,《說文》應通用昵,今以爲親廟,別造一文。"《說文》"昵"是"暱"小篆或體。《說文·日部》:"暱,日近也。从日匿聲。《春秋》傳曰:'私降暱燕。'或从尼作昵。"《書·高宗肜日》:"典祀無豐於昵。"陸德明釋文:"昵,考也,謂禰廟也。"孫星衍今古文注疏:"四親廟最親爲父廟,故稱之爲昵。"後造"親廟"專用字。《說文新附·示部》:"禰,親廟也。"

"呴,《說文》應通用听,今以爲牛鳴,別造一文。"《說文·口部》:"听,厚怒聲。"段注:"諸書用呴字即此字也。聲類曰:'呴,嗁也。俗作

[①] 黃侃述,黃焯編:《文字聲韻訓詁筆記》,上海古籍出版社1983年版,第66頁。

吼。"《廣雅·釋詁二》:"呴,鳴也。"王念孫疏證:"呴、呴、吼並同。"

"遶,《說文》應用繞,今以爲圍,別造一文。"《說文·糸部》:"繞,纏也。"朱駿聲通訓定聲:"字亦作遶。"《集韻·小韻》引《字林》:"遶,圍也。"

"注,《說文》應通用注,今以爲解,別造一文。"《說文·水部》:"注,灌也。"段注:"注之云者,引之有所適也。故釋經以明其義曰注。……漢、唐、宋人經注之字無有作注者。明人始改注爲注。大非古義也。古惟注記字从言。與注釋字别。"《儀禮·士冠禮》:"鄭氏注"賈公彥疏:"言注者,注義於經下,若水之注物。"

以上"別造一文"都是在《說文》正字引申義基礎上的後造字。"此等字在今日有不能廢者。……俗書遞增偏旁,亦未嘗不合孳乳之理。"

三 由《略論推尋語根之法》看義通條例

黃季剛先生所說的"語根"指言語音聲之根,即未造字時的語言之音義:"凡會意、形聲之字必以象形指事字爲之根。而象形、指事字又以未造字時之語言爲之根。故因會意、形聲以求象形、指事之字,是求其本字也。由象形、指事字以推尋言語音聲之根,是求其語根也。"①這裡區別了"字形之根"和"語根"。"字形之根"指象形指事之字,是形聲字、會意字的構字單元。語根是指語言發生時的言語音聲之根。語言發生久遠,在漢字產生之前僅僅是一種音義傳播,有了漢字,就有了形體依託,漢字形體首先表現爲視覺形象,以承載語言的音和義。因此所說的語根實際上是一種實體依托,其前提是假設語言的音義與最早的漢字記錄的音義是一致的。這樣通過初文推尋言語音聲之根才能夠實現。因此所謂"音根""語根"實際上是借造字之初字形之根來實現的。這種構成會意、形聲字的象形指事字,季剛先生稱之爲本字,只是季剛先生所稱本字的第一個層次。"六書之中,惟象形、指事字形聲義三者多相應,其他則否。蓋象形指事之初作,以未有文字時之言語爲之根,故其聲義必皆相應,而即所謂本字也。然最初造字之時,或因本

---

① 黃侃述,黃焯編:《文字聲韻訓詁筆記》,上海古籍出版社1983年版,第57頁。

第一章 《說文同文》意義關係研究

字不足,即用本字以爲假字,故造字之時已有假字也。文字隨言語、音聲而變易,因聲音之變易而假借遂亦有變易。爲時既遠,而聲變日繁,其所假借之字竟與本字日遠而不易推矣。至文字應用於文章,亦多用假借。"①可見黃季剛先生所言之本字都指形音義相應的象形指事字,其對境有三種:一是造字時的會意形聲字,以象形指事字爲構字單元,象形指事字爲形根。二是用於具體語言環境中的假借字之根,假借字形義脫節,季剛先生稱與假借字相對的本字爲字根:"用於文章之假借,固不能與本字相應也,……既有假字,必有其根,推其字根,即推其本字也。"②三是語言發生時的言語音聲,聲義相應,即季剛先生所言之語根。推求後二種本字都要借助於音根:"中國文字凡相類者多同音,其相反相對之字亦往往同一音根。"③所謂"相反相對"指意義,立足於同一音根的詞意義之間變化實際上遵循詞義引申規律,音隨義轉,但音根却相同。這種音根實際上是語言音聲之根。是比較高層次的本字。"不有本音之學,則本字無從推得。……凡文字之作,爲語言生,息息相應,語音雖隨時變遷,然凡言變者,必有不變者以爲之根。由文字以求文字,由語言以求文字,固非求本字不可也。"④所謂"由文字求文字",指由假借字依託聲音條件求本字,"由語言以求文字",指根據音義系聯同源字。"單獨之本,本字是也;共同之本,語根是也。"⑤由假借字求本字,立足於具體語言環境中的同一個詞,造成同詞異字,所以與假借字對應的本字是"單獨之本","單獨"指同詞;由語言以求文字,反映的是伴隨語言發展由同一聲義之根牽繫的文字的繁衍,所以言語音聲之根——語根是"共同之本","共同"指同一語根的同源字。這是兩種不同層次的本字。"本音明,而後本字及語根漸漸可以推明,非止由假借字推出本字而已也。"⑥"凡假借必有本字,本字必有語根。能悉明其本字,則文字之學通;能悉明其語根,

---

① 黃侃述,黃焯編:《文字聲韻訓詁筆記》,上海古籍出版社1983年版,第53頁。
② 同上書,第53—54頁。
③ 同上書,第47頁。
④ 同上書,第55頁。
⑤ 同上書,第60頁。
⑥ 同上書,第60—61頁。

則聲音之學亦通也。"①

　　黃季剛先生所說的本字超越了用字的界域，通過假借字求本字，屬於文字學領域的問題，求語根屬於語言學領域的問題，是在追尋更寬廣更高層次的根源。而不同層次和不同角度的本字都是"文"："治《說文》欲推其語根，宜於文字說解及其所以說解三者細加推闡。凡文字解之至無可解，乃字形之根。純象形、指事字是所謂文。一面爲文字之根，一面又爲聲音之根，訓詁之根，形聲義三者實合而爲一，不可分離，故文爲形聲義之根。"②形根、音根、義根是從漢字要素角度分類，字根、語根是從漢字功能角度分類。

　　（一）語根之依托

　　季剛先生用《爾雅·釋詁》首四字說明推求語根之法：

　　"《釋詁》：'初哉首基，始也。'《說文》云：'初，從衣從刀，裁衣之始也。'謂之始者，以裁衣之始引申爲凡物之始也。以初字之義推之，是本字也。又'且'下云：'薦也。'從几下一，一，地也。几象其橫，謂之薦者，始薦之席居於最下則且字有始義。故示部云：'祖，始廟也。'又初，古讀齒音初母，古無初母，音當入清母模韻魚。且亦讀古音清母模韻魚。然則且字者即初字之語根也。"

　　"初"爲本字，所記錄的始義是從具體到一般引申而來。"且"字之始義由薦席實物象形形義推知，一字多義，記錄本義引申義。"初"字是會意字，語根應是象形指事之文，據古同音線索，找到語根"且"。

　　"哉，《說文》云'言之間也。'謂之'之間'者，蓋以一切虛字置於實字之間以助實字者。故非因其恰居於二字之間始得以名之也。謂之始者，氣于言爲初，虛字猶爲初也。由言之間引申之，則哉有始義矣。《尚書》言'哉生魄'是也。又才，《說文》云：'草木之初，從丨上貫一，將生枝葉，一，地也。''哉'屬齒音精母咍韻之。而'才'亦屬齒音從母咍韻之。然則才即哉之語根也。又如栽，築牆長版也。古人築牆必先以版模之，則栽者，築牆之始也。菑，不耕田也。蓋即一歲不耕曰菑也。逾歲而始耕，而菑亦有始

---

① 黃侃述，黃焯編：《文字聲韻訓詁筆記》，上海古籍出版社1983年版，第58—59頁。
② 同上書，第60—61頁。

第一章 《說文同文》意義關係研究

義。而菑物之菑从之。籸，餅䴺也，蓋今之發酵。餅䴺爲酵面之母，故亦从才而有始義。此四字者，異名而同實，爲之語根者，即才字也。"

哉、栽、籸都以"才"爲基礎聲符，"菑"以巛爲基礎聲符，哉、菑古同音，齒音精母咍韻之；栽、籸、才古同音，齒音從母咍韻之。精、從同爲齒音。在《求訓詁之次序·求語根》中，季剛先生列舉了从才得聲的五個字說明"字必統于文，故語根必爲象形指事"："前列諸字，皆屬齒音，同有初義。哉、載、飷、栽、籸皆形聲字，不能爲語根。凡此諸字皆自才來，'才'爲指事，即諸字之語根也。蓋文字之基在於語言，文字之始則爲象形指事。故同意之字往往同音；今聚同意之字而求其象形指事字以定其語根，則凡中國之文字皆有所歸宿矣。"① 用義素分析法分析以上所引諸字：

哉：［＋言，＋始］
栽：［＋築牆，＋始］
菑：［＋耕田，＋始］
籸：［＋餅，＋始］
載：［＋乘，＋始］（《爾雅》郭注取物終更始。）
飷：［＋食，＋始］
栽：［＋木，＋始］
語根：才：［＋草木，＋始］

可見，季剛先生所言"同意"並不是詞彙意義，而是詞源意義，屬於詞彙意義的構成元素。其音義之源即語根，爲象形指事字。

"首，古文𩠐，頭也，象形。引申爲凡物之首，首亦本字也。然求其語根則爲上字。上，《說文》云：'高也。'首於人身爲最高，於百骸爲最尊也。首屬舌音審母，古屬透母蕭韻，上亦屬舌音禪母，古屬定母而同爲舌音，上居唐韻，而蕭唐對轉，是古音亦同也。"

"首"之始義亦由個體到一般引申而來，"首""上"聲同類，韻對轉，"首"爲象形字，"上"爲指事字。都屬於"初文"。二字是初文轉注。季剛先生在《論六書起源與次第》中談道：《說文》列六書之名，略與劉（歆）

---

① 黃侃述，黃焯編：《文字聲韻訓詁筆記》，上海古籍出版社1983年版，第198頁。

鄭（衆）異。……指事之字，當在最先。生民之初，官形感觸，以發詞言，感歎居前，由之以爲形容物態之語；既得其實，乃圖言語之便，爲之立名。是故象形之字，必不得先於指事。"① 由此知，語言先於文字，指事字先於象形字，形容詞先於名詞。"近時若章太炎《文始》，只能以言文字，不能以說語言。如'羊，祥也。''火，燬也。'以文字論，先有羊、火，以語言論，祥、燬實在羊、火之先。故《文始》所言，只爲字形之根源，而非字音字義之根源也。"② 因此雖然同爲初文，但"丄"爲"首"之語根。義素分析：

首：[＋人身，＋最高]

丄：[＋天宇，＋最高]

"基，牆始也。則訓始者，基固本字也。按，丌，下也。薦物之丌。象形。薦物之始必置丌。則丌有始意。基屬喉音，見母，咍韻。丌亦屬喉音，見母，咍韻。然則丌即基之語根也。"

"基"的始義是本義，其音義之源是"丌"。義素分析：

基：[＋牆，＋始]

丌：[＋薦物，＋始]

以上《爾雅》前四字，季剛先生分析象形指事字爲形根、音根、義根、語根，其目的在於："明乎推求語根之法，不特可以溯其源，且可以見其統領也。"音義之源和語言統領即語根，即同音近音的象形指事字。③

（二）一語多根

季剛先生引《說文》"示"字說明一語多根之理：

"《說文》云：'示，天垂象，見吉凶，所以示人也。从二，二，古文上字，三垂日月星也。'其所以如是解說者，托物以名其事理也。示即今之視字。太古表明示意，不用會意形聲，而用指事象形。示非真正之根，而具有其三根：一出於二，初文，上示雙聲，示今舌音神母，至韻。古舌音定紐，沒韻。上，今舌音禪母養韻，古舌音定紐，唐韻。二出於巫。初文。巫，今舌音禪母支韻，古舌音定母歌韻。巫與上亦雙聲。三出於出。初文。出，今

---

① 黃侃：《黃侃論學雜著》，中華書局1964年版，第5頁。
② 黃侃述，黃焯編：《文字聲韻訓詁筆記》，上海古籍出版社1983年版，第199頁。
③ 同上。

第一章 《說文同文》意義關係研究

舌音穿母銜韻，古舌音定紐没韻。"

季剛先生指出，"示"爲今之視字，根據許慎的說解，"示"爲會意字，應以象形指事之文爲其根。其次指出"示"有三根，一出於二（古文上），二出於巫，三出於出。我們從上述分析中可以看到季剛先生推求語根的順序和方法。首先是"《說文》可以記誦"，從說解中剥析出象形指事字，確定其與被釋字的形、聲、義關係，才能明確其是否爲語根："治《說文》欲推其語根，宜於文字說解及其所以說解三者細加推闡。凡文字解之至無可解，乃字形之根。純象形、指事字是所謂文。一面爲文字之根，一面又爲聲音之根，訓詁之根，形聲義三者實合而爲一，不可分離，故文爲形聲義之根。"① "二（古文上）""巫（古垂字）"爲許慎說解字形字，初文，與"示"古雙聲，參與"示"字表意："示字古讀舌音，而與垂爲雙聲。故許以垂釋示，所以明垂示一意也。"② 其次是"熟悉聲音之理"，根據《釋名》之法，純以聲義探求"出"爲語根。"出"爲初文，與"示"同音，但並不在《說文》說解中。這就需要從聲音線索去追尋。"示古韻在没部，則與出同字。然則示、垂、出三字同出一源，共有一義，而後知形聲義三者，形以義明，義由聲出，比而合之，以求一貫，而剖解始精密矣。"③

"推求語根之理，必具二事：一，熟悉聲音之理；二，《說文》可以記誦。""一切學問必求其根本，小學亦何獨不然。《釋名》之作，體本《爾雅》。而其解說，正在推求語根。以《釋名》之法駕馭《說文》《爾雅》即爲推求語根之法。"④ "以《釋名》之法駕馭《說文》"即是把握住《說文》說解中的聲訓字，進行聲義系聯。季剛先生舉"《說文》中偶有推及者"，如：

"祳，社肉，盛以蜃，故謂之祳。"

"祳"與"蜃"同聲符，二者之間是物品與盛物工具的關係。

"璊禾之赤苗謂之虋，言璊玉色如之。"

虋：[＋禾苗，＋赤色]

---

① 黄侃述，黄焯編：《文字聲韻訓詁筆記》，上海古籍出版社1983年版，第60—61頁。
② 同上書，第8頁。
③ 同上。
④ 同上書，第59頁。

· 77 ·

璊：[＋玉，＋赤色]

虋，明母痕部；璊，明母寒部，二字雙聲旁轉。同有源義素"赤色"。

"聲音之理"不僅僅在《說文》聲訓中求，還需要明瞭古今音關係。從今音推知古音，以古音確定聲義關係："要之不明《廣韻》，不能礦了古音，則不知聲義相因之跡。治《文始》與治《說文》，固無二術也。"①

季剛用典籍注疏和《說文解字》訓例說明一語一根和一語多根之理，如鄭、王禮注例：

《儀禮·士冠禮》："周弁、殷冔、夏收。"鄭玄注："弁，名出於槃，槃，大也。言所以自光大也。"賈公彥疏："弁，古冠之大號。"季剛先生按："槃今並母寒韻平聲，弁今並母霰韻去聲，古皆在寒韻，弁出於槃，槃出於何？能推明之，即其語根，此一名一根。"這是上推語根。"弁"出於"槃"，只是探討名源，"槃"出於何？應在初文中求其語根。這裡看出，"一名一根"，名源和音義之"根"不是一個層次，但是一個方向。

《禮記·雜記》："其輴有裧。"鄭玄注："輴，載柩將殯之車飾也。輴取名於櫬與蒨，讀如蒨斾之蒨。櫬，棺也。蒨，染赤色者也。"季剛先生按："此一名二根，最爲有用，猶黃河並千七百條渠而成，非出於一源也。"根據鄭玄的解釋，"輴"義素分析：

輴：[＋載柩車，＋飾]

"櫬"是其用途，"蒨"是車飾顏色。季剛先生所說的"一名二根"，還不是語根，只能說是語源，語根應求諸初文，此二字都是形聲字，與"輴"聲義相系。

（三）語根層次和方向

"故凡推求語根，應知二事：一，一字一根，二，一字多根。"②從以上例字可以看出，季剛先生所說的語根應有層次性，如"示"一語三根，直接求之於《說文》形體說解，找出的形音義之根是語根之基。《經籍籑詁》每字多訓，由每字多根之故。"③從意義訓釋中求語根如"弁""裖""璊""輴"

---

① 黃侃述，黃焯編：《文字聲韻訓詁筆記》，上海古籍出版社1983年版，第94頁。
② 同上書，第60頁。
③ 同上。

· 78 ·

第一章 《說文同文》意義關係研究

等從《說文》聲訓中系聯的聲義相關字，往往不是初文，處於推求語根進程中。這兩種推求語根之法實際上就是陸宗達、王寧二先生在《訓詁與訓詁學》中提出的推源與系源。"語根之學，非重在遠求皇古之前，乃爲當前争取字書之用。其推求之法，或由下推上；或由上推下；由下推上者，不能不有根；由上推下者，又不能不安根也。"① 由下推上，聲義同條牽屬，有層次：

語言聲義之根——形聲義相應之初文——聲義相關字

中間層次"形聲義相應之初文"就是由上推下所安的根，這只是一個操作上的權宜之計，所謂"同文"即安"文"爲根，下推系聯。

探"由來"是上推語根，《略論推尋語根之法》②："語言不可以求根，只限於一部分民族，自是以外，凡有語義必有語根。言不空生，論不虛作，所謂名自正也。《左傳》言名有五，是則制名皆必有故，語言緣起，豈漫然無所由來，無由來即無此物也。"季剛先生在《論變易孳乳二大例下》"二曰，所孳之字，雖聲形俱變，然由訓詁輾轉尋求，尚可得其徑路者也"，舉例如"諄之語由寧來"，"皮之語由木來"，"安之字由燕來"，"容之語由谷來"，探索的是"語"之"由來"，"語"所依托的"字"上已經看不到聯繫，只有從音、義上"輾轉推求"，關係才可以續接。

牽"出於"也是上推語根。主要體現在名物探源上。"所謂名物，早期的狹義說法一般是指草木鳥獸蟲魚等自然界的生物的名稱。它不但是語言學的問題，而且是生物學的問題。"③"弁出於槃，槃出於何？能推明之，即其語根。"探名源一步一步往上推求，先從事物的邏輯關係中尋找聲義線索，"名物須求訓詁，訓詁須求其根。字之本義既明，又探其聲義之由來，於是求語根之事尚焉。《呂氏春秋》云：'物自名也，類自召也。'蓋萬物得名，各有其故，雖由約定俗成，要非適然偶會，推求其故，即求語根之謂也。"④ 推求萬物得名之故，要追尋其聲義之由來，就是在求語根。

---

① 黃侃述，黃焯編：《文字聲韻訓詁筆記》，上海古籍出版社1983年版，第60頁。
② 同上書，第59頁。
③ 陸宗達、王寧：《訓詁與訓詁學》，山西教育出版社1994年版，第68頁。
④ 黃侃述，黃焯編：《文字聲韻訓詁筆記》，上海古籍出版社1983年版，第197頁。

最初記録語言的初文是推求語根過程中的關鍵一環，因爲其是稍縱即逝的語言之符號系統的根本符："語言皆可以寫出，其在古初，不過四百餘字，而可以包括天下所有之音。其繁變之跡：一由少而多，二由簡而繁，三由混涵而分明。然多定包含於少之中也。"①把握住語推求語根的每一個環節，以簡馭繁，語言系統就在掌握中。

四　從黃季剛論"狀所關係"看義通關係

在《文字學筆記·形音義三者不可分離》中，季剛先生以名實問題闡發音義相通之理："名詞構造之原因最瞭徹者，爲荀子《正名·治名之樞要》一章，其言物有同狀而異所者，有異狀而同所者，各予之一名。聲音訓詁之相通，其理亦在此。"②這裡的"名"，實指事物的命名，屬於"聲音訓詁相通之理"，是語言範疇的概念。季剛先生的對"名"的界定中内涵不統一。"古曰名，今曰字。《說文》九千三百字，即九千三百名。名者，所以召實。凡所命名，豈漫然以呼之者乎？其呼之必有其故，學問有當然而無偶然，不知其故，遂謂本無其故，則大不可也。"③首先，將"名"界定爲"字"，以《說文》收字爲例。按照黃焯先生在《說文同文》中的說法："《說文》搜集自有文字來至漢世正字，唯其中同字極多。先叔父季剛先生嘗就其音義相同或相通者，類聚而比次之，注云某同某某，或某與某同。蓋據章君《文始》所列，並自下己意，其於文字孳生演變之跡具爲彰顯。"④這裡所說的《說文》"同字"實指貫穿於"音義相同或相通者"之間的音義關係，屬於語言範疇。季剛先生將名等同於《說文》中的"字"是立足於漢字個體角度，故曰《說文》九千三百字，即九千三百名"。這一界定立足點是文字，而非音義之"語"。其次，談到名實相符問題，所謂"命名之故有當然無偶然"，實際是在說命名理據問題，所謂"當然"是說命名之理應當如此，追尋其故，實際是說命名"聲音訓詁相通"之理，"無偶然"是對音義關係任意性

---

① 黃侃述，黃焯編：《文字聲韻訓詁筆記》，上海古籍出版社1983年版，第60頁。
② 同上書，第48頁。
③ 同上。
④ 黃侃箋識，黃焯編次：《說文箋識四種》，上海古籍出版社1983年版，第3頁。

的否定。再次,季剛先生引用荀子《正名·治名之樞要》闡釋"名詞構造之原因",所謂"狀""所"即"實",名以招實,"聲音訓詁之相通,其理亦在此。"這裡對"名"的界定立足點是音義,是語言。說明事物命名與實際狀況之間的關係問題。隨後季剛先生下面分類舉例說明。

同狀而異所者,例如:

"白馬、白人,馬人異所,而白同狀是也。"此以複音組合詞語來說明,狀是外在的性狀,"所"是不同的實體。

"天之訓顛,同訓爲上。"同狀爲"上",天、顛異所。

"首手音同異所,而同在上"。首爲身之上,手爲臂之端,同狀在上,首、手異所。

"果讀裹、裸二音,由此音變可得數十名,而以言🈳則同"。同狀"以言",謂同音義,"音變數十名"爲所。搜集整理以"果"爲聲由裹裸音變而來、與"果"相通的字,如:

《說文·虫部》:"蠣,蠣蠃,蒲盧。螺,蠣或从果。"段注:"細要土蠭也。天地之性,細要,純雄,無子。《詩》曰:'螟蠕有子,蠣蠃負之。'"《爾雅·釋蟲》:"果蠃,蒲盧。"郭璞注:"即細腰蜂也,俗呼爲蠮螉。"王國維《爾雅草木蟲魚鳥獸名釋例》下:"果蠃、果蠃者,圓而下垂之意,即《易·雜卦》傳之'果蓏'。凡在樹之果與在地之蓏,其實無不圓而垂者,故物之圓而下垂者皆以果蓏名之……蜂之細腰者,其腹亦下垂如果蓏,故謂之果蠃矣。""蠃"即"裸"。《說文·衣部》:"蠃,但也。裸,蠃或从果。"《左傳·昭公三十一年》:"趙簡子夢童子蠃而轉以歌",陸德明釋文:"蠃,本又作裸。""螺""裸"即在"果"實圓形的基礎上造的字。以"圓"爲源意義的字還有:

《說文·衣部》:"裹,纏也。"桂馥義證:"謂束縛纏繞而裹之。"《爾雅·釋魚》:"龜,前弇諸,果。"陸德明釋文:"果,衆家作裹。唯郭作此字。"邵晉涵正義:"杜子春讀果爲蠃,是前弇者即束龜也。"鄭樵《爾雅注》下卷:"此辨龜之形體有異,其名亦不同也。……前弇謂其甲前橢長也。"

《說文·頁部》:"顆,小頭也。"段注:"引伸爲凡小物一枚之偁。珠子曰顆,米粒曰顆是也。……按此即《淮南》書,宋玉《風賦》之堁字。許注

《淮南》曰：堁，塵壓也。"《玄應音義》卷二十二"麥顆"注："果，又作顆，同。"

《說文·木部》："果，木實也。"段注："引申假借爲誠實勇敢之稱。"段注的"引申假借"實指"謂依傍同聲而寄於此，凡事物之無字者皆得有所寄而有字。"如"令""長"輾轉引申出新義，不造新字，"依聲托事"，依托本義字形記錄引申義。依此，"誠實果敢"義由"木實"義引申而來。心意充實圓融才會果敢。"惈"爲後起字。《廣雅·釋詁二》："惈，勇也。"王念孫疏證："惈，通作果。"

以"果"裸倮兩讀音變形成不同的詞爲異所，"圓"爲"同狀"。

在下文總結"同狀異所之理"前，另有一例："就人身言之，如男與農二字，男爲力田，農爲耕田，皆耕稼既起而後有之義[①]，力田"男"和耕田"農"是二所，意義後起，音義有二源：

源於壬，"壬者，陰陽交接，施者謂之壬，受者謂之妊。""壬"狀貫穿施受二所。

源於羊，"羊訓刺，於是伸出亦爲羊，南之从羊，謂生殖器之伸出也。農古文作峜，即象人形，下露其陰也。""男""南"同音，"南""農"同形制，即"男""農"同形制，依于力田"男"和耕田"農"二所。

"同狀異所之理，蓋古人之發音甚少，而原型觀念亦甚少也。"[②]發音和原型觀念少，實謂音義少但變易孳乳多、音義貫穿而異字形現象。主要體現在兩個領域，一是詞語的發生領域，如天顛、男農、果裸倮。

異狀同所者，如：

"金，可以爲種種什物，其爲金則一。"形制爲異狀，材質爲同所。

"人有少壯衰老，而其爲人則同。"狀貌爲異狀，事體爲同所。

"所者，類也，物之本質也。其予於一名者，非同聲，即同韻。"[③]

由此可知：一，"所""狀"的含義："所"指事物的本質，"狀"指事物的形態。"同狀異所"就是形態相同，而實質不同；"異狀同所"是指形態

[①] 黃侃述，黃焯編：《文字聲韻訓詁筆記》，上海古籍出版社1983年版，第48頁。
[②] 同上書，第49頁。
[③] 同上書，第48頁。

第一章 《說文同文》意義關係研究

不同，但實質一樣。在《說文解字通論》中陸宗達先生對此作了說明："《荀子·正名篇》又說：'狀同而爲異所者，雖可合，謂之二實。狀變而實無別而屬異者，謂之化；有化而無別，謂之一實。'"①這段話的意思是說，形態相同而實質不同的事物，即使音義同源，能相合，如男、農，但其實質不同。反之，只有形態上的不同而在實質上並無區別的事物，如人之少壯衰老差別，這種差異只能叫作"化"，也就是變化。是一種事物的不同表現形式。這兩種情況用黃季剛先生的話來概括，即"音義相因相承"。②

五 從黃季剛析《文始》例證看義通關係

上一節我們已經舉過黃侃在《黃侃論學雜著》中提及的關於《文始》變易孳乳的一組例證中變易的部分，這裏我們來分析其孳乳的部分。孳乳關係可分成八組來一一考察。

第一組：夸—騎—徛

《說文·夂部》："夸，跨步也。从反夂。䟆从此。"又《說文·馬部》："騎，跨馬也。"段注："兩髀跨馬謂之騎，因之人在馬上謂之騎。"《說文·彳部》："徛，舉脛有渡也。"徐鍇繫傳："即溪澗夏有水冬無水處，橫木爲之，至冬則去，今曰水橋。"季剛先生按："騎可以言跨，而跨不可以言騎，是二字義界通局有分，故曰孳乳，明因義殊而別造一字也。"③"夸"泛指一切跨過，"騎"是跨馬的意思，"徛"指的是放在水中用以渡河的水橋，特點是跨水，季剛先生按："渡水之跨與凡跨所從言，寬狹亦殊，故曰孳乳。""夸"是適應物件比較寬泛，"騎"和"徛"明確具體所跨，範圍發生了從寬到狹的變化。義素分析：

夸：[＋人，＋跨]

騎：[＋人，＋跨，＋馬]

徛：[＋彳，＋跨，＋水]

第二組：駕—羃

---

① 陸宗達：《說文解字通論》，北京出版社1981年版，第40頁。
② 黃侃述，黃焯編：《文字聲韻訓詁筆記》，上海古籍出版社1983年版，第233頁。
③ 黃侃：《黃侃論學雜著》，中華書局1964年版，第166頁。

《說文·馬部》："騎，跨馬也。"又："駕，馬在軛中。"《网部》："羈，馬落頭也。从网馬。"季剛先生按："《詩》《書》有駕無騎，然騎必先於駕，草昧之初，但知跨馬，輿輪已備，乃有駕馭耳。""騎"是騎馬，"駕"是將車套在馬身上，"羈"是指馬絡頭。義素分析：

騎：［＋人，＋跨，＋馬］

駕：［＋軛，＋跨，＋馬］

羈：［＋網，＋跨，＋馬頭］

第三組：跨—航—横

《說文·足部》："跨，渡也。"又《方部》："航，方舟也。"段注："《衛風》：'一葦杭之'。毛曰：'杭，渡也'。杭即航字，計謂一葦可以爲之舟也。舟所以渡，故謂渡爲航。"《說文·水部》："横，小津也。一曰以船渡也。"段注："《方言》曰：'方舟謂之横。'郭云：'揚州人呼渡津舫爲杭。荊州人呼横，音横。'"依段引郭注，"航"與"横"是方言音轉字，應屬於黃季剛"變易"字。季剛先生歸之于"孳乳"，說明三者間有較明顯的義通關係。季剛先生按："此從本義言之，應爲航之孳乳，若從別義言之，則爲航之變易。"用義素分析法容易看出其分別：

跨：［＋渡，＋足］

航：［＋渡，＋舟］

横：［＋渡，＋處］

第四組：胯—絝—襄

《說文·肉部》："胯，股也。从肉夸聲。"又《糸部》："絝，脛衣也。"季剛先生按："其胯之衣曰絝。脛衣也。""傅胯之衣，名因於胯，而實不同物，故爲孳乳。"段注："古之所謂絝，又謂之襄，又謂之襗。"《說文·衣部》："襗，絝也。"季剛先生按："襗即絝之異文。"又"襄，絝也。"朱駿聲《說文通訓定聲》："絝，今蘇俗謂之套褲，古又名襗。"《方言》卷四："袴，齊魯之間謂之襪，關西謂之袴。"戴震疏證："袴，又作絝。"錢繹箋疏："襪，《說文》作襄，云絝也。""袴者，中分之名。兩脛之衣謂之袴，猶兩足所越謂之跨。兩股之間謂之胯，剖物使分亦謂之剖，義並同也。"依此，"絝"與"襄"是方言音轉字。義素分析：

第一章 《說文同文》意義關係研究

胯：[＋股，＋肉]

絝：[＋股，＋糸]

褰：[＋股，＋衣]

第五組：越—蹶—闊

《說文·走部》："越，度也。"《廣雅·釋詁一》："越，遠也。"王念孫疏證："越之言闊也。"季剛先生按："由度越義，越又孳乳爲闊，疏也。《釋詁》曰：闊，遠也。遠與越義相因。而所施各異。越以言其事，闊以狀其形，動靜有殊，故別造一字也。"又《足部》："蹶，僵也。一曰跳也。"季剛先生按："此但引別義者，以本義爲僵，當系仈字也。跳亦逾度之類，通局有殊，故別造一字。""越"是度過的意思，可以泛指一切度過，而"蹶"是跳的意思，只是越的一種方式。因度過而與原點產生距離，於是產生出遠的意思，這就是"闊"義的來源。"遠與越義相因，而所施各異，越以言其事，闊以狀其形，動靜有殊。"①二者是動作和以此產生的空間距離的關係。

第六組：趨—跋—适—娖

這四個字是在"蹶"字後面的括弧中。《說文·走部》："趨，蹶也。"王筠《說文句讀》："與足部蹶同字。"季剛先生按："趨訓蹶，蹶訓跳躍，此當言蹶變易爲趨。或蹶字爲越字之誤與？"《玉篇·走部》："趨，跳起也。"《說文·足部》："跋，輕也。"小徐繫傳："跋，輕足。超越也。"《說文·女部》："娖，輕也。"桂馥義證引徐鍇《韻譜》："娖，輕足。"《廣雅·釋詁三》："娖，輕也。"王念孫疏證："娖之言越也。跋亦與越同。"《廣雅·釋詁一》："跋，疾也。"王念孫疏證："跋之言發越也。"季剛先生按："越者，舉足必輕，義本相因，而所施各異，故別造一字。"《說文·辵部》："适，疾也。"季剛先生按："與趨本同字。""趨"是動作，而"跋"和"娖"輕足義，是動作的狀態，"适""疾"義，體現動作的速度。

第七組：寬—愃—憪

《說文·宀部》："寬，屋寬大也。"季剛先生按："（闊）對轉寒爲寬，屋寬大也。此當言孳乳也。言屋寬大與凡寬大義固有殊，故宜以爲孳乳字。"

---

① 黃侃：《黃侃論學雜著》，中華書局1964年版，第170頁。

·85·

《說文·心部》："愃，寬閒心腹皃。"季剛先生按："愃專就人事言，故別造一字。"《說文·心部》："憪，愉也。"季剛先生按："愉樂因於寬閒，語相因而義有通局，故別造一文。""寬"是屋空間寬大，而"愃"專指人事，二字發生了範疇間的跨越，從客觀事物到人事範疇。憪是愉快的意思，因心胸寬大而愉快，二者是從性格範疇到情緒範疇的跨越。

第八組：逌—辛—愆

《說文·辵部》："逌，過也。从辵侃聲。"季剛先生按："逌之本義爲過度之過，其訓爲過失之過，乃逌之引申義。"《說文·辛部》："辛，辠也。……讀若愆，張林說。"季剛先生按："此由逌之引申義孳乳，凡辠源於過失，而過失不可概曰辠，通局有異，故別造二字。"《說文·心部》："愆，過也"。季剛先生按："此逌訓過失者之本字。由步行過度之義，引申爲行事過失之義，言過同，所以爲過異，故別造一字。"本義是度過的意思，而度過的過，又引申出了過失的意思，辛和愆是過失、罪過的意思，是度過這一動作可能產生的結果。

季剛先生手批《文始》例證中關於義通關係的表述主要有以下幾類：

1. 通局有分

"騎可以言跨，凡跨不可以言騎，是二字義界通局有分，故曰孳乳，明因義殊而別造一字也。"

"凡辠因於過失，而過失不可概言辠，通局有異，故別造一字。"

"跳亦逾度之類，而通局有殊，故別造一字。"

"愉樂因于寬閒，語相因而義有通局，故別造一字。"

"通""局"實是從通用和局限命名。

2. 寬狹有殊

"渡水之跨與凡跨所從言寬狹亦殊，故曰孳乳。"

"言屋寬大與凡寬大固有殊，固以爲孳乳字。"

"寬""狹"是從範圍角度作出區分。

3. 義相因而所施各異

"遠與越義相因，而所施各異；越以言其事，闊以狀其形；動靜有殊，故別造一字也。"

"越者,舉足必輕,義本相應,而所施各異,故別造一字。"

"越、疾義亦相因,所施各異,故別造一字。"

"傅胯之衣,名因于胯,而實不同物,故曰孳乳。"

"由步行過度之義,引申爲行事過失之義,言過同,所以爲過異,故別造一字。"

"愃專就人事言,故別造一字。"

"義所因"指意義發展中的傳承因素,通局、寬狹也屬於意義相因範圍,由此導致的意義分合是分化孳乳的直接原因。以上這些條例奠定了《說文同文》義通的基礎。

第四節 《說文同文》義通條例總結

一 術語體系

季剛先生在《訓詁學筆記·以聲韻求訓詁之根源》中談到文字的系統和根源:"文字根於言語,言語發乎聲音,則聲音者,文字之鈐鍵,文字之貫串。故求文字之系統,既不離乎聲韻,而求文字之根源,豈能離乎聲韻哉?求其統系者,求其演進之跡也;求其根源者,溯其原始之本也。一則順而推之,一則逆而鉤之,此其所以異也。"[①]這段話告訴我們文字隨語言而孳乳的兩個方向,以及推求文字演進之跡的兩種方法。一個方向是"求其統系者,求其演進之跡也",與之相適應的推求方法是"順而推之";另一個方向是"求其根源者,溯其原始之本也",與之相適應的推求方法是"逆而鉤之"。

與求文字系統根源的思路相適應,季剛先生孳乳術語有兩類,一是安初文爲字根從上到下系源類,《文始》《同文》命名體現出"文"爲起始點,聲義同條,牽繫聯屬,就屬於此類。章太炎《轉注假借說》:"餘以轉注、假借,悉爲造字之則。"[②]季剛先生進一步明確其造字之理:"聲義同條之理,

---

[①] 黃侃述,黃焯編:《文字聲韻訓詁筆記》,上海古籍出版社1983年版,第193—194頁。
[②] 章太炎:《國故論衡》,上海古籍出版社2003年版,第36頁。

黃季剛《說文同文》研究

清儒多能明之，而未有應用以完全解說造字之理者。侃以愚陋，蓋嘗陳說於我本師；本師采焉以造《文始》，於是，轉注、假借之義大明；令諸夏之文，少則九千，多或數萬，皆可繩穿條貫，得其統紀。"①所謂"繩穿條貫"指聲義貫穿，"得其統紀"就是文字孳生線索和統系。但所謂"文始"只是明文字之起始，季剛先生進一步指出形根不能等同於語根："近時若章太炎《文始》，只能以言文字，不能以說語言。……故《文始》所言，只爲字形之根源，而非字音字義之根源也。"②由此得知，季剛先生心目中文字之根和語言之根是有明確區分的。"由象形、指事字以推尋言語音聲之根，是求其語根也。"③即充分證明這一點。"同文"之"同"季剛先生"字體"分類中已明確有界定："《說文》言五帝三王之世，改易殊體；又六國時，文字異形。今《說文》所載重文，皆此物也。"文字形體"殊""異"記錄相同的音義爲重文。黃焯先生在《說文同文》對"同"的性質也作了簡明的闡釋："《說文》搜集自有文字來至漢世正字，惟其中同字極多。先叔父季剛先生嘗就其音義之相同或相通者類聚而比次之，注云'某同某某'，或云'某與某同'。蓋據章君《文始》所列，並自下己意，其於文字孳生演變之跡具爲彰顯。"④類聚與《說文》正字音義相同、相通者是《說文同文》探索文字孳生演變之跡的途徑。季剛先生《手批說文》在《說文》正篆下以"同"相系的是聲義相關的文字，其"文"並沒有明確指出。黃焯先生命之以"同文"，等於爲這些聲義相關的字安了根，確定了"文"是其音義源頭，但"文"僅是文字隨語言音義發展鏈條上的一個操作性的起點，說明《說文同文》只是局部系源。沒有《文始》由"文"開始長線順向系源，也非"由來"推源類逆向推求語言發展的先後順序。但三者在聲義同條、文字統系的宗旨是相同的。因此，用這些不同的術語體現出的孳乳字音義是相貫通的，從中總結出的義通條例也是能站得住脚的。

二是從孳乳字到同文由下向上推源類，由來、出於、源於、本於、從來是主要術語。這些術語具有明顯的方向性。除此之外還應有一類術語，方

---

① 黃侃：《黃侃論學雜著》，中華書局 1964 年版，第 94 頁。
② 黃侃述，黃焯編：《文字聲韻訓詁筆記》，上海古籍出版社 1983 年版，第 199 頁。
③ 同上書，第 57 頁。
④ 黃侃箋識，黃焯編次：《說文箋識四種》，上海古籍出版社 1983 年版，第 3 頁。

第一章 《說文同文》意義關係研究

向性不明顯,季剛先生按:"丂與於歌魚旁轉,其所孳乳之字多相應。孳乳相應者,謂同一字可說爲此字之孳乳,又可說爲彼字之孳乳。"①這裡的孳乳"相應",體現出音義多源性,如前舉"一語多源",往上推求語根,局部系源。季剛先生"相應"一語,內涵主要有兩種,一指語言與文字相應:"凡文字之作,爲語言生,息息相應,語音雖隨時變遷,然凡言變者,必有不變者以爲之根。由文字以求文字,由語言以求文字,固非求本字不可也。"②文字的本體爲字形,語言的要素是聲義,因此這種相應也可名之爲形聲義相應。《略論推尋本字之法》:"六書之中,惟象形、指事字形聲義三者多相應,其他則否。蓋象形指事之初作,以未有文字時之言語爲之根,故其聲義必皆相應,而即所謂本字也。"③這裡的"相應"還有第二層意思,即語言之中聲義相應。季剛先生所謂的"孳乳相應",以聲義同條牽屬,系聯孳乳字。既反映語言發展和文字孳乳之間的關係,又反映孳乳字的聲義相應。

二 思維規律

季剛先生"相因"有兩個語境,一是義相因,一是語相因。"義相因"實指本義和引申義之間的邏輯關係,如《本義與引申義假借義之別》:"凡字於形音義三者完全相當,謂之本義;於字之聲音相當,意義相因,而於字形無關者,謂之引申義;於字之聲音相當,而形義皆無關者,謂之假借義。"④"語相因"指孳乳字之間音義相因,如:"章君《文始》一書,意在說明轉注、假借。非先明《說文》,熟諳音理,不可以讀《文始》。其中立名,有孳乳、變易二者。所謂孳乳,謂聲通義變;所謂變易,謂聲義俱通。要之不明《廣韻》,不能搞知古音,則不知聲義相因之跡。治《文始》與治《說文》,固無二術也。"⑤"音義相因"是指孳乳字之間聲通義變規律。由此知,"義相因"和"語相因"雖然不同層次,但所指相同。在《音義相因相承》⑥

---

① 黃侃:《黃侃論學雜著》,中華書局1964年版,第169頁。
② 黃侃述,黃焯編:《文字聲韻訓詁筆記》,上海古籍出版社1983年版,第55頁。
③ 同上書,第53頁。
④ 同上書,第47頁。
⑤ 同上書,第94頁。
⑥ 同上書,第233頁。

條，季剛先生列舉語相因多例，我們深入分析以見"相因"實質。

"《釋詁》：'辟，法也。'又云：'辠也。'辠與法義相因。蓋緣有辠而治之以法也。

"辟"字一字二義，源於詞義引申。以法治辠，"法"是"治"的依據，"辠"是"治"的對象。

"範，法也。犯，《說文》云'侵也。'法禁謂之範，侵陵違逆謂之犯。二義亦相因相承也。"

"範""犯"同一聲符系列，違犯法禁，二字意義是動作與關涉對象的關係，因義相因相承。屬孳乳關係。

"《釋器》：'罺謂之汕。'汕者，《說文》云'魚游水皃。'引《詩》'烝然汕汕。'與《爾雅》異而義亦相因。蓋汕汕者，即魚在汕中之狀也。"

"汕"字有"罺"和"魚游水皃"二義。《詩》汕汕，魚在汕中狀。與《爾雅》"罺"義之間是主體所在處所和主體狀態之間的關係。

"《釋詁》：'貢，賜也。'《說文》云'獻功也。'蓋獻與賜義相因，施受不嫌同辭。"

"貢"有二義，獻義和賜義，來自於施受兩方，就如同君臣之間，臣獻功於君，君賞賜於臣。君賜是授，享用貢獻是受；臣獻是授，接受賞賜是受。君臣間有兩重施受關係。所謂"施受不嫌同辭"，是說方向相反而彼此相承的兩義之間是正反引申關係。在《相反爲義》[①]條，季剛先生分四類列舉：

第一類是《說文》形聲字有相反爲義說：形聲字與聲符字相反爲義，如"祀訓祭無已而从已聲，徙訓迻而从止聲，譆訓痛而从喜聲，朐訓脯挺而从句聲"。同聲符形聲字相反爲義，如"祖，始也"，而徂訓死；"胎，生之始也"，而殆訓危。

第二類是"一字兩訓而反覆旁通者"，如《爾雅·釋詁》"徂，存也"。郭注云："以徂爲存，猶以亂爲治，以曩爲曏，以故爲今，此皆訓詁義有反覆旁通，美惡不嫌同名。"

[①] 黃侃述，黃焯編：《文字聲韻訓詁筆記》，上海古籍出版社1983年版，第229頁。

第一章 《說文同文》意義關係研究

第三類是一字兩訓,義相反而實相因。如陶訓喜又訓憂,濘訓清又訓泥,"落,始也",而落訓死等。

第四類是古今字義相反者亦多同聲。"天地、男女、生死、陰陽、玄黄、鰥寡、古今、多少、好惡、文武、明晦皆是。"

第一類集中反映出季剛先生對形聲字的認識,如《字義起於右音說》"諧聲之字,必兼有義,音義相兼"①;第二類是反義相訓;第三類是一字正反兩訓;第四類爲聲通反義詞。這四類均音義相因相承,"中國文字凡相類者多同音,其相反相對之字亦往往同一音根,有時且同一字。"第二類、第三類是一字兼具正反兩義,第一類、第四類是聲近義通的孳乳字。季剛先生用這些類型說明"凡人之心理循環不一而語義亦流轉不居。故當造字時,已多有相反爲義者"②。語義流轉反映的是人的思維,正反向思維是語義流轉的規律之一,其結果或一字正反兩義,或音義正反相因相承孳乳出新字。

總結季剛先生《音義相因相承》四類,可以發現"相因"基本等同於邏輯思維規律,其涵蓋面比較廣,涉及動作及其依據、對象之間的關係,主體處所和動作狀態之間的關係,施受雙方之間的關係,這是詞義引申的規律,也是孳乳字的義通規律。我們在前面一節中所舉例句中提到的"相因"如"語相因而義有通局""義相因而所施各異""名因於胯,而實不同物",等等。"通局"亦即"寬狹有殊""專就"實際上反映的是範圍之間的變化,"所施異"實即"轉注所施,隨意賦形","名實相因而實不同",都包含名、動、靜相因關係。

季剛先生界定:"孳乳者,語相因而義稍變也。""相因"是邏輯思維規律,也是意義發展規律。清理孳乳字"相因"規律,需借助於季剛先生關於"名""事"的論述。在《文字聲韻訓詁筆記》中,季剛先生主要從兩個角度談"名""事"關係問題。《訓詁概述》③:

"求義者,不能離音與形。吾人於此,須明三事:一曰名義相依,名多

---

① 黃侃述,黃焯編:《文字聲韻訓詁筆記》,上海古籍出版社1983年版,第209頁。
② 同上書,第229頁。
③ 同上書,第180頁。

而義少。……蓋字雖與時俱增，而義類固屬有限。是則初文爲字形、字義之根本，實一字而含多義矣。二曰古無訓詁書，聲音即訓詁。……三曰名事同源，其用不別。名者，名詞；事者，動詞、形容詞。凡名詞必皆由動詞來。如'羊，祥也。''馬，武也。'祥、武二字雖爲後制，而其義則在羊、馬之先，故古時當以羊代祥、以馬代武也。……蓋古代一名之設，容涵多義，凡若此者，其例實多矣。"

這裏重點交代了兩方面內容。首先是兩種截然相反的產生順序。其一是文字產生順序，"名"在"事"前，"名"即名詞，最初造字，依類象形，故象形初文爲最初產生的字形，如羊、馬。依類象形，隨體詰詘。實物描畫出來的形體，不僅僅記錄名物詞義，還可以記錄與之相關的動詞、形容詞。"《說文》形容動字多假物體爲象。蓋形動字若不假物體以爲象，則無所附麗。故其偏旁多以名字爲之，如寬从宀，廣从广是。猶《易》言'龍戰於野，其血玄黃。'以龍表陰陽交爭之際，玄黃指天地相接也。此皆假事明理、假實物以明空理也。"①"假實物明空理"如《易·坤》中以龍戰表示陰陽交爭，天玄而地黃，以血之二色表示天地相接。於文字記錄語言層面指用最初依類象形的形體記錄與之相關的動作、性狀。

其二是語言發生順序，"事"在"名"前。"事"即動詞、形容詞，語言產生於文字之前，人類最早的語言交流，是官形感觸而擬聲，所以動詞、形容詞意義應產生在名詞之前。其次，所謂"名事同源"，"名""事"區分是語言發展的結果，最初源於初文一名多義，依音義孳乳分化。"同源"表明二者之間源流相系的規律。"古者，名詞與動詞，動靜相因，所從言之異耳。"②"動靜相因"是說明名詞與動詞之間有邏輯關係，"所從言之異"是說明古人文字記錄語言，不區分名詞和動詞，隨語境明確表意。

"古人詞例，與今世不同。古人用字，祇明詞位，不明詞性。異其詞位，則異其詞性矣。段氏好補所以字於動詞，由於不明此旨。許君作書，即遵斯例。"③"詞位"指句法位置，根據句法位置和句法功能而明確是名詞還是動

---

① 黃侃述，黃焯編：《文字聲韻訓詁筆記》，上海古籍出版社1983年版，第69頁。
② 同上書，第165頁。
③ 同上書，第85頁。

第一章 《說文同文》意義關係研究

詞。段玉裁注《說文》好補'所以'於動詞,是以後人的思路將名動詞區分出來,不明古人用字寫詞名詞動詞本不分,後代語法所說的"依句辨品,離句無品"也正是基於古人名事同源的歷史層次上。

季剛先生在《以聲韻求訓詁之根源》①中談到以名與事之法求文字之根源:

"求其根源,約分三事:一以本義或後起之義推之者。……二以聲訓及義訓推之者。……三以名與事之法推之者。太古人類本無語言,最初不過以呼號感歎之聲表喜怒哀樂之情,由是而達於物,於是見水之流也,則以沓沓、泄泄之聲表之;見樹之動也,則以肅肅、索索之音表之,然則感歎之間故爲語言真正根源。而亦即文字遠溯之祖。故名詞由是生焉。動詞由是生焉。……故名詞者,乃由動詞、形容詞擇一要義以爲之名,而動詞形容詞者亦即名詞之根源也。故求文字之根源,當推諸虛字;求虛字之根源,當自音聲。則三者始終不離乎音韻也。"

"文字遠溯之祖"即語言。"以呼號感歎之聲表喜怒哀樂之情"是語言未發生時的狀態,虛字是"以音聲表之"的感歎擬物詞。以疊音詞表示水流和樹動,說明季剛先生認爲語言最早當起於擬聲名物,起初是動詞、形容詞,最後才"達於物"產生名詞。以上兩段一個是探求訓詁意義的角度,另一個是探求文字根源和統系的角度,雖然切入點不同,但是思路是相同的。從初文一字多義,到名、事分化,是語言發展、文字孳乳、系統衍生的過程,其中蘊含了人類思維規律。詞彙是語言的建築材料,語言是思維的工具,範疇是人的思維對客觀事物本質的概括的反映。我們以季剛先生提出的"名""事"爲範疇,以《說文同文》爲建築材料,探討孳乳字之間的"相因相承"。分成兩大部分,一是範疇構成,包括名範疇內部、事範疇內部構成要素之間的關係;二是範疇關係,包括名範疇之間的關係、事範疇之間關係、名事範疇關係。爲顯示意義構成要素的層次和關係,採用義素分析法進行義界分析。《說文》非義界訓釋參考經傳注疏進行義素分析。

---

① 黃侃述,黃焯編:《文字聲韻訓詁筆記》,上海古籍出版社1983年版,第193頁。

（一）範疇構成

1. 名範疇內部構成

（1）同義類異功能關係

【邸同廛】《說文·邑部》："邸，屬國舍。"徐鍇繫傳："諸侯來朝所舍爲邸。邸，有根柢也，根本所在也。"《漢書·文帝紀》："至邸而議之。"顏師古《漢書注》："郡國朝宿之舍，在京師者率名邸。邸，至也，言所歸至也。""邸"戰國時指諸侯客館，漢代指諸郡王侯爲朝見君主而在京都設置的住所。《說文·广部》："廛，一畝半，一家之居。"段注："二畝半也，一家之尻。"《周禮·地官·載師》："以廛里任國中之地。"鄭玄《周禮注》："廛，居民之區域也。""邸"指的是郡國諸侯來朝所居之房舍，"廛"指古代平民一家在城邑中所占的房地。二者均爲房舍，但用途不同。邸，端灰；廛，澄寒。

義素分析式：邸：[＋屬國，＋舍]

廛：[＋一家，＋居]

【韘同揎】《說文·韋部》："韘，決也。所以拘弦，以象骨，韋系，著右巨指。""韘"是古代射箭用具。以象骨或晶玉製成，用皮繩套在右手拇指上用以鉤弦。也稱玦、決，俗稱扳指。《說文·手部》："揎，縫指揎也。"段注："縫指揎者，謂以鍼紩衣之人恐鍼之契其指，用韋爲箍韜於指以藉之也。"徐鍇繫傳："揎，今射揎，縫衣所用捍鍼也。""揎"即今之頂針，古以皮套箍於指以防備針扎。二者都是扳指，但用途不同，韘射箭所用，揎縫衣所用。二字古同音，韘，審合；揎，定合。

義素分析式：韘：[＋拘弦，＋指]；

揎：[＋縫衣，＋指]

【且同几】《說文·几部》："几，踞几也。象形。《周禮》有五几，玉几、雕几、彤几、鬃几、素几。"徐鍇繫傳："人所憑坐几也。"又《且部》："且，几也。"段注："且，所以薦也……且，古音俎，所以承藉進物者。""几"是坐具，人所憑依安體；"且"是几案，進奉物品所憑依。二者意義類別都爲憑藉物，形狀相近，具體功用不同。几，見母灰部；且，精母模部。

義素分析式：几：[＋踞身，＋几]

第一章 《說文同文》意義關係研究

且：〔+薦物，+案〕

【井同阱】《說文·井部》："阱，陷也。"《玉篇·井部》："阱，穿地爲阱以陷獸。""穿地取水，伯益造之，因井爲市也。"二者形狀相近，但功用不同，"阱"以捕獸，"井"以取水。

義素分析式：阱：〔+穿地，+陷獸〕

井：〔+穿地，+取水〕

【籃同筤】《說文·竹部》："籃，大篝也。"段注："今俗謂熏篝曰烘籃是也。"又："篝，笿也。可熏衣。"徐鍇繫傳："篝，竹籠也。覆之可熏衣。"《玉篇·竹部》："籃，大籠也。"《廣雅·釋器》："籃，筐也。"《說文·竹部》："筤，籃也。"《廣韻·唐韻》："筤，車籃。一名笶。"《廣雅·釋器》："筤謂之笶。"王念孫《廣雅疏證》："《釋名》：'車弓上竹曰郎。'郎與筤通。筤之言㝗也。《說文》：'㝗，康也。'《方言》：'康，空也。'蓋弓二十有八，稀疏分佈㝗㝗然也。""籃"是有提梁的筐，而"筤"是指古車蓋的竹骨架，二者形制近，但功用不同。二字古雙聲。"籃"來添；"筤"來唐。

義素分析式：筤：〔+車，+籃〕

籃：〔+大，+篝〕

【杖同棖】《說文·木部》："杖，持也。"段玉裁注："凡可持及人持之皆曰杖。""可持"謂名詞木杖義，"人持之"爲動詞仗持義。《說文·木部》："棖，杖也。"《爾雅·釋宮》："棖謂之楔。"郝懿行義疏引《論語》皇侃義疏："門左右兩槏邊各豎一木，名之爲棖。棖以禦車過恐觸門也。""杖"爲仗持之木，"棖"爲持門木，形制近，用途異。杖棖同音澄母，古音定紐，唐韻。

義素分析式：棖：〔+持門，+木〕

杖：〔+人持，+木〕

【麾同撝】《說文·手部》："麾，旌旗，所以指麾也。"又："撝，裂也。一曰手指也。"徐鍇繫傳："手指撝也。"麾是旌旗，戰場上用以指揮方向；撝是用手指揮方向。

義素分析式：麾：〔+旌旗，+所以指〕

撝：〔+手，+所以指撝〕

· 95 ·

【鍵同鏊】《說文·金部》:"鍵,鉉也。从金建聲。一曰車轄。"段玉裁注:"謂鼎扃也。以木橫關鼎耳而舉之,非是則既炊之鼎不可舉也,故謂之關鍵。引申之爲門戶之鍵閉。門部曰:關,以木橫持門戶也。門之關猶鼎之鉉也。……各本用轄,今正。轄雖亦訓鍵,而非正字也。《舛部》曰:'鏊,車軸耑鍵也。'謂鐵貫於軸耑,如鼎鉉之貫於鼎耳。""鍵""鏊"形制功能類同,音義通。鍵,群母寒部;鏊,匣母曷部。

義素分析式:鍵:[+貫鼎,+鉉]

鏊:[+貫軸,+鐵]

義界訓釋由主訓詞和義值差構成,主訓詞體現意義類別特徵,義值差體現意義特點。以上所舉同文之間,意義相同點主要體現在主訓詞上,義值差的不同主要體現在用途上。有的同文之間是被訓詞與主訓詞關係,多出的義值差即其相異點。如【籃同筻】,再如:

【婢同嬖】《說文·女部》:"婢,女之卑者也。""嬖,便嬖,愛也。"《玉篇·女部》:"嬖,《春秋傳》曰:賤而獲幸曰嬖。"婢,並母齊部;嬖,幫母錫部。

義素分析式:婢:[+女,+卑]

嬖:[+女,+卑,+偏愛]

(2) 同義類異形制關係

【墣同附】《說文·自部》:"附,附婁,小土山也。"又《土部》:"墣,塊也。"附和墣都是由土堆積而成,但大小形制不同。附,奉候;墣,滂屋。

義素分析式:附:[+小,+土山]

墣:[+土,+塊]

【黝同黶點】《說文·黑部》:"黝,微青黑色也。""點,小黑也"。《晉書·文苑傳·袁宏》:"如彼白珪,質無塵點。"《說文·黑部》:"黶,中黑也。"沈濤《古本考》:"《一切經音義》卷九、卷十二引:'黶,面中黑子也。'蓋古本如是。今本脫'面子'二字耳。"《史記·高祖本紀》"左股有七十二黑子"張守節正義:"許北人呼爲黶子,吳楚俗謂之痣。""黝"是顏色,"點"是細小的黑色斑痕,"黶"是黑痣。黑色貫穿三字之義。黝,影母蕭部;點,端母添部;黶,影母添部。

第一章 《說文同文》意義關係研究

義素分析式：黥：[＋微青，＋黑，＋色]

點：[＋小，＋黑]

黶：[＋中，＋黑]

從以上分析式可以看出，這組同文意義關係有兩個層次，第一層，"黥"與點、黶主訓詞同；第二層，點、黶主訓詞同，義值差異體現在形制上。

【仌同雹】《說文·仌部》："仌，凍也。"朱駿聲通訓定聲："仌，經史皆以冰爲之。"《說文·雨部》："雹，雨冰也。"二者形制類同，但具體呈現方式不同。仌，幫母登部；雹，並母蕭部。

義素分析式：雹：[＋雨，＋冰（仌）]

【㕣同術】《說文·口部》："㕣，山間陷泥地。从口从水敗兒，讀若沇州之沇。九州之渥地也，故以沇爲名。"段注："水敗土而洿泥多，是曰㕣。"《說文·行部》："術，邑中道也。从行术聲。"二字的義象相同，都是指兩邊高，中間低的形狀。

義素分析式：㕣：[＋山間，＋陷泥地]

術：[＋邑中，＋道]

（3）同義類異處所關係

【鹽同鹵】《說文·鹵部》："鹵，西方鹹地也。"《史記·貨殖列傳》："山東食海鹽，山西食鹽鹵。"張守節正義："謂西方鹹地也。堅且鹹，即出石鹽及池鹽。"《說文·鹽部》："鹽，鹹也。天生曰鹵，人生曰鹽。古者夙沙初作煮海鹽。"段注："《周禮》鹽人掌鹽之政令，有出鹽直用不湅治者，有湅治者。""鹵"本爲產鹽之地，出產的鹽不需煉製，"鹽"爲煉製產物。鹵，來母模部；鹽，喻母忝部。

義素分析式：鹵：[＋西方，＋鹹（鹽），＋地]

從以上分析看出，二字同物同功能，但產地和製作方式不同。

（4）同義類異狀態關係

【疢同疷】《說文·疒部》："疷，病也。"陸德明《經典釋文》引孫炎："滯之病也。"《說文·疒部》："疢，熱病也。"段注："其字从火，故知爲熱病。《小雅》：疢如疾首。箋云：疢猶病也，此以疢爲煩熱之偁。"《詩·小雅·小弁》："疢如疾首。"陸德明《經典釋文》："疢，又作疹，同。"疷是

· 97 ·

滯病，即遷延不止的病，側重於病程；疢是煩熱病，側重於病態。疢，徹母先部；疧，禪母齊部。

義素分析式：疧：[＋滯，＋病]

疢：[＋熱，＋病]

（5）異義類異範圍關係

【膮又同肴】《說文・肉部》："膮，豕肉羹也。"《儀禮・公食大夫禮》："腳以東臐膮牛炙。"鄭玄注："腳臐膮，今時臛也。牛曰腳，羊曰臐，豕曰膮。皆香美之名也。"段注"膮"："鄭云臛也，許云臛肉羹也，說正同。臛亦謂之羹，而較乾於鉶羹，且鉶羹有菜芼，臛不云用菜芼也。"《說文・肉部》："肴，啖也。"段玉裁注："按許當云啖肉也，謂熟饋可啖之肉。""膮"特指帶汁豕肉，"肴"指去菜芼製作的熟肉。膮，曉母豪部；肴，匣母豪部。

義素分析式：膮：[＋豕肉，＋羹]

肴：[＋熟饋可啖，＋肉]

分析式表明，二詞主訓詞不同，但有相同而範圍不同的義素。

（6）名物與處所相因關係

【隒同广】《說文・自部》："隒，崖也。"段注："崖者，高邊也。按今俗語謂邊曰隒，當作此字。《王風》傳曰：涘者，厓也。溍者，水隒也。蓋平者曰厓，高起者曰隒。"《說文・广部》："广，因厂爲屋，象對刺高屋之形。"段注："山石之厓巖，因之爲屋，是曰广。……面高屋森聳上刺也。首畫象巖上有屋。"二字同爲名詞，同音疑紐添部。字義之間是名物和處所關係。

義素分析式：隒：[＋高，＋邊]

广：[＋因厂，＋屋]

【浦同俌輔】《說文・水部》："浦，瀕也。"《廣雅・釋丘》："浦，厓也"，王念孫《廣雅疏證》："浦者，旁之轉聲，猶言水旁耳。"《說文・人部》："俌，輔也。"朱駿聲通訓定聲："經傳皆以輔爲之。"《集韻・噳韻》："俌，助也。"《說文・車部》："輔，人頰車也。"《爾雅・釋詁下》："輔，俌也。"郝懿行義疏："輔所以助車，今人縛杖於輻以防傾側，此即車之輔也。"段注："引申之義爲凡相助之稱。"《說文・面部》："酺，頰也。"段玉裁注：

第一章 《說文同文》意義關係研究

"古多借輔爲酺。"《左傳·僖公五年》"輔車相依"孔穎達疏:"頰之與輔,口旁肌之名也。蓋輔車一處分爲二名耳。輔爲外表,車是内骨。""浦"與"輔"均有旁義。

義素分析式:浦:[+水,+旁]
　　　　　　輔(俌):[+輻,+旁]

(7)名物與功能相因關係

【宗同府】《說文·宀部》:"宗,藏也。"段玉裁注:"《周書》曰:'陳宗赤刀。'《顧命》文。蓋壁中古文如此,今作寶。"《說文·广部》:"府,文書藏也。"二者都釋以"藏",處所與職能關係。宗,幫母蕭部;府,非母侯部,古幫母。

義素分析式:府:[+文書,+藏]
　　　　　　宗:[+寶,+藏]

【丶同識】《說文·丶部》:"丶,有所絶止,丶而識之也。一曰知也。"段注:"凡物有分別,事有可不,意所存主,心識其處者皆是。非專謂讀書止,輒乙其處也。"段注認爲"丶"是自我意志的標誌符號。"識"是記誌義。《說文·言部》:"識,常也。一曰知也。"段注:"常當爲意,字之誤也。……意者,志也。志者,心所之也。意與志,志與識古皆通用。心之所存謂之意,所謂知識者此也。《大學》:誠其意。即實其識也。……《矢部》曰:'知,識詞也。'按凡知識、記識、標識,今人分入去二聲,古無入去分別,三者實一義也。"丶,知母侯部;識,審母德部。

義素分析式:丶:[+有所絶止,+識]

(8)名物與材質相因關係

【檾同褧】《說文·林部》:"檾,枲屬。《詩》曰:'衣錦檾衣。'"段注:"類枲而非枲,言屬而别見也。檾者,草名也……《詩》兩言'褧衣',許於此稱'檾衣',於《衣部》稱'褧衣',而云:'褧,檾也。'然則褧衣者以檾所績爲之。蓋《士昏禮》所謂景也。今之檾麻本草作苘麻,其皮不及枲麻之堅韌。今俗爲麤繩索多用之。"《說文·衣部》:"褧,檾也。"王筠《說文句讀》:"在物曰檾,在衣曰褧。雖有小别,可以通用也。"二字雙聲對轉,檾,溪母青部;褧,溪母齊部。

· 99 ·

義素分析式：襏：[＋綍，＋衣]
綍：[＋草，＋類枲]

（9）名物和特點相因關係

【蟲同内】《說文·蟲部》："蟲，有足謂之蟲，無足謂之豸。"《說文·内部》："内，獸足蹂地也。象形，九聲。《爾疋》曰：'狐狸貛貉醜，其足蹯，其跡厹。'"段注："足著地謂之厹。以蹂釋厹，以小篆釋古文也。"《集韻·有韻》："内，獸跡。"根據《說文》，"蟲"區別於"豸"的特點在"有足"，"内"是足跡。蹂、内，日母蕭部；蟲，澄母冬部。

義素分析式：蟲：[＋獸，＋有足]
内：[＋獸，＋足跡]

【禎同禠】《說文·示部》："禠，福也。""禎，祥也。"徐鍇繫傳："禎者，貞也。貞者，正也。人有善，天以符瑞正告之也。"《中庸》："國家將興，必有禎祥。"朱熹章句："禎祥者，福之兆。"禎，知母青部；禠，澄母齊部。

義素分析式：禎：[＋福（禠），＋兆]

【赨同丹銅】《說文·赤部》："赨，赤色也。"王筠句讀："赨、彤同音。蓋純赤曰赨，以赤彣之曰彤，故从彡。"《說文·丹部》："丹，巴越之赤石也。"《呂氏春秋》："丹可磨也，不可奪赤。"《說文》："銅，赤金也。"郭璞《赤銅贊》："昆吾之山，名銅所在，切玉如泥，火炙如采。""赨""銅"二字定母東部，"丹"端母寒部。

義素分析式：赨：[＋赤，＋色]
丹：[＋巴越，＋赤石]
銅：[＋赤，＋金]

（10）名物與結果相因關係

【燓同烖】《說文·火部》："燓，火所傷也。"又："烖，天火曰烖"。"燓"是"烖"的結果。燓，精蕭；烖，精咍。

義素分析式：燓：[＋火，＋所傷]
烖：[＋天，＋火]

【燋同焦】《說文·火部》："燋，所以然持火也。""焦，然火也。"朱駿

· 100 ·

聲通訓定聲："炬謂之爝,如今之火把,以葦爲之。"《說文·火部》："燋,火所傷也。焦,或省。""爝"是炬火,用以燃火和把持。而"焦"是燃火可能導致的結果。

義素分析式：爝：〔＋所以然持,＋火〕

　　　　　　燋：〔＋火,＋所傷〕

（11）異狀同所關係

【電同霆】《說文·雨部》："電,陰陽激燿也。"段注："孔沖遠引河圖云,相薄爲雷。陰激陽爲電。電是雷光。按易震爲雷,離爲電。"《說文·雨部》："霆,雷餘聲鈴鈴,所以挺出萬物。"電和霆是同一主體的兩面,一爲光,一爲聲。電,定母先部；霆,定母青部。

義素分析式：電：〔＋雷,＋光〕

　　　　　　霆：〔＋雷,＋餘聲〕

【削同琫】《說文·刀部》："削,刀握也。"段注："謂握持處也。"又《玉部》："琫,佩刀上飾。"《詩·小雅·瞻彼洛矣》："鞞琫有珌。"毛傳："琫,上飾。"陸德明《經典釋文》："琫,佩馬鞘上飾。""削"是刀的把手,"琫"是刀上的飾物,而飾物一般是裝飾在刀把上,二者異狀同所。削,非母蕭部；琫,幫母東部,古無輕唇音,二字雙聲對轉。

義素分析式：削：〔＋刀,＋握〕

　　　　　　琫：〔＋佩刀,＋飾〕

【嘂同㗊】《說文·㗊部》："嘂,高聲也。一曰大呼也。"《周禮·春官·雞人》："夜呼旦以嘂百官。"孫詒讓正義："嘂叫訓音義並同。"《說文·口部》："㗊,高氣也。从口,九聲。臨淮有㗊猶縣。"桂馥《說文義證》："㗊,高氣也者。""㗊"爲傲氣逼人,群母蕭部；"嘂"是大聲呼喊,見母蕭部；二字意義構成中均有"高"義素。

義素分析式：㗊：〔＋高,＋氣〕

　　　　　　嘂：〔高,＋聲〕

（12）時間和方所關係

【晨同東】《說文·晨部》："晨,早昧爽也。"段注："日部曰：早,晨也。昧爽,旦明也。""晨,謂夜將旦雞將鳴時也。"《說文·東部》："東,

· 101 ·

動也。从木。官溥說，从日在木中。"《太玄·唐》："利用東征。"司馬光《注太玄經》："東者，日所出也。"《玉篇·東部》："東，春方也。""晨"指日出時分，禪母痕部；"東"指日出方位。端母東部。

義素分析式：晨：［＋早，＋昧爽］
　　　　　　　東：［＋日，＋所出］

2.事範疇內部構成

（1）動詞性事範疇內部構成

①動作和方式、狀態關係

【瑞同質贅】《說文·玉部》："瑞，以玉爲信也。"又《貝部》："質，以物相贅。""贅，以物質錢。从敖貝。敖者，謂放貝當復取之也。"朱駿聲通訓定聲："以錢受物曰贅，以物受錢曰質。"入贅出質，方向相反。"質"是以財物抵押或留人質擔保。《左傳·僖公十五年》："子桑曰：'歸之而質其大子，必得大成。'"引申指留作抵押或保證的人或物。《左傳·隱公三年》："王貳於虢，鄭伯怨王，王曰無之，故周鄭交質。王子狐爲質於鄭，鄭公子忽爲質於周。"抵押物和擔保物即爲"瑞"。"瑞"是以玉爲信，引申指瑞信。段注"瑞"："瑞引申爲祥瑞者，謂感召若符節也。""質"和"贅"是以物爲瑞信以獲得某種利益。"瑞"是利益交換的憑藉。瑞，禪母寒部；質，照母屑部；贅，照母曷部。

義素分析式：質：［＋以信（物），＋受（錢）］
　　　　　　　贅：［＋以信（錢），＋受（物）］
　　　　　　　瑞：［＋以玉，＋爲信］

【敓同竊】《說文·攴部》："敓，彊取也。"又《米部》："竊，盜自中出曰竊。"《廣雅·釋詁一》："竊，取也。"《文選·揚雄〈解嘲〉》："司馬長卿竊貲於卓氏。"劉良注："竊，私取也。"二者都有"取"義，方式不同，"敓"爲武力強取，"竊"爲暗自取得。敓，定母曷部；竊，清母曷部。

義素分析式：敓：［＋彊，＋取］
　　　　　　　竊：［＋私，＋取］

【誣同罵】《說文·言部》："誣，加也。"段注："加與誣皆兼毀譽言之，毀譽不以實皆曰誣也"。《說文·網部》："罵，詈也。"徐鍇繫傳："謂以惡

第一章 《說文同文》意義關係研究

言加网之也。"《釋名·釋言語》："罵,迫也。以惡言被迫人也。"二者都有"言加"義,"誣"不以實,"罵"以惡言。二字古同音。誣,微母模部;罵,明母模部。因方式不同而分立爲兩詞。

義素分析式：誣：[＋言加,＋以非實]

罵：[＋言加,＋以惡言]

【摧同毇】《說文·手部》："摧,敲擊也。"《漢書·五行志中之上》："先是高後鴆殺如意,支斷其母戚夫人手足,摧其眼,以爲人彘。"顏師古注："摧,謂敲擊去其精也。"《說文·殳部》："毇,䍻擊也。从殳豆聲。古文投如此。"段注："䍻,《說文》無遥字,此即其遥字。䍻擊者,遠而擊之。"許均釋以"擊",但方式不同。摧是敲擊,而毇是遥擊。

義素分析式：摧：[＋敲,＋擊]

毇：[＋䍻,＋擊]

【孰同䉛】《說文·䶄部》："孰,食飪也。""飪,大孰也。"段注："後人乃分別熟爲生熟,孰爲誰孰矣,曹憲曰：'顧野王《玉篇》始有熟字。'"《說文·食部》："䉛,飯氣流也。"段注："流,各本作蒸,今依《洞酌》正義引改。下云：馬食穀多氣流四下也。然則飯氣流者,謂氣液盛流也。據孫、郭《爾雅》注及《詩》釋文所引字書,似一蒸爲饙,再蒸爲䉛。"《爾雅·釋言》："饙䉛,稔也。"郭璞注："今呼餴飯爲饙,饙均孰爲䉛。"郝懿行義疏："䉛者,《說文》云：'飯氣蒸也。'《詩》正義引作'飯氣流也'。蓋䉛之爲言流,飯皆烝熟氣欲流。""饙"是將生米蒸熟,"䉛"是將熟米蒸熱,"熟"是"䉛"詞義組成部分。孰,禪母沃部;䉛,來母蕭部。

義素分析式：孰：[＋食,＋飪]

䉛,[＋飯（熟米）氣,＋流]

【推同抵】《說文·手部》："抵,擠也。"段注："排而相岠也。"《說文·手部》："推,排也。"二字都有"排"義素,即用手向前使物離己。推,透母灰部;抵,端母灰部。《爾雅·釋詁三》："抵,推也。""抵"排以拒,"推"排以離。

義素分析式：抵：[＋排,＋岠]

推：[＋排,＋離]

· 103 ·

【盈同益溢】《說文·皿部》:"盈,滿器也。"段注:"滿器者,謂人滿宁之。如'彁'下云'滿弩'之滿,《水部》'溢'下云'器滿也',則謂器中已滿。'滿'下云'盈溢也',則兼滿之、已滿而言。""滿之"謂使之滿,重在言通過某種行爲而使器充滿。許釋"盈"即此義。"已滿"言狀態,水漲溢出器外。"溢"即此義。《說文·水部》:"溢,器滿也。"又《皿部》:"益,饒也。从水皿。皿,益之義也。"朱駿聲通訓定聲:"益,字亦作溢。""益"从水皿會意本爲器滿義,後引申爲饒益、增益,後起本字"溢"記錄本義,《爾雅·釋言》:"增,益也。"邢昺疏:"益謂饒益也。"盈,喻母青部;益溢,影母錫部。

義素分析式:盈:〔+滿,+器〕

益溢:〔+器,+滿〕

【拑同劫】《說文·手部》:"拑,脅持也。"段注:"謂脅制而持之也。"徐灝注箋:"从手曰拑,从竹曰箝,从鋼鐵曰鉗,通用則不別也。"《說文·力部》:"人欲去,目力脅止曰劫。""拑""劫"義訓中都有"脅",都有以力強制施加動作義。"拑"群紐添部,"劫"見紐怗部。

義素分析式:拑:〔+脅,+持〕

劫:〔+以力,+脅,+止〕

【屚同霤】《說文·雨部》:"屚,屋穿水下也。"段注:"今字作漏。漏行而屚廢矣。""屚"是房屋漏水。"霤"是雨水從屋簷流下。《說文·雨部》:"霤,屋水流也。"《玉篇·雨部》:"雨屋水流下也。"二字意象狀態相同。"屚"來母侯部,"霤"來母蕭部。

義素分析式:屚:〔+屋穿,+水下〕

霤:〔+屋水,+流〕

【灸同顦】《說文·火部》:"灸,灼也。"段注:"按久、灸皆取附箸相拒之意,凡附箸相拒曰久,用火則曰灸。"王筠句讀:"引申之,以火艾灼病曰灸。"古人常用灼燒龜甲的辦法占卜。《說文》:"顦,灼龜不兆也。《春秋傳》曰:'龜顦不兆。'讀若焦。段注:"焦者火所傷也,龜焦曰顦。""灸"見紐咍韻,"顦"精紐蕭韻。

義素分析式:顦:〔+灼,+龜,+不兆〕

灸：[＋灼，＋病]

【獠同燎】《說文》："燎，放火也。"徐灝注箋："尞、燎本一字。相承增火旁。…今之放火者，後人改之，燎之本義爲燒草木。""放火"是夜獵的方式，於是改換偏旁作"獠"專門記錄"夜獵"義。《說文・犬部》："獠，獵也。"《爾雅・釋天》："宵田爲獠。"郭璞注："今江東呼獵爲獠。或曰即今夜獵載鑪照也。"陸德明釋文："夜獵也。或作燎，宵田也。"

義素分析式：燎：[＋放，＋火]

獠：[＋燎，＋獵]

【怨同盼】《說文・目部》："盼，恨視也。"《戰國策・韓策二》："楚不聽，則怨結於韓，韓挾齊魏以盼楚，楚王必重公矣。"又《心部》："怨，恚也。"《爾雅・釋言》："懟，怨也。"邢昺疏："怨謂怨恨。"盼，匣母齊部；怨，影母寒部。"盼"是將内心怨恨發之於目，《孟子・滕文公上》："爲民父母，使民盼盼然。"周廣業古注考引集注考證："盼，氣出貌，目有恨氣也。"二者是動作與心理狀態的關係。

義素分析式：盼：[＋恨，＋視]

【諫同譙】《說文・言部》："諫，數諫也。"段玉裁注："諫，謂數其失而諫之。凡譏刺字當用此。"《說文・言部》："譙，嬈譊也。"段注："嬈，擾戲弄也。譊，恚嘑也。"《方言》卷七："譙，讓也。齊楚宋衛荆陳之間曰譙。自關而西秦晋之間凡言相責讓曰譙讓。"二者都是用語言指責別人過失，"諫"偏於數落過失譏刺，"譙"以戲弄方式責讓。諫，清母錫部；譙，從母蕭部。

義素分析式：諫：[＋數，＋諫]

譙：[＋嬈，＋譊]

【劀同磔】《說文・刀部》："劀，判也。"《爾雅・釋器》："象謂之鵠，角謂之觷，犀謂之剒，木謂之劀，玉謂之雕。"郭璞注："鵠、觷、剒、劀、雕，五者皆治樸之名。又《桀部》："磔，辜也。"段注："按凡言磔者，開也，張也。剥其胃腹而張之，令其乾枯不收。字或作矺，見《史記》。"《史記・李斯列傳》："十公主矺死于杜"，司馬貞《史記索隱》："磔，謂裂其支體而殺之"。磔的本義是車裂肢體，劀是裁割樹木。劀，定母模部；磔，

· 105 ·

知母鐸部。二字同爲舌音韻對轉。意義狀態相同。

義素分析式：劇：[＋判，＋木]

碟：[＋開張，＋胸腹]

【需同擩】"需"本義是等待。《說文》："需，䇓也。遇雨不進止䇓也。"段玉裁注："凡相待而成曰需。"《易·需》："需，孚，光亨貞吉，利涉大川。"孔穎達疏："需者，待也。"從其造意看遇雨不進，其結果即浸染。《說文》："擩，染也。《周禮》六曰擩祭。"《周禮·春官·大祝》："辨九祭……六曰擩祭。"鄭注："以肝肺菹擩鹽醢中以祭也。……不食者擩而祭之。"《廣韻·虞韻》："擩取物也。"《集韻·遇韻》："手進物也。"所謂"擩祭"，是將祭祀牲肉放在鹽醢中浸染以祭。需，心母侯部，"擩"日母侯部。

義素分析式：需：[＋遇雨，＋不進，＋止䇓]

②動作和依據關係

【則同等】《說文·刀部》："則，等畫物也。"段注："等畫物者，定其差等而各爲介畫也，今俗云科則是也。介畫之，故从刀。引伸之爲法則。"依此，"則"本義是按等差劃分事物，引申爲法則。"等"是劃分標準和法則。《經義述聞·左傳下》"官職不則"王引之按："則，猶等也，均也。"《說文·竹部》："等，齊簡也。"段注："齊簡者，疊簡冊齊之，如今人整齊書籍也。引伸爲凡齊之偁。凡物齊之，則高下歷歷可見，故曰等級。""等"本爲使簡冊齊整，依次引申爲齊等、等級。"等"是劃分事物的依據。"等"古音端母咍部，"則"古音精母德部。

義素分析式：則：[＋等，＋畫物]

【必同異】《說文·八部》："必，分極也。"徐鍇繫傳："分別之極。"段注："極，猶准也。凡高處謂之極，立表爲分判之准，故云分極。引伸爲凡之必然。""極"是劃分的標準也是努力的方向。因此引申虛化爲虛詞表示必然。《說文·異部》："異，分也。"段注："分之則有彼此之異。从廾畀。畀，予也。竦手而予人則離異矣。"據此，"異"本義是區分，後引申爲差異、離異。二字古音均入聲，必，幫母屑部；異，喻母德部。

義素分析式：必：[＋分（異），＋極]

· 106 ·

第一章 《說文同文》意義關係研究

③動作與方向關係

第一，施受不嫌同詞。

【教同效】《說文》："教，上所施下所效也。""上行下效"，此訓釋已明確"教""效"的施受關係。"教"是施教化，有所教必有所師法，故引申爲"效"。《廣雅·釋詁三》："教，效也。"《廣韻·效韻》："教，法也。"因而產生出"效"字。《說文》："效，象也。"段注："彼行之而此效之，故俗云報效，云效力，云效驗。""教"見母豪韻，"效"匣母豪韻。

義素分析式：教：[＋上，＋所施]
　　　　　　效：[＋下，＋所效]

【貣同貸】《說文·貝部》："貣，從人求物也。"段注："從人，猶向人也，謂向人求物曰貣也。"《說文·貝部》："貸，施也。从貝代聲。"段注："古無貣貸之分。由貣字或作貸。因分其義。又分其聲。"二者在方向上不同，"貣"求物，"貸"施物。二字同音，透母德部。

義素分析式：貣：[＋從人，＋求物]
　　　　　　貸：[＋向人，施物]

【貢同贛】《說文·貝部》："貢，獻功也。""贛，賜也。"《廣雅·釋言》："貢，獻也"。《淮南子·精神訓》："今贛人敖倉，予人河水，飢而餐之，渴而飲之。"高誘注："贛，賜也。"貢和贛都是指把物給別人，但二者方向相反，"貢"是獻上，而"贛"賜下。二字古音同爲見母東部。動作方向相反而通用。王筠句讀："漢石經《論語》子贛，今字作貢。"

義素分析式：貢：[＋獻，＋下對上]
　　　　　　贛：[＋賜，＋上對下]

【告同誥】《說文·告部》："告，牛觸人，角箸橫木，所以告人也。"《列子·楊朱》"不告而娶。"殷敬順《列子釋文》："告上曰告，發下曰誥。"《說文·言部》："誥，告也。"蕭統《文選序》："又昭誥教令之流。"呂向《五臣注》："誥者，告也，告喻令曉。"二字意思相同，但具體的行爲動作方向有所不同，"告"可以向上可以向下，而"誥"是上告下。

義素分析式：告：[＋牛觸人，角箸橫木，＋告，＋人]
　　　　　　誥：[＋告，＋下]

· 107 ·

第二，相反爲義。

【去同往】《說文·去部》："去，人相違也。"段注："違，離也。"《說文·彳部》："往，之也。"《爾雅·釋詁上》："如、適、之、嫁、徂、逝，往也。"邢昺疏："往謂造於彼也。"二者都表示行，但"去"是"相違"離開之義，而"往"是到義，方向正好相反。去，溪母模部；往，爲母唐部。

義素分析式：去：[＋違離，＋此]

往：[＋到，＋彼]

【質同贅】"質"是抵押、典當，以財物或人作保證。《戰國策·趙策四》："於是爲長安君約車百乘，質於齊，齊兵乃出。"《說文·貝部》："質，以物相贅。""贅，以物質錢。从敖貝。敖者，謂放貝當復取之也。"朱駿聲通訓定聲："以錢受物曰贅，以物受錢曰質。"入贅出質，方向相反。質，照母屑部；贅，照母曷部。

義素分析式：質：[＋以物，＋受錢]

贅：[＋以錢，＋受物]

【賣同斞】《說文·斗部》："斞，相易物俱等爲斞。"錢坫斠詮："今人易物等平云對者即此字也。"桂馥義證："與贖義同。"《說文·貝部》："贖，貿也。"《玉篇·貝部》："贖，以財拔罪。""贖"是贖買，與"賣"方向相反。《說文》："賣，出物貨也。"以物換錢，與"買"相對。《急就篇》卷二："貰貸賣買販肆便"顏師古注："出曰賣，入曰買。""賣"明母錫部。斞，穿母屋部。

義素分析式：斞：[＋易物，＋俱等]

賣：[＋出，＋物貨]

【恣同娿】《說文·女部》："娿，有守也。"朱駿聲通訓定聲："爲婦彛守志。""恣"是放縱。《說文·心部》："恣，縱也。"《史記·遊俠列傳》："豪暴侵淩孤弱，恣欲自快，遊俠亦醜之。""恣"精母灰部，"娿"匣母先部。

義素分析式：娿：[＋有，＋守]

恣：[＋縱，＋無守]

【丏同覙】《說文》："丏，不見也。"徐鍇繫轉："左右壅蔽，面不分

第一章 《說文同文》意義關係研究

也。"《說文·見部》:"覴,面見也。…靦,或从旦。"錢坫斠詮:"傳'姡也',本《爾疋》文,《舍人》注:'靦,面皃也。'據之是'面見'當作'面皃'。"《詩·小雅·何人斯》:"爲鬼爲蜮,則不可得,有靦面目,視人無極。"毛傳:"靦,姡也。"馬瑞辰通釋:"靦與姡皆人面之貌。""丏"明母先部,"靦"透母寒部。

　　義素分析式:丏:[＋不,＋見]
　　　　　　　靦:[＋面,＋見]

④動作相續關係

【鑠同鑄】《說文·金部》:"鑠,銷金也。""鑄,銷金也。"《玉篇·金部》:"鑄,鎔鑄也。"《急就篇》卷三:"鍛鑄鉛錫鐙錠鐎"顏師古注:"凡金鐵之屬銷冶而成者謂之鑄。"二者是冶煉過程中不同時段的工序,鑠是將金屬熔化,而鑄是熔化金屬後重鑄。鑠,審母沃部;鑄,照母蕭部。

　　義素分析式:鑠:[＋銷,＋金]
　　　　　　　鑄:[＋鎔,＋鑄]

【乳同妊孕嬯】《說文·乚部》:"乳,人及鳥生子曰乳,獸曰產。"又《子部》:"孕,裹子也。"《女部》:"妊,孕也。""嬯,婦人妊身也。""乳"是人及鳥生子,而妊、孕、嬯都是懷孕的意思,時段不同。乳,日母候部;妊,日母覃部;孕,喻母登部;嬯,莊母候部。

　　義素分析式:乳:[＋生,＋子]
　　　　　　　孕:[＋裹,＋子]
　　　　　　　嬯:[＋孕,＋身]

【木同朩】《說文·木部》:"木,分枲莖皮也。"段注:"謂分擘枲莖之皮也。"《說文·朩部》:"朩,萉之總名也。"段注:"木謂析其皮於莖。朩謂取其皮而細析之也。"二者是兩種行爲過程中時段不同的工序。木,滂先,朩,滂錫。

　　義素分析式:木:[＋分,＋枲莖皮]
　　　　　　　朩:[＋析,＋枲皮]

【滌同涑】《說文·水部》:"滌,灑也。"《玉篇·水部》:"滌,洗也。"《說文·水部》:"涑,漚也。涑,古文。"段注:"謂浸漬也。"滌是洗,而

· 109 ·

漬是浸漬，二者是前後相繼的兩種行爲。滌，定母蕭部；涷，疏母錫部。

義素分析式：滌：[＋以水，＋洗]

涷：[＋以水，＋浸]

【御同駕】《說文·彳部》："御，使馬也。馭，古文御。从又馬。"徐鍇繫傳："卸解車馬也。或彳或卸，皆御者之職。古作馭。"《說文·馬部》："駕，馬在軛中。䮳，籀文駕。"段注："駕之言以車加於馬也。"《詩·小雅·車攻》："四黃既駕，兩驂不猗。""御"是使馬，即"駕"是馬在軛中，二者動作前後相繼。"御"疑母模部；"駕"見母歌部。

義素分析式：御：[＋使，＋馬]

駕：[＋馬，＋在軛中]

【瀹同茜】《說文·水部》："瀹，漬也。"《儀禮·既夕禮》："苴筲三，其實皆瀹。"賈公彥疏："筲用菅草，黍稷皆淹而漬之。""茜"是古代用酒灌注茅束以祭神，《說文》："茜，禮祭，束茅加於祼圭而灌鬯酒，是爲茜，象神歆之也。"灌注必浸漬，動作前後相續。"瀹"喻母沃部，"茜"疏母蕭部。

義素分析式：茜：[＋束茅加於祼圭，＋灌鬯酒，＋祭]

【起同翕】《說文·走部》："起，能立也"。《說文·羽部》："翕，起也。"《廣韻·緝韻》："翕，一曰起也。"徐鍇繫傳："翕，相合起也。"段注："許云起也者，但言合則不見起，言起而合在其中矣。翕从合者，鳥將起必斂翼。"兩種動作前後相繼。翕，曉母合部；起，溪母咍部。

義素分析式：翕：[＋相合，＋起]

⑤動作和處所關係

【嗇同㐭】《說文·嗇部》："嗇，愛濇也。从來㐭。來者，㐭而藏之。故田夫謂之嗇夫。"朱駿聲通訓定聲："此字本訓當爲收穀，即穡之古文也。穡即嗇之後出字。"《說文·禾部》："穀可收曰穡。"桂馥義證引皇侃《論語義疏》："穡，吝嗇也。言穀熟而收斂之，如慳貪吝嗇之人聚物也。""嗇"从來㐭，收穀入倉義，即"穡"義。後"嗇"引申爲愛嗇義，加義符產生後起本字"穡"。"㐭"是糧倉義，《說文·㐭部》："㐭，穀所振入。宗廟粢盛，倉黃㐭而取之，故謂之㐭。从入，回象屋形，中有戶牖。"《玉篇·㐭部》："㐭，藏米室也。"嗇，疏母德部，㐭，來母覃部。

· 110 ·

第一章 《說文同文》意義關係研究

義素分析式：嗇：[＋收穀，＋入㐭]

⑥動作和範圍關係

【剽同砭】《說文・刀部》："剽，砭刺也。"段注："砭刺也。謂砭之、刺之皆曰剽也。砭者，以石刺病也。刺者，直傷也。砭、刺必用其器之末，因之凡末謂之剽，《莊子》謂本末爲本剽，《素問》有標本病傳論，標亦末也。"《說文・石部》："砭，以石刺病也。""砭"是用石針治病，因之針刺之石被稱爲"砭石"，《戰國策・秦策二》："扁鵲怒而投其石。"高誘注："石，砭；所以砭彈人癰腫也。""剽"指用尖利之器刺，引申指針刺之末稍。"砭"是用針刺，許釋二字均爲動作義，有寬狹之別。"砭"幫母怗部；"剽"滂母豪部。

義素分析式：砭：[＋以石，＋刺（剽）病]

⑦動作和結果關係

【丁同段】《說文・丁部》："丁，夏時萬物皆丁實。象形。丁承丙，象人心。"王筠《說文句讀》："夏時萬物皆丁壯成實。"《說文・殳部》："段，椎物也。从殳，耑省聲"。段注："《考工記》'段氏爲鎛器。'……鎛欲其段之堅，故官曰段氏。《函人》職曰：'凡甲鍛不摯則不堅。'鍛亦當作段。《金部》曰：'鍛，小冶也。'小冶，小鑄之竈也。後人以鍛爲段字。""段"椎擊義，後作"鍛"。椎擊欲堅實，即"丁實"義。段，定母寒部；丁，端母青部。二字是動作和結果的關係。

義素分析式：丁：[＋夏時，＋萬物，＋皆丁實]
　　　　　　段：[＋椎，＋物]

【怸同俗】"怸""俗"同音。《說文》："怸，怨仇也。""俗，毀也。"徐鍇繫傳："怨咎而毀之也。"

義素分析式：俗：[＋怸，＋毀]

（2）形容詞性事範疇內部結構

①性狀與程度

【酣同胺】《說文・酉部》："酣，酒樂也。"又《肉部》："胺，食肉不猒也。"二字反映的同是一種滿足的狀態，但各自的關涉的對象不同，酣是喝酒滿足的狀態，而胺是吃肉滿足的狀態。酣、胺古音同爲匣母忝韻。

· 111 ·

義素分析式：酣：[＋酒，＋樂]

胎：[＋食肉，＋不猒]

【弸同弘】《說文·弓部》："弸，弓彊皃。""弘，弓聲也。"段注："《集韻》曰：'弸弦，弓聲也。或作玃。'按弦玃皆即此篆也。《甘泉賦》曰：'帷弸玃其拂汩兮。'蘇林音'弸音石墮井弸爾之弸。玃音宏。'李善曰：'弸玃，風吹帷帳之聲也。'是則弓聲之義引申爲他聲。""弸"本指弓強勁有力，與"弘"連用指風吹帷帳發出的強大音聲。"弘""厶"聲，"厶"古文玄字。"宏"下段注："或曰厷弘本一聲。《谷部》曰：谺，谷中響也。《弓部》曰：弘，弓聲也。《水部》曰：泓，下深大也。參伍求之，蓋宏訓屋深響，玄其重文。"依此，"弘"有深大義，本指張弓時發出的宏大的聲音。"弸"並登，"弘"匣登。

義素分析式：弸：[＋弓，＋彊皃]

弘：[＋弓，＋大聲]

【諶同窓】《說文·言部》："諶，誠諦也。"《爾雅·釋詁上》："諶，信也。"李昇《遺詔》："天不爾諶，祐於有德。"《說文·穴部》："窓，深也。"段注："窓渁古今字，篆作窓渁，隸變作罙深。《水部》渁下但云水名，不言淺之反，是知古深淺字作罙，深行而罙廢矣。""深"本指從水面到水底的距離大。跟"淺"相對。後泛指從上到下或從外到內距離大。深信曰諶，"深信"從空間距離大引申到人事情感態度範疇。

義素分析式：諶：[＋誠（深），＋諦]

【泫同涓】《說文·水部》："泫，湝流也。"《廣韻·銑韻》："泫，泫然，流涕貌。"《說文》："湝，水流湝湝也。"徐鍇繫傳："湝，衆流之皃。"《說文》："涓，小流也。"段注："凡言涓涓者，皆謂細小之流。"二字同爲先韻，都是水流貌，但程度不同。

義素分析式：泫：[＋湝，＋流]

涓：[＋小，＋流]

【怏同歍】《說文·欠部》："歍，心有所惡若吐也。"段注："心有所惡，若欲吐而實非吐也。《山海經》曰：其所歍所尼。郭曰：歍嘔猶噴吒。范注《太玄》曰：歐歍，逆吐之聲也。按此所謂喑噁。噁即歍之或字也。喑，於

第一章 《說文同文》意義關係研究

鳩切。噁,烏路切。喑噁言其未發也,叱吒言其已發也。《太玄》則歐歆之歐謂吐,歆謂欲吐未吐。"《說文·心部》:"怏,不服懟也。"段注:"怏蓋倔強之意。"倔強即不服,不滿,《說文·心部》:"懟,怨也。""怏"形容心存怨恨不滿。影母唐部。"歆"是作嘔,心有所惡,將吐。影母模部。二字都言不滿的心理狀態,但程度不同。

義素分析式:歆:[+心有所惡,+若吐]

　　　　　怏,[+不服,+懟]

②原因與結果

【高同厃】《說文·危部》:"危,在高而懼也。从厃,人在厓上,自卪止之。"段注:"引伸爲凡可懼之偁。"高處危險,因而產生畏懼。"人在厓上"即"厃"之義。《說文·厂部》:"厃,仰也。从人在厂上。"馬敘倫《說文解字六書疏證》卷十八引王筠曰:"厃、危蓋一字。人在厂上,登高臨深,人之仰之者代爲危矣。"引饒炯曰:"危下曰'在高而懼也'。以字形求之,厃爲正篆。"高、厃二字音義相因。高,見母豪部;危,疑母灰部。

義素分析式:厃:[+在高,+懼]

【楣同久】《說文·木部》:"楣,竟也。从木亙聲。"段注:"今字多用亙,不用楣。"《音部》:"竟,樂曲盡爲竟,从音从人。"段注:"曲之所止也。引伸之,凡事之所止,土地之所止,皆曰竟。""竟"本義指樂曲盡,引申爲終竟。《廣雅·釋詁三》:"楣,竟也。"王念孫疏證:"楣爲究竟之竟。"《小學蒐佚·考聲四》:"楣,過遠之謂也。"《說文·久部》:"久,以後灸之,象人兩脛後有距也。《周禮》曰:久諸牆以觀其橈。"段注:"《火部》曰:灸,灼也。灼,灸也。灸有迫箸之義,故以灸訓久。……蓋久本義訓從後距之,引伸之則凡距塞皆曰久。……相距則其俟必遲,故又引伸爲遲久。遲久之義行而本義廢矣。"《廣韻·有韻》:"久,長久也。"楣,見母登部;久,見母咍部。"久"指時間長度,"竟"指時長終點。二字均有久遠意義。

③動作與性狀

【儼同夰】《說文·人部》:"儼,昂頭也。"《說文·夰部》:"夰,嫚也。从百从夰,夰亦聲。"段注:"嫚者,侮傷也。傲者,倨也。夰與傲音義皆同。……傲者昂頭,故从首。""儼"疑母添部;"夰"疑母蕭部。"昂頭"以

·113·

示傲慢。

　　義素分析式：儼：［＋昂，＋頭］

　　【孜同孳】《說文·攴部》："孜，孜孜，汲汲也。《周書》曰：'孜孜無怠'。""孜孜"是勤勉不怠之義。《書·泰誓下》："爾其孜孜。"孔傳："孜孜，勤勉不怠。"《說文·子部》："孳，汲汲生也。"段注："然則蕃生之義當用孳，故從茲。無怠之義當用孜，故從攴。""孳"是不斷地孳生之義，"孜"是攴之使勤勉。

　　義素分析式：孳：［＋汲汲（孜孜），＋生］

　　【赧同慙】《說文》："赧，面慙赤也。"義即因羞愧而面紅耳赤。《孟子·滕文公下》："子路曰：'未同而言，觀其色赧赧然，非由之所之也。'"《說文·心部》："慙，媿也。""赧"正是慚愧情態。赧，娘母寒部；慙，從母炎部。

　　義素分析式：赧：［＋面，＋慙赤］

　　④同狀異所

　　【倦同勌】《說文·人部》："倦，罷也。"徐鍇繫傳："罷，疲字也。"《說文·習部》："勌，習獻也。从習元聲。《春秋》傳曰：'勌歲而竭日。'"王筠句讀："勌謂習之而至於獻足也。"《慧琳音義》卷三十二"所勌"注引《集訓》："習於事而慢之曰勌。"倦，群母寒部；勌，疑母寒部。"勌"是心理的懈怠和疲勞，而"倦"是身體上的疲勞。

　　義素分析式：勌：［＋習，＋疲獻］

　　　　　　　　倦：［＋勞，＋疲累］

　　【僚同憭】《說文·心部》："憭，慧也。"段注："《方言》：'愈或謂之慧，或謂之憭，'郭云：'慧、憭，皆意精明。'"《說文·人部》："僚，好皃。"《詩·陳風·月出》："月出皎兮，佼人僚兮，舒窈糾兮，勞心悄兮。"毛傳："僚，好皃。"孔穎達疏："謂其形貌好，言色美，身復美也。"段注：二字同音來母豪部。"憭"側重言心智精明，"僚"側重言姿容美好。

　　義素分析式：憭：［＋意，＋精明］

　　　　　　　　僚：［＋形貌，＋好］

　　【駁同犖】"駁"幫母豪韻，"犖"來母豪部。《說文·馬部》："駁，馬色不純。"《爾雅·釋畜》:"駵白駁。"邢昺疏:"孫炎曰:'駵,赤色也。'謂馬有駵處有白處曰駁。"《說文·牛部》:"犖,駁牛也。"段注:"馬色不純曰駁。駁犖疊韻。"二字常同義連用,徐灝注箋:"《一切經音義》引《通俗文》云:'黃白雜謂之駁犖。'"

義素分析式:駁:[＋馬色,＋不純]
　　　　　犖:[＋駁,＋牛]

二　名事範疇關係

(一) 名—動事

1. 主體—動作

【兔同逸】《說文·辵部》:"逸,失也。兔謾訑善逃也。"段注:"兔善逃,故从兔辵。猶隹善飛,故奪从手持隹而失之。皆亡逸之意。""兔"透母模部,"逸"喻母屑部,古音喻四歸定,故二字音近。

【縐同縮】《說文·糸部》:"縐,絺之細者也。"朱駿聲通訓定聲:"吾蘇稱浙、湖所織之絲紬亦謂之縐紗。"《詩·鄘風·君子偕老》:"蒙彼縐絺,是紲袢也。"毛傳:"絺之靡者曰縐。"鄭箋:"縐絺,絺之蹙蹙者。"孔穎達疏:"絺者,以葛為之,精曰絺,粗曰綌,其精尤細靡者縐也。"《集韻·錫韻》:"蹙蹙,縮小也。"《詩·小雅·節南山》:"蹙蹙無所騁。"清陳奐傳疏:"蹙蹙即縮縮也。""縐"易縮,故引申為縮。《史記·司馬相如列傳》:"襞積褰縐,紆徐委曲。"司馬貞索隱引蘇林曰:"褰縐,縮蹙之。"現在多用指容易皺縮、外有皺紋的絲織品如"縐紗""雙縐""湖縐"等。"縐"莊母侯部,"縮"疏母蕭部,紐同類韻旁轉。

2. 對象—動作

【釆同番】《說文·釆部》:"釆,辨別也。象獸指爪分別也。倉頡見鳥獸蹏迒之跡,知文理之可相別異也,遂造書契,釆字取獸指爪分別之形。""釆"字本是"番"字的象形初文,《集韻·獮韻》:"釆,獸懸蹄。"《六書正譌》:"釆,獸指爪也。"王筠《說文釋例》卷十:"釆字當以獸爪為正義,辨別為引申義,以其象形知之。後以"釆"作聲符加象形符號專門承擔獸爪義。章太炎《新方言·釋形體》:"《說文》獸足謂之番,从釆,田象

· 115 ·

其掌，移以言人，今謂脚掌曰脚番，讀曰板。"

【襮同㬥】"襮"義即繡有花紋的衣領。《說文・衣部》："襮，黼領也。"《詩經・唐風・揚之水》："素衣朱襮，從子於沃。"毛傳："襮，領也。"與之有關的動作爲"㬥"。《說文》："㬥，頸連也。"段注："頸當作領。《玉篇》作領連，是也，謂聯領於衣也。《衣部》曰：'襮，黼領也。'毛傳曰：'襮，領也。'領謂之襮，連領謂之㬥。"

【啗同肴】《說文・口部》："啗，食也。"《詩・鄭風・東門之墠》："東門之栗。"鄭玄《毛詩箋》："栗人所啗食。"陸德明《經典釋文》："啗，本又作啖。"《說文・肉部》："肴，啖也。"段注："按許當云啖肉也，謂熱饋可啖之肉。今本有奪字。"啗，定母添部；肴，匣母豪部。

【礛同發】《說文・石部》："礛，以石箸隿繁也。"段注："隿者，繁射飛鳥也。繁者，生絲縷系矰矢而以隿躲也。以石箸於繁謂之礛。"《文選・張衡〈西京賦〉》："礛不特絓。"李周翰注："礛，石箭鏃。""礛"是系絲線的石箭頭。"發"是射發。《說文・弓部》："礛，以石箸隿繁也。"礛，幫母寒部；發，非曷，古音雙聲對轉。

3. 工具—動作

【斬同劉】《說文・車部》："斬，截也。从車从斤。斬法車裂也。"《廣雅・釋詁二》："斬，裂也。"段注："若今腰斬也。殺以刀刃，若今棄市也。本謂斬人，引申爲凡絕之稱。"《釋名・釋喪制》："斫頭曰斬。"畢沅疏證："斬即殺也。用兵刃。"《廣雅・釋器》："劉，刀也。"《書・顧命》："一人冕執劉，立於東堂。"孔傳："劉，鉞屬。"孔穎達疏引鄭玄曰："劉，蓋今鑱斧。"斬，莊母添部；劉，來母蕭部。

【騷同篍】《說文・馬部》："騷，擾也。一曰摩馬。"段注："人曰搔，馬曰騷，其意一也。摩馬如今人之刷馬，引申之義爲騷動。"《說文・竹部》："篍，所以搔馬也。"段注引《廣韻》："刮馬篦也。"徐鍇繫傳："篍，竹有齒，以搔馬垢汗。"騷，心母蕭部；篍，透母添部。

【貾同祸】《說文・貝部》："貾，齎財卜問爲貾。从貝疋聲。讀若所。"段注："按糈皆當作貾。同音假借。所以雔卜者也。祭神米曰糈。卜者必禮神，故其字亦作糈。"《說文・示部》："祸，祭具也。"段注："《山海經》、

《離騷》經皆作糈。王逸曰：'糈，精米，所以享神。'郭璞曰：'糈，祭神之米名。'疑許君所據二書作糈。"貶、糈、禂同音，心母模部。"貶"是以資財問卜，卜者禮神之具即"禂"，"糈"是祭祀時所用的精米，二者是動作和資具的關係。

4. 材料—動作

【藥同瘵】《說文》："藥，治病草。"王筠句讀："依《玉篇》引《急就篇》注：'草木金石鳥獸蟲魚之類，堪愈疾者，總名爲藥。'《說文·疒部》："瘵，治也。"用藥治病爲瘵。二字疊韻，"藥"喻母沃部，"瘵"來母沃部。

【繑同敽】"繑"是套褲上的帶子。《說文》："繑，絝紐也。"段注："紐者，系也。脛衣上有系，系於緄帶曰繑。"《管子·輕重戊》："緁繑而踵相隨。"是用"帶"之用爲繫連。《說文》："敽，繫連也。从攴喬聲。《周書》曰："敽乃干。"《書·費誓》："善敹乃甲冑，敽乃干。"疏："干是楯也。……而小繫於楯以持之。""繑"見母豪部，"敽"溪母豪部。

5. 部位（處所）—動作

【亦同掖】小篆"亦"字以兩點指示腋下，是"腋"的本字。《說文·亦部》："亦，人之臂亦也。"段注："手部掖者，以手持人臂投地也，……徐鉉等曰：亦今別作腋。按《廣韻》肘腋作此字。俗用亦爲語詞，乃別造此。""掖"是手持人臂的動作，"亦"字用爲語詞，後起本字作腋。"王筠句讀：《左傳句讀》云：'掖本持臂之名，遂謂臂下脅上爲掖，是因名轉而相生也。'……俗作腋。"二字同音。動作與部位相關。

【褎同裹】此二字同音。《說文·衣部》："裹，袖也。一曰藏也。""裹"本義當爲"袖"，古人以"袖"藏物，《史記·信陵君傳》："朱亥袖四十斤鐵椎，椎殺晉鄙。"故"裹"之"一曰"義爲引申。《說文·衣部》："褎，俠也。"段注："褎，褎藏之義也。在衣曰褎，在手曰握。"

6. 結果—動作

【研同技】《說文》："研，䃺也。""研"本義即研磨，引申爲研究。《字彙·石部》："研，究也。"《易·繫辭下》："能說儲心，能研諸侯之慮。"《說文·手部》："技，巧也。"桂馥義證："謂妍巧也。""巧"是"研"的結果，後引申爲技藝，技巧。《書·秦誓》："如有一介臣，斷斷猗無他技，其心休休焉，其如有容。""硏"疑母寒部，"技"群母齊部。

【恥同忍】《說文·心部》："恥，辱也。"恥辱爲本義，引申爲羞愧，《書·說命》；"其心愧恥，若撻於市。""忍"與"恥"疊韻准雙聲，《說文·心部》："忍，慙也。"徐鍇繫傳："心挫衄也。"《方言》卷六"忍，慙也。山之東西，自愧曰忍。"《慧琳音義》卷七十九"忍然"注引《方言》："慚也，腆顏也，心愧也，恥也。"

（二）名—形事

1. 主體與狀貌

【活同巜】《說文》："巜，水流澮澮也。方百里爲巜，廣二尋，深二仞。"段注："澮澮當作活活。毛傳曰：'活活，流也。'《水部》曰：'活活，水流聲也。'古昏聲、會聲多通用。水流涓涓然曰〈，活活然則曰巜，巜大於〈矣。此字之本義也，因以名井田之制。"徐鍇繫傳："《釋名》：'水注溝曰巜。巜，會也，小水之所聚會也。'今人作'澮'。""巜"水大於"〈"，溝渠大小形制直接關係到水的流動狀態，"活"後來隸變爲"活"，是巜水流動狀貌。巜、活均見母曷部字。

【渠同永】《說文·水部》："渠，水所居。"又《永部》："永，長也，象水巠理之長。"渠，群母模部；永，爲母唐部。"渠"是爲興水利人工開鑿的水道，"永"形容水渠狀貌。

【先同兂】《說文·人部》"先，首笄也。……簪，俗先。"《慧琳音義》卷八十八"簪紱"注引《倉頡篇》："簪，笄也。男子以固冠，女子作首飾。"《說文》："兂，晉晉銳意也。"段注："先主入，故兩先爲銳之義。……凡俗用鐵尖字即兂之俗。""兂"與"㦱鑯㓞孅"同源。精母覃部。"先"，莊母覃部，古音莊母歸精母，故與"兂"同音。

【錐同銳】《說文·金部》："錐，銳也。"《玉篇·金部》："錐，鍼也。"《慧琳音義》卷一百"錐頭"注："鍼之大者曰錐。"引申爲鑽孔的工具。《急就篇》第十二章："鐵鈇鑽錐釜鍑鏊。"顔師古注："錐，所以刺入也。"《說文》："銳，芒也。"段注："芒者，草耑也。草端必鐵，故引申爲芒角字。""銳利"是"銳"的引申義。《廣雅·釋詁二》："銳，利也。""錐"照母灰部，"銳"喻母曷部。

第一章　《說文同文》意義關係研究

【妓同嫈】《說文·女部》："妓，婦人小物也。"《慧琳音義》卷二十"妓女"注引《考聲》曰："妓，女人之作樂者也。"《說文·女部》："嫈，小心態也。"《集韻·耕韻》："嫈，嫈嫇，下俚婦人皃。"《慧琳音義》卷二十四"嫈嫇"注引《考聲》曰："下俚婦人嬌態皃也。"妓，群母齊部；嫈，影母青部。

2. 狀態與功能

【梜同柙】《說文·木部》："梜，檢柙也。"段玉裁注："檢柙皆函物之偁，然則梜亦謂函物之器也。"《說文·木部》："柙，檻也。以藏虎兕。"梜謂函物，即用箱匣盛裝，"柙"謂關猛獸的木籠。梜，見母怗部；柙，影母怗部。"柙"指函物器，"梜"函物功能。

【槍同柤】《說文·木部》："槍，距也。"段注："《止部》曰：'距，止也。一曰槍也。'按槍有相迎鬬争之意。"朱駿聲通訓定聲："距人之械也。"《說文·木部》："柤，木閑。"徐鍇繫傳："柤，闌也。柤之言阻也。"段注："《門部》曰：'閑，闌也。'《廣雅》曰：'柤樘柱，距也。'距當作歫，止也。""槍"距義是抵抗阻攔之義，引申為槍械。"柤"是木闌，有阻礙之義。槍，清唐；柤，莊模。古音照二歸精，模唐對轉。

3. 聲音與狀貌

【慇同㤪】《說文·心部》："慇，痛也。"《爾雅·釋訓》："慇慇，憂也。"《說文·心部》："㤪，痛聲也。从心依聲。《孝經》曰：'哭不㤪。'"段注："許云痛聲者，委曲自見其痛於聲，非痛之至者也。"通過哭聲顯示喪親悲痛的程度。"痛之至"指斬衰、齊衰，《孝經》"哭不偯。"鄭注"氣竭而息，聲不委曲。"是指大功喪禮。一舉聲而三折。"㤪""許所學孔氏古文也。作偯者俗字。"慇，影母痕部，悲痛憂傷的樣子；㤪，影母灰部，悲痛的聲音。

【忓同吁】《說文·心部》："忓，憂也。"《玉篇·心部》："忓，痛也。"《說文·于部》："吁，驚語也。"《集韻·遇韻》："吁，驚辭。"《書·堯典》："帝曰：'吁！嚚訟，可乎？'"孔傳："吁，疑怪之辭。"孔穎達疏："吁者，必有所嫌而為此聲，故以為疑怪之辭。"江聲集注音疏："吁，驚異之詞。"蔡沈集傳："吁者，嘆其不然之辭。"內心疑慮、憂慮通過聲音發出。忓、吁二字同音曉母模部。

· 119 ·

三　意義層次

孳乳"語相因而義稍變",是說以意義變化爲核心的語言的發展演變,而"因"是傳承血脈,不僅僅體現在新舊詞義之間的邏輯思維關係,更多貫穿在詞彙意義内部意義構成元素之間的傳承關係。通過上一節義通關係可以看出,狀所關係探討名實相依問題,以"狀""所"反映了不同層次的意義關係,而"語根"更是深入到意義深處的血脈,是語言發展的核心傳承因素。綜合考察狀所關係和語根用例,發現語根的多少與"狀""所"存在一定的對應關係

（一）同狀異所與一語一根:"凡言變者,必有不變者以爲之根。"

季剛先生在《略論推尋語根之法》中用以"才"爲語根的字說明"一字一根"的作用:"此數字者,異名而同實,爲之語根者,即才字也。故明乎推求語根之法,不特可以溯其源,且可以見其統領也。"[①] "溯其源"逆向推源,"見其統領"順向繋源,形成以初文爲統攝的語言音義系統。"凡文字之作,爲語言生,息息相應,語音雖隨時變遷,然凡言變者,必有不變者以爲之根。由文字以求文字,由語言以求文字,固非求本字不可也。"[②] 這裡的"不變之根""本字"即語言音聲之根。"一名一根",名源和音義之"根"不是一個層次,但是一個方向。

（二）異狀同所與一語多根:"《爾雅》所謂黃河所渠並千七百一川色黃也。"

關於一語多根,季剛先生《文字聲韻訓詁筆記》以下三組語例說明同樣的道理。

《義訓與聲訓》[③]:"故天之構成爲顛、至、上、大四者,此之說解爲一因而衆果,或衆果而一因。《爾雅》所謂黃河所渠並千七百一川色黃也。"這裡的"衆果"出於《說文·一部》:"天,顛也。至高無上,从一、大。"天、顛、至、上、大上古都是舌音,天、顛疊韻,季剛先生謂"天、顛實爲一語",從語言思維範疇看,"天"屬於名範疇,"顛"屬於事範疇,名事同

[①] 黃侃述,黃焯編:《文字聲韻訓詁筆記》,上海古籍出版社1983年版,第58頁。
[②] 同上書,第55頁。
[③] 同上書,第190頁。

源，語言最初產生時二字同語根，其後初文一名含多義，最後名事分化。從語音上看，其餘三字至、上、大與"天"非疊韻，是從離析《說文》說解中得到的音義相關的初文，它們反映的是"天"之"狀"，但與"天"的關係遠於天、顛關係。所謂"衆果而一因"，實即同所異狀關係，"一川色黃"之黃河即同所，"千七百渠"即"衆果"，"天"同所，而至、上、大，爲不同的狀。從意義層次上，不同的語根所記錄的意義都屬於"天"詞彙意義的下位義素層次，是音義相關的源義素，只是義素與詞關係的遠近一依聲音關係而定，這四個字同爲舌音，唯有疊韻的"顛"與"天"一語而分化。

《略論推尋語根之法》①舉"示"有三根：一出於二（古文上），二出於巫，三出於出。這三字都是初文，與"示"雙聲，同爲古舌音。二（古文上）、巫來自于《說文》說解，《說文·示部》："示，天垂象，見吉凶，所以示人也。从二。（二，古文上字。）三垂，日月星也。觀乎天文，以察時變。示，神事也。""从二。（二，古文上字。）三垂"已經交代出上、巫二字的意義關係。"出"與"巫（古垂字）"同義，是《說文》說解之外與"示"音義相關的象形初文。季剛先生謂"示"即古視字，三個語根都屬於"示"詞彙意義的構成部分，是音義相關的源義素。

《形音義三者不可分離》②："同狀異所之理，蓋古人之發音甚少，而原型觀念亦甚少也。"所謂發音少、原型觀念少，是從音義結合之初的根源而立論。季剛先生舉"男""農"二字說明這一點。男爲力田，農爲耕田，皆耕稼既起而後有之義，"其初皆出於壬……與羊相同"，"壬者，陰陽交接"，"羊訓剌，於是伸出亦爲羊，南之从羊，謂生殖器之伸出也。"後起力田"男"和耕田"農"是二所，"所者，類也，物之本質。其予於一名者，非同聲，即同韻。"③"壬""羊"爲日母覃部，"男""南"古音泥母覃部，"農"呢母冬部，古音娘日歸泥。從意義層次上看，"男""農"是"類"，實即詞彙意義，"壬""羊"是形音義合一的初文，記錄的是隱含在詞義發展鏈條中的源意義。"語言皆可以寫出，其在古初，不過四百餘字，而可以包括天下

---

① 黃侃述，黃焯編：《文字聲韻訓詁筆記》，上海古籍出版社1983年版，第59頁。
② 同上書，第49頁。
③ 同上書，第48頁。

之音。其繁變之跡：一由少而多，二由簡而繁，三由混涵而分明。然多定包含於少之中也。"①這就說明音義之源具有統攝作用，是語言變化的統領。

"壬""羊""南""男"四字古音相同，《說文·朱部》："南，艸木至南方，有枝任也。从朱羊聲。"段注："漢《律曆志》曰：'大陽者南方，南任也。陽氣任養物，于時爲夏。'云艸木至南方者，猶云艸木至夏也。有枝任，謂夏時艸木暘𣎴丁壯，有所枝格任載也。故从朱。按古南男二字相假借。"《國語·周語下》："五閒南呂。"韋昭注："南，任也。陰任陽事，助成萬物也。"

"壬"爲陽事，"羊"爲陽物，"南"爲陽方，"男"爲陽性。"壬""羊"是初文，是"男"的音義傳承要素。但並未在"男"字形體上出現。

"農"與上四字古屬雙聲，以古文形體"辳"，季剛先生按："即象人形，下露其陰也。""羊"爲"辳"形音義合一的初文。

壬、羊"陽"屬於義素層次，男"力田"、農"職田"屬於詞彙層次。

在《右文說之推闡》②條，季剛先生談到音素與音符的區別："若夫治右文之說者，亦須先明二事：一於音符字須先審明其音素，不應拘泥於字形。蓋音素者，語言之本質；音符者，字形之跡象。音素即本真，而音符有假借。沈兼士云：古人造字，有同一義象之語，而所用之聲母頗有歧異者，蓋文字孳乳，多由音衍，形體異同，未可執著。"男、辳（農）是會意字，音素是本質，"壬""羊"就是音素，二者屬於初文轉注，音義結合體，既是聯結男、農的聲音要素，又是構成詞彙意義的意義要素，形體雖然不同，但却是貫穿男、農的"相同義象"，是語言發展傳承的血脈。

《略論推尋語根之法》中，季剛先生另有一例"一語多根"。《禮記·雜記》："其輤有裧。"鄭玄注："輤，載柩將殯之車飾也。輤取名於櫬與蒨，讀如蒨斾之蒨。櫬，棺也。蒨，染赤色者也。"季剛先生按："此一名二根，最爲有用，猶黃河並千七百條渠而成，非出於一源也。"這裡以黃河爲喻說明狀所關係與前面釋"天"例《爾雅》所謂黃河所渠並千七百一川色黃也"同出一轍。"非出於一源也。"說明爲不同音義的語根。根據鄭玄的解釋，

---

① 黃侃述，黃焯編：《文字聲韻訓詁筆記》，上海古籍出版社1983年版，第60頁。
② 同上書，第210頁。

"輤"義素分析：

輤：[＋載柩車，＋飾]

"櫬"是車的用途，"蒨"是車飾顏色。二字與"輤"上古同爲清母，其意義層次在"輤"詞彙意義的下位層次。此處季剛先生所說的"一名二根"，還不是語根，只能說是語源，若求語根當求之于初文。

可見，狀所關係中的"狀"承載的就是音義之根，從意義角度看屬於源義素層次。根出一源—"狀"同條牽屬，根出多源，是"所"的多種音義傳承要素。

第五節《說文同文》意義關係綜合考察

"變易""孳乳"本是文字孳生繁衍的條例："文字成立先後，既不可紊，即使出於倉頡一人，亦自無嫌。蓋提挈綱維，止在初文數百；自是以降，要皆由初文變易孳乳而來也。"①這段話不僅交代了文字變化的源頭——初文和文字繁衍的途徑，而且說明在文字發展過程中，"文"的血脈在傳承，其構成要素即語言的音與義。《論語言變化》②條季剛先生進一步對語言之變化分類總結，首先說明語言變化有兩種類型："語言之變化有二：一由語根生出之分化語；二因時間或空間之變動而發生之轉語。""語根"本是言語音聲之根，章、黃依託最早依類象形的"初文"作爲語言分化的可操作上的源頭，"分化語"就是由初文承載的音義衍生出來的，側重語義的變化。"轉語"的形成原因在於時空變動，側重於語音的變化。其次，辨析語言組成要素的變化，界定"分化語"和"轉語"："分化語者，音不變而義有變；原其初本爲一語，其後經引申變化而爲別語別義。""轉注（從前後文語境看，此處應爲"轉語"）則義同而語爲二。若其音變而別造字者。"分化語從原初一語，到別語別義，發生原因在於引申變化，學界稱之爲"義衍"同源詞。轉語語

---

① 黃侃：《黃侃論學雜著》，中華書局1964年版，第3頁。
② 黃侃述，黃焯編：《文字聲韻訓詁筆記》，上海古籍出版社1983年版，第205頁。

黃季剛《說文同文》研究

爲二,不僅是由於"特其音有轉變",而且由於"其變而別造字者",後人稱之爲音轉同源詞。這一分類屬於同源詞的發生學分類。從季剛先生所舉字例入手,聯繫相關論述我們深入認識兩個問題:一是變易和孳乳的歷史性問題,二是方音和方言的區分標準問題。

一 從"分化語"看變易和孳乳的歷史層次

"天""顛"二字的關係,季剛先生論述中多處舉例,但分屬於變易和孳乳兩種類型。在《論語言變化》中的闡述,讓我們進一步認識到變易和孳乳之間的區別,關鍵在於意義要素。"蓋以體言,極高者曰顛,其大而最高者則曰天,乃因其義有別而造兩字。以造字論,顛後於天;以語義論,天則由顛分化而來。""顛、天一字,古本一語",天、顛是變易關係;"因其義有別而造兩字",天、顛是孳乳關係。

(一)三個角度的發展順序

第一,從語言和文字發生順序上看,語言先于文字,季剛先生提出:"三者(形、聲、義)之中,又以聲爲最先,義次之,形爲最後。凡聲之起,非以表情感,即以寫物音,由是而義傳焉。聲、義具而造形以表之,然後文字萌生。昔結繩之世,無字而有聲與義;書契之興,依聲義而構字形。……小學徒識字形,不足以究言語文字之根本,明已。"[1] 語言聲義同條,"依聲義而構字形",漢字是在語言發展到一定階段的結果。所以"天""顛"語言發生和文字孳生不同時期。

第二,從語言發生順序看,"以語義論,天則由顛分化而來。"是指名詞後於動詞的語言發展順序:"名事同源,其用不別。名者,名詞;事者,動詞、形容詞。凡名詞必皆由動詞來。"[2]"生民之初,官形感觸,以發詞言,感歎居前,由之以爲形容物態之語;既得其實,乃圖言語之便,爲之立名。"[3] 以此知,先有"顛"形容物態,次有"天",描摹物態,所以"以語義論,天則由顛分化而來"。

---

[1] 黃侃:《黃侃論學雜著》,中華書局1964年版,第93頁。
[2] 黃侃述,黃焯編:《文字聲韻訓詁筆記》,上海古籍出版社1983年版,第180—181頁。
[3] 黃侃:《黃侃論學雜著》,中華書局1964年版,第5頁。

第一章 《說文同文》意義關係研究

第三，從文字造字順序看，"以造字論，顛後於天。"根據許慎的解釋，"天"字形從一大，是六書中的會意字，是象形表意文字階段"依類象形"的"文"；"顛"從頁真聲，是六書中的形聲字，是符號表意文字階段"形聲相益"的"字"。根據陸宗達先生在《說文解字通論》中的解釋，"文"和"字"的角度不同於"六書"："許慎所說的文和字是說明漢字的歷史發展，六書則指的是漢字字形的構造法則。"① 所以"天""顛"應該屬於漢字造字法發展不同階段的結果，分別屬於兩種不同性質的表意文字。

（二）語言變化的歷史層次

在《論語言變化》條，季剛先生共舉了兩組例字。一組如上文所分析的"天"和"顛"從一語分化爲二。《說文》"天"釋爲"顛"，是聲訓，以聲釋義。《訓詁概述》②："古無訓詁書，聲音即訓詁也。……觀《釋名》則知名必有義，而義必出於音，知聲、訓固同條也。若《說文》以聲訓者如'天，顛。''帝，諦。'之類猶難悉數。蓋古時文言合一，聞聲即可知義。"所謂"文""言"合一，指尚未產生文字之前的語言狀況，聲義同條，聞聲知義。"沿着聲音線索，意義繁衍新造字形，"天""顛"二字實爲語言變化的結果；"蓋以體言，極高者曰顛，其大而最高者則曰天，乃因其義有別而造兩字。"由此可見，聲訓交代了語言衍化線索，分化前之"一語"實即聲義同條的語根，語根無形，以聲義同條的一語分化字記錄了語根血脈傳承的軌跡。季剛先生在變易條例中，舉"天、囟、顛、頂、題"一組字，即立足於前文字階段聲義同條、一語含多義的語根。其後意義有別而孳乳新字。因此聲訓貫穿變易和孳乳，以言變易則立足於語根層次上造字，以言孳乳則立足於語根血脈傳承分化造字。

季剛先生所舉的另一組例字是"過"和"貫"："又如牛之於過，語同而俱在歌部。牛變爲跨，跨猶過也。過音變而爲貫，過、貫爲對轉音。穿貫猶穿過，則貫者，過之分化語也。"前文我們曾分析"牛"爲初文的變易孳乳體繫。季剛先生言"跨""過"均爲"牛"之異體，即"同語"之變。《說文·貝部》："貫，錢貝之貫。"段注："錢貝之毌也。毌各本作貫，今

---

① 陸宗達：《說文解字通論》，語文出版社 1981 年版，第 46 頁。
② 黃侃述，黃焯編：《文字聲韻訓詁筆記》，上海古籍出版社 1983 年版，第 180 頁。

正。錢貝之毌，故其字从毌貝會意也。……串即毌之隸變。"《說文・辵部》："過，度也。"季剛先生在手批《說文》中的批語曰："貫，由毌來。""過，同𠂇。""貫"古音見母寒部，"過"古音見母歌部，二字對轉，二字都有"穿"義，但音義來源初文不同。"天""顛"一語分化可以貫通變易和孳乳，但"貫""過"僅爲音近義同，源流關係較"天、顛"遠。

季剛先生在《義訓與聲訓》①條舉例說明"完全之訓詁必義與聲皆相應""聲訓是真正之訓詁"，有以下四例：

"天之構成爲顛、至、上、大四者，此之說解爲一因而衆果，或衆果而一因，《爾雅》所謂黃河所渠並千七百一川而色黃也。""天之構成"是以聲義爲線索系聯《說文》釋"天"中"天"音義相關的字，顛、至、上、大四者不僅是"天"詞彙意義的構成要素，而且與"天"同爲舌音，意義相關："在人身之上爲顛，在形氣之上爲天，天與顛實爲一語耳。""天"的詞彙意義如同黃河，意義構成要素如同"千七百渠"，"色黃"就是其中音義構成要素。"一因"指言語音聲之根，"衆果"是言語音聲之根的文字表現形式。季剛先生曾用"一字多根"來說明這種情況。四個音義的構成要素具有相同音義結合關係，以舌音表示顛、大、至、上意義，後來產生分化。

"吏與史實爲一字吏即史之變易字。""史與士事古文作𠂇同字。""寺亦有齒、舌二音，寺與史、吏亦無別。""一字""同字""無別"都是"凡一字與它字系屬者"，指未產生文字之前，用同一類音表示多種相關的意義：

吏、史一字："方吏之未造時，當即以史代之，此不必明言一字而實一字也。"

史與士事同字："史於古有二說，就廣義言之，凡作官者爲史；論其狹義，則爲刑官。"作官者即"事"，刑官即"士"。

吏有舌齒二音，"寺亦有齒、舌二音，寺與史、吏亦無別。""蓋就固不分也。反正亦不分。""史"从又持中，"記事者也"是泛指。"就"指處所，寺爲官府治事之處，"不分"說明原初未造字時字少，一字容函多義。

"丕即𠀐之後出字"："不有高義。高大義實相關。又《說文》云'𠀐，

---

① 黃侃述，黃焯編：《文字聲韻訓詁筆記》，上海古籍出版社 1983 年版，第 190 頁。

第一章 《說文同文》意義關係研究

大陸也。'引申爲殷阜、阜昌之義。是丕即自之後出字。""後出字"即是沿音義軌道而造字,"丕"从一不聲,有高義,與"自"有相同的意義要素。"高大義實相關""在古昔之世,凡觀念相同,人地固不分也。反正亦不分也。"這裡所說的"觀念"是一個意義域,高義大義相關,人、地不分,反、正不分,都說明遠古文字未產生之前以聲音爲訓詁,一音表多義;文字產生之初數量少,一字而容函多義。

"聲訓爲真正之訓詁",聲義是貫穿語言發生到發展的總綱,最初以聲表意,意義發展,文字孳乳,原初的聲義血脈在傳承。"真正之訓詁,即以語言解釋語言,初無時地之限域,且論其法式,明其義例,以求語言文字之系統與根源也。"[1]"求文字系統和根源"是"聲訓"的根本目的。"分化語者,音不變而義有變;原其初本爲一語,其後經引申變化而爲別語別義。如顛、天一字,古本一語。蓋以體言,極高者曰顛,其大而最高者則曰天,乃因其義有別而造兩字。"這句話實際交代了語言文字的系統和根源有三個層級:一是"一語","其初本爲一語""古本一語",字之未造,語言先之,"蓋古時文言合一,聞聲即可知義。"語言產生時,官形感觸,以聲寄義,"一語"指言語音聲之根,即語根。二是"一字","顛、天一字",語言發生之初,以音聲表達對外界的觀察和感觸,隨後"乃圖言語之便,爲之立名"。依聲義而構字形。文字產生之初,一名容涵多義,"名事同源,其用不別"。[2]最早的文字應該是形、音、義之根,即象形、指事初文。古時一字往往統攝數義,"初期象形指事字音義不定於一,一字而含多音,一形而包數義。"[3]"一字""一形"即字根、形根。三是變易、孳乳字。音義相雠謂之變易,義自音衍謂之孳乳。從分化語角度而言,義由"不分"到分化,"因其義有別而造兩字","吏、史一字""史與士事同字""寺與史、吏亦無別""丕即自之後出字"既指出語分化而字孳乳,又指出孳乳的源頭。"名義相依,名多而義少……初文爲字形、字義之根本,實一字而含多義矣。"[4]"語言皆可以寫

---

[1] 黃侃述,黃焯編:《文字聲韻訓詁筆記》,上海古籍出版社1983年版,第181頁。
[2] 同上書,第180頁。
[3] 同上書,第183頁。
[4] 同上書,第180頁。

· 127 ·

出,其在古初,不過四百餘字,而可以包括天下所有之音。其繁變之跡:一由少而多,二由簡而繁,三由混涵而分明。然多定包含於少之中也。"①"少"即往古初文,包括天下所有之音,其義混涵;"多"即指變易、孳乳字,與初文音義相關,表義分明。從"一語"到"一字"再到變易、孳乳,最初言語音聲之根是統攝。變易、孳乳是文字順應語言發展而孳生的條例,歷史發生層次不同。原初都是"一語""一字""同字",後來意義"不分"以音寄義爲變易。意義"分"而以音寄義爲孳乳。"分化語者,音不變而義有變;原其初本爲一語,其後經引申變化而爲別語別義。""原其初本爲一語"是變易、孳乳共同的基礎,以文字代語言,在"一語"的層次上文字孳生,即爲變易,其特點是"名義相依,名多而義少"②;引申爲別語別義,語分化而在"別語別義"的層次上造字是孳乳。語言的歷史發展層次是:"一語——一字多義—別語別義"。

(三)"義同"和"義通"的界限問題

《以聲韻求訓詁之根源》③:"求其根源,約分三事:一以本義或後起之義推之者。……象形之進於形聲,六書中之孳乳也;本義進至後起義,一字之孳乳也。一字之義,初本不多,迨乎人事既緐,一義不足,於是引申推演之法興,而一字數義矣。"這段話實際上交待了貫穿"義同"和"義通"的線索。象形進於形聲是造字法的演進,本義進至後起義,既是一字之義演進,又是"一字之孳乳"。意義演進形成一字數義,一字孳乳由一字而衍爲數字,貫穿其間的是"引申推演之法"。同樣在此條中,季剛先生談到求根源,第三事:"三以名與事之法推之者。太古人類本無語言,最初不過以呼號感歎之聲表喜怒哀樂之情,由是而達於物,……然則感歎之聲故爲語言真正根源。而亦即文字遠溯之祖。故名詞由是生焉。動詞由是生焉。如日之名日,太古人不知也。不知必謂之既大且明、既圓且熱之物,則合數字形容一物,而繁雜不可理矣。故造字必以簡號代之作爲 ◯ 字,而圓形象矣。太陽之精不虧,故益爲 ⊙,而光明之義顯矣。故名詞者,乃由動詞、形容詞擇一要義以爲

---

① 黃侃述,黃焯編:《文字聲韻訓詁筆記》,上海古籍出版社 1983 年版,第 60 頁。
② 同上書,第 180 頁。
③ 同上書,第 193 頁。

第一章 《說文同文》意義關係研究

之名，而動詞形容詞者亦即名詞之根源也。"①造字以簡號，立足於說明文字的記錄與區別功能，意義繁衍，表意需求，不斷產生新形記錄新詞。名事之法、"名詞"與"動詞"的區分就在於一字引申別義而孳乳。一字多義和一字孳乳遵循的"引申之法"是相同的。"義同""義通"的貫通，主要體現在兩方面：一是義象分合，二是名事分合。

在《字義起於右音說》條中，季剛先生引用劉師培的觀點說明古人制字之原理："儀徵劉申叔師培先生有《論字義之起源》一文，謂上古音起於義，故字義咸起於右旁之聲。其字以右旁之聲爲綱，以左旁之形爲目，蓋有字音乃有字形也。……古人援義象以制名，故數物義象相同，命名亦同；及本語言制文字，即以名物之音爲字音，故義象既同，所從之聲亦同；所從之聲既同，在偏旁未益以前，僅爲一字，即假所從得聲之字以爲用。"②關於漢字的聲義順序劉師培認爲"上古音起於義"的觀點似乎與季剛先生"聲—義—形"的順序不同："三者之中，又以聲爲最先，義次之，形爲最後。凡聲之起，非以表情感，即以寫物音，由是而義傳焉。聲、義具而造形以表之，然後文字萌生。昔結繩之世，無字而有聲與義；書契之興，依聲義而構字形。如日月之字，未造時，已有日月之語。更分析之，聲則日月，義表實缺；至造字時，乃特製日月二文以當之。因此以談，小學徒識字形，不足以究言語文字之根本，明已。"③但在《正名隅論》中劉師培認爲："義本於聲，聲即是義。聲音、訓詁本出於一源。"這一觀點與季剛先生是相合的。故"字義咸起於右旁之聲"的論斷與季剛先生的觀點沒有衝突。"義象既同，所從之聲亦同；所從之聲既同，在偏旁未益以前，僅爲一字，即假所從得聲之字以爲用。"這裡首先從造字法則的角度，交代了兩個層面：其一，一字的產生，依聲義而構字形；其二，字的孳乳，益偏旁而別字義。其次，從用字的角度，說明正是因爲最初一字多義，形聲字的聲符字可以與同聲符孳乳字通用。"古人名物，凡義象相同，所從之聲亦同，則以造字之初重義略形，故數字同從一聲者，即該於所從得聲之字，不必物各一字也。及增益偏旁，物

---

① 黃侃述，黃焯編：《文字聲韻訓詁筆記》，上海古籍出版社1983年版，第194—195頁。
② 同上書，206—207頁。
③ 黃侃：《黃侃論學雜著》，中華書局1964年版，第93頁。

各一字，其義仍寄於字聲，故所从之聲同，則所取之義亦同。……彙而觀之，則知古人製字，字義即寄於所从之聲。就聲求義，則隱義畢呈。"①造字之初，一聲兼賅數義，即屬於"一語一字"層次，合于變易條例；增益偏旁，物各一字，屬於異語異字層次，同於孳乳條例。"所从之聲同，則所取之義亦同"就是貫穿同語一字和異語異字的血脈。

在《說文同文》中，突出反映出這條規律的有兩種類型：一是同訓變易、最初一字二義，其後從同語到別語，分化依聲符而孳乳的字組。二是聲訓字組。《說文》聲訓被釋詞和訓釋詞，聲義俱通，最初名事同源，依托一語，後分化孳乳。如季剛先生歸天、顛一組爲變易，又歸爲分化語。此類前文已重點分析，下面補充第一種類型例證。如：

【扔同扔】《說文·手部》："扔，因也。"朱駿聲通訓定聲："扔，以手攖之也。"段注："扔與仍音義同。"王筠《說文句讀》："扔，仍之分別字。"《說文·人部》："仍，因也。"《玉篇·人部》："仍，就也。"扔、仍同音曰登。

【㱣同涼】《說文·旡部》："㱣，事有不善言㱣也。《爾雅》：'㱣，薄也。'"段注："《水部》曰：涼，薄也。紬繹上下文，乃《周禮》六飲之涼，當作薄酒也。……許以足上文意有未盡之語。《桑柔》、毛傳、杜注、左傳、《小爾雅》皆云：涼，薄也。涼即㱣字。"《說文》"㱣"有二義，一爲"事有不善"，二爲㱣薄。二義別而通。《廣韻·漾韻》引《字統》云："事有不善曰涼薄。""涼薄"本指一種薄酒，《說文·水部》："涼，薄也。"段注："許云薄也，蓋薄下奪一酒字。以水和酒，故爲薄酒。此用大鄭說也。引伸之爲凡薄之稱。"《周禮·天官·漿人》："掌共王之六飲：水、漿、醴、涼、醫、酏。"鄭玄注引鄭司農曰："涼，以水和酒也。"二字同爲京聲，古音來母唐韻。"㱣"兼二義，"涼"爲"薄"義分化字。

【訢同听】《說文·言部》："訢，喜也。"徐鍇繫傳："喜形於言也。"段注："此與《欠部》'欣'音義皆同。"《說文·口部》："听，笑兒"。《史記·司馬相如列傳上》："無是公听然而笑。"裴駰集解引郭璞曰："听，笑

---

① 黃侃述，黃焯編：《文字聲韻訓詁筆記》，上海古籍出版社1983年版，第208頁。

第一章　《說文同文》意義關係研究

皃也。"二字都言心情,"訢"曉母痕部,喜形於言;"听"疑母痕部,喜形於笑。

【持同侍】《說文·人部》:"侍,承也。"段注:"承者,奉也,受也。凡言侍者,皆敬恭承奉之義。"《孝經》"曾子侍"陸德明釋文:"卑在尊者之側曰侍。"又《手部》:"持,握也。"《吕氏春秋·異用》:"以養疾侍老。"畢沅新校正引王念孫曰:"侍,當爲持。"集釋引王念孫曰:"持老,謂養老也。""持"的本義爲把握,用於人事時是支持、扶助義,以卑對尊即承奉承侍義。《讀書雜誌·荀子·榮辱》:"父子相傳以持王公。"王念孫按:"持,猶奉也。"《戰國策·燕策》:"乃使孫代持質子於齊。"吴師道注:"持,《史》作侍。"黄季剛先生"持"字批注:"侃曰同侍,由承來。"

【戹同阨】《說文·𩰫部》:"𩰫,陋也。从𩰫𠭰聲。𠭰,籀文嗌字。阨,籀文𩰫,从𨸏益。"《說文·户部》:"戹,阨也。"段注:"阨者,陋也。陋者,阨陜也。陜者,隘也。""戹""阨"都是狹隘迫蹙阻塞。"戹"引申爲困戹。《玉篇·户部》:"戹,困也。災也。""阨"引申爲險要阻塞。《說文·𨸏部》:"阨,塞也。"段注:"塞者,隔也。阨之言扼也。"《玉篇·𨸏部》:"阨,險也。"《廣韻·卦韻》:"阨,阻塞。"《漢書·西域傳上》:"(西域)東則接漢,阨以玉門、陽關,西則限以蔥嶺。"顔師古注:"阨,塞也。"

在《右文説之推闡》條①,黄焯先生引沈兼士語説明同一義象文字孳乳,不可執着于聲符,而應求之於音素:"古人造字,有同一義象之語,而所用之聲母頗有歧異者,蓋文字孳乳,多由音衍,形體異同,未可執著。故音素同而音符雖異亦得相通。……不徒同音者如此,聲轉者亦然。……如此之類,倘一忽視,非離其宗,即絶其脈,而語勢流轉之經界慢矣。"這裡所謂"宗""脈"即孳乳字之間的音義傳承血脈,構成要素是"義象"+"音素"。"音素"突破了形聲字聲符的限制,上升到語言構成層面:"若夫治右文之説者,亦須先明二事:一於音符字須先審明其音素,不應拘泥於字形。蓋音素者,語言之本質;音符者,字形之跡象。音素即本真,而音符有假借。""語言之本質"是從語言構成要素角度明確了音素的内涵,"本真"相對於"假

---

① 黄侃述,黄焯編:《文字聲韻訓詁筆記》,上海古籍出版社1983年版,第210頁。

借"而言,是從語音發聲環節强調音素是根本的而非後起的,是真實的未經變化的。原初以音寄義,音素藴含之義非一,所以同一音素所衍之義有兩種,一基於同音通用,"有同聲之字而所衍之義頗有歧義者",二基於意義引申,"義本同源,衍爲別派。""同音通用",因爲所衍之義"頗有歧義",音義結合的理據已經改變,孳乳字之間非同源關係;意義引申而義衍交代了意義繁衍的層次性和多向性,但仍然是相同的音義血脈在傳承。沈兼士先生引用了兩個右文系列說明這個問題,圖示如下:

第一組:

音符:

非聲:分背義／赤義(菲翡痱)

吾聲:明義／逆止義(齬語圄敔悟)

第二組:

皮(並歌)—加被義(鞁貱帔被)—分析義(詖簸破)—傾斜義(坡岥陂)

音符:

支(照齊)—歧別義(芰跂駥豉枝岐)—傾斜義(攱頍庋)

第一組同聲但不同義,是由聲符同音通用造成的。第二組,後起傾斜義同,因流探源,因數定母,形聲字的聲符就是形義線索。最初一聲數義,聲符字可以兼賅諸多引申義;其後加偏旁以別義,遂成別語。從第二組例字義象看,最初的聲符恰恰都屬於名詞,其後引申出動詞、形容詞。從文字的層面看,皮、支是初文,古代一名之設,容含多義,"蓋字雖與時俱增,而義類固屬有限。是則初文爲字形、字義之根本,實一字而含多義矣。"[①]從語言的層面看,"皮""支"屬於名範疇,其後孳乳字意義上或爲動詞,或爲形容詞,屬於事範疇,"名事同源,其用不別。名者,名詞;事者,動詞、形容詞。凡名詞必皆由動詞來。""名事同源,其用不別"屬於一語一字層次,名、事區別屬於別語別義層次。義象分合是從意義度而言,名事分別是從相因相承關係而言,二者角度不同,但實質是相同的,都反映了在語言演進、

---

① 黃侃述,黃焯編:《文字聲韻訓詁筆記》,上海古籍出版社1983年版,第180頁。

第一章 《說文同文》意義關係研究

文字孳乳的過程中，音韻的關鍵作用："文字根於言語，言語發乎聲音，則聲音者，文字之鈐鍵，文字之貫串。故求文字之系統，既不離乎聲韻；而求文字之根源，豈能離乎聲韻哉？"① 第二組兩個聲符，在分化孳乳的過程中，有相同的"傾斜義"，"凡文字意義相關者其音亦往往相關"。② 兩組字的聲符，"皮"並母歌部，"支"聲爲照三，韻爲齊部，二音素韻部關係是比較近的。

《說文同文》中，同訓變易、不同聲符、音素相關的字組如：

【徹同聖】《說文·攴部》："徹，通也。"《爾雅·釋訓》："不徹，不道也。"郝懿行義疏："徹者，通也，達也。"往來無阻曰通，通到目的地曰達。"徹"表示一通到底的貫通。《說文·耳部》："聖，通也。"李孝定《甲骨文字集釋》："象人上著大耳，从口，會意。聖之初誼爲聽覺官能之敏鋭，故引申訓'通'；賢聖之義，又其引申也。""聖"側重才智品德通達。徹，徹母屑部，聖，審母青部。二字聲紐都是照三，上古屬舌音。

【道同迪】《說文·辵部》："道，所行道也。"段注："道之引伸爲道理，亦爲引道。"又"迪，道也"。段注："道兼道路、引導二訓。"朱駿聲通訓定聲："迪謂導也。"《釋名·釋言語》："道，導也。所以通導萬物也。"段注所言"道兼二訓"，道路爲本義，引導爲引申義。"迪謂導"即立足於"道"之引申義。道、迪古音同爲定母蕭部。

【舁同舁】《說文·廾部》："舁，舉也。《虞書》曰：'嶽曰：舁哉！'"段注："《堯典》文。《釋文》曰：鄭音異。於其音求其義，謂四嶽聞堯言，驚愕而曰異哉也。謂舁爲異之假借也。"又："舁，舉也。《春秋》傳曰：'晋人或以廣隊，楚人舁之。'黃顥說：'廣車陷，楚人爲舉之。'"《集韻·之韻》："舁，舉出之。"《說文·手部》："舉，對舉也。"段注："對舉謂以兩手舉之，故其字从手與，ナ手與又手也。"兩個人共同把東西抬起來叫"舉"，後來一個人用兩隻手把東西舉過頭也叫"舉"，泛化爲舉起，提起，常用來比喻推薦、提拔。根據許慎引經，"舁"爲稱異之舉，爲舉薦義，喻母咍部；"舁"爲提陷之舉，爲提持義，古群母咍部。

【俑同恫】《說文·人部》："俑，痛也。"段注："此與心部恫音義同。

---

① 黃侃：《文字聲韻訓詁筆記》，上海古籍出版社1983年版，第180頁。
② 同上書，第204頁。

《禮記》《孟子》之俑,偶人也。俑即偶之假借字,如喁亦禺聲而讀魚容切也。假借之義行而本義廢矣。"《說文·心部》:"恫,痛也。"《爾雅·釋言》:"恫,痛也。"邢昺疏:"恫謂痛傷。"俑、恫古音,同爲透母唐部。

【怨同婶】《說文·心部》:"怨,恚也。"《爾雅·釋言》:"懟,怨也。"邢昺疏:"怨謂怨恨。"《說文·女部》:"婶,不說兒。"怨、婶二字義近。都表示心理狀態,程度上稍有差別。怨,影母寒部;婶,爲母先部。

從以上分析可以看出,變易和孳乳的交叉地帶,最爲明顯的是同訓同聲符字,最初一語,其後意義變化,依託同聲符添加不同義符孳乳分化。其後是同訓同聲素而不同聲符字,其同訓往往立足於一字二義,但因採用不同聲符,形音義關係不很直接,這樣的字組多爲孳乳字關係。

聲音就是訓詁,凡建立在諧聲系統和《說文解字》聲訓基礎上的《說文同文》字組貫穿"一語——一字多義—別語別義"語言文字發展的全過程,意義引申規律是義同、義通關係共同遵循的規律,所以"天、顛一語""天、顛異字"展現了語言文字發展鏈條上不同層次的特點,這兩種看似截然不同的結論實際上是相輔相成的。

二 從轉語看方音和方言的區別

《論語言變化》:"轉注(語)則義同而語爲二。"季剛先生舉了兩個不同性質的例子。第一例"如女、爾、而、若、乃等字皆爲第二人稱,特其音有轉變"。第二人稱單數有多個詞形,借用音同音近的字來記錄。音轉而借字記錄虛詞,"特其音有變轉",沒有產生新的詞形,無需造字,不屬於轉語。借字僅僅是記音符號。這一例即季剛先生所舉的"方音"。《以聲韻求訓詁之根源》:"二以聲訓或義訓推之者。聲訓者,根乎方音不同;義訓者,根乎方言之不同。蓋一字而南北異讀,方音之異也;一義而東西異稱,方言之異也。故推其生聲之由,則本乎方音之異;推其生義之由,則本乎方言之異。《說文》列字九千,以聲訓者十之七八,而義訓不過二三,故文字之訓詁必以聲音爲綱領,然則聲訓乃訓詁之真源也。"[①]"方音"的基點是"一字

---

① 黃侃述,黃焯編:《文字聲韻訓詁筆記》,上海古籍出版社1983年版,第193頁。

第一章 《說文同文》意義關係研究

而南北異讀","特其音有轉變",女,娘母模部;爾,日母先部;而,日母咍部;若,日母鐸部;乃,泥母登部,古音娘日歸泥,這些字同一聲紐,這是在同語的基礎上語音變轉,屬於文字記音現象。"方言"的基點是"一義而東西異稱"。"若其變而別造字者,如朝之與旦、旦之與晨皆是。"

《說文·倝部》:"朝,旦也。从倝舟聲。"段注:"朝之義,主謂日出地之時也。"

《說文·旦部》:"旦,朙也。从日見一上。一,地也。"段注:"明當作朝。下文云:'朝者,旦也。'二字互訓。《大雅·板》毛傳曰:'旦,明也。'此引伸之義,非其本義。"徐鍇繫傳:"日出於地也。"

《說文·晨部》"晨,早昧爽也。《日部》曰:早,晨也。昧爽,旦明也。从臼辰。辰,時也。辰亦聲。"段注引《左傳·僖公五年》正義解《說文》:"謂夜將旦雞鳴時也。"古時按照太陽的出沒,分爲日出、日中、日入。日出也稱爲旦、早、朝、晨,早、晨互訓,名昧爽又稱雞鳴,指天快亮時;朝、旦互訓,指日出於地天亮時,又稱平旦、平明。

《說文》聲訓釋"朝"(朝),知紐蕭部,古無舌上音,古音當爲端紐;旦,端紐寒部。二字雙聲。旦、晨二字爲義訓,形義相合。三字遵循不同的造字理據、同義音轉。"轉注(語)則義同而語爲二。""一義而東西異稱"爲方言。"語爲二""方言"都是在語言層次。季剛先生稱"若其變而別造字者,如朝之與旦、旦之與晨皆是"。爲什麼三字不並稱而分爲兩組?《說文》朝、旦聲訓,雙聲韻轉;晨,禪紐痕部。今音照三,古音屬端組擦音濁聲母,《說文》旦、晨義訓,古聲同類旁轉。《說文》朝、旦聲訓,"根乎方音不同",二字意義完全相同,指日出時分;旦、晨義訓,"根乎方言之不同",從意義上看,"旦"指日出時分,"晨"指日出前雞鳴時分。如果忽視其區別,旦、晨同歸日出時段,故季剛先生認爲這二字之間是"一義而東西異稱",二字意義上有細微的差別,所以,《說文》義訓,說明其義之不同。"聲訓乃訓詁之真源"說明朝、旦屬方音變易,同語;旦、晨屬方言變易,異語。二者間區別,季剛先生在《略論字體變易之條例及字體變遷》條中第五種變易有詳細說明:"聲轉韻轉變易:聲轉之變,由於方言;韻轉之變,本乎方音。故聲轉韻轉變易易與孳乳相混。惟孳乳之字之變,或不能與本義

· 135 ·

相通；而聲轉韻轉之變，百變而不離其宗者也。"① 朝、旦雙聲韻轉，本乎方音；旦、晨聲同類，韻旁轉，意義不完全相同，屬於方言之變。季剛先生認爲方音方言之變屬於文字變易。孳乳字之變，"或不能與本義相通"，指間接引申分化，意義線索難以追尋的情況。"百變"指音聲流轉，"其宗"指本義。季剛先生舉例如下："如水𡆥屬於舌音透母灰韻脂，川𡿨屬於舌音透母候韻諄。論形皆象水流，論義皆以名水，論聲皆屬舌音，論韻灰痕對轉，則二字實一字耳。然泛名爲水，則大小淺深均不異，而川則貫通流水也。其所以異者，音轉之異也。"水、川名水，均形義相合，意義差別只在水的大小深淺，但這些都屬於名範疇內涵因素微別，"泛名"突破這些微別，水、川意義不再區別，二字雙聲對轉，但實謂"一字"，即同語。這一例與"特其音有轉變"第二人稱代詞表音借字同爲韻轉，性質相同，"韻轉之變，本乎方音，"一字而南北異讀，只是地域變化引起的聽覺上、口語上的區別，"百變不離其宗"，表意沒有差別。陸宗達、王寧先生在《音轉原理淺談》中對此有進一步的闡釋："比較義衍推動的造字和方言音變推動的造字，可以看出：前者因詞分而字分，後者雖字分（採用不同的寫法），而在口語裡，實際上沒有產生兩個詞，只是同一詞的讀音不同而已，所以，從意義上說，前者已經分化，而後者其實相同。"② 首先，這裡從發生學原理上明確了造字的兩種推動力，即義衍和音轉；其次，區別了表象同爲造字但因推動力不同而造成的兩種不同性質的結果，即義衍詞分，音轉字分；再次，區分同爲音轉，但有口語上和書面語上的差別，唯有口語上有區別的同字音轉爲同詞異讀現象，《方音方言》："俗語之異於文言者，只可謂爲變音，而不可謂爲訛音。語言本複雜，而皆有其根極。"③ 這裡的"俗語"和"文言"的區別，實際上就是指同一個詞在口語和書面語，"變音"是屬於同一個詞的語音變轉，不是錯訛。雖然音變，但却有"根極"，即指同義音轉的同一個方言詞。雖然同屬於"其變而別造字者"，如朝、旦聲訓由同語而造字，旦、晨義訓，"推其生義之由，則本乎方言之異"，如此書面語上的差別，體現的是方言

---

① 黃侃述，黃焯編：《文字聲韻訓詁筆記》，上海古籍出版社 1983 年版，第 31 頁。
② 陸宗達、王寧：《訓詁與訓詁學》，山西教育出版社 1994 年版，第 397 頁。
③ 黃侃述，黃焯編：《文字聲韻訓詁筆記》，上海古籍出版社 1983 年版，第 138 頁。

第一章　《說文同文》意義關係研究

之間的差別。季剛先生將"方音""方言"均歸爲變易,是基於"義同",但如果說其爲"語爲二",其實是基於旦、晨二字意義上的差別,不包括朝、旦方音音轉。

《方言方音》條:"楊子雲爲方言,其方言與方音不同。知方言與方音之别,而後訓詁條例乃有可言。"① 季剛先生分别舉例説明方言與方音。

季剛先生方言例:"《爾雅》溥、廓皆訓大,而溥與廓聲不同,此方言之變。凡發音必有其義,而所以呼溥呼廓,必有其呼之故也。"《説文·水部》:"溥,大也。"朱駿聲通訓定聲:"本義爲水之大,轉注爲凡大之稱。"《爾雅·釋詁上》:"溥,大也。"郝懿行義疏:"溥旁聲轉。《說文》云:'旁,溥也。'聲轉爲旁薄,又爲旁魄,又爲彭魄,又爲旁勃,又爲盤礴,並以聲爲義矣。""以聲爲義"説明所列舉複音詞都是屬於音節連綴表意的聯綿詞,旁,並母唐部;溥,滂母模部,唇音雙聲對轉。《説文》無"廓"字。《說文·支部》:"鼓,郭也。"段注:"城𩫏字俗作郭。凡外障内曰郭,自内盛滿出外亦曰郭。郭、廓正俗字。""自内盛滿出外"即廓義,《爾雅·釋詁上》:"廓,大也。"邵晉涵正義:"廓又通作郭。郭落爲大之義。"《方言》:"張小使大謂之廓。"錢繹箋疏:"郭、廓古今字。"郭爲見母鐸部。"溥、廓"二字音義理據不同,"溥"以唇音表示周普、浩大,"廓"以牙音表示廓大義,二字同義。溥,滂紐模部,廓,溪母鐸部。韻部對轉。

《説文同文》中方言例:【矢同箭】《説文·矢部》:"矢,弓弩矢也。从入,象鏑栝羽之形。古者夷牟初作矢。"先秦用"矢"不用"箭"。如:《易·繫辭下》:"弦木爲弧,剡木爲矢。弧矢之利,以威天下。"《詩·大雅·公劉》:"弓矢斯張,干戈戚揚。"箭"最初本爲一種竹名。《説文·竹部》:"箭,矢也。从竹,前聲。"段注:"矢竹者,可以謂矢之竹也。"《太平御覽》卷三百四十九引《字統》曰:"箭者,竹之别形。大身小葉曰竹,小身大葉曰箭。箭竹主爲矢,因謂矢爲箭。"秦漢以後,箭、矢成爲方言同義音轉詞。《方言》:"箭,自關而東謂之矢。關西曰箭。"矢,審母先部;箭,精母寒部。二字古音聲紐舌齒相轉。

---

① 黄侃述,黄焯編:《文字聲韻訓詁筆記》,上海古籍出版社1983年版,第137頁。

【貪同婪惏】此三字均爲覃母。《說文·貝部》："貪，欲物也。从貝，今聲。"段注："心部惏、女部婪皆訓貪。"《楚辭·離騷》："衆皆競進以貪婪兮，馮不猒乎求索。"王逸注："愛財曰貪，愛食曰婪。"《說文·女部》："婪，貪也。从女，林聲。"段注："此與心部之惏音義皆同。"《左傳·昭公二十八年》："貪婪無饜，忿類無期，謂之封豕。"陸德明《經典釋文》引《方言》云："楚人謂貪爲惏。""婪""惏"爲同字異體，與"貪"古音疊韻，聲紐舌齒聲轉。

《蘄春語》方言例："《廣韻》上平聲廿七刪：'櫩，關門機。'出《通俗文》；數還切。今通語也；實則關之聲變。俗字作閂。"《說文·門部》："關，以木橫持門戶也。"段玉裁注："《通俗文》作櫩。"關，上古音見母寒韻。《廣韻》見母刪韻。《廣韻·刪韻》："櫩，關門機，出《通俗文》。數還切"，《廣韻》生母刪韻。"櫩""關"聲鄰紐同韻，因此黃季剛先生說"聲變"。《字彙補》："閂，門橫關也。"

季剛先生方音例："《爾雅》'吾、卬，我也'。今言或謂我爲俺，此則方音之不同。"郭璞注《爾雅》："卬，猶姎也，語之轉耳。"邢昺疏《說文》亦云"女人稱我曰姎，由其語轉，故曰卬"。段注："卬，望也。……《釋詁》、毛傳皆曰：卬，我也。語言之叚借也。"《說文》"我"下段注："《論語》二句而我吾互用，毛詩一句而卬我集稱。蓋同一我義而語音輕重緩急不同。"清俞正燮《癸巳類稿·複語解》及章太炎《新方言·釋言》以爲"卬"即俗"俺"字的本原。《說文》："俺，大也。"卬，疑唐。吾，疑模。我，疑歌。可見，第一人稱代詞借吾、卬、我，都爲疑母字，一聲之轉。俺，影母怗部，影、疑音近，都爲今零聲母來源。"模部字與怗添二部字多相通。"①"俺"實爲"卬"語音變轉。所謂"一聲之轉"即說明方音音轉。

《說文同文》方音例：【瘌同癆】《說文·疒部》："楚人謂藥毒曰痛瘌。"段玉裁注："《方言》曰：'凡飲藥傅藥而毒，南楚之外謂之刺……'按：瘌如俗語言辛辣。"《說文·疒部》："朝鮮謂藥毒曰癆。"瘌爲來母曷部，癆爲來母豪部，二字雙聲旁對轉，爲方音。

---

① 黃侃述，黃焯編：《文字聲韻訓詁筆記》，上海古籍出版社1983年版，第136頁。

第一章　《說文同文》意義關係研究

【火同烸燬】《說文·火部》:"火,燬也。""烸,火也。"段玉裁注:"今《詩》作'燬'。"《詩·周南·汝墳》:"王事如燬。"陸德明釋文:"楚人名火曰燥,齊人曰燬,吳人曰烸。"《說文·火部》:"燬,火也。"段玉裁注:"燬、烸實一字。《方言》'齊曰烸',即《爾雅》郭注之'齊曰燬'也。俗乃強分爲二字二音。"

《蘄春語》方音例:"《方言》五:'床,齊、魯之間謂之簀。'注:'床版也,音迮。'《說文》竹部:'簀,床棧也。'阻厄切。正本《方言》。今吾鄉有此語;音側八切,則音之轉也。"《方言》卷五:"床,齊、魯之間謂之簀,陳、楚之間或謂之笫。"《爾雅釋器》:"簀謂之笫。"郭璞注:"笫,床版。"《說文·竹部》:"簀,床棧也。""笫,床簀也。""簀"古音莊母錫部,"笫"古音莊母先部。《廣韻》:"簀,床簀",側革切,莊母麥韻開口二等。蘄春語音側八切,莊母黠韻合口二等。聲紐同,麥韻、黠韻在古本韻分別屬於德韻、曷韻,爲旁轉關係。

又:"《說文》爪部:'孚,卵孚也。'後出字爲孵,爲菢。《廣韻》上平聲十虞:'孵,卵化。芳無切。'玄應《成寶論音義》引《通俗文》:'雞孵卵,北燕謂之菢。'《廣韻》去聲三十七號:'菢,鳥伏卵。薄報切。'今吾鄉謂鳥伏卵,曰菢,正同《廣韻》音;亦曰匍,讀若捕,皆一聲之轉也。"《說文·爪部》:"孚,卵孚也。"段注:"卵化曰孚,音方赴反。《廣雅》:'孚,生也',謂子出於卵也。《方言》:'雞卵伏而未孚。'於此可得孚之解矣。卵因伏而孚,學者因即呼伏爲'孚'。凡伏卵曰'抱',房奧反。"後起分化字爲孵。蘄春語一曰"菢",《廣韻》去聲三十七號:"菢,鳥伏卵",薄報切,並母號韻;古本音屬並母蕭部。蘄春語又曰"匍",古本音屬於並母模部。"菢"與"匍"聲紐同,韻爲旁轉關係。

爲什麼"方言之變,只能變韻,不能變聲?"從季剛先生總結的方言成因可知梗概。"方言成因,其理有三,一偏用,人之發音,本爲有限。以聲有偏用,故韻有偏用,如武昌人多齒音,山西人多齶音,廣東人多唇音。意義亦有偏用。如舊稱我,山東曰俺,北音曰咱。遂成一時一地之特色。"不同時代不同地域方音,帶有時地特色,如武昌人、山西人、廣東人方音多體現聲母發音部位的偏向,因此,當地同一個詞的方音屬於一聲之轉,異地方言屬於不同聲的韻轉，十里不同音，同一個意義各地使用習慣不同，於是體現出方言之間韻的對立，方音內部一聲流轉。"語言聲韻本流轉之物，方言需求其不轉者。""方土之言，只有別字，而無訛音。別字者，一人之失檢，訛音者，多數之誤字。治方言者，須隨時當心，而勿穿鑿。集韻'瘑疥，疥瘡也。'漢書注："䳚，秦人謂之䳚鹿。今湖北皆有此語。凡語言非一人所能造，必有其根。"別字，一人之失檢，具有個人發音特色的方音；訛音是錯訛，純粹偏離同義音轉的軌道。"語言之根"即聲義同條，如所舉《集韻》例就屬於不同方言區對同一個詞的轉音，以文字記錄音節，《急就篇》卷四："鷹鷂鴇䳚鷖雕尾"顏師古注："䳚者，鵗也。關西謂之䳚鹿，山東謂之䳚挌，皆象其鳴聲也。"可見，瘑疥、䳚鹿、䳚挌，都是同一個方言詞在不同地域的轉音，以聲寄義，不同的漢字記錄同一個音節，即爲別字，語音脫離不了最初音義結合的軌道，如若訛字，就會遠離音義軌道。

綜上所述，"轉語"是由於聲音變轉而推動的語言變化，"要之文字意義之增多，訓詁之繁衍，不外分化語與轉語二途；又不外以雙聲疊韻爲其變化之軌轍也。"① 轉語之間的語音變化痕跡是很近的雙聲疊韻。聲轉韻轉變易而產生新字，新、舊字之間的關係有方音和方言的區別。方音同語異讀，方言雖然同義，但異語，體現了不同地域對同一意義的不同認知和選擇。季剛先生特別區分方音和方言，在音轉導致語言變化的大前提下，意義要素的細微變化可以引起語言性質的變化，這就是"方言"堅實的立足點。方言音轉異語體現了季剛先生在變易、孳乳意義關係上的模糊性。若進行嚴格區分，方音音轉屬於"音義相讎"的變易，方言音轉屬於"界說異"的孳乳，這就說明變易是同語異字，孳乳是異語異字。

---

① 黃侃述，黃焯編：《文字聲韻訓詁筆記》，上海古籍出版社1983年版，第205—206頁。

第二章 《說文同文》聲韻關係研究

　　傳統小學劃分文字學爲體制、訓詁、聲韻三大門類，實即文字的三大要素。這三大要素各自內部成體系，彼此相依存，季剛先生在《文字聲韻訓詁筆記·治小學之門徑》中對此作了具體闡釋："訓詁者，文字之義也。不知義，無以明其謂；不知音，無以得其讀，此王氏所以以聲韻串訓詁也。文字者，形也。形之有變遷，猶音之有方俗時代之異，而義之有本假分轉之殊。合三者以爲言，譬之束蘆，同時相依，而後小學始得爲完璧。"① 此段在明確形音義分屬的基礎上，說明其各自體系内部的殊異，形體有變遷，聲音因方俗時代而異，義有本、假、轉的區別。三者相互依存，共同形成傳統小學的三大支柱。與之相適應，傳統小學研究也遵循分析到綜合的思路，從明代到清代，陳第、顧炎武、江永等徒言聲音，開闢了古音學研究道路。古音學成果爲清代學者如段玉裁、王念孫等因聲求義、以聲音貫穿訓詁鋪平了道路。其後章、黃"繼以文字訓詁以求文字推衍之跡。由音而義，由義而形，始則分而析之，終則綜而合之，於是小學發明已無餘蘊，而其途徑已廣乎其爲康莊矣"。② 義由音生，聲義具而制字形，文字推衍必然要以語言的發展爲基礎，通觀傳統小學研究從分析到綜合的研究路徑，可以看到聲音在文字三大要素中的地位和作用，《聲韻文字訓詁互相爲用》："音韻者何？所以貫穿訓詁而本之以求文字之推演者也。故非通音韻者，即不能通文字、訓詁，理固如此。然不通文字、訓詁，亦不足以通音韻。此則徵其實也。音韻不能孤

---

① 黃侃述，黃焯編：《文字聲韻訓詁筆記》，上海古籍出版社1983年版，第4頁。
② 同上。

立，孤立則空言，入於微範矣。故必以文字、訓詁爲依歸。亦則音韻雖在三者爲綱領，爲先知，而必歸於形、義，始可爲之鎖鑰也。"[1]聲音稍縱即逝，變改圓融無方，研究聲音必須以文字訓詁爲依托和指歸，才能落到實處。《說文》爲造字時之本音，《說文同文》聲義同條貫穿文字，爲"入於微"的聲音"徵於實"提供了堅實的操作平臺。《推求古本音之法》："聲韻之學首當明其治之之法，次當治其取證之資，故研究小學之道，不在推理之深，而在求證之備。"[2]《說文同文》就是聲韻系訓詁、上古音系史證材料。

第一節　黃季剛古音學體系概述

　　黃季剛先生聲韻學思想主要體現在《音略》《聲韻略說》和《聲韻通例》三篇綱領性文獻中。

　　《音略》側重說明聲韻研究源流。首先明確黃季剛古音學學術淵源，其次重新審定前人的研究成果，通過分析今音而離析古聲韻。依據陳澧《切韻考》審定四十一今聲類，依據江永《音學辨微》中的辨七音法說明這四十一聲類的發音方法。在此基礎上區別四十一聲類的本聲和變聲，確定古聲十九紐。參照江永、陳澧的研究成果析《廣韻》韻類爲２３攝，在此基礎上依據章太炎古韻二十三部和戴震入聲八部定古韻二十八部，並且一一說明其讀音。這篇文獻不僅爲我們揭示出古聲韻體系和面貌，而且展示出傳統古音學繼承和創新的發展途徑。

　　《聲韻略說》重點指出聲韻研究的途徑和方法，途徑有二，即以《說文》明造字時之音理，治《廣韻》以通古音。《聲韻學筆記·音韻在於史證》："音韻之中約分三端：一音理，二音史，三音證。古人言學，皆不能離事而言理，余之言音韻，就音史、音證言之，而音理在焉。蓋音韻之學，重在施

---

[1] 黃侃述，黃焯編：《文字聲韻訓詁筆記》，上海古籍出版社 1983 年版，第 149 頁。
[2] 同上書，第 143 頁。

第二章 《說文同文》聲韻關係研究

於訓詁,而不在空言也。"[1]追索音史,明音之起源及流變;析音理,通語音體系和變化規律;辨音證,使"出於微"的音聲"徵於實"。

《聲韻通例》側重說明聲韻學的術語和古今音變聲韻通轉的規律。

綜合以上材料,圍繞黄季剛古本音體系,我們進一步發掘材料內涵,清理《說文同文》聲韻關係的古音學理論體系。

一 黃季剛先生古本音體系

關於"本音",季剛先生區分兩個領域,如《略論推尋語根之法》:"本音碻定,方得推求本字。當本音初發明時,固未能懸知其用若斯之大。由本音而及本字,信非陳、顧諸公始願所及。本音明,而後本字及語根漸漸可以推明,非止由假借字推出本字而已也。"[2]這裡從本音功用的角度,將本音、本字和語根並提,此"本音"與語言發聲時段的言語音聲相聯繫,以形、音、義相合的初文為操作平臺,等同於"音根":"純象形、指事字是所謂文。一面爲文字之根,一面又爲聲音之根,訓詁之根,形聲義三者實合而爲一,不可分離,故文爲形聲義之根。"[3]陳、顧諸公指最初研究古音的陳第、顧炎武等人,這是從古音學的開創源頭定位古音。"不明《廣韻》,不能搞知古音;不曉古音,不能綽見音義相因之故。"[4]可見,黃季剛先生古音學成果是趨入訓詁學、語言學的基礎。

在《與人論小學書》中,季剛先生談到治《廣韻》以通古音之法:"第一,當知四十一聲類中,有本聲有變聲。第二,當知二百六韻中,但有本聲,不雜變聲者,爲古本音;雜有變聲者,其本聲亦爲變聲所挾而變,是爲變音。第三,當知變音中之本聲字,當改從本音讀之;其變聲,當改爲本聲,而後以本音讀之。"[5]由此知,季剛先生的古本音體系有以下幾個重點:(一)古本音與今變音相異相承。(二)相挾而變,包括兩個層次,一是聲韻相挾而變,二是本聲爲變聲相挾而變。

---

[1] 黃侃述,黃焯編:《文字聲韻訓詁筆記》,上海古籍出版社1983年版,第149頁。
[2] 同上書,第61頁。
[3] 同上書,第60頁。
[4] 黃侃:《黃侃論學雜著》,中華書局1964年版,第172頁。
[5] 同上書,第154頁。

· 143 ·

（一）古本音與今變音相異相承

季剛先生在《音略》中具體展示了古今音狀況，以下我們利用古今音例展示季剛先生古今音相同的方法和角度。

1. 古今所同

聲紐區分喉牙舌齒唇五聲發音部位和清濁發音方法。《今音四十一聲類表》："發、送、收，示部位之高低；清濁表勢力之大小，用力輕爲清聲，用力重爲濁聲。大概發聲，有清而無濁，收聲，有濁而無清，但收音必助以鼻音。"[①] 從這裡看出，傳統的對聲紐清濁的感知側重於聽覺強度，對發、送、收的分解體現出對聲母送氣和鼻音的區分。如季剛先生對江永《音學辨微》中舌頭音聲紐發音的分析："舌端伸直直抵齒間，'端'是也；'透'、'定'稍加送氣而分清濁，'泥'即此部位而用鼻之力以收之。"[②] 季剛先生今音體系中，全濁聲母是送氣清音的濁音。

今韻首先區分韻攝、韻部、韻母；然後下分陰聲和陽聲："陰聲七韻即純用喉音收韻者"，"陽聲八攝即用喉音收韻，而加以鼻音，或更由鼻音而加以收唇音。""入聲八攝即喉音、鼻音共同之促音。"韻部分開合、等呼、異平同入。

如《錢夏韻攝表》[③]：

阿攝：

韻部　　　　　　　　　　　　　　　　　　韻母

開：歌哿箇，麻一馬一禡一　　　　　　　　阿

齊：戈，麻二馬二禡二　　　　　　　　　　邪

合：戈二，麻三馬三禡三　　　　　　　　　倭

撮：戈三，馬四[④]

安攝（即阿攝之加鼻收韻）

開：寒旱翰刪一潸一諫一山一產一襉一　　　安

齊：先一銑一霰一元一阮一願一仙一獼一線一　煙

---

① 黃侃：《黃侃論學雜著》，中華書局1964年版，第66頁。
② 同上書，第67頁。
③ 同上書，第78—86頁。

第二章　《說文同文》聲韻關係研究

合：桓緩换删二潸二諫二山二産二襇二　　　彎
撮：先二銑二霰二元二阮二願二仙二獮二線二　淵
遏攝（即靄攝、阿攝、安攝之促音）
開：曷黠一轄一　　　　　　　　　　　　　曷
齊：屑一末一薛一　　　　　　　　　　　　靄
合：末黠二轄二　　　　　　　　　　　　　幹
撮：屑二末二薛二🔴

以上三攝陰、陽、入相配，每攝分四呼，洪音開合一二等分韻，細音齊撮一二等分韻。入聲"遏"攝爲三個母音韻攝共同的促音。

除上述聲韻方面古今所同外，季剛先生另列古今所同，一字數音："一字或有數音，古今所同也。有人言古代字止一音，無一字數音者；不知一字數音，其起原遠在太古。是故一丨也，有讀進讀退之分；一囟也，有讀導讀沽讀誓之異；伐，有長言、短言之殊；風，有横口、跛脣之異；既不能禁一音之變轉，又幾能限一時之必一音哉？"這段論述首先建立在語音變化觀念的基礎上，"一音之變轉"指方音方言音轉，方音方言是不同地域在同一共時平面上的音轉現象，由此推知共時面上存在一字數音現象。一字多音即一字多職能，源自遠古。

有利用音長區分意義，如"伐"長言短言之殊：《公羊傳·莊公二十八年》"伐者爲主。"何休注："見伐者爲主，讀伐，短言之，齊人語也。""伐人者爲客，讀伐，長言之，齊人語也。"齊人以一字長、短音别義，實爲今舒、促之别。

有利用脣形區分意義，如"風"横口跛脣之異。《釋名·釋天》："風，兖豫司冀横口合脣言之。風，氾也。其氣博氾而動物也。青徐言風，跛口開脣推氣言之。風，放也。氣放散也。"王先謙《疏証》引葉德炯曰："横哈脣言之，此西域之重脣音法也。""跛口開脣推氣言之，此西域之輕脣音法也。"[①]現代學者一般認爲横口指嘴角展開，合脣指兩脣之間縫隙小。

有利用讀若說明一字多音：《說文·丨部》："丨，上下通也。引而上行

---

① 王先謙：《釋名疏証補》，上海古籍出版社1984年版，第25—27頁。

讀若囟，引而下行讀若退。"段注："囟之言進也。……可上可下，故曰下上通。《竹部》曰：'篆，引書也。'凡字之直，有引而上，引而下之不同。……分用之則音讀各異，讀若囟在十三部，讀若退在十五部。""丨"的兩讀記錄的音義與小篆引筆方向相關，一字異音功能不同。

如《說文·谷部》："㱿，舌皃。从谷省。象形。㱿古文㱿。讀若三年導服之導。一曰竹上皮。讀若沾。一曰讀若誓。弼字从此。"段注："今文《禮》作禫，古文《禮》作導。……㱿讀若導服，皆七、八部與三部合韻之理。……讀沾又讀誓，此七、八部與十五部合韻之理。"

以伐、風爲例，說明受方言影響而導致的發音方法差別，以丨、㱿說明同一個字異用異讀。一字多音義，一字多職能，都以語音相同相近關係爲條件。

2. 古今所異

古今音相異之處一："五聲之變，今聲舌音之中，包有舌頭、舌上、半舌、半齒、舌齒間五類之音，古聲惟有舌頭耳。齒音之中，包有齒頭，正齒二類之音，古聲只有齒頭耳。脣音之中，包有重脣輕脣二類之音，古聲惟有重脣耳。"

五聲之變體現了對聲紐發聲部位的細緻的考核。季剛先生進一步說明其發音方法，如《錢夏韻攝表》舌音之變[①]：

舌頭音：舌端伸直直抵齒間，"端"是也。

舌上音：舌頭彎曲如弓形向裏，非抵齶也，"知"是也。

半舌音：按泥餘是也。半舌上，半喉音也。然古音即舌頭加鼻之力助以喉音。

半齒音：此禪字之餘，非娘餘也。半齒者，半用舌上，半舌齒間音，亦用鼻之力收之。

舌齒間音：舌端抵兩齒間而發音，音主在舌不在齒，然借齒以成音，"照"是也。

季剛先生對齒音發音方法的描寫，包含了發音舌位、舌位曲直、抵達方

---

① 黃侃：《黃侃論學雜著》，中華書局1964年版，第67頁。

向和地點，喉、鼻共鳴及收尾狀況等，將發音部位之間的細微差別清晰地揭示出來。

古今音相異之處二："韻部多少，古今有異也。《廣韻》中諸韻，但有十九聲者，皆爲古音，除上、去兩聲不用。又以開合同類者並之，得二十八部。"得出古本韻的途徑一是古本聲十九紐相配合的韻部，二是開合口合併。今韻相比於古韻，分類繁多。

古今音相異之處三："四種聲勢闕完，古今有異也。古聲於開合齊撮中，或止有開合，或止有齊撮，或止有開而無齊，有合而無撮。今聲則一韻之中，往往兼備四者，如麻韻、庚韻是也。"所謂"聲勢闕完"指古今聲韻等呼的差別。古聲韻只區分開合，今聲韻四呼完備，體現了對韻部構成更細緻的體驗和分析。

古今音相異之處四："古無去聲，段君所說，今更知古無上聲，唯有平入而已。"

（二）聲韻相挾而變

《音略·略例》："古聲既變爲今聲，則古韻不得不變爲今韻，以此二物相挾而變，故自來談字母者，以不通古韻之故，往往不悟發聲之由來；談古韻者，以不憭古聲之故，其分合又無的證。"[1]此段的"此二物"指聲與韻，"不得不"表明相挾而變的特點。聲韻相配合，相支撐，通韻，才能悟聲之由來；明聲，才能證韻之分合。《音略·古聲》[2]各舉本韻字變韻字各一示例說明聲韻變化規律。同一本聲有本韻和變韻兩類，變聲聲韻並異，季剛先生以諧聲、讀若、重文、韻文爲證，分類概括古今聲韻同異。今據以分類總結本音變音條例，以揭示古今聲韻變化條件。

1. 本聲聲韻關係

（1）本聲本韻

阿，古音影母歌部，今音影歌平一開果。

訶，古音曉母歌部，今音曉歌平一開果。

寒，古音匣母寒部，今音匣寒平一開山。

---

[1] 黃侃：《黃侃論學雜著》，中華書局1964年版，第62頁。
[2] 同上書，第69頁。

歌，古音見母歌部，今音見歌平一開果。
看，古音溪母寒部，今音溪寒平一開山。
俄，古音疑母歌部，今音疑歌平一開果。
單，古音端母寒部，今音端寒平一開山。
嘽，古音透母寒部，今音透寒平一開山。
沱，古音定母歌部，今音定歌平一開果。
奴，古音泥母模部，今音泥模平一合遇。
羅，古音來母歌部，今音來歌平一開果。
租，古音精母模部，今音精模平一合遇。
麤，古音清母模部，今音清模平一合遇。
徂，古音從母模部，今音從模平一合遇。
蘇，古音心母模部，今音心模平一合遇。
逋，古音幫母模部，今音幫模平一合遇。
鋪，古音滂母模部，今音滂模平一合遇。
蒲，古音並母模部，今音並模平一合遇。
謨，古音明母模部，今音明模平一合遇。

（2）本聲變韻

倚，古音影母歌部，今音影紙上三開止。
羲，古音曉母歌部，今音曉支平三開止。
閑，古音匣母寒部，今音匣山平二開山。
觭，古音見母歌部，今音見支平三開止。
騫，古音溪母寒部，今音溪仙平三開山。
宜，古音疑母歌部，今音疑支平三開止。
驒，古音定母寒部，今音定山平一開山。
靦，古音透母寒部，今音透仙上四開山。
地，古音定母歌部，今音定至去三開止。
罹，古音來母歌部，今音來支平三開止。
且，古音精母模部，今音精魚平三合遇。
鴡，古音清母模部。今音清魚平三合遇。

咀，古音從母模部。今音從語上三合遇。
胥，古音心母模部，今音心魚平三合遇。
靶，古音幫母模部，今音幫禡去二開假。
妑，古音滂母模部，今音滂禡去二開假。
杷，古亦並母模部，今音並麻平二開假。
蟆，古亦明母模部，今音明麻平二開假。
2. 變聲聲韻關係：聲韻並異。
移，古音影母歌部，今音以之平三開止。
爲，古音匣母歌部，今音雲支平三合止。
蘄，古音群母痕部，今音群殷平三開臻。
邅，古音端母寒部，今音知仙平三開山。
旃，古音端母寒部，今音章仙平三開山。
搌，古音端母寒部，今音徹獮上三開山。
闡，古音透母寒部，今音昌獮上三開山。
羴，古音定母寒部，今音書仙平三開山。
馳，古音定母歌部，今音澄支平三開止。
蛇，古音透母歌部，今音船麻平三開假。
垂，古音定母歌部，今音禪支平三合止。
絮，古音泥母模部，今音泥魚平三合遇。
如，古音泥母模部，今音日魚平三合遇。
菹，古音精母模部，今音莊魚平三合遇。
初，古音清母模部，今音初魚平三合遇。
鉏，古音從母模部，今音崇魚平三合遇。
徐，古音心母模部，今音邪魚平三合遇。
疋，古音邪母模部。今音生魚平三合遇。
甫，古音幫母模部。今音非麌上三合遇。
敷，古音滂母模部。今音敷虞平三合遇。
扶，古音並母模部。今音奉虞平三合遇。
無，古音明母模部。今音微麌上三合遇。

以上古今音韻地位歸納顯示出以下規律：

（1）本聲本韻的條件是一等韻開合口，本聲變韻的條件除寒部一四等外，都是二三等韻開合口，變聲變韻的條件是三等韻開合口。

（2）本聲和變聲、本韻和變韻條件互補。本聲、本韻今音一等，變聲、變韻今音二三等。

（3）立足於本聲，既有本韻，又有變韻，本聲對應開合口一、三等，聲勢涵蓋面大。

（4）立足於變韻，既有本聲，又有變聲。本聲聲勢涵蓋面大於變聲，"本聲亦爲變聲所挾而變，是爲變音。"① 從今音聲、韻各自內部構成看，今變聲對應今變韻，開齊合撮聲勢體系完備，對應齊整。"凡變韻之洪，與本韻之洪微異；變韻之細，亦與本韻之細微異。分等者，大概以本韻之洪爲一等，變韻之洪爲二等，本韻之細爲四等，變韻之細爲三等。"②

《古聲韻古本音概略》："論古音者，能知乎古聲之所以合，古韻之所以分，而得其學以爲致用，適已足矣。"③ 古聲合、古音分從音理上看有兩條：一是聲、韻配合，二是音值分等："古聲十九類，必爲一四等。中雖間有二、三等，而十九聲外碻無一、四等。《廣韻》中于等韻全韻皆爲一、四等者，即爲古今同有之韻；於等韻爲二三等者，必非古音。何以故？以其中有古所無之聲母。"④

（三）黃季剛考求古本聲、古本韻的方法

從上面分析可以看出，本韻由本聲相挾而來。如果本聲的考訂也依賴於本韻，那麼王力先生所謂的"乞貸論證"是成立的。但事實並非如此。

《音略·古聲》："進求古聲，本之音理，稽之故籍之通假，無絲毫不合，遂定爲十九。"⑤ 下面我們從季剛先生所列古聲例證來理清古本聲、古本韻的由來。

---

① 黃侃：《黃侃論學雜著》，中華書局1964年版，第157頁。
② 同上書，第141頁。
③ 黃侃述，黃焯編：《文字聲韻訓詁筆記》，上海古籍出版社1983年版，第160頁。
④ 同上書，第106頁。
⑤ 黃侃：《黃侃論學雜著》，中華書局1964年版，第69頁。

第二章 《說文同文》聲韻關係研究

1. 進求古聲，本之音理

季剛先生每個例字下面都標注反切，既而分析反切上字的聲紐而得出例字的聲紐。可見，古聲是由分析反切之理得出的。季剛先生在《音略·本聲》後面緊跟著闡釋反切之理①，反切之理分三步論證：

（1）反切上下字的功能："反切之理，上一字定其聲理，不論其爲何韻；下一字定其韻律，不論其爲何聲。即上字只取發聲，去其收韻；下字只取收韻，去其發聲。故上一字定清濁，下一字定開合。"

（2）反切上下字的推廣："反切上一字，與切成字必爲雙聲，故凡雙聲者皆可爲上字。""反切下一字，與切成之字必爲疊韻，故凡爲疊韻者皆可爲下一字。"季剛先生列出由不同的端母字和不同的東韻字切出的二十五個"東"字反切。

（3）反切上下字的認同："據以上所列，則由多數字以表明反切上一字，與指定一字以表明反切上一字者，其理無殊；亦與造一字母以表明反切上一字者無殊。然而至今雜用多數者，從習慣也。又據以上所列，則由多數字以表明反切下一字，與指定一字以表明反切下一字者，其理無殊；亦與造一字母以表明反切下一字者，無殊。然而至今雜用多數者，從習慣也。"

以反切原理進推古本音，如黃季剛先生所舉喉音例字：

"阿烏何切 烏，影類字，古同；此在本韻，故古音與今全同。"推理分兩步：第一步，由切上字"烏"古今聲同，推知被切字"阿"古今聲同，均上古影紐；第二步，由切下字"何"中古歌韻，推知被切字"阿"爲中古歌韻，"阿""何"以"可"爲聲符，形聲反映了造字時之音理，"可"爲上古歌韻，推知"阿"上古亦歌韻，"阿"古今音全同，古本聲配古本韻。

"猗於離切 於，影類字，古同；此在變韻，故古聲與今同，而韻不同。"推理步驟：第一，由切上字"於"古今影紐推知被切字"猗"古今影紐；第二由切下字"離"中古支韻，推知"猗"中古支韻，由"猗"聲符系統知，"可"爲聲素，"可"上古歌韻，由此得出"猗"中古韻與上古韻不同。故"此在變韻"。

---

① 黃侃：《黃侃論學雜著》，中華書局1964年版，第91頁。

黃季剛《說文同文》研究

"移弋支切　弋，喻類字，古音當改影類；屬變韻，故此字古與今聲韻並不同。"推理步驟：第一，由切上字"弋"中古喻母，上古"當改影類"，推知被切字"移"古今不同紐；第二由切下字"支"中古支韻，推知"移"中古支韻，"移"以"多"爲聲符，知"移"上古歌韻。由此知"移"古今不同韻，屬變韻。

以上本聲本韻、本聲變韻、變聲變韻涵蓋了黃季剛求古本聲的邏輯方法，即遵從反切規律，輔以造字音理，"音韻以《說文》通其始以《廣韻》要其終"[①]。古本聲、古本紐的推求並非互爲條件。"聲韻相挾而變"是從音節中聲韻配合角度提出的。

黃季剛先生提出聲韻相挾而變的一個理論基礎是反切上字分洪細說："向來言反切者，上一字論清濁不論洪細，下一字論洪細不論清濁。由今論之，上字不但論清濁且論洪細也。"[②]《切韻序》："支、脂、魚、虞，共爲一韻；先、仙、尤、侯，俱論是切。"季剛先生按："上一句言韻之混亂，下一句言聲之混亂。故知'切韻'者，切與韻，而非切之韻也。"[③]所謂"韻之混亂"，從反切拼合可以顯示：

支（章移切）：止開三平支章

脂（旨夷切）：止開三平脂章

魚（語居切）：遇合三平魚疑

虞（遇俱切）：遇合三平虞疑

支和脂、魚和虞聲紐、韻攝、開合、等呼、聲調都相同，二韻之間的差別實際上是母音的音值導致的。

先（蘇前切）：山開四平先心。

仙（相然切）：山開三平仙心。

尤（於求切）：流開三平尤雲。

侯（胡溝切）：流開一平侯匣。

先和仙、尤和侯等、韻不同，"言聲之混亂"，是說等韻與聲相關聯。

[①] 黃侃述，黃焯編：《文字聲韻訓詁筆記》，上海古籍出版社1983年版，第144頁。
[②] 同上書，第109頁。
[③] 同上書，第108頁。

第二章 《說文同文》聲韻關係研究

不同的等韻對應不同的聲。季剛先生按："尤、侯本不大相亂，如今四川、湖北等處發音可見；而在蘇、杭、常、泰等處，發匣母音尤、侯即相亂。知尤、侯之相亂，則知先、仙原亦必爲二類。而今日先、仙皆在心母，《指掌圖》在開口四等。故不破字母等韻之說，則不能得其分別。以尤、侯既有天淵之隔，則先、仙之分亦當然也。"①"字母等韻之說"是說同一聲對應不同的韻。聲與韻相配合，以聲分等對應韻分等。《切韻分聲》："據陸法言《切韻序》'先（蘇前切）仙（相然切）、尤（於求切）侯（胡溝切），俱論是切'一語以考《切韻》切語上一字之分類，其法取先仙一、模虞二、唐陽三、尤侯四四雙相溷之韻而分判之，比其上字而分判之，而系聯之《切韻》《集韻》皆有小誤，《集韻》尤疏，然時有可補苴《廣韻》者，知《切韻》上一字實當分五十一類……從影曉等十類中復分出十類，益以舊有之四十一，凡得五十一。"②十個新聲母均出現於三等韻，就是從聲韻相挾而變的立場，強調上切也論洪細。

聲論洪細、韻論清濁都是從聲、韻相配合的角度提出的。如在《音變舉例》③中，黃季剛先生以《廣韻》一東爲例，歸納出古今聲變導致的洪細變化：

"戎，而隆反，戎，聲母字，古音冬部，而，日母，聲韻皆古所無，古音奴冬反，泥母變日母，洪音變細音也。"

洪入細如：弓、菅、馮、汎、風、豐、叢

細入洪如：充、崇

古今韻變導致的清濁變化，如：

"熊，從炎省聲，炎聲在添部，古與雄通用，轉入登部，今在東韻，轉入東，添、登、東是旁轉，在添部，古音應讀於兼反，清變爲濁，開口變爲合口，遂成今音。"其他如：叢、侗。《韻母之變有四種》④：開合、洪細、清濁、四聲輕重。《韻母必有清濁兩讀》："韻母必有清濁兩讀，如其本者爲清，

---

① 黃侃述，黃焯編：《文字聲韻訓詁筆記》，上海古籍出版社1983年版，第108頁。
② 同上。
③ 同上書，第110—116頁。
④ 同上書，第134頁。

壓之使重則爲濁。舊母三十六字母，喉音有影、喻兩母，影即表清，喻即表濁。然喻母爲齊齒撮唇此兩類通稱細音，而無開合口，此兩類通稱洪音。故三十六字母多出濁音字母數個，牙群（溪）、舌定（透）、澄（徹）、禪（審）、齒從（清）、邪（心）、莊（穿）、唇並（滂）、奉（敷），實爲贅疣。注音字母知其弊，故將此等濁音字母全行省去。"①括號中爲與濁聲母對應的清聲母，其中分古今音同和古今音變兩類。

《音變舉例》中有一類爲聲韻皆古所無，韻旁轉。如：

"中，陟隆反，案《說文》聲母字，古音在冬部，旁轉入東。陟，知母。隆，東韻第二類變音，聲韻皆古所無，古音正讀都宗反，與冬同音。"

其他如：蟲、終、衆

"聲韻皆古所無"是變聲配合變韻。

通過以上論述，我們得出推論，聲韻相挾是聲韻配合總規律，不僅僅是古今音變要聲韻配合，古今音同聲、韻之間仍然要清濁、洪細相配合。

2. 進求古韻，稽之故籍

以上分析，據反切僅能得出被切字的今聲、今韻，還不能確知本聲、本韻，還需要進一步的證據。"聲韻之學首當明其治之之法，次當知其取證之資，故研究小學之道，不在推理之深，而在求證之備。凡一字於古音確讀何音，一韻中字於古宜讀何韻、何音，求是等證據，謂之音證。"②音證就是求古音的第二步。

以上喉音例字，季剛先生舉音證明古聲韻。下面我們進一步分析：

（1）"猗若以猗字從奇聲求之，古音亦在歌韻，猗仍讀如阿；猗那或作阿儺，即其證也。"

此條用了三種音證材料，一是形聲字，二是疊韻連語，三是異文。

"形聲字爲言韻之根原。"③《論據〈說文〉以考古音之正變》："近世講《說文》者，多即以求古音，於是造字時之音理，稍稍可說。……《說文》形聲字，爲數至多，據偏旁以求其音，除後世變入他韻者，大概可以得其

---

① 黃侃述，黃焯編：《文字聲韻訓詁筆記》，上海古籍出版社 1983 年版，第 135 頁。
② 同上書，第 143 頁。
③ 同上書，第 144 頁。

第二章 《說文同文》聲韻關係研究

鰓理。"① 奇，古歌部。造字時之音理，同聲者必同部，據偏旁以求其音，故"猗"亦歌部。所謂"除後世變入他韻者"，如"宜從多省求之，知古亦讀如俄；俄，從我聲，讀五禾切；儀亦從我得聲，而讀魚羈；儀即宜同切字也，以此互證，宜之當讀俄亦明。"《說文·宀部》："宜，所安也。从宀之下，一之上，多省聲。"段玉裁注："古音魚何切，十七部。今音魚羈切。漢石經作宜。"據偏旁以求其音，"多"古音端母歌部。根據《廣韻》反切上字，"魚"爲疑母，故"宜"古音爲疑母歌部，與"俄"同音。"宜"今音與"儀"同切。"儀"从我聲，古音疑母歌部。今音變爲魚羈切。與造字時讀音聲同韻異。與造字時讀音不同，故排除。

"那"亦古歌部字。"疊韻字往往互音。"②"猗"韻同"那"。連綿字是語音構詞，不同的漢字只是記音符號，詞形不同，但音素、語素相同。"雙聲疊韻字全爲同一意義之形容詞。若將二字分釋而後合爲一義，便與原義相乖。……此類詞語，常無定字。…雙聲疊韻之字誠不可望文生訓，然非無本字，而謂其義即存乎聲，即單文觭語義又未嘗不存乎聲也。"③《詩·商頌·那》："猗與那與。"馬瑞辰傳箋通釋："猗、那二字疊韻。皆美盛之兒。通作猗儺、阿難，草木之美盛曰猗儺，樂之美盛曰猗那。其義一也。"

（2）"爲以古詩用韻求之，爲，當在歌部，讀如倭；倭之重文作蟡，即其證也。"

這條音證用了三種材料，一爲《詩經》韻文，二爲讀若，三爲重文。

"治音韻之左證，最初程式，不外研究韻文……自餘經、傳、子、史有韻之文，皆可推得兩事：一、本字之韻。二、本字所從聲之韻。"④《詩經·王風·兔爰》："有兔爰爰，雉離於羅。我生之初，尚無爲。我生之後，逢此百罹。尚寐無吪。"羅、爲、罹、吪爲韻腳字，押歌部韻。

"讀若"爲《說文》中擬音術語，"《說文》取讀，大氐在用彼時之音；而古音與漢世之異，於斯可得其本。在同部者，不必論矣。轉入異部，即可

---

① 黃侃：《黃侃論學雜著》，中華書局1964年版，第106頁。
② 黃侃述，黃焯編：《文字聲韻訓詁筆記》，上海古籍出版社1983年版，第100頁。
③ 同上書，第226頁。
④ 同上書，第144頁。

· 155 ·

知韻轉之理。"①讀如"倭","倭"在影母歌部。同聲符字逶，影母歌部《說文·辵部》："逶，逶迤，衺去之皃。从辵委聲。蟡或从虫爲。""重文之字，取聲多在同部；而亦有在異部者，則其變也。"②

3. 求諸方音，假今治古

《古聲韻古本音概略》："故欲明古音之異同，必先於今音能深切認識，以爲階梯，而後可以入古矣。言今音者，不外求諸方音，以爲古音之證。今日南北音之不同處，在正齒諸母之異讀。如照、穿、神、禪，古今皆讀舌音，而於唐宋人書則屬之齒。莊、初、牀、疏古爲齒音，今則南讀齒音，北讀舌音。又如文字微字今多讀喉音，古讀脣音，而从微之徽，本有喉音。蓋古今聲音雖有轉變，而其條理自可推尋，善用之者，即假今以治古可也。"③ 這裡所說的"正齒諸母之異讀"正是《廣韻》音系中的照二、照三。季剛先生認爲照三古讀舌音，唐宋時與照二合流，讀爲齒音；照二古讀齒音，現在南方讀音仍然讀爲齒音，北方讀舌音。在《反切解釋上編·聲類與湖北音比較》④中就體現出照二、照三分合軌跡，湖北音無照二照三的區分，無照、穿、神、莊、初、牀、疏母，有照二組擦音審母、禪母，從這二母與《廣韻》反切聲類混合軌跡看，知、莊、照組無別，清濁音無別，塞擦音和擦音無別。審母、禪母與舌音、齒音關係密切。季剛先生所言之湖北音應該基於蘄春方言，雖不能代表所有南方音，但已充分說明照組字與舌音、齒音的關係。

《蘄春語》有照三與舌音關係例："《方言》五：'箪，自關而西謂之箪，或謂之箷。'注：'今云箷，筬篷也。'《廣雅·釋器》：'箷，席也。'曹憲音之舌。《廣韻》去聲十三祭'箷'下引《方言》此文，音征例切。今吾鄉有此語，音之列切，與藉床之箪微異；箷，用以支壁或暴物。與曹憲音同。箷、箪一聲之轉，即折之後出字。"⑤《廣雅·釋器》："箷，席也。"王念孫疏證："《說文》竹部：'竹席也。从竹覃聲。'《釋名》云：'箪，覃也。布之

---

① 黃侃：《黃侃論學雜著》，中華書局1964年版，第108頁。
② 同上書，第107頁。
③ 黃侃述，黃焯編：《文字聲韻訓詁筆記》，上海古籍出版社1983年版，第157頁。
④ 黃侃：《黃侃論學雜著》，中華書局1964年版，第355—358頁。
⑤ 同上書，第415頁。

第二章 《說文同文》聲韻關係研究

罩罩然平正也。'《齊風·載驅》傳曰：'簟，方文席也'。"簟"指供坐臥鋪墊用的葦席或竹席。《詩·小雅·斯幹》："下莞上簟，乃安斯寢。"鄭玄箋："竹葦曰簟。"《集韻·祭韻》："𥮅，大簟也。"《廣雅·釋器》："𥮅，席也。"王念孫疏證："𥮅之言曲折也。"曲折與《方言》郭璞注之篋篷形制相符。簟和𥮅一聲之轉，用途不同。"𥮅，用以支壁或暴物。"《禮記·雜記上》："醴者稻醴也，甕、甒、筲、衡，實見間，而後折入。"鄭玄注："折，承席也。"孔穎達疏："折謂櫛上承席。""折"承席義加意符造專用字"𥮅"。簟，《廣韻》定母添韻開口四等，古本音定母覃部；𥮅，《廣韻》章母祭韻開口三等，古本音神母，古音定母。二字一聲之轉。說明古音照三歸知，屬舌音。

又："《一切經音義》十一引《說文》：磉，石磉也。今《說文》無之。《廣韻》：磉，柱下石也；蘇朗切。按：此字即礎碣之對轉。《一切經音義》十八引《淮南子》許注：楚人謂柱碣，曰礎。《集韻》引《廣雅》：碣，礩也。字亦作舄；《墨子·備城門》：'柱下傅舄。'是磉、礎、碣，實皆藉字之後出。今吾鄉謂柱下石曰磉登；登，讀都肯切。亦作不，蓋俗象形字。"①

磉，柱下石墩。《玉篇·石部》："磉，柱下石。"《正字通·石部》："磉，俗呼礎曰磉。"《廣韻·蕩韻》："磉，柱下石也。蘇朗切。"在心母蕩韻開口一等，古本音屬心母唐部。《說文新附·石部》："礎。礩也。从石楚聲。"《廣韻·語韻》："礎，柱下石也。"在初母語韻開口三等，古本音屬初母模韻。《玉篇·石部》："碣，柱礩也。"《說文》："楮，柱砥也。"段注："今之磉子也。《釋言》曰：'揣、拄也'，即楮柱之譌。磉在柱下而柱可立。"《廣雅》："礎碣磩礩也"碣見《西京》《景福殿》二賦，字作舄。磩見《西都賦》，字作璂。礎見《淮南書》，許注曰：'楚人謂柱碣為礎'。"碣，《廣韻》在心母昔部開口三等，古本音屬心母模部。《蘄春語》謂柱下石為磉登，也作不。不，古文櫱。《說文》："櫱，伐木餘也。从木獻聲。《商書》：'若顛木之有餘櫱。'𣠽，櫱或从木，辥聲。不，古文櫱。从木無頭。"段注："謂木禿其上而僅餘根株也。"柱下石與伐木餘根株形制相似、功能相同。不，疑母寒部；磉，心母唐部；礎，初母模韻；碣，心母模部。疑母與心、初

---

① 黃侃：《黃侃論學雜著》，中華書局1964年版，第434頁。

母不同聲類，"不"一字二音，蓋古文異用。其餘三字聲類關係是照二初母和精組心母，證明古音照二歸精。《說文·艸部》："藉，祭藉也。"段注："稭字下禾槀去其皮，祭天以爲藉也。引伸爲凡承藉、蘊藉之義，又爲假借之義。""藉"是古時祭祀朝聘時陳列禮品的墊子，用艸莖或禾秸稈充當。《易·大過》："藉用白茅。"陸德明釋文引馬云："在下曰藉。"《漢書·郊祀志上》："江淮間一茅三脊爲神藉。"後引申爲承藉。柱下石即承藉物。藉，從母鐸部。與磉、礎、碣古音同聲類，韻對轉。"磉、礎、碣，實皆藉字之後出。"磉、礎、碣三字同義變易；與"藉"音義相承。

《說文·示部》："禜，數祭也。从示毳聲，讀若春麥爲禜之禜。"段注："爲禜之禜字从木，各本譌从示，不可解。《廣雅》：'禜，春也。'楚芮反。《說文》無禜字，即《臼部》'舂去麥皮曰䉤也。'江氏聲云：《說文》解說內或用方言俗字，篆文則仍不載。"段玉裁引用江聲觀點認爲《說文》讀若字"春麥爲禜之禜"爲方言俗字，故《說文》未載。所謂俗字是針對《說文》正字而言，讀若方言俗字實際上是以方言讀音爲正篆注音。段玉裁認爲"春麥爲禜之禜"爲借字，本字當爲"䉤"字。《說文·臼部》："䉤，舂去麥皮也。从臼，干所以䉤之。"䉤，初母怗部。古爲清母。禜，清母曷部。禜、䉤雙聲旁轉。季剛先生在《論據說文以推聲之正變下》中說："《說文》取讀，大氏用彼時之音；而古音與漢世之異，於斯可得其本。在同部者，不必論矣。轉入異部，即可知韻轉之理。如禜讀春麥爲禜之禜，而春麥之禜實應作攐，此可知寒轉入曷矣。"①這裡指出春麥爲禜之禜的本字爲攐。《說文·攴部》："攐，小舂也。"攐，初母寒部。據讀若以推音變，"寒轉入曷"實爲方音音轉。本字之音由於地域差別而一聲對轉。《方言偶憶》："《說文》春麥爲禜。蘄春有此語。"②禜與䉤、攐之間的關係即照二和精組關係。

"聲韻本流轉之物，方言須求其不轉者。如以意推求，徒摭拾不相干之字，以爲真實。大抵今日方言，無不可徵於小學六書者。次則《三蒼》《急就》《字林》《通俗文》《玉篇》《廣韻》《一切經音義》《集韻》必有其文。但

---

① 黃侃：《黃侃論學雜著》，中華書局1964年版，第108頁。
② 黃侃述，黃焯編：《文字聲韻訓詁筆記》，上海古籍出版社1983年版，第138頁。

第二章 《說文同文》聲韻關係研究

必須音理密合始爲得耳。"① 這裡談到探尋方言流轉痕跡不能以意推求，應當從字形上和字書、韻書中追尋其流轉線索。古音照三歸知，簞、箖變易即證；照二歸精，磔、礎、礩變易，爲"藉"孳乳後出；"春麥爲麰之麰"本字作㲼、䴷，均可爲證。這些都說明"今日方言，無不可徵於小學六書者"；在疏通古今音關係時字書、韻書爲不可缺少的依托和根據。

4. 索之音史，綱以音理

"一事一物，有繁難則有簡提之，固也。音韻之中講表譜學者如是耳。空言易於實證，故言音理者多，然一則失於躁而無味，一則失於虛而難求。折衷言之，當言理而得之史證，言表譜而綱之以音理也。故音韻之中約分三端：一音理，二音史，三音證。古人言學，皆不能離事而言理，餘之言音韻，就音史、音證言之，而音理在焉。蓋音韻之學，重在施於訓詁，而不在空言也。"② 聲韻表反映了古今音的類聚關係。音的聚合之理即音理。如五音分類即是聲的發音部位分類，如黃季剛先生基於陳澧所考得出今音七十二類對轉表③，其中據《廣韻》《今聲四十一類表》以喉、牙、舌、齒、唇自然之次，列表並附發音方法，聲理包括發音部位，以發、送、收示部位之高低；以清、濁表勢力之大小。"大蓋發聲，有清而無濁；收聲有濁而無清，但收音必助以鼻音"④，如唇音幫（發）、滂（送）、並（送）、明（收）。發音方法和發音部位密切相關，如《今聲發音法》⑤，季剛先生訂正江永《音學辨微》辨七音法：

喉音，江永："音出中宮。"

季剛先生按："此不了然，當云：'音出喉結，正當喉結爲影、喻、爲，（喻、爲爲影之濁音。）曉、匣稍加送氣耳。驗之即知。"

牙音，江永："氣觸牡牙。"

季剛先生按："牡當是壯字之誤。然亦不了然，當云：由盡頭一牙發聲，'見'是也，溪、群稍加用力而分清、濁，'疑'即此部位而加鼻之力，非鼻

---

① 黃侃述，黃焯編：《文字聲韻訓詁筆記》，上海古籍出版社 1983 年版，第 138 頁。
② 同上書，第 149 頁。
③ 黃侃：《黃侃論學雜著》，中華書局 1964 年版，第 62 頁。
④ 同上書，第 66 頁。
⑤ 同上書，第 67 頁。

黃季剛《說文同文》研究

已收之音。"

聲類表中開、齊、合、撮是從聲韻配合角度歸納的，這就是聲韻"相挾而變"的基點："故自來談聲母者，以不知古韻之故，往往不悟發聲之由來；談古韻者，以不憭古聲之故，其分合又無的證。"聲韻配合並不能否定古聲、古韻的音史基礎："今定古韻陰聲八，陽聲十（收鼻八，收唇二），入聲十（收鼻八，收唇二），凡二十八部……此二十八部之立皆本昔人，未曾以臆見加入，至於本音讀法，自鄭氏以降或多未知，故廿八部之名，由鄙生所定也。"① 而古聲體系固然有賴於音證，但如若不明《廣韻》則也不會完備，正如季剛先生在《古聲韻古本音概略》中所言："自陳氏首言古音，以至戴、王諸家，多於古韻之功深，而於聲則少所發明。自嚴氏《說文聲類》出而古聲之學大明。當時復有錢大昕首創古無輕唇、古無舌上之說，其後陳澧復著古音舌、齒有界之說，餘杭章君著古音娘、日二母歸泥說，於是古聲之學粲然大備。古聲不外喉、舌、齒、唇四類。四類者發音之大介，其大略不甚相遠。古聲四類，蓋亦略同乎今。故欲明古音之異同，必先於今音能深切認識，以爲階梯，而後可以入古矣。"②

在《反切解釋上編》中有《四十一聲類讀法》和《切語上字讀法》，都談到古今聲類的變化，其中"古今聲類同異"一欄包括六種類型，現以《四十一聲類讀法》爲例作一總結：

"同"：包括溪、端、來、滂，都是古本音。

"異在聲類聲勢"：

喻：（今）合細——（古）開洪

爲群穿初疏非敷奉微：（今）合細——（古）合洪

照審澄禪娘莊牀：（今）開細——（古）開洪

泥邪：（今）開細——（古）合洪

這些聲紐均今變音，聲勢均由古洪音轉爲今細音。

"異在聲類"：

（今）知徹神日——（古）端透定泥

---

① 黃侃：《黃侃論學雜著》，中華書局 1964 年版，第 90 頁。
② 黃侃述，黃焯編：《文字聲韻訓詁筆記》，上海古籍出版社 1983 年版，第 151 頁。

第二章　《說文同文》聲韻關係研究

這些聲紐都是今變音,古今都是開口細音。

"異在聲勢":

影曉見疑心:(今)開細——(古)開洪

匣透:(今)開洪——(古)開細

從並明:(今)合細——(古)合洪

這些聲紐都是古本音,除匣、透兩紐外,聲勢均由古洪音轉爲今細音。古喻母屬於影紐,開口洪音,今喻母爲合口細音,古匣母、定母均爲開口細音,喻三歸匣,喻四歸定,"喻"母古今音演變規律從聲勢變化可以得以解釋。透母古開口細音到今開口洪音的變化可以從語言系統互補規律得以解釋。徹母、穿母古音都屬於端母,今音系統中爲細音,透母與之互補爲洪音。

"異在韻":

精清:(今)清——(古)青

幫:(今)江——(古)東

《與人論小學書》:"若乃今音洪細相同,欲求分別,亦有簡術:第一,兩變韻之音混,以本音定之。第二,兩本音複相混,則以對轉之音定之。"[1] 以上韻之變體現古本韻和今變韻之間的關係。"清"和"青"的區別在《廣韻聲勢對轉表》[2] 看得非常清楚,二韻均"齊錫青類第三",爲細音,彼此的不同在主要母音,"清"對應"支","青"對應"齊"。"江"在豪蕭沃冬類第六,爲合口洪音;"東"在侯屋東類第五,爲合口細音。

"異在四聲":

定:(今)去——(古)平

"定"爲全濁聲母,古爲平聲,《四聲之起源》:"古只有平入二聲,平輕讀則爲上,入輕讀則爲去。"[3] 古平聲爲今上聲之源,"定"爲濁聲母,濁上變去,故今聲爲去聲。

從以上六類古今聲韻關係可以看出,古音侈今音斂,而音的侈弇就是聲

---

[1] 黃侃:《黃侃論學雜著》,中華書局1964年版,第161頁。

[2] 同上書,第280—289頁。

[3] 黃侃述,黃焯編:《文字聲韻訓詁筆記》,上海古籍出版社1983年版,第98頁。

韻相挾而變的癥結。《與人論小學書》："言古音讀法者多家，段君謂古音斂而今音侈，錢君曉征已有諍難。本師章氏嘗作《古今音準》一卷，謂魚部音皆當如模部，陽部音皆當如唐部；此可謂至精之論。又謂泰部本音當近麻；以今驗之，曷之陰聲爲歌，而麻韻本自歌變，則泰近麻之說又諦矣。"① 關於古今音侈斂問題，季剛先生錢、章古侈今斂說駁斥段玉裁的古斂今侈說。

"錢君曉征已有諍難"：錢大昕《音韻答問》："問：近儒言古音者，每謂古斂而今侈，如之之爲咍，歌之爲麻，由斂而侈，似乎可信。曰：此說亦不儘然，蓋有古侈而今斂者矣。如古之唇音，皆重唇也，後人於其中別出輕唇四母，輕唇斂於重唇也。古多舌音，後人或轉爲齒音，齒音斂於舌音也。……聲音或由斂而侈，或由侈而斂，各因一時之語言，而文字從之。如：'儀'、'宜'、'爲'字古音與歌近，今入支韻，即由侈而斂也，豈可執古斂今侈之說，一概而論乎？"② 此段錢大昕提出三條古侈今斂聲證：輕唇斂於重唇，知系斂於端系，齒音（指照系三等）斂於舌音。還有三例古侈今斂韻證。

錢大昕的古無輕唇、古無舌上說，與他的古音侈、今音斂的主張是相輔相成的。在《四十一聲類讀法》中，輕唇音非、敷、奉、微是合口細音，舌上音知、徹、澄、娘是開口細音。聲韻相挾而變就是聲韻配合規律，輕唇音、舌上音對應的韻都是細音今變韻：（今：古）

非—微：灰，敷—虞：模，奉—腫：東，微—微：灰。

知—支：齊，徹—薛：屑，澄—蒸：東，娘—陽：唐。

所謂齒音斂於舌音，是指照系三等字斂於端系。照系三等聲母字古今韻對應關係是：

照—笑：豪，穿—仙：桓，神—真：先，審—寢：覃，禪—綫：寒。

章氏《古今音準》列舉三組古今韻部對應例證，前兩組在《四十一聲類讀法》中是照系二等聲母：

莊牀—陽：唐，初疏—魚：模。

可見古音侈今音斂，聲韻侈斂相應是黃季剛聲韻相挾而變說的一塊基

---

① 黄侃：《黃侃論學雜著》，中華書局 1964 年版，第 160 頁。
② 錢大昕：《潛研堂文集·答問十二》，四部叢刊初編（集部），上海涵芬樓影印，第 16—17 頁。

第二章 《說文同文》聲韻關係研究

石。黃季剛先生正是在繼承學術史研究成果的基礎上綜合考察古今音材料得出這一論斷的。黃季剛先生《音略·古韻》中列古韻二十八部，其中洪音有二十個，細音只有四組八個：先：屑，添：帖，齊：錫，蕭：青。《齊先添蕭四韻本爲洪音》："齊、先、添、蕭四韻，《切韻》本爲洪音，《指掌圖》誤改爲開細。今宜讀從廣東人之發音。"①陰、入、陽等呼相配，如此這般，黃季剛古韻二十八部都是洪音。《開口音合口音洪細轉變不同》："開口音往往由洪而之細，在等韻中爲二等音。合口音往往由細而之洪，在等韻中爲三等音。"②這樣，今音二、三等韻是由古音開、合口變來的，古開口洪音"之細"變爲開口二等洪音，古合口細音"之洪"變爲合口三等細音，這是一個與聲分洪細、韻分清濁、聲韻相挾密切相關的重要論點。

正如徐復先生引用黃焠伯先生所言："及尋繹《音略》諸文，乃知先生聲與韻'相挾而變'之說，偶然與唯物辯證之旨相會，豈不偉歟！"③黃季剛古音學理論具有辯證思維的洞察力，是音史、音證、音理綜合考察的結果，"既是繼承和總結了幾百年的古音成就，又經過了自己的考證辨析，他研究時既重審音，又重視古文獻的證據，32本韻中只有19紐，是在他的結論中存在的事實，並不是借以得出結論的根據，正因如此，所以他的19紐說能與鄒漢勛暗合（注《五韻論》），難道鄒漢勛也是用'循環論證'推導出來的不成……黃侃本之音理，求之古籍在前，俞敏先生從事漢藏語的比較和梵漢對音的研究在後，結論何以如此一致？殊途同歸，恐怕不能簡單地歸爲偶然的巧合。"④俞敏先生有一個形象的比喻，黃侃的研究方法，好比是用弓箭射靶，比那些用步槍瞄準的人，"打的離靶心更近"⑤。這是對季剛先生從漢語實際出發、徵實不蹈虛治學方法和爲學精神最切合的詮釋和最充分的肯定。

---

① 黃侃述，黃焯編：《文字聲韻訓詁筆記》，上海古籍出版社1983年版，第109頁。
② 同上書，第136頁。
③ 徐復：《黃侃聲韻學未刊稿·前言》，《黃侃聲韻學未刊稿》，武漢大學出版社1985年版，第3—4頁。
④ 許嘉璐：《黃侃先生的小學成就及治學精神》，程千帆、唐文編《量守盧學記》，生活·讀書·新知三聯書店2006年版，第56—57頁。
⑤ 丁忱：《黃侃古音學研究》，鄭遠漢編《黃侃學術研究》，武漢大學出版社1997年版，第145頁。

二 聲變韻轉通例

（一）古今正變條例

《推求古本音之法》："音韻以《說文》推其始，以《廣韻》要其終。"① "《說文》推其始"，有兩方面的含義：一《說文》乃"造字時本音，最爲可信，後世雖有變遷，不得執後以疑古"。② 二《說文》爲古音取證之資。"古無韻書，訓詁即韻書也。古無訓詁之學，只有字、讀二者。字即形，讀即音義。"③《說文》形聲、重文、聲訓、讀若既是訓詁材料，又是音證材料。"《廣韻》要其終"一在於用《廣韻》反切"以成韻書，於是音韻條理乃粲然大備"，二在於《反切》"入古之康衢也"。④ 清代古音學者"雖能由《詩》《騷》《說文》以考古音，然舍《廣韻》亦無以爲浣凖"⑤。古音體系就是通過系聯《廣韻》反切建立的。"以《說文》推其始，以《廣韻》要其終"綜合了音理、音史、音證："古音發明次第，以前所言觀之，蓋始而渾言音聲；既而單言韻與切。始而因反切字母等韻以失古音；繼而以反切字母等韻以求古音；終而棄字母等韻而就古書以證古音。於是言古音之方法及古音之條例，至乎今世，其發明幾無餘韻矣。"⑥

《說文》爲造字時之音，《說文同文》聲韻關係應建立在古本音基礎上。因此應當貫通以《說文》爲基礎的古音體系和以《廣韻》爲代表的今音體系。季剛先生在《與人論治小學書》中談到治《廣韻》以通古音之法⑦，其要旨是：

第一，明瞭古本音體系：古本聲十九紐，古本韻二十八部，古平入二聲。

第二，貫通音之正變：

凡變聲，古皆讀從本聲。

---

① 丁忱：《黃侃古音學研究》，鄭遠漢編《黃侃學術研究》，武漢大學出版社 1997 年版，第 144 頁。
② 同上書，第 143 頁。
③ 同上書，第 144 頁。
④ 同上書，第 147 頁。
⑤ 黃侃：《黃侃論學雜著》，中華書局 1964 年版，第 149 頁。
⑥ 黃侃述，黃焯編：《文字聲韻訓詁筆記》，上海古籍出版社 1983 年版，第 155—156 頁。
⑦ 黃侃：《黃侃論學雜著》，中華書局 1964 年版，第 154—160 頁。

第二章 《說文同文》聲韻關係研究

凡變韻，爲變聲所挾，以韻類爲準，古皆讀從本韻。開合洪細相變一依本韻。

凡今四聲字，讀古二聲，各從本音：本音爲平，雖上、去、入，亦讀平；本音爲入，雖平、上、去，亦讀入。

凡雙聲、疊韻、疊字三者同理，皆有本音：複述本音爲疊字；一字演爲二聲，一聲變入他韻，一聲仍在本韻，爲雙聲；一字演爲二聲，一聲改爲他紐，一聲仍在本紐，爲疊韻。

第三，熟悉音轉之理：

對轉者，一陰聲與一陽聲同入而相轉。

旁轉者，一陰聲與一陰聲部類相近而相轉，陽聲准是。

旁對轉者，一陰聲與一陽聲不同入而相轉；其陽聲對轉之陰聲，必與此陰聲爲旁轉，陽聲准是。

第四，音韻在於史證：參照古音學研究成果，據《說文》以推聲之正變，據《詩經》以考音之正變。

（二）聲韻配合通例

《古聲韻古本音概略》[①]："夫研究古音者，所以研究其轉變也，苟無轉變，則今之注音字母即上古之音矣。研究轉變必推其所由來，故凡言轉者，定有不轉者爲之根，然後可得而轉也。凡言變者，定有不變者以爲之源，然後可得而變也。嚴氏可均以爲韻轉則聲不轉，而錢大昕則謂聲轉韻則不轉，實定論矣。"從這段論述看，古音轉變"必推其所由來"，推導立足於聲、韻配合關係，從嚴可均、錢大昕的考音經驗看，"不轉者之根""不變者之源"是指聲音轉變的條件，即"韻轉則聲不轉""聲轉韻則不轉"。"韻轉則聲不轉"便於考察古今韻部之間的演變關係，"聲轉韻則不轉"便於考察古今聲母之間的演變規律。《聲韻略例》："凡聲變必須疊韻，韻變必須雙聲"[②]與此同理。"音學雖繁，聲韻兩字必以握其錧鑰；而二者中縱著變萬狀，必有其不變者以爲之根。"[③]

[①] 黃侃述，黃焯編：《文字聲韻訓詁筆記》，上海古籍出版社1983年版，第156頁。
[②] 黃侃：《黃侃論學雜著》，中華書局1964年版，第141頁。
[③] 同上書，第105頁。

《音略》:"古音通轉之理,前人多立對轉、旁轉之名,今謂對轉於音理實有,其餘名目皆可不立,以雙聲疊韻二理可賅括而無餘也。"① 在具體運用中,雙聲疊韻有不同的闡釋角度,也有不同的範圍界定。

1. 音同、音近、音轉

季剛先生在《訓詁學成立之原因》②、《與人論小學書》③、《求本字捷術》④ 中都提到音同、音近、音轉,均貫徹"凡聲變必須疊韻,韻變必須雙聲"的宗旨。現綜合如下:

音同者,有今音相同、古音相同二例。今音相同者,謂于《唐韻》《切韻》中爲同音。古音相同者,必須明于古十九紐之變,又須略曉古本音。

音近者,即疊韻相轉。聲之大類聲分喉舌齒唇四類同,即旁紐雙聲也。

疊韻相轉定例:"一,同類音相轉;二,喉音與牙音相轉;三,舌音與齒音相轉;四,喉牙音可舒作舌齒唇音,舌齒唇音可斂作喉牙音。"⑤

音轉者,即雙聲相轉,聲同韻異,即對轉旁轉也。

2. "凡聲變必須疊韻"

(1) 雙聲

凡同紐者,爲正紐雙聲。

凡古音同類者,爲旁紐雙聲。

凡古音喉、牙,有時爲雙聲。

舌、齒,有時爲雙聲。

舌、齒、唇,有時與喉、牙爲雙聲。

唇音,唯變喉牙。

季剛先生深刻認識到"就《詩》文求聲,較之求韻,其用尤大"⑥。在《論據〈詩經〉以考音之正變》(下)⑦中"就〈詩〉之連字,以求聲類相通之

---

① 黄侃:《黄侃論學雜著》,中華書局 1964 年版,第 63 頁。
② 黄侃述,黄焯編:《文字聲韻訓詁筆記》,上海古籍出版社 1983 年版,第 182—185 頁。
③ 黄侃:《黄侃論學雜著》,中華書局 1964 年版,第 145 頁。
④ 同上書,第 359 頁。
⑤ 同上書,第 163 頁。
⑥ 同上書,第 112 頁。
⑦ 同上書,第 110—111 頁。

第二章 《說文同文》聲韻關係研究

常例"中舉了四例正紐雙聲：

"匍匐救之"：匍、匐，雙聲，古皆在並母。

"領如蝤蠐"：蝤、蠐，雙聲，古皆在從母。

"熠燿其羽"：熠、燿，雙聲，古皆在影母。

"相其陰陽"：陰、陽，雙聲，古皆在影母。

還舉一例喉牙雙聲例：

"委蛇棣棣"：威、儀，連言，一影一疑，是影與疑通也。

（2）同類相變。同類指發音部位相同。

凡古音同類者，互相變。

凡清濁音同類者，亦互相變。

（3）同位相變

"凡古音同位者，或相變。"同位指發音方法相同。

影、見、端、知、精、莊、照、幫、非，同位。是不送氣清音。

曉、溪、透、徹、清、心、初、疏、穿、審、滂、敷，同位。是送氣清音。

匣、群、定、澄、從、邪、牀、神、禪、並、奉，同位。是送氣濁音。

爲、喻、泥、來、娘、日、明、微，同位。是鼻音、半舌音、半齒音等濁音。

季剛先生在《論據〈詩經〉以考音之正變》（下）①中"就《詩》之連字，以求聲類相通之常例"，所舉四例中三例屬於不送氣清音同位相變：

"我先蘊結"蘊、結連言，一影一見，是影與見通也。

"出其闉闍"闉、闍連言，一影一端，是影與端通也。

"猗嗟昌兮"猗、嗟連言，一影一精，是影與精通也。

"就對字以考聲類相通之變者"，舉例如下：

"昏、姻，荒、縈，此曉、影之通。"曉、影同爲喉音，應屬同類旁紐雙聲，"曉"爲送氣清喉音；"影"爲不送氣清喉音。

"漢、江，兄、君，此曉、見之通。""曉"爲不送氣清喉音，"見"爲不

---

① 黃侃：《黃侃論學雜著》，中華書局1964年版，第110—112頁。

送氣清牙音。

"體、求，滅、揭，此曉、群之通。""曉"爲不送氣清喉音，"群"爲送氣濁牙音。

"畜、報，鄉、北，此曉、邦之通。""曉"爲不送氣清喉音，"幫"爲不送氣清唇音。

從以上所舉例子可以看出"聲類相通之變者"有不同層次的標準：一是同類音如影、曉，差別主要體現在發音方法上，影爲零聲母，曉爲擦音。二是不同類音，如曉、幫，主要體現在發音方法上，曉爲擦音，幫爲塞擦音；不同類音，如曉、群，主要體現在發音方法上，"曉"爲不送氣清音，"群"爲送氣濁音。

3."凡韻變必須雙聲"

（1）疊韻

凡疊韻，或同韻同類，或同韻異類。

（2）凡陰聲、陽聲，以同紐、同韻母互相轉。

陰聲陽聲同類音近相轉者，曰旁轉。

由旁轉以得對轉者，曰旁對轉。

季剛先生闡釋對轉、旁轉、旁對轉之理時所舉的例子[①]是：

微韻（本音灰韻）有譏字，譏字本音在咍韻，故知灰與咍爲旁轉。

又有碕字，碕字本音在歌韻，故知灰與歌爲旁轉。

又有暉輝等字，其本音在魂韻，故知灰與魂爲對轉。

以上例子是基於古本音和今變音之間的音轉，對轉有開合口問題。

又舉陽聲韻轉例：

東韻中有中、忡等字，其本音在冬韻，故知冬與東爲旁轉。

又有弓、穹等字，其本音在登韻，故知登與東爲旁轉。

又有風、楓等字，其本音在覃韻，故知東與覃爲旁轉。

又有雺、霽等字，其本音在蕭韻，故知東與蕭爲對轉（侯蕭同入）。

以上例子也是基於古本音與今音之間的音轉。

---

① 黃侃：《黃侃論學雜著》，中華書局 1964 年版，第 160 頁。

第二章 《說文同文》聲韻關係研究

三 聲變韻轉大則

《聲韻學筆記·聲變韻轉大則》[①]："凡以聲相變者，無不關於韻，凡以韻相轉者，無不關於聲。此語言轉變之大則，又以之示限制也。錢玄同知韻關於聲，而不知聲關於韻，故嘗言聲變而不言旁轉，此其弊也。"聲韻相關而轉，這是在探討"語言轉變之大則"。

《論字音之起原》[②]："字音之起原，約分爲二類：一曰，表情感之音；二曰，擬物形、肖物聲之音。其用之轉變，亦有二類：一曰，從一聲轉變爲多聲，而義不相遠；二曰，依一聲以表物而義各有因。"字音起於觀形感觸，最初的感歎聲、摹狀聲是音的起源，"五音之起，皆以表情；推其起原，此種聲音，大氐與笑歎呻吟歌呼之音不相遠。此即一切聲韻自然之質也。"這些聲音與意義結合就成爲語言。義不相遠的一聲變轉，爲變易，義各有因的一聲表物類聚了同聲符字承載音義的多樣性。季剛先生分別從自然之音類和音轉、語言之音同音轉兩個角度分別舉例說明。

（一）字音之起源

1. 矢口可得的自然音類

"以韻而言，至簡單之韻母，古今不甚差殊。或爲感歎詞，或爲代名詞，或爲發語辭"，"要皆矢口而得，不煩思索。"如：

"丂（反丂也讀若呵），即阿字之初文。哀、古音隈。烏、謳、號、唉、伊、何、安、惡，皆是也。"

"以聲而言，則喉、牙、舌、齒、唇中，亦皆有表情之音"：

喉音：籲、呼、哈、嚇之類；

牙音，則聱、欸、奇、我之類；

舌音，則都、咄、噘、乃之類；

齒音，則嗟、諮、些、哉之類；

唇音，則咈、否、彼、咅之類。

2. 以聲名物的自然音轉

"音之擬物形者，如果，木實也，象果形，在木之上，此以音狀其長圓

[①] 黃侃述，黃焯編：《文字聲韻訓詁筆記》，上海古籍出版社1983年版，第116頁。
[②] 黃侃：《黃侃論學雜著》，中華書局1964年版，第94頁。

· 169 ·

也。"

　　果，古音見母歌部。果、瓜古聲同。"從聲以來，則有瓜，㼌也，象形。"
"與瓜果義相近，在物則有壺，有臺。""瓜"爲見母模部，"壺"爲匣母模部，"臺"爲見母鐸部。《說文·壺部》："壺，昆吾圜器也。"又《臺部》："度也。民所度居也。从回，象城臺之重，兩亭相對也。"以上是單音詞義近音轉。義近在於外部形狀呈圓形，見母雙聲，或喉牙雙聲，模部疊韻，模鐸對轉。

　　"瓜之音衍長之，則曰瓜㼌；在果亦曰果蓏，聲變爲苦蔞。蟲有果蓏，鳥亦有果蓏，其形大氐似也。苦蔞一變爲壺盧，今俗於物形長圓者，目爲壺盧形，猶古義也；壺盧之字曰瓠。由苦蔞而稍變之，曰科斗，曰活東，曰顆凍，曰款冬，所屬不同，而形皆有相似者。"

　　所謂音衍長之，指從單音轉爲雙音連語，"所屬不同，而形皆有相似者。""所屬"指詞彙意義，形似、音轉，屬於詞彙意義内部構成要素，貫穿不同詞彙的音義傳承的血脉。

　　g-l：瓜㼌、果蓏、苦蔞

　　x-l：壺盧（瓠）

　　k-d：科斗、活東、顆凍、款冬

　　"由科斗出者，有繫繨，絲之結也，今俗以爲紇達；繫繨作紙，則曰赫蹏，猶今高麗繭紙耳。繫繨聲變，俗語有胍肫，大腹之貌；有骨朵，或以目花之未舒，或以目器之圓者，北人今猶呼科斗爲蝦蟆骨朵也。"

　　x-l：繫繨

　　g-d：胍肫、骨朵

　　以上雙音連語名物詞首音節爲牙音，次音節爲舌音。"此類肖形之音，但據形而更不分辨其所屬。《荀子》云'物有同狀而異所者，予之一名。'即此理也。"

　　以上爲肖物疊音連語，下面爲肖物雙音連語：

　　"音之肖物聲者：節節足足，肖鳥聲也；譆譆，肖火聲也；鼞鼞，肖鼓聲也；㗘㗘，肖雞聲也；淒淒瀟瀟，風雨聲也；玎玎錚錚，金玉聲也。"

　　"乃至豐隆以肖雷，咆哮以肖虎，鏜鞳以肖鐘，丁寧以肖鉦，砰磅訇礚以肖水之流，毗流暴樂以肖葉之落。"

"此皆借人音以寫物，而物名物義，往往傳寫。"這些詞都是擬聲名物，以漢字記録音節。

(二) 音發而義從之

音義是語言的二要素。下面從語言構成要素的角度分析聲音變轉對語言的影響。可以分爲兩種。一種是意義差別不大，聲音變轉形成的，與"音義相讎"的變易中的聲轉韻轉變易相同；一種是義相因，依據一聲而形成，與"義自音衍"的孳乳相同。

1. "聲變而義不遠者"

《說文》："一，惟初太極，道立於一，造分天地，化成萬物。"季剛先生從"一"出發，進行音義繫聯。"義不遠"，說明意義稍有變化，而途徑清晰。

其中分三個層次：

第一："或受初文小變"。

是與"一"音義相關的象形初文，同爲喉音，並以"一"義貫穿：

乙：《說文·乙部》："乙象春艸木冤曲而出，会氣尚彊，其出乙乙也。"段玉裁注："冤之言鬱，曲之言詘也。乙乙，難出之皃。……時萬物皆抽軋而出，物之出土艱屯，如車輾地澀滯。與丨同意。"初春陰氣尚強，草木"乙"曲而出，《說文·乙部》："乾，上出也。从乙。乙，物之達也。倝聲。"初春草木始生，雖然要突破重陰，上出艱難，但仍是一種生發之象，《易》乾健義由此而來。

季剛先生按："乙，物之達也。是乙有始義"。草木初生之始和數之始義同。段注訓乙曲生"與丨同義"。"丨"《說文》訓上下通，季剛先生按："上下通之義，與壹、壺亦近。"

"以壹、壺象壺中氣不泄例之，古文之口，亦受義於一。""口象回帀之形，正與勻从勹二，義略同矣。"

"以馬'讀若弦'例之，古文之⚍，亦與一相應。"

"古文之丨、引⚍幺諸義，又皆原於一也。"

以上這些初文，或屈曲而出，或延引而長，或鬱積不瀉，或上下通，意義都與"一""道立於一"通。從聲音上看,一、乙,影母屑部;玄,匣母先部;ㄲ、引、勻,喻母先部;𠃊,審母先部;丨,見母痕部。義不相遠,聲音也多爲喉音,或同韻,或對轉,或旁轉。

第二,"或與初文同義"。

"義小變爲壹,專壹也;壹,長言之曰壹壹,氣不得泄也。"長言即由單音節詞轉爲複音節詞。《儀禮·士冠禮》:"賓盥卒,壹揖壹讓。"鄭玄注:"古文壹皆作一。"季剛先生區分爲兩組:

第一組"以一爲數,所生之字"。

有殪,壹發而死也;

有馬,馬一歲也,讀若弦。

第二組"从壹而出",指以壹爲聲的字。

"則有懿,專久而美也。"

一、壹同音,數字一和專壹意義小別。

第三,"或與初文旁通"。

"由一變爲會意字,爲勻,少也。"

"从勻而出",指以勻爲聲的字。

"則有酌,少少飲也。"

"有趨,獨行也。"

聲符的勻少義爲詞義構成要素。

以上諸字聲韻關係:一、乙、壹、殪,影母屑部;玄,匣母先部;ㄲ、勻、酌,喻母先部;𠃊,審母先部;趨,群母先部;馬,匣母寒部。多與"一"喉牙雙聲對轉。

"凡此諸文,或與初文同義,或與初文旁通,或受初文小變;其聲音遷改,或在同紐,或在同類,或在同韻,或在異韻,而至脈明白可尋;謂之偶然,不可得也。故治音學者,當知聲變而義不遠之理。"這裡所說的初文指"一",由"一"所生字,"壹"專壹,突出方向專一;"勻"突出密度勻少。都與"一"義小別,"但古本之音,又與一同在喉,明其爲一柢矣。""一柢"即"一根"。指初文"一"聲音,古本喉音,其後所增字都是在喉音。聲音遷改規則是聲韻兼重,聲近在同類同紐之間,韻近在同韻對轉旁轉之間。

第二章 《說文同文》聲韻關係研究

2."同一聲而義各有所因者"

季剛先生先以同諧聲字爲例說明其"義各有所因"。"裸、踝、課、敤、髁、夥、稞、窠、裹、顆、淉、餜、婐,皆从果聲也,而義皆不同於果。"同聲必同部,"果"諧聲字古音多在歌部。繼以"由來"追溯其不同的語源。

第一組:"裸之字,由盥來。"

《說文·示部》:"裸,灌祭也。从示果聲。"《書·洛誥》:"王入太室裸。"孔穎達疏:"王以圭瓚酌鬱鬯之酒以獻尸,尸受祭而灌於地,因奠不飲,謂之裸。"王國維《觀堂集林·再與林博士論〈洛誥〉書》:"古裸字即借用果木之果。《周禮》故書之果,乃其最初之假借字,而裸乃其孳乳之形聲字也。故果字最古,裸字次之。惟《論語》《戴記》始有灌字。""灌"見母寒部,"裸"見母歌部。《說文·水部》:"灌,水。出廬江雩婁,北入淮。"朱駿聲通訓定聲:"灌假借爲裸。""灌,今用爲灌注、灌溉字,亦盥之轉注。"朱駿聲的轉注指引申。《說文·皿部》:"盥,澡手也。从臼水臨皿也。《春秋傳》曰:奉匜沃盥。"段注:"《左傳·僖公二十三年》文。匜者,柄中有道可以注水。《內則》亦云:請沃盥。沃者,自上澆之。盥者,手受之而下流於槃,故曰臼水臨皿。"灌、盥古音同。"盥"由盥洗義引申爲灌注,假借"灌"字。是"裸"音義初文。

第二組:"踝之字,由冎與牛來。""髁之字,亦由冎與牛來。"這兩個字皆一語二根之例。

其一,由"冎"來。

《說文·冎部》:"冎,剔人肉置其骨也。象形。頭隆骨也。"《說文·骨部》:"髁,髀骨也。"段注:"髀骨猶言股骨也。《醫經》亦謂之股骨。……髁者,髀與髖相按之處。人之所以能立、能行、能有力者,皆在於是,故醫經謂之機。""機"即樞紐義,股骨處於髀骨和髖骨相接之處,是腿部的運動樞紐。又《足部》:"踝,足踝也。"段注:"《釋名》曰:踝,確也。居足兩旁磽確然也。按踝者,人足左右骨隆然圜者也。在外者謂之外踝,在內謂之內踝。""髁""踝"部位不同,但外形均似頭隆骨"隆然圜者","顆之字,由冎來。"理據同。冎髁顆,見母歌部;踝,匣母歌部。

其二,由牛來。

· 173 ·

《說文·夂部》:"牪,跨步也。"牪即"跨"初文。段注"跨"字:"夂部之牪釋曰:跨步也。跨步當爲誇步,誇步者,大步也。大張其兩股曰牪。必云誇步不云大步者,牪、誇雙聲也。後人改牪作跨,《玉篇》云'牪與跨同。'其明證也。"

"夥之字,同於姅,而由牪來。"《小爾雅·廣詁》:"夥,多也。"宋翔鳳訓纂:"《說文》《廣雅》並作䍺。"《說文·多部》:"䍺,齊謂多也。"跨度和數量相因。夥,曉母歌部。牪,溪母歌部。

第三組:"課之字,由丂來。敤義亦略同,而又別牽於攷敂。"

這五個字爲溪母一聲之轉。課、敤,歌部;丂、攷,蕭部。敂,侯部。《說文·丂部》:"丂,氣欲舒出,上礙於一也。"徐鍇繫傳:"丂猶稽考之義也。""丂"出氣有障礙,猶稽考有壓力。"稽考"義同"課"字。《說文·言部》:"課,試也。""別牽於攷、敂。"《說文·攴部》:"敂,擊也。从攴句聲。讀若扣。"段注:"自扣、叩行而敂廢矣。《手部》'扣,牽馬也。'無叩字。""敂"是扣擊義本字。"叩"爲俗敂字。"攷,敂也。从攴丂聲。"段注:"攷,引伸之義爲攷課。《周禮》多作攷。他經攷擊、攷課皆作考,假借也。""敤,研治也。"桂馥義證:"或借課字。《宋書》沈約自序:少寬其工課。"《廣雅·釋詁二》:"敤,擊也。"敂擊、攷課與研治意義相因。"丂"是象形初文語源。

第四組:"窠同於空,而自丘來。"

《說文·穴部》:"窠,空也。一曰鳥巢也。在樹曰巢,在穴曰窠。"窠、空雙聲。"窠"指禽獸巢穴。《說文·木部》:"巢,鳥在木上曰巢,在穴曰窠。"段注:"窠之言空也。……今江蘇語言通名禽獸所止曰窠。"窠丘同爲溪母,窠,歌部;丘,咍部。《說文·丘部》:"丘,土之高也。非人所爲也……一曰四方高,中央下爲丘。《淮南·墬形訓》注曰:'四方而高曰丘。'象形。"又:"虛,大北也。"段注:"虛本謂大丘,大則空曠,故引伸之爲空虛。……虛訓空,故丘亦訓空。"《廣雅·釋詁三》:"丘,空也。""丘"爲"窠"音義之源。

第五組:"惟裹之字,從本聲來,而又別於卝。"

《說文·衣部》:"裹,纏也。"桂馥義證:"裹謂束縛纏繞而裹之。"《周

第二章 《說文同文》聲韻關係研究

禮‧天官‧大宰》："二曰園圃。"鄭玄注："樹果蓏曰圃。"賈公彥疏引張晏："有核曰果。無核曰蓏。"《說文‧木部》："果，木實也。"段注："引伸假借為誠實勇敢之偁。"

束縛纏繞與"木實"義象相同。故季剛先生批注："裏之字從本聲來。"

"裏"字批注："裏由卵來。"《說文‧卵部》："卵，凡物無乳者卵生。"段注："乳謂乳汁也。惟人及四足之獸有之，故其子胎生。羽蟲、鱗蟲、介蟲及一切昆蟲皆無乳汁，其子卵生。故曰凡物無乳者卵生。……卵未生則腹大，卵陰陽所合，天地之襍也。故象其分合之形。……卝，古文卵。各本無。今依《五經文字》《九經字樣》補。《五經文字》曰：卝古患反。見《詩》風，《字林》不見。又古猛反。見《周禮》，《說文》以為古卵字。《九經字樣》曰：《說文》作卝，隸變作卵。……引申之，《周禮》有卝人。鄭曰：'卝之言礦也。'金玉未成器曰卝，此謂金玉錫石之樸韞於地中。而精神見於外，如卵之在腹中也。……自其雙聲以得其義而已。"季剛先生批注："卵與卝礦讀相應。卤受於卝而與卵雙聲，然則初隻作卝甚明。"《五經文字》《九經字樣》云：'卝，《說文》以為卵字。'""裏"纏束而大，與"卵"腹大蘊陰陽義象合。同理，"顆之字，由臼來，其訓小頭也，又牽於卝。"裏，見母歌部；卵，來母寒部。

第六組："媒之字，訓媒妮，訓女侍，則由委來而出於禾；訓果敢，則即由果來。"《說文》："媒，媒妮也。一曰果敢也。一曰女侍曰媒。讀若騧若委。"段注："媒妮與旖施音義皆同，俗作婀娜。"《廣韻‧果韻》："媒，媒妮。身弱好貌。"《說文‧禾部》："禾，嘉穀也。目二月始生，八月而孰，得之中和，故謂之禾。禾，木也。木王而生，金王而死。从木从烝省，烝象其穗。"段注改為："从木，象其穗。古者造禾字，屈筆下垂以象之。""媒妮"義象同。《說文‧木部》："果，木實也。"段注："引伸假借為誠實勇敢之偁。""惈"為果敢義後起專用字。《玉篇‧心部》："惈，敢也。"禾，匣母歌部；媒、委，影母歌部。

"此諸文者，論字形，則偏旁皆同；而論聲義，乃各有所受。宋人王子韶有右文之說，以為字从某聲，即从某義，輾轉生說，其實難通。《說文》字从何聲，即从何義者，實居多數；詳後論形聲。如眾水同居一渠，而來源

· 175 ·

各異，則其繆誤自解矣。故治音學者，當知聲同而義各殊之理。"所謂"衆水同居一渠而來源各異"，是說同聲符字有不同的音義之源，上舉六組字，季剛先生用"由來""出於""牽於"找到不同的聲義之源，即形、音、義之根初文。這裡我們着重看其中的聲同條例。上列"果"聲字，不出"果"聲範圍，聲不出喉牙，韻都爲歌部。相比於聲音遷改條例，韻的要求嚴格一些。

《說文》乃"造字時之音理"[①]，"蓋《說文》形聲之同從一聲者，固皆上本造字之則，有其鰓理。古無韻書，而有聲書。六書之中有形聲，形聲即聲書也。古之用韻者皆以聲書爲定。然其轉變之方，亦無定準。何者？金、欽、禽、唫四字皆從金聲，而聲不同紐。非此四字於造字之初皆作今音，乃因古者字少，依聲托事，今之一字兼備四音，後乃各因其音造成四字，是以金、欽、禽、唫四字同從今聲而有四音也。蓋古聲有十九紐，而字無定聲；古韻有二十八部，而字無定韻。考古音者，知其所以合，又知其所以分，然後《詩》《騷》轉音之字不得闌入，而同從一聲，而讀爲一音之論亦可以不作矣。"[②]這裡結合造字之理說明上古"形聲即聲書"的道理。依聲托事造成聲符字無定聲，這就是"同一聲而義各有所因者"的根本原因。據同一聲考古音分合，可以見"依聲托事"的源流，也可以見"聲義貫通"的途徑。

四　語音之變遷

關於語音變遷，季剛先生認爲："段君言音韻當論其世，是也，而所分時代，只得大齊。音韻遷流，百年前後，即生區畛；以今驗古，足信其然。惟音用圓神，蛻代之跡，不甚明瞭；必合數百年觀之，差別始大顯耳。"[③]這裡首先肯定了段玉裁音韻隨時代遷移的觀點，其次認爲以今驗古可以知百年前後音韻遷流軌跡，跨越時代數百年通觀音用蛻代痕跡才能彰顯。在百年間共時段的語音面貌和跨越時代數百年的音變軌跡立足于音史，以今驗古以文獻材料驗證語音遷變軌跡立足於音證，以韻書韻表展現音韻體系立足於

---

① 黃侃：《黃侃論學雜著》，中華書局1964年版，第106頁。
② 黃侃述，黃焯編：《文字聲韻訓詁筆記》，上海古籍出版社1983年版，第87頁。
③ 黃侃：《黃侃論學雜著》，中華書局1964年版，第102頁。

音理。要使"入於微""音用圓神"的音韻"徵於實",這三方面缺一不可。《音韻在於史證》①:"凡一事一物,有繁難者則簡提之,固也。音韻中之講表譜學者如是耳。空言易於實證,故言音理者多。然一則失於躁而無味,一則失於虛而難求。折衷言之,當言音理而得之史證,言表譜而网之以音理也。故音韻之中約分三端:一音理,二音史,三音證。古人言學,皆不能離事而言理,餘之言音韻,就音史、音證言之,而音理在焉。蓋音韻之學重在施於訓詁,而不在空言也。"季剛先生語音變遷說即用音理、音史、音證參合佐證。

(一)"論音之變遷由於時者"

"是音之變可明者"五條:

1.以《說文》形聲偏旁論之

形聲字是音韻之根源。《推求古本音之法》:"《說文》形聲,此造字時本音,最爲可信,後世雖有變遷,不得執後以疑古。"②季剛先生利用形聲字論證語音變遷問題,從造字角度聲符字和形聲字聲音應該相同,但聲符字和形聲字常常不一致,如:

《說文·土部》:"存,恤問也。从子才聲。"朱駿聲通訓定聲:"假借又爲在。本訓當與在同,與亡爲對文。"才、在古音同爲從母咍部,"存"以"才"爲聲符,造字時讀音應與"在"同,"存"古音在從母痕韻,季剛先生按:"存,从子,才聲,此與在,一音一義也,而《詩》之存字,已入痕韻。"《爾雅·釋詁》:"徂、在,存也。""在、存,察也。"段玉裁注:"虞夏書'在'訓察,謂'在'與'伺'音同,即存問之義也。在之義古訓爲存問,今義但訓爲存亾之存。"

《詩經·鄭風·出其東門》:"出其東門,有女如雲,雖則如雲,匪我思存。縞衣綦巾,聊樂我員。"這一小章,句句押韻。"存"由造字時之咍韻在《詩經》中轉爲痕韻。

《說文·一部》:"元,始也。从一兀聲。"又《厂部》:"厵,水泉本,从灥出厂下。""元"是元氣之始,"原"是水泉之始,二字古音同爲疑母寒

---

① 黄侃述,黄焯編:《文字聲韻訓詁筆記》,上海古籍出版社1983年版,第149頁。
② 同上書,第143頁。

部。季剛先生按："元，从一，兀聲，此與原異義也，而經傳多用爲同字。"《易·繫辭上》："原始及終。"惠棟述："原者，元也。"《釋名·釋地》："原，元也，如元氣廣大。""元"以兀爲聲，通用而由沒部轉爲寒部。

《論據說文以考古音之正變上》舉了更多的例子："如裸，从果聲，而讀古玩反，是由歌轉寒。朏，从比聲，而讀步因反，是由灰轉先。玟，从文聲，痕也，而轉灰，讀莫杯反。艿，从乃聲，咍也，而轉登，讀若乘反。"

以上例證基於季剛先生"一字多音說"，造字時形聲字與聲符字本應同音，但如《字音之起源》所說"同一聲而義各有所因"，聲符字多通假，導致形聲字音變。通假"或以聲同，或以音近，或以音轉，由此可得極多證佐，亦音證最富最美之材料也。……通假者，有以聲音通假者，有以韻通假者"。以上例字才、存一聲咍痕相轉，兀、元平入相轉。

一字多音，同一聲符的形聲字會有不同音類。如《論據說文以考古音之正變上》所引"多"聲、"爲"聲的形聲字：

"多之爲聲，兼入喉、舌"：移、誃、栘、迻皆從多聲而入影；哆、疼，則入端；胗、侈、跢、誃、袳、垑，則入穿。

"爲之爲聲，兼入喉、牙"：蔿、蔿、癁、闈，皆從爲而入爲；隓、撝，則入曉；䁂，則入見；譌、偽，則入疑。

一字多音說避免了古音學發展過程中的偏執："執字有定音，拘於韻部，偶有異同，則別立名目；是故有叶音之說，有合聲之說。其煩碎者，又多立稱號，徒使人眩亂而不得其真。"這也爲同聲符字的異讀提供了理論支撐。

2."《詩》之龍字，皆在東韻，而《楚辭》以韻遊；以音理言之，猶農有襛音。是戰國時，楚音有此，今我荊湖南北皆無此音。"

《楚辭》押韻乃戰國時楚音，龍字古音來母東部，遊字古音喻母蕭部，《楚辭·天問》："焉有虬龍，負熊以遊？"龍、遊對轉，是方言導致的鄰韻通押。所謂"農有襛音"是說因爲假借，造字時同聲符字不再同音。"襛"古音泥冬。《說文·水部》："禯，衣厚兒。"段注："凡農聲之字皆訓厚。醲，酒厚也。濃，露多也。禯，衣厚兒也。"《說文·犬部》："獴，犬惡毛也。从犬農聲。"《爾雅·釋獸》："旄毛。"郭璞注："旄，毛獴長也。獴，多毛犬也。"《廣韻·冬韻》："多毛犬也。又乃刀切。"《廣韻》的又音來源於假

第二章 《說文同文》聲韻關係研究

借。《集韻·爻韻》："獿，通作猺。"《詩·齊風·還》："子之還兮，遭我乎猺之間兮。"毛傳："猺，山名。"陸德明釋文："《說文》云：'猺山，在齊。'""獿"古音泥冬。猺，古音泥蕭，二字之間的語音關係等同于《楚辭》中以龍韻遊，是以戰國時楚地方音入韻，"今我荆湖南北皆無此音"，說明方音的歷史層次性。

3. "《方言》所載楚語，今多不存，而今之楚語，多爲《方言》所稱他國之語。"

《方言》卷十三："箄籅筲笞，籚也。江沔之間謂之籅，趙代之間謂之笞，淇衛之間謂之井𦊓，籚，其通語也。籚小者，南楚謂之簍，自關而西秦晉之間謂之箄。今江南亦名籠爲箄。籠，南楚江沔之間謂之篣今零陵人呼籠爲篣，音彭。簏，南楚謂之筲，今建平人呼筲爲鞭鞘。趙魏之郊謂之去簏。"

籚，戴震《方言疏證》改爲"籚"，《說文·竹部》："籚，飲牛筐也。从竹廬聲。方曰筐，圜曰籚。"《廣雅·釋器》："筲，簏也。"王念孫疏證："簏即笞字也。"《說文·竹部》："笞，䈰也。"《詩經·周頌·良耜》："載筐及笞，其饟伊黍。"《說文·皿部》："盧，飯器也。从皿虍聲。"段注："凵部曰：凵盧，飯器，以柳爲之。《士昏禮》注曰：'筲，竹器而衣者，如今之笞、筥籚矣。'笞、筥籚二物相似，筥籚即凵盧也。《方言》：'簏，趙魏之郊謂之去簏。'注：'盛飯笞也。'錢氏大昕曰：'去簏即凵盧也。'"

季剛先生所謂"《方言》所載楚語，今多不存，多爲《方言》所稱他國之語"，有兩種含義，一指楚地和其他地域方言的交融痕跡，如楚地稱籠爲篣，郭璞注爲零陵人語。零陵在今湖南永州。簏，楚人稱筲，建平人音鞭鞘，南北交融痕跡如秦晉之間籅謂之箄，郭璞注江南亦名籠爲箄。二指方言之間的差別，或因音造字，如籚笞簏籚、筲䈰等；或單音和複音差別，如楚人"筲"和建平音"鞭鞘"，趙魏之郊謂"簏"爲去簏。

4. "不易紐韻，而徒以音之輕重表意者。"

"漢人則厚薄、主簿有分，簿即薄字之變。"薄，並模；簿，《廣韻》裴古切，上姥並。

《說文·艸部》："薄，林薄也。"段注："林木相迫不可入曰薄，引伸凡相迫皆曰薄，如外薄四海、日月薄蝕皆是。傍各、補各二切同也。相迫則無閒可入，凡物之單薄不厚者亦無閒可入，故引伸爲厚薄之薄。"《周禮・天官・序官》："司書上士二人。"鄭玄注："司書，主計會之簿書。"賈公彥疏："古有簡册以記事，若在君前，用笏記事。後代用簿。簿，今手版。"《漢書・周勃傳》："隸簿責亞夫。"顏師古注引如淳曰："簿，音主簿之簿。"《釋名・釋書契》："笏，或曰簿。言可以簿疏物也。"畢沅疏證："簿，俗字也。簿與薄相通。據漢《夏承碑》：爲主簿督郵。……古薄字皆从艸明矣。然諸史書並从竹，如籍、藉之類，亦互相通。"

"茶毒、茶遲有分。"茶，定模；舒，審模。

《說文・艸部》："茶，苦茶也。"《詩・大雅・桑柔》："寧爲茶毒。"朱熹集傳："茶，苦菜也。味苦氣辛，能殺物，故謂之茶毒也。"《禮記・玉藻》："諸侯茶。"鄭玄注："茶，讀爲舒遲之舒。"《說文・予部》："舒，伸也。"段玉裁注："經傳或假茶。"《周禮・考工記・弓人》："豐肉而短，寬緩以茶，若是者，爲之危弓。"鄭玄注："茶，古文舒假借字。"

"無爲、相爲有分。"無爲，爲母歌部。相爲，《廣韻》於僞切。去寘云。

《說文・爪部》："爲，母猴也。"段注："假借爲作爲之字，凡有所變化曰爲。"《易・繫辭上》："易，無思也，無爲也，寂然不動，感而遂通天下之故。"孔穎達疏："任運自動，不須營造，是無爲也。"《廣韻・寘韻》："爲，助也。於僞切。"《詩・大雅・鳧鷖》："福祿來爲。"鄭玄箋："爲猶助也。"《呂氏春秋・審爲》："則不知所爲矣。"高誘注："爲謂相爲之爲。"《韓非子・有度》："釋公行，行私術，比周以相爲也。"《論語》："爲人謀而不忠乎？"《助字辨略》："此爲字，猶與也。凡心向其人曰爲。"

"相與、干與有分。"與，喻母模部。《說文・舁部》："與，黨與也。"《史記・淮陰侯列傳》："此二人相與，天下至驩也,《史記・項羽本紀》："相與交善爲與國。黨與也。"由黨與義引申虛化爲虛詞。《助字辨略》卷三："相與者，比合之詞。"《廣韻・禦韻》："與，參與。""干與"義由此引申。借爲豫、預。《漢書・薛宣傳》："多與郡縣事。"顏師古注："與讀曰豫。豫，干也。"又《灌夫傳》："且灌夫何與也。"顏師古注："與，讀曰預。預，干也。"《資治通鑒・魏紀七》："干與政事。"胡三省注："干與，讀爲預。"

"奇偉、奇偶有分。"奇偉，群母歌部；奇偶，見母歌部。

· 180 ·

第二章 《說文同文》聲韻關係研究

《說文·大部》:"奇,異也。一曰不耦。"段注:"不群之謂。奇耦字當作此。今作偶,俗。按二義相因。从大从可。會意。可亦聲。古音在十七部。今音前義渠羈切,後義居宜切。"所謂相因,即音義貫通。

"旅祭、旅陳有分。"旅臚,來母模部。

《說文·从部》:"旅,軍之五百人。"段注:"引伸之義爲陳。"《論語·八佾》"季氏旅於泰山"劉寶楠正義:"蓋古者祭山之法,先庪縣而後埋之,故祭山又名旅。旅,臚陳之也。"《漢書·郊祀志上》:"旅於泰山"顏師古注:"旅,陳也,陳禮物而祭之也。"後作祣。《玉篇·示部》:"祣,祭名。《論語》作旅。"《韻會》:"祣,經傳通作旅。傳寫訛耳。義當從示。"

以上諸例,爲一字多詞多音。一字多詞,或源於假借,或源於引申。所謂"不易紐韻,而徒以音之輕重表意者"主要表現在聲調上,如厚薄字平聲,主簿字去聲;無爲字平聲,相爲字去聲;相與字平聲,干預字去聲。荼毒字與荼遲字、奇偉字與奇偶字是全濁聲母字和清聲母字聲調差別,今音爲陰平和陽平的差別。季剛先生謂"即四聲成立之漸",指四聲與以聲音輕重區別意義有關。《聲韻學筆記·四聲之起源》:"古用輕重音以表意義之所在,是爲四聲之起源。""輕重音之分,以意義有所主。(西文每有同一字以輕重音不同而異義。今之語言亦有抑揚,亦所以示意之所重。)由於意義有分者多,故音每歧出。"[1]

5. "古有平、入而已,其後而有上、去。"

黃季剛將古本音聲調與《廣韻》今音聲調相比,得出論斷:"(古)唯有平、入二聲,上爲平變,去爲入變。古讀入聲輕,故可混陰聲;後世讀入聲重,故韻書皆以爲陽聲之重聲。"[2]並以《詩經》押韻加以佐證。《詩音上作平證》[3]在分列《詩經》平上相押韻例基礎上並進行匯總,得出"上作平表",統計上古非入聲十八個韻中,除"冬""登"二韻外,都存在平上相押。"更以偏旁證之,聲母聲子全在上聲者甚少。以通假證之,今上聲字古往往與平

---

[1] 黃侃述,黃焯編:《文字聲韻訓詁筆記》,上海古籍出版社1983年版,第96、97頁。
[2] 同上書,第96頁。
[3] 黃侃:《黃侃論學雜著》,中華書局1964年版,第174頁。

聲通。"①"音之有輕重，本于自然，其結果則有四聲之分。"②

（二）論音之變遷由於地者③

第一，季剛先生闡明音由地異的狀況。分爲兩個層次。

第一層，區分自然之音和俗變之音。

"往者輶軒之使，巡遊萬國，采覽異言；良以列土樹疆，水土殊則，聲音異習，俗變則名言分；王者同文，而自然之聲，不能以力變也。"聲音異習，與地域水土風氣相關，如《漢書·地理志》云："民有剛柔緩急音聲不同，繫水土風氣，故謂之風。"俗變之音與異制異俗相關，如《王制》云："廣谷大川異制，民生其間者異俗。"

第二層，水土風俗與音聲之間的關係，《淮南王書》云："清土多利，重土多遲；清水音小，濁水音大。"說明水土輕重清濁和方言的緩急高低強弱有關。

第二，舉例說明方國之語一字隨地異讀狀況，有兩種表現。

其一，"大氐一聲之轉變而別制字形"。

故《淮南王書》"元澤"注曰："元，讀如常山人謂伯爲元原作穴之元。"《淮南鴻烈解》卷四："東南方曰具區，曰元澤。"高誘"元"下注"穴"字。清杭世駿《續方言》卷上引許慎《淮南子·地形訓》注："常山人謂伯爲穴。"宋高似孫《緯略·八紘八極》卷十一引《淮南子》曰："南方曰具區，曰穴澤。"元，疑寒；穴，匣屑。二字聲紐同類。《淮南王書》"元澤"之"元"爲"穴"之音訛。常山人方言中"伯"是入聲字，讀如"穴"。元、穴是同類雙聲，符合"一聲之變轉"，但並非別制字形，而是以已有的字作爲記音符號。《與人論小學書》："音轉者，即雙聲相轉，亦即對轉旁轉也。"④韻轉之變屬於黃季剛變易條例中的第五種，聲轉韻轉變易："聲轉之變，由於方言；韻轉之變，本乎方音。"⑤

方音記錄的是地域音變，是改變了的語音，是音的層面，方言則是不同

---

① 黃侃述，黃焯編：《文字聲韻訓詁筆記》，上海古籍出版社1983年版，第98頁。
② 同上書，第97頁。
③ 黃侃：《黃侃論學雜著》，中華書局1964年版，第103頁。
④ 同上書，第163頁。
⑤ 黃侃述，黃焯編：《文字聲韻訓詁筆記》，上海古籍出版社1983年版，第31頁。

· 182 ·

第二章 《說文同文》聲韻關係研究

的詞語記錄同一意義，是詞的層面。《以聲韻求訓詁之根源》：" 聲訓者，根乎方音之不同；義訓者，根乎方言之不同。蓋一字而南北異讀，方音之異也；一義而東西異稱，方言之異也。故推其生聲之由，則本乎方音之異，推其生義之由，則本乎方言之異。"①

韻轉體現方音之異，例如：

《說文·乙部》："乙，燕燕，乙鳥也。齊魯謂之乙。取其鳴自謼。象形也。"段注："燕之鳴如云乙。燕乙雙聲。《莊子》謂之鷾鴯，鷾亦雙聲也。既得其聲而像其形，則爲乙。燕篆像其籋口、布翄、枝尾，全體之形。乙篆像其於飛之形。故二篆皆曰象形也。乙象翅開首竦，橫看之乃得。" 乙，影曷；燕，影寒。二字雙聲韻轉。"乙""既得其聲而像其形"是齊地模擬燕聲並外形簡筆輪廓造字。

《說文·辵部》："適，之也。""逝，往也。"段玉裁於二字下分別注"適，宋魯語也。""逝，秦晉語也。"華學誠案："逝，古音禪母月部；適，古音書母錫部。其音之別乃秦晉與宋魯方音之別，實爲一詞。"②

《說文·言部》："譇，譇詉也。"段注："《方言》：' 㘌哰，譇詉，拏也。'東齊周晉之鄙曰㘌哰，㘌哰亦通語也。南楚曰譇詉，……譇詉皆雙聲。"㘌哰、譇詉爲雙聲連綿字，"中國文字之連語，亦可隨舉一義以表義，如參差、窈窕皆可單用，而其義仍無別異。"③譇爲單音，譇詉、㘌哰均複音詞。"中國語言爲單音，故必以形體爲主。……何爲單音？即一音之發，可表一義，不必雜比二音以上始可表義也。其有例外，必由外國語轉化而來，如《說文》玉部珊瑚、璧珋是也。"所謂單音，以形體爲主，指漢語是音節語素文字，一個音節對應一個語素，譇詉、㘌哰同外語借詞以音節記音，屬於雙音節語素，音節連綴表示一個完整意義。四個音節均爲來母。爲不同的方言地區音轉所造新字。

聲轉體現方言之異，例如：

《說文·多部》："誃，齊謂多也。"段注："《方言》曰：大物盛多，齊

---

① 黃侃述，黃焯編：《文字聲韻訓詁筆記》，上海古籍出版社1983年版，第194頁。
② 華學誠：《揚雄方言校釋匯證》，中華書局2006年版，第47頁。
③ 黃侃述，黃焯編：《文字聲韻訓詁筆記》，上海古籍出版社1983年版，第56頁。

· 183 ·

宋之郊、楚魏之際曰䴔。"多，端母歌部；䴔，曉母歌部。

《說文·又部》："叜，老也。"段注："疊韻。《方言》曰：俊、艾，長老也。東齊魯衞之閒，凡尊老謂之俊，或謂之艾。"叜，心母蕭部；老，來母蕭部。

《說文·木部》："㮰，㮯也。秦名屋㮯也，周謂之㮰，齊魯謂之桷。""㮯"下云"㮰也，㮯方曰桷。"段注："桷之言棱角也。㮯方曰桷，則知桷圜曰㮯矣。""角、桷"同爲見母屋部，"㮯"澄寒，古音定母寒部，"圜"匣母寒部，角、桷同源，㮯、圜同源，桷、㮯各有生義緣由。二字韻部旁對轉，但聲紐一爲牙音，一爲舌音，相差較遠。

根據季剛先生的界定，韻轉是方音，聲轉是方言，故燕乞、逝適、嘞哶與誰誰是同詞異音，多䴔、老叜、桷㮯是同義轉語詞。

其二，"其同形字者，又往往異其發音。"

《漢書》名"昧蔡"服注："蔡讀楚言蔡。"

《漢書·李廣利傳》："故時遇漢善者名昧蔡，爲宛王。"服虔曰："蔡音楚言蔡。"師古曰："昧音本末之末，蔡音千曷反。"蔡，清母曷部。

《說文》："蓲，沛人言若盧。"

《說文·鹵部》："蓲，鹹鹵也。从鹵，㘔省聲。沛人言若盧。"段注："邮郡鄒縣，字本作鄘，其土音讀在何切。鹵之讀如此也。"又《虍部》："盧，虎不柔不信也。从虍且聲，讀若鄘縣。"段注："沛人言鄘若昨何切，此方言之異。而盧讀同之。"

《釋名》："風，豫司兗冀橫口合脣言之，風，氾也；青徐踧口開脣推氣言之。風，倣也。"這裡涉及三組語音描寫術語，一是橫口踧口，二是開合口，三是推氣，說明豫司兗冀和青徐不同的發音特點。王先謙引葉德炯觀點，橫口合脣，爲西域重脣音讀法，踧口開脣推氣，爲西域輕脣音讀法。現代學者主要從聲紐發音方法和韻尾進一步解讀。王玉堂認爲"橫口合脣"指的是雙脣塞音，"踧口開脣推氣"指雙脣擦音。[1]周祖謨認爲："疑前者讀b-m，後者讀φ-ng。"[2]

---

[1] 王玉堂：《王玉堂語言文字學研與書畫集》，湖南師範大學出版社2012年版，第136頁。
[2] 周祖謨：《周祖謨語言文史論集》，浙江古籍出版社1988年版，第110頁。

第三，說明方言流變的因素和結果。

"然昔人於方言，有效仿譏訶二途。"方言之間交融，始於效仿，"衛出公之效夷言"是北人效仿吳地語言，"吳夫差云好冠來"是南人效仿中原語音，通過仿效，語言逐漸融合，這是一種接受的態度，"以效仿之故，方言往往易於轉化"。"《孟子》所云置之莊嶽"，是說語言環境對學習的重要性，母語環境有利於學習語言。"譏訶"是一種排斥態度，如不同地域的方言，會被正統思想的人視為粗俗，尤其是夷族未開發地的"南蠻鴃舌之音"，孟子斥之，不僅僅是因為其語言象伯勞鳥叫一樣不中聽，更重要強調的是一種文化落差，在儒家學者看來，偏遠未開發地域的文化怎能與源遠流長的中原正統文化相提並論呢！"以譏訶之故，令人言語向慕正音，而其所質終有不可變者存也。"這種譏訶是建立在儒家正統思想的基礎上，從語言上確立標準，即"正音"，這就是語言規範的基礎。"不可變"之質即指正音，即各代標準語，雅言。

第四，說明語音地域分界，南北為其大介。

季剛先生引用《經典釋文·序錄》云："方言差別，固自不同；河北江南，最為鉅異；或失在浮清，或滯于沈濁。"這是說南北方言之間的差別主要表現在語音的輕重清濁上。這些差別從不同地域方言的聲調上可以體現出來。又引《切韻序》云："吳、楚則時傷輕淺，燕、趙則多傷重濁，秦、隴則去聲為入，梁、益則平聲似去。""南北朝時南人能辨佳皆北人不能分[1]，今則南人不辨歌戈而北人能分之，以今言之，佳為齊之眷屬，皆為灰之眷屬，古音系統不同也。"這裡不僅說明讀音南北差異，而且說明古今音體系不同。

季剛先生在《音略》今聲發音法下引《官音正誤》[2]從官方規範的角度揭示出方言和古音之間的關係。"官音者，今所謂普通之音也。今誤尚爾，則方言可知。"所謂"官音之誤"季剛先生在《注音字母之弊》有具體闡釋："注音字母，始于勞乃宣，而勞本于空谷傳聲。凡共同之聲韻，非立一地之言以為標準。乃合各地參次而合之者也。長孫納言謂《切韻》酌古沿今無以加也。蓋酌古則可見向來系統不亂，沿今則可以通行天下。今日之注音字母

---

[1] 黃侃述，黃焯編：《文字聲韻訓詁筆記》，上海古籍出版社1983年版，第124頁。
[2] 黃侃：《黃侃論學雜著》，中華書局1964年版，第68頁。

乃去、入聲以就北音，又以喉牙不分，此則以意爲之，不足取也。北音鹿六屋綠濁分別甚至，《廣韻》亦分爲二韻，在注音字母內三字讀爲吳音，此豈能以一二江浙之士定天下之語乎？"元魏孝文時禁其種人用代語鮮卑語，李沖曰："九州之音，竟知誰是？帝者所居，即爲正音。"教曰："沖之所言，罪合萬死。"孝文死時只三十三歲，竺守鄭學，過於經生。此在專制時代尚不敢爲之事，而今爲之，豈非愚妄之極乎？①

《官音正誤》對全濁聲母的讀音，分兩個角度進行南北比較說明。

第一個角度，是全濁音發音特點，季剛先生認爲南方讀同送氣濁音是正確的。

定：北音上去讀爲端之濁，誤；南方讀爲透之濁，不誤。

從：其上去聲北音爲彼之精之濁，誤；南方讀从此之清之濁，不誤。

並：北音上去聲讀爲幫濁，誤；南音讀爲滂濁，不誤。

第二個角度，今變音中全濁音讀，應當讀變音類中送氣濁音。

澄：或讀從床母，誤。北音上去聲讀從彼之知之濁，誤；南音讀從此之徹之濁，大體不誤。

神：或溷禪母，或溷床母，皆誤。其上去聲北音溷彼之照之濁，誤；南方溷此之穿之濁，大體不誤。

床：或溷從母，或溷澄母，皆誤。又上去聲北音讀爲彼之莊之濁，誤；南音讀爲此之初之濁，大體不誤。

第五，說明朝代更迭、人口流動導致的雅俗之變和方言交融。

雅俗之變指方言的正、俗，正爲雅正，多與執政者所處的地域相關。"南土之音，轉爲雅正"指永嘉之亂，中原入夷之後，以江南音爲雅正，楚語爲方語。視北朝人士爲音辭鄙陋者。《顏氏家訓·音辭篇》："考覈古今，謂之折中，權而量之，獨金陵與洛下耳。"②金陵與洛下即南、北二都，這句話綜合考察政治、經濟、文化各種因素，確立了魏晉時期的標準音，即以金陵音爲南音之正，洛陽音爲北音之正。季剛先生對此提出異議："此語却未盡然。徒以金陵南國之都、洛下爲北虜之都故耳。而南染吳越、北雜夷虜，皆有深

---

① 黃侃述，黃焯編：《文字聲韻訓詁筆記》，上海古籍出版社1983年版，第141頁。
② 同上書，第167頁。

弊,不可具論。"①進而各舉其"謬失輕微者",說明南人誤在聲類,北人誤在韻類。

南人之誤如:以賤爲羨。賤,從母字,慈衍反;羨,邪母字,似面反。今同在線韻。賤羨今吳語混同,仄聲濁音字,今以江西音爲準。

北人之誤如:以恕爲戍。此韻之訛。恕商署反,戍傷遇反。此魚虞不分也。同在審母。

言"誤"必有標準,此標準即爲南北音的特色發音。季剛先生認爲不應以地域政治地位爲音的標準。不同地域"各有土風,遞相非笑","此陸氏《切韻》兼論南北古今通塞之旨"。②

"因地殊音之理,終古不易也。"是說語言的地域差別,自古存在。語言接觸和交融,會使方言之間的差異逐漸縮小。如《顏氏家訓·書證》所載:"岐山當讀爲奇,江南音衹,江陵陷沒,此音遂被關中,今則舉國讀音,奇、衹無別。"地域語言交融,導致一些地域特色語音的變化,如"今日北音之入聲似去,吾楚之濁聲上、去無別"。

第二節 《說文同文》音同關係考察

聲音有音同、音近、音轉之異是黃季剛先生在總結古人訓詁實踐的基礎上進一步明確的。在《與人論小學書》中季剛先生談到王念孫疏通《廣雅》、郝懿行疏通《爾雅》皆以音理貫穿訓詁:"其言音同、音近、音轉三者,最爲閎通。"③在《求本字捷術》中也談到古人求本字者,"有音同、音近、音轉三例,至爲閎通。"④在《訓詁學成立之原因》季剛先生談到小學所以研究形音義三者之變:"是故文字有本字假借字之分,義訓有本義引申義

---

① 黃侃述,黃焯編:《文字聲韻訓詁筆記》,上海古籍出版社1983年版,第167頁。
② 同上。
③ 黃侃:《黃侃論學雜著》,中華書局1964年版,第162頁。
④ 同上書,第359頁。

假借義之別，聲音與義訓同符，亦有音同、音近、音轉之異。"①

　　季剛先生對音同關係進行分類："音同有今音相同、古音相同二例：今音相同者，謂于《唐韻》《切韻》中爲同音，此例最易了。古音相同者，必須明于古十九紐之變，又須略曉古本音。譬如塗之與除，今音兩紐，然古音無澄紐，是除亦讀塗也；又如罹之與羅，今音異韻，然古音無支韻，是罹亦讀羅也。"塗，定紐模部，除，澄紐模部；古無舌上音，澄紐爲變聲，古讀爲定紐。羅，來紐歌韻，罹，《廣韻》呂支切，來紐支部平聲，古韻歌部。季剛先生所舉這兩例側重于溝通古今音，雖然今音不同，但古音相同。這就要求明曉古今音體系，同時通古今流變。

　　《說文同文》共有音同 166 條，分爲三種情況：

　　第一種，讀音完全相同，又分爲兩種情況：

　　一古本音同，如【苗同曲】，兩字均溪母屋韻。共 119 條。

　　二今變音同，如【訡同競】，兩字均群母唐韻，爲今變音相同。共 36 條。

　　第二種，古本音同，今變音不同。如【䑋與孃同】，"䑋"日母唐韻，孃娘母唐韻，兩字古本音均泥母，有 3 條。

　　第三種，古本音與今變音同。如【藩同華】，"華"幫母寒韻，"藩"非母寒韻，古無輕唇音，非母古讀如幫母。共 8 條。

　　現分別列舉如下。

一　讀音全同

（一）古本音同

【丕同嚭】丕（滂咍）嚭（滂咍）

【茅薿同莪】茅（明蕭）薿（明蕭）

【菜同朿莿】菜（清錫）朿（清錫）莿（清錫）

【苗同曲】苗（溪屋）曲（溪屋）

【犅同犅】犅（見唐）犅（見唐）

---

①　黃侃述，黃焯編：《文字聲韻訓詁筆記》，上海古籍出版社 1983 年版，第 182 頁。

第二章 《說文同文》聲韻關係研究

【㸤同牂】㸤（來曷）牂（來曷）

【䩞同䋟】䩞（並德）䋟（並德）

【㙛同𪓿】㙛（幫模）𪓿（幫模）

【唏別義同欷】唏（曉灰）欷（曉灰）

【嘒同譓】嘒（曉曷）譓（曉曷）

【启同開闓】启（溪灰）開（溪灰）闓（溪灰）

【䟤同逯】䟤（來屋）逯（來屋）

【㘽同㡭】㘽（精齊）㡭（精齊）

【踞同居】踞（見模）居（見模）

【徬同傍】徬（並唐）傍（並唐）

【謌同愲】謌（見模）愲（見模）

【警同儆】警（見青）儆（見青）

【託同侂】託（透鐸）侂（透鐸）

【評同諻】評（曉模）諻（曉模）

【誒同欸譆】誒（曉咍）欸（曉咍）譆（曉咍）

【辛同愆】辛（溪寒）愆（溪寒）

【鞮同䟡】鞮（端齊）䟡（端齊）

【鞅同繮】鞅（影唐）繮（影唐）

【㵽同鍊】㵽（來寒）鍊（來寒）

【孜同孳】孜（精咍）孳（精咍）

【敗同退】敗（並曷）退（並曷）

【爻同殽】爻（匣豪）殽（匣豪）

【㝱同覵。又同暔】㝱（曉寒）覸（曉寒）暔（曉寒）

【睨同倪覞】睨（疑齊）倪（疑齊）覞（疑齊）

【眊同瞀。又同媢】眊（明蕭）瞀（明蕭）媢（無）

【眈同瞀】眈（端蕭）瞀（端蕭）

【者同諸】者（照模）諸（照模）

【羿同弓】羿（疑青）弓（疑青）

【羣同宭】羣（群痕）宭（群痕）

【殘同戔】殘（從寒）戔（從寒）

【胜同臊】胜（清曷）臊（清曷）

【簾同槏】簾（來添）槏（來添）

【箷同匵】箷（心寒）匵（心寒）

【哥同歌】哥（見歌）歌（見歌）

【虍同虎】虍（曉模）虎（曉模）

【盌同䀀】盌（影寒）䀀（影寒）

【盦同罯】盦（影覃）罯（影覃）

【从同网】从（來唐）网（來唐）

【罅同墟】罅（曉模）墟（曉模）

【藁同藾】藁（來灰）藾（來灰）

【枸同蒟】枸（見侯）蒟（見侯）

【欒同棟】欒（來寒）棟（來寒）

【楛與䇻同】楛（見蕭）䇻（見蕭）

【檍同橞】檍（影德）橞（影德）

【樑同㭱】樑（來歌）㭱（來歌）

【枯同殏】枯（溪模）殏（溪模）

【構同冓】構（見侯）冓（見侯）

【杇同汙】杇（影模）汙（影模）

【機同幾】機（見灰）幾（見灰）

【團同摶】團（定寒）摶（定寒）

【因同裀】因（影先）裀（影先）

【固同冱】固（見模）冱（見模）

【貣同貸】貣（透德）貸（透德）

【齃同齅】齃（匣東）齅（匣東）

【月同外】月（疑曷）外（疑曷）

【昆同掍】昆（見痕）掍（見痕）

【梨同莉】梨（來曷）莉（來曷）

【宋同俶】宋（從蕭）俶（從蕭）

第二章 《說文同文》聲韻關係研究

【㝱同癮】㝱（影曷）癮（影曷）

【完同俒】完（匣寒）俒（匣寒）

【啎同啎】啎（疑模）啎（疑模）

【窔同突】窔（影曷）突（影曷）

【冣同聚】冣（從侯）聚（從侯）

【㡎同襤】㡎（來忝）襤（來忝）

【昫同煦】昫（曉侯）煦（曉侯）

【御同馭】御（群鐸）馭（群鐸）

【卬同仰】卬（疑唐）仰（疑唐）

【裯同裻】裯（端蕭）裻（端蕭）

【歎同嘆】歎（透寒）嘆（透寒）

【㾐同涼】㾐（來唐）涼（來唐）

【頷同頋】頷（匣覃）頋（匣覃）

【頿同悴】頿（從沒）悴（從沒）

【敬同憼】敬（見青）憼（見青）

【𩨂同𨐬】𩨂（幫錫）𨐬（幫錫）

【㜘同娞】㜘（來侯）娞（來侯）

【碎同瓾】碎（心沒）瓾（心沒）

【磊同砢】磊（來歌）砢（來歌）

【豤同齦】豤（溪痕）齦（溪痕）

【類同䫞】類（來灰）䫞（來灰）

【炈同敦】炈（見豪）敦（見豪）

【燋同焦】燋（精蕭）焦（精蕭）

【熛同票】熛（幫豪）票（幫豪）

【㷖同舛猌】㷖（來先）舛（來先）猌（來先）

【㤲同㥈】㤲（清曷）㥈（清曷）

【忕同忲】忕（透德）忲（透德）

【忍同㥩】忍（疑曷）㥩（疑曷）

【惹與誑同】惹（見唐）誑（見唐）

· 191 ·

【慅同騷】慅（心蕭）騷（心蕭）
【䛐同褻】䛐（心曷）褻（心曷）
【紕葢同絣】紕（幫灰）絣（幫青）
【㗘同㗘】㗘（幫錫）㗘（幫錫）
【垓同晐】垓（見咍）晐（見咍）
【漻同廫謬】漻（來蕭）廫（來蕭）謬（來蕭）
【淺同俴】淺（清寒）俴（清寒）
【派同𠂢】派（滂錫）𠂢（滂錫）
【溟同䨕】溟（明錫）䨕（明錫）
【瀎同搣】瀎（明曷）搣（明曷）
【〢同活】〢（見曷）活（見曷）
【䨲同毚】䨲（精忝）毚（精忝）
【霽同霎】霽（精灰）霎（精灰）
【魚同鯗】魚（疑模）鯗（疑模）
【聘同娉】聘（滂青）娉（滂青）
【抆同揗】抆（明痕）揗（明痕）
【搹同搤】搹（影錫）搤（影錫）
【壚同怚】壚（精模）怚（精模）
【奸同姦】奸（見寒）姦（見寒）
【綑同縶】綑（匣寒）縶（匣寒）
【鱎同𩵋】鱎（溪豪）𩵋（溪豪）
【勍同倞】勍（群唐）倞（群唐）
【鏝同槾】鏝（明寒）槾（明寒）
【鍊同湅煉】鍊（來寒）湅（來寒）煉（來寒）
【鈇同斧】鈇（非模）斧（非模）
【輦同連聯】輦（來寒）連（來寒）聯（來寒）
【隙同㕧】隙（溪鐸）㕧（溪鐸）

（二）今變音同

【䔧同移】䔧（喻歌）移（喻歌）

第二章 《說文同文》聲韻關係研究

【叺同呻】叺（審先）呻（審先）

【趯同躍】趯（喻沃）躍（喻沃）

【𧽯同懇】𧽯（喻模）懇（喻模）

【趠同逴】趠（徹沃）逴（徹沃）

【逾同踰】逾（喻侯）踰（喻侯）

【疋同疏】疋（疏模）疏（疏模）

【躓同壹】躓（知屑）壹（知屑）

【跾同倏】跾（審蕭）倏（審蕭）

【㣚同踵】㣚（照東）踵（照東）

【𨄔同躍】𨄔（群模）躍（群模）

【諈同娷】諈（知歌）娷（知歌）

【誩同競】誩（群唐）競（群唐）

【讏同饘】讏（照寒）饘（照寒）

【爪同掌】爪（照唐）掌（照唐）

【敕同飭】敕（徹德）飭（徹德）

【睒同規】睒（審添）規（審添）

【箾同𥳑別義】箾（疏豪）𥳑（疏豪）

【𧆐《玉篇》同㿻】𧆐（澄模）㿻（澄模）

【鈕同粗】鈕（娘蕭）粗（娘蕭）

【甬同用】甬（喻東）用（喻東）

【柸同杖】杖（澄唐）柸（澄唐）

【貦同員】貦（爲員（爲痕）

【貯同寧】貯（澄模）寧（澄模）

【旆同旛】旆（敷寒）旛（敷寒）

【旒同游】旒（喻蕭）游（喻蕭）

【移同䔟】移（喻歌）䔟（喻歌）

【屍同屍】屍（審先）屍（審先）

【䚻同欲】䚻（喻侯）欲（喻侯）

【臭同殠】臭（穿蕭）殠（穿蕭）

【洰同汜】洰（邪咍）汜（邪咍）
【蟠同䗚】蟠（奉寒）䗚（奉寒）
【𢦏同惑】𢦏（爲德）惑（爲德）
【涿同𣆯】涿（知屋）𣆯（知屋）
【緣同掾】緣（喻寒）掾（喻寒）
【椒同俶】椒（穿蕭）俶（穿蕭）

二　古本音同，今變音不同

【示同䄏】示（神没）䄏（禪痕）
【膿与孃同】膿（日唐）孃（娘唐）
【繕同組】繕（禪寒）組（澄寒）

三　古本音與今變音同

【采同番】采（並寒）番（奉寒）
【銜同棧】銜（從寒）棧（床寒）
【翳同儔】翳（定蕭）儔（澄蕭）
【籓同㠿】籓（非寒）㠿（幫寒）
【眰同褃】眰（疏模）褃（心模）
【悠同悥】悠（喻蕭）悥（影蕭）
【混同沄】混（影痕）沄（爲痕）
【鼉同鱓】鼉（定寒）鱓（禪寒）

第三節　《說文同文》音近關係考察

《與人論治小學書》談到古人以音韻治訓詁，有音同、音近、音轉："音近者，即疊韻相轉。"① 《求本字捷術》談到古人求本字有音同、音近、音轉

---

① 黃侃：《黃侃論學雜著》，中華書局 1964 年版，第 163 頁。

第二章 《說文同文》聲韻關係研究

三例:"音近者,謂同爲一類之音;如見溪與群疑音近,影喻與曉匣音近;古者謂之旁紐雙聲。"① 由此看出,"音近"即季剛先生在《古聲韻古本音概略》②中提到的"聲轉韻則不轉","韻不轉"是探求"聲轉"的不變之根源。

《論聲韻條例古今同異》:"發聲之處有五,曰,喉、牙、舌、齒、唇,古今所同也。……五聲之變,古今有異也。"③ 可見,發音部位分類既是古今相承的對聲紐發音方法的總結,也是衡量古今聲母體系變化的杠杆。季剛先生認爲聲轉關係,亦即疊韻相轉,已有定例:"今據師言,紬爲四例如左:一、同類音相轉;二、喉音與牙音相轉;三、舌音與齒音相轉;四、喉、牙音可舒作舌、齒、唇音,舌、齒、唇音可斂作喉、牙音。"④《音變舉例》⑤以《廣韻》一東韻字爲例列出兩類聲變。

其一,不同類相變,如:

"筩,案:从甬,甬从用聲,古音在此部,甬,影母;用,喻母,喉音同類,變爲定母,喉變舌也。"

喉舌之變還有:融、隆。

其二,同類相變,如:

"忡,敕中反。案:敕,徹母字,聲韻皆古所無,古音正讀他冬反,字从中聲而讀忡,古音則如端變透,今則由知讀徹,皆同類也。"

精組同類相轉:崇、嵩、蘴。

喉牙同類相轉:雄、翁、谼。

見組同類相轉:空、洪、矼。

舌音同類相轉:龍。

我們以此定例分析《說文同文》聲韻材料的基本標準,以期發現聲紐中的深層規律。

爲了能在感性把握的基礎上有更加準確的理性認識,我們將《說文同文》中的聲紐兩兩對應,統計出各個聲紐相互碰撞的次數,做成聲轉關係頻

---

① 黄侃:《黄侃論學雜著》,中華書局 1964 年版,第 359 頁。
② 黄侃述,黄焯編:《文字聲韻訓詁筆記》,上海古籍出版社 1983 年版,第 156 頁。
③ 黄侃:《黄侃論學雜著》,中華書局 1964 年版,第 98 頁。
④ 同上書,第 163 頁。
⑤ 黄侃述,黄焯編:《文字聲韻訓詁筆記》,上海古籍出版社 1983 年版,第 110 頁。

數統計表和聲轉比率統計表（見附錄一、二）。這個統計結果將在本章的分析中提供一定的資料論證，以探求聲紐之間遠近親疏的具體情況。

一　同類音相轉

第一類即爲黃侃所說的同類音相轉，即喉、牙、舌、齒、唇這五大音類中每一個聲類內部聲紐之間的相通關聯情況。以下將分五小節對這五類音的情況舉例說明。

（一）喉音

在聲紐頻數統計表中，影曉相轉 53 次，影匣相轉 106 次，曉匣相轉 47 次。

1. 影曉相通

【膺同匈肛】

膺（影登）匈（曉東）肛（影德）

《說文·肉部》："膺，胸也。""肛，膋骨也。"又《勹部》，"匈，聲也。"

【許同唉應】

許（曉模）唉（影咍）應（影登）

《說文·言部》："許，聽也。"又《口部》："唉，膺也。"又《心部》："應，當也。"

【㱿同歐欪怏】

㱿（曉屋）歐（影侯）欪（影模）怏（影唐）

《說文·口部》："㱿，歐皃。"又《欠部》："歐，吐也。""欪，心有所惡若吐也。一曰口相就。"又《心部》："怏，不服懟也。"

【悐同㤉恙欸同忓籲】

悐（影蕭）㤉（影合）恙（喻唐）欸（影蕭）忓（曉模）籲（曉模）

《說文·心部》："悐，憂皃。""㤉，不安也。""恙，憂也。""忓，憂也。讀若籲。"又《欠部》："欸，愁皃。"又《口部》："籲，驚也。"

2. 影匣相通

【胃同胘】

第二章 《說文同文》聲韻關係研究

胃（爲先）胘（匣先）

《說文·肉部》："胃，穀府也。""胘，牛百葉也。"

【韓同垣寏】

韓（匣寒）垣（爲寒）寏（匣寒）

《說文·韋部》："韓，井垣也。"又《土部》："垣，牆也。"又《宀部》："寏，周垣也。"

【叠與䀠晏同】

叠（影寒）䀠（匣寒）晏（影寒）

《說文·日部》："叠，星無雲也。""䀠，日見也。""晏，天清也。"

【昷同惠恩愛壺】

昷（影痕）惠（匣灰）恩（影痕）愛（影没）壺（匣模）

《說文·皿部》："昷，仁也。从皿，以食囚也。"又《叀部》："惠，仁也。"《心部》："恩，惠也。"《夂部》："愛，行皃。"《壺部》："壺，壹壺也。"這五字的韻部涉及痕、灰、没、模，基本上以對轉爲主，聲韻皆相近，體現了語音的一種聚合性。

3. 曉匣相通

【㺒同嗥】

㺒（曉蕭）嗥（匣蕭）

《說文·犬部》："犬㺒㺒咳吠也。"又《口部》："嗥，咆也。"

【訶同丂兮】

訶（曉歌）丂（曉歌）兮（匣齊）

《說文·言部》："訶，大言而怒也。"又《丂部》："丂，反丂也。讀若呵。"《兮部》："兮，語所稽也。"

【諕同号號唬】

諕（匣豪）号（匣豪）號（匣豪）唬（曉豪）

《說文·言部》："諕，號也。"又《号部》："号，痛聲也。""號，呼也。"又《口部》："唬，嚊聲也。一曰虎聲。"

4. 影曉匣三者互通

【丂同弓束雩華虧英𦯧甬】

· 197 ·

英（影唐）马（匣添）马（匣添）束（匣添）華（匣模）琴（曉模）雚（匣唐）甬（喻東）虉（匣齊）

《說文·艸部》："英，艸榮而不實者。""華，榮也。从艸从琴。"又《琴部》"琴，艸木華也。"又《马部》："马，嘾也。艸木之華未發函然。""甬，艸木華甬甬然也。""马，艸木马盛也。"又《束部》："束，艸木巫琴實也。""琴""马""甬"同訓"華"，"英""華"同訓"榮"。又《舜部》："雚，華榮也。从舜生聲。讀若皇。《爾雅》曰：'雚，華也。'葟，或从艸皇。"《集韻·唐韻》："雚，古作雚。""華榮"狀華開旺盛。《說文·艸部》："虉，鮮明黃也。"

【䇾同喜台怡僖憙欯嫛喿僊婫】

（影德）喜（曉咍）台（喻咍）怡（喻咍）僖（曉咍）憙（曉咍）欯（曉咍）嫛（曉咍）喿（喻蕭）僊（喻蕭）婫（曉登）

《說文解字·言部》："䇾，快也。"又《喜部》："喜，樂也。歖，古文喜。""憙，說也。"又《人部》："僖，樂也。""僊，喜也。"又《女部》："嫛，說樂也。""婫，說也。"《口部》："台，說也。""喿，喜也。"又《心部》："怡，和也。"

（二）牙音

在聲紐頻數統計表中，見溪相轉62次，見疑相轉75次，溪疑相轉29次。

1. 見溪相通

【趬同蹻】

趬（溪豪）蹻（見豪）

《說文·走部》："趬，行輕皃。一曰趬，舉足也。"又《足部》："蹻，舉足行高也。"

【干同乾】

干（見寒）乾（群寒）

《說文·干部》："干，犯也。"又《說文·乙部》："乾，上出也。"

【朕同䑋胲】

朕（群蕭）䑋（群模）胲（見灰）

第二章 《說文同文》聲韻關係研究

《說文·肉部》:"朊,齊人謂臞朊也。""臞,少肉也。""脙,臞也。"

【趛同卷觠彊略同】

趛(群寒)卷(見寒)觠(群寒)彊(見寒)

《說文·走部》:"趛,行趛趛也。一曰行曲脊皃。"又《卩部》:"卷,厀曲也。"又《角部》:"觠,曲角也。""彊,弓曲也。"

【祈同覬钦欯款】

祈(群痕)覬(見灰)钦(見没)欯(溪寒)吃(見没)款(溪寒)

《說文·示部》:"祈,求福也。"又《見部》:"覬,钦幸也。"又《欠部》:"钦,幸也。""欯,意有所欲也。""款,意有所欲也。"又《口部》:"吃,言蹇難也。"

2. 見疑相通

【遇同遘】

遇(疑侯)遘(見候)

《說文·辵部》:"遇,逢也。""遘,遇也。"

【仡同偕】

仡(疑灰)偕(見灰)

《說文·人部》:"仡,勇壯也。""偕,彊也。一曰俱也。"

【敖同齐】

敖(疑豪)齐(見蕭)

《說文·放部》:"敖,出遊也。"又《齐部》:"齐,放也。"

3. 溪疑相通

【趼同企】

趼(疑寒)企(溪咍)

《說文·足部》:"趼,獸足企也。"又《止部》:"企,舉踵也。"

【梱同闑】

梱(溪痕)闑(疑曷)

《說文·木部》:"梱,門橜也。"段注:"一曰門梱也。門部曰:'闑,門梱也。'然則門梱,門橜,闑,一物三名矣。"又《門部》:"闑,門梱也。"

【研同揅技姸】

研（疑寒）揅（疑寒）技（群齊）姸（疑寒）

《說文·石部》："研，䃺也。"《玉篇·手部》："揅，揅摩也。"《說文·手部》："技，巧也。"又《女部》："姸，技也。讀若研。"

【抗同禦又同敔歫圄囻】

抗（溪唐）禦（疑模）敔（疑模）歫（群模）圄（疑模）囻（疑模）

《說文·手部》："抗，扞也。"又《示部》："禦，祀也。"《攴部》："敔，禁也。"《止部》："歫，止也。"《口部》："圄，囹圄，所以拘罪人。""囻，守之也。"

4. 見溪疑互通

【謹同劤又同臤掔僟愿】

謹（見痕）劤（群屑）臤（溪先）掔（溪先）僟（群先）愿（疑寒）

《說文·言部》："謹，慎也。"又《力部》："劤，慎也。"又《臤部》："臤，堅也。"又《手部》："掔，固也。"又《人部》，"僟，精謹也"。又《心部》："愿，謹也"。

(三) 舌音

在聲紐頻數統計表中，舌音中的 5 個古本音聲紐的相轉頻數爲端透 44，端定 115，端泥 37，端來 16，透泥 24，透來 19，定泥 11，定來 13，泥來 7。

舌音中包含的聲紐中，古本音爲端系，今變音中還包含中古知系和照三系，古本音和今變音加起來共有 15 紐，數量爲所有聲類中最多。相較於其上的喉、牙音而言，其情況也就更加複雜。因此，我們按照其涉及的古本音聲紐的多少進行分析，某字今變音歸入其對應的古本音。

【韇略同韣】

韇（定屋）韣（照屋）

《說文·革部》："韇，弓矢韇也。"又《韋部》："韣，弓衣也。"

【墊同隤】

墊（端合）隤（徹合）

《說文·土部》："墊，下也。《春秋》傳曰：'墊隘。'"又《𨸏部》："隤，阪下溼也。"

【通同迵】

通（透東）迵（定東）

《說文·辵部》："通，達也。""迵，迵迭也。"

【諐同嗔】

諐（穿先）嗔（定先）

《說文·言部》："諐，恚也。賈侍中說。"又《口部》："嗔，盛氣也。"

【饟同餇】

餇（審唐）饟（日唐）

《說文·食部》："餇，饟也。""饟，周人謂餇曰饟。"

【韘同揲】

韘（審合）揲（定合）

《說文·韋部》："韘，決也。所以拘弦，以象骨，韋系，著右巨指。《詩》曰：'童子佩韘'。"又《手部》："揲，縫指揲也。一曰韜也。從手某聲。讀若罬。"

【栚同縢】

縢（審登）栚（澄登）

《說文·木部》："縢，機持經者。""栚，槌之橫者也。關西謂之栚。"

【滔同流】

滔（透蕭）流（來蕭）

《說文·水部》："滔，水漫漫大皃。""流，水行也。"

【螭同离它】

螭（徹歌）离（來歌）它（透歌）

《說文·虫部》："螭，龍而黃，北方謂之地螻。或云無角曰螭。"又《内部》："离，山神，獸也。從禽頭，從厹從屮。歐陽喬說：离，猛獸也。"又《它部》："它，虫也。從虫而長，象冤曲垂尾形。上古艸居患它，故相問無它乎。"

【歅同嘫】

歅（禪寒）嘫（日寒）

《說文·欠部》:"歂,口氣引也。"又《口部》:"噊,語聲也。"

【歂又同喘嘽】

歂(禪寒)喘(穿寒)嘽(透寒)

《說文·欠部》:"歂,口氣引也。"又《口部》:"喘,疾息也。""嘽,喘息也。"

【徹同達又同聖聽聆】

徹(徹屑)達(定曷)聖(審青)聽(透青)聆(來青)

《說文·支部》:"徹,通也。"又《辵部》:"達,行不相遇也。"《耳部》:"聖,通也。""聽,聆也。""聆,聽也。"

【毅同椓毇投】

毅(端屋)椓(知屋)毇(定矦)投(定矦)

《說文·殳部》:"毅,椎毄物也。"又《木部》:"椓,擊也。"又《殳部》:"毇,繇擊也。"《玉篇·殳部》:"毇,古爲投。"《說文·手部》:"投,擿也。"

【殼同扰毇同殼扰同毇投】

殼(知覃)扰(知覃)毇(禪尤)殼(知覃)扰(知覃)投(定矦)

《說文·殳部》:"毇,懸物毇擊。""殼,下擊上也。"王筠句讀:"殼、扰一字。"又《手部》:"扰,深擊也。""投,擿也。"

由以上可以看出,雖然舌音中的聲紐衆多,但真正涉及的相關聯的聲紐,最多也只有三紐。這又從某種意義上證明瞭其在聲紐舌音上的聚合能力之強。

(四)齒音

在聲紐統計表中,齒音各聲紐的相轉頻數爲:精清相轉35次,精從32,精心32,清從10,清心13,從心35。

齒音中包含精組和中古照二系,古本音和今變音共9紐。因此,仍然借鑒舌音的分析方式,今變音也依照其對應的古本音情況進行分析。

【噂同僔】

噂(精痕)僔(從痕)

《說文·口部》:"噂,聚語也。""僔,聚也。"

【走同趨】

第二章 《說文同文》聲韻關係研究

走（精侯）趨（清侯）

《說文·走部》："走，趨也。""趨，走也。"

【鹺同齹】

鹺（從歌）齹（初歌）

《說文·齒部》："鹺，齒差跌皃。《春秋》傳曰：鄭有子鹺。""齹，齒參差。"

【茨同次】

茨（從灰）次（清灰）

《說文·艸部》："茨，茅蓋屋。"又《欠部》："次，不前不精也。"

【窦同堲】

窦（心德）堲（初德）

《說文·丌部》："窦，室也。从丌从井，室宀中。丌猶齊也。"又《土部》："堲，遏遮也。"

【井同阱㘜】

井（精青）阱（從青）㘜（從青）

《說文·井部》："井，八家一井，象構韓形。古者伯益初作井。""阱，陷也。""㘜，阬也。从奴井，井亦聲。"段注："㘜與井部䢅、穽音同義異。㘜謂穿地使空也。"

【刱同作迮初】

刱（初唐）作（精鐸）迮（莊鐸）初（初模）

《說文·井部》："刱，造法刱業也。讀若創。"又《人部》："作，起也。"《辵部》："迮，迮迮，起也。"《刀部》："初，始也。从刀从衣，裁衣之始也。"

【鏃同鎙族】

鏃（精屋）鎙（疏屋）族（從屋）

《說文·金部》，"鏃，利也。""鎙，利也。"又《㫃部》，"族，矢鋒也。束之族族也。"

【助同牂將。同左】

助（床模）牂（清唐）將（精唐）左（精歌）

· 203 ·

《說文·力部》:"助,左也。"又《手部》:"扞,扶也。"又《寸部》:"將,帥也。"又《左部》:"左,手相左助也。"

相對於舌音而言,齒音中包含的聲紐相對較少,也只有涉及兩紐、三紐兩種情況。涉及三紐的例子基本只找到這兩例。

(五)唇音

在聲紐頻數統計表中,唇音4個聲紐的相轉頻數爲:幫滂55次,幫並49,幫明7,滂並54,滂明6,並明15。

1. 唇塞音與唇鼻音相通

【杪同標】

杪(明豪)標(滂豪)

《說文·木部》:"杪,木標末也。""標,木杪末也。"

【秒同蔈】

秒(明豪)蔈(幫豪)

《說文·禾部》:"秒,禾芒也。"又《艸部》:"蔈,苕之黃華也。一曰末也。"

【鬲同鍑鍪】

鬲(奉模)鍑(非德)鍪(明蕭)

《說文·鬲部》:"鬲,鍑屬。"又《金部》:"鍑,釜大口者。""鍪,鍑屬。"

【丏同匹譬】

丏(明寒)匹(滂屑)譬(並先)

《說文·丏部》:"丏,相當也。"又《匚部》:"匹,四丈也。"又《言部》,"譬,匹也。"

【娉同聘】

娉(滂青)俜(滂青)

《說文·女部》:"娉,問也。"《說文·耳部》:"聘,訪也。"

2. 唇塞音(幫滂並)內部相通

【瞟同覹】

瞟(滂豪)覹(幫豪)

《說文·目部》:"瞟,瞟也。"又《見部》:"覕,目有察省見也。"
【寷同龐】
寷(敷東)龐(並東)
《說文·宀部》:"寷,大屋也。"又《广部》:"龐,高屋也。"
【𣥠同犮跟跋】
𣥠(幫曷)犮(並曷)跟(幫曷)跋(幫曷)
《說文·癶部》:"𣥠,足剌𣥠也。"又《犬部》:"犮,走犬皃。"又《足部》:"跟,步行獵跋也。""跋,蹎跋也。"
【勡同剽又同摽撲砭攱】
勡(滂豪)剽(滂豪)摽(並豪)撲(並屋)砭(幫帖)攱(滂屋)
《說文·力部》:"勡,劫也。"又《刀部》:"剽,砭刺也。"又《手部》:"摽,擊也。""撲,挨也。"又《石部》:"砭,以石刺病也。"又《攴部》:"攱,小擊也。"
【旁同溥博誧】
旁(並唐)博(幫模)溥(滂模)誧(幫模)
《說文·水部》:"溥,大也。"朱駿聲通訓定聲:"溥,本義爲水之大,轉注爲凡大之稱。"又《言部》:"誧,大也。"《文選·張衡〈西京賦〉》"皇恩溥"呂向注:"溥,博。"《爾雅·釋詁上》"溥,大也。"郝懿行義疏:"溥旁聲轉,文云'旁,溥也,聲轉爲旁薄,又爲旁魄,又爲彭魄,又爲旁勃,又爲盤礴,並以聲爲義矣'。"

以上即爲同類音相轉的情況,同類音相轉都應該成爲其最重要的聲紐相轉情況。

二 喉音與牙音相通

在聲紐頻數統計表中,喉音、牙音相通轉的頻數如下:影見90,影溪45,影疑44,曉見27,曉溪28,曉疑14,匣見79,匣溪67,匣疑40。

【嘘同歔】
嘘(溪模)歔(曉模)
《說文·口部》:"嘘,吹也。"又《欠部》:"歔,欷也。"

【冎同𦢡】

冎（見歌）𦢡（爲歌）

《說文·冎部》："冎，剔人肉置其骨也。""𦢡，口䶗也。"

【尹同君】

尹（喻痕）君（見痕）

《說文·又部》："尹，治也。从又、丿，握事者也"。又《口部》："君，尊也。从尹；發號，故从口。"

【缸同瓨】

缸（匣東）瓨（見東）

《說文·缶部》："缸，瓦也。"段注："《瓦部》曰：'瓨似罍，長頸，受十斗。'與瓨音義皆同也。"《玉篇·缶部》與瓨同。

【桄同橫】

桄（見唐）橫（匣唐）

《說文·木部》："桄，充也。"段注："桄之字，古多假橫爲之。《且部》曰：'从几，足有二橫。'橫即桄字。"

【貨同賄】

貨（曉歌）賄（見歌）

《說文·貝部》："貨，財也。""賄，資也。或曰：此古貨字。讀若貴。"

【癡同懝】

癡（疑曷）懝（爲曷）

《說文·疒部》："癡，瞑言也。"又《心部》："懝，癡言不慧也。"

【洰同溁】

洰（爲先）溁（群先）

《說文·水部》："洰，回也。""溁，溁辟，深水處也。"

【鹼同鹽】

鹼（疑忝）鹽（喻忝）

《說文·鹽部》："鹼，鹵也。""鹽，鹹也。"

【蠱與瘕同字】

蠱（見模）瘕（匣模）

《說文·蟲部》："蠱，腹中蟲也。《春秋傳》曰：'皿蟲爲蠱。'"《說文·疒部》："瘊，女病也。"

【聖同掘捐】

聖（溪没）掘（群没）捐（匣没）

《說文·土部》："聖，汝潁之閒謂致力於地曰聖。"又《手部》："掘，捐也。""捐，掘也。"

【兇同恐悑】

兇（曉東）恐（溪東）悑（見東）

《說文·凶部》："兇，擾恐也，从人在凶下。"又《心部》："恐，過也。""悑，戰慄也。"

【囧同櫎向】

囧（見唐）櫎（匣唐）向（曉唐）

《說文·囧部》："囧，窗牖麗廔闓明。"又《木部》："櫎，所以几器。一曰帷屏風之屬。"又《宀部》："向，北出牖也。"

【爰同援捼】

爰（爲寒）援（爲寒）捼（群寒）

《說文·爪部》："爰，引也。"又《手部》："援，引也。""捼，相援也。"

【趣與跋略同妎】

趣（見曷）跋（爲曷）妎（爲曷）

《說文·走部》："趣，躠也。"又《足部》："跋，輕也。""妎，輕也。"

【訏同誇譁】

訏（曉模）誇（溪模）譁（爲模）

《說文·言部》："訏，詭譌也。""誇，譀也。""譁，妄言也。"

【毌同貫摜】

毌（見寒）貫（見寒）摜（匣寒）

《說文·一部》："毌，穿物持之也。"又《毌部》："貫，錢貝之貫。"又《手部》："摜，貫也。"

【景同光晃曠】

· 207 ·

景（見唐）光（見唐）晃（匣唐）曠（溪唐）

《說文·日部》："景，光也。""曠，明也。"《人部》："光，明也。光明意也。"《廣韻·蕩韻》："晃，明也，煇也，光也。"朱駿聲《說文通訓定聲》："晃，與曠略同。"

【巩同拱攈邕】

巩（見東）拱（見東）攈（影東）邕（影東）

《說文·丮部》："巩，袌也。"又《手部》："拱，斂手也。""攈，抱也。"又《川部》："邕，四方有水，自邕城池者。"

【肙同蜎又同蠉】

肙（影寒）蜎（群寒）蠉（曉寒）

《說文·蟲部》："肙，小蟲也。""蜎，肙也。""蠉，蟲行也。"

【𢪎同搰握匊弆】

𢪎（見屋）搰（見屋）握（影屋）匊（見蕭）弆（喻蕭）

《說文·丮部》："𢪎，拖持也。从反丮。"又《手部》："搰，䎽持也。""握，搤持也。"又《勹部》："匊，在手曰匊。"又《𠬞部》："弆，兩手盛也。"

【胳肘同亦掖腋】

胳（見鐸）肘（溪模）亦（喻鐸）掖（喻鐸）腋（喻鐸）

《說文·肉部》："胳，亦下也。""肘，亦下也。""腋，亦下也。"又《亦部》："亦，人之臂亦也。"又《手部》："掖，以手持人臂投地也。"

【𧺆同迦過跨跬越迲】

𧺆（溪歌）迦（溪寒）過（匣歌）跨（溪模）跬（見齊）越（爲曷）迲（爲曷）

《說文·夂部》："𧺆，跨步也。"又《辵部》："迦，過也。""過，度也。"又《足部》："跨，渡也。"又《走部》："越，度也。""迲，踰也。《易》曰：'雜而不迲。'"

三 舌音與齒音相通

在聲紐頻數統計表中，舌音、齒音相通轉的頻數爲：端精37，端清23，端從 8，端心 26，透精 16，透清 23 透從 8，透心 32，定精 25，定清 19，定從 21，定心 45，泥精 12，泥清 10，泥從 13，泥心 8，來精 7，來清 13，來從 8，來心 17。

【埽同帚】

埽（心蕭）帚（照蕭）

《說文·土部》："埽，棄也。"又《巾部》："帚，糞也。从又持巾埽冂內。古者少康初作箕、帚、秫酒。少康，杜康也，葬長垣。"

【繡同紂】

繡（清蕭）紂（澄蕭）

《說文·糸部》："繡，馬紂也。""紂，馬繡也。"

【茁同出】

茁（莊沒）出（穿沒）

《說文·艸部》："茁，艸初生出地皃。"又《出部》："出，進也。象艸木益滋上出達也。"

【蹴同蹈】

蹴（清蕭）蹈（定蕭）

《說文·足部》："蹴，躡也。""蹈，踐也。"

【証同諍】

証（照青）諍（莊青）

《說文·言部》："証，諫也。""諍，止也"。《玉篇·言部》："諍，諫諍也"。

【桵同舟】

桵（心蕭）舟（照蕭）

《說文·木部》："桵，船總名。"朱駿聲《說文通訓定聲》："桵，字亦作艘。"《說文·舟部》："舟，船也。古者，共鼓、貨狄，刳木爲舟，剡木爲楫，以濟不通。"

【愴同愓】

愴（初唐）愓（審唐）

《說文·心部》："愴，傷也。""愓，憂也。"

【斷同戔】

斷（定寒）戔（從寒）

《說文·斤部》，"斷，截也。"又《戈部》："戔，賊也。《周書》曰：巧言。"

【鍚同刅傷】

鍚（審唐）刅（初唐）傷（審唐）

《說文·矢部》："鍚，傷也。"又《刃部》："刅，傷也。"又《人部》："傷，創也。"

【彶同馺踏】

彶（心合）馺（心合）踏（透合）

《說文·彳部》："彶，急行也。"又《馬部》："馺，馬行相及也。"《方言》卷十三："馺，馬馳也。"《說文·足部》："踏，跲也。"

【之同止同茲】

之（照咍）止（照咍）茲（精咍）

《說文·帀部》："之，出也。象艸過中，枝莖益大，有所之。一者，地也。"又《止部》："止，下基也。象艸木出有址，故以止爲足。"又《艸部》："茲，草木所益。"

【正同竫靖婧】

正（照青）竫（從青）靖（從青）婧（清青）

《說文·正部》："正，是也。"又《立部》："竫，亭安也。""靖，立竫也。一曰細皃。"又《女部》："婧，竦立也。一曰有才也。"王筠句讀："婧，當與靖通。"

【茵同叕綴纘】

茵（澄添）叕（知曷）綴（知曷）纘（精寒）

《說文·艸部》："茵，目艸補缺。或曰爲綴。"又《叕部》："叕，綴聯也。象形。"徐鍇繫傳："叕，交絡互綴之象。"《說文·糸部》："纘，繼也。""綴，合箸也。"段玉裁注："聯之以絲也。"

【迅同遄徇僅】

迅（心先）遄（禪寒）徇（邪先）僅（定寒）

· 210 ·

第二章 《說文同文》聲韻關係研究

《說文·辵部》："迅，疾也。"又《辵部》："逼，往來數也。"又《人部》："侚，疾也。""僄，疾也。"

【遮同阻障嶂】

遮（照模）阻（莊模）障（照唐）嶂（照唐）

《說文·辵部》："遮，遏也。"又《𨸏部》："阻，險也。""障，隔也。"又《山部》："嶂，㰍也。"

【帤同袈絮絮囊】

帤（娘模）袈（娘模）絮（娘模）絮（心模）囊（泥唐）

《說文·巾部》："帤，巾帤也。一曰幣巾。"又《糸部》："絮，絜縕也。一曰：敝絮。"《糸部》："絮，敝緜也。"又《橐部》："囊，橐也。"

【酋同酉酒酎醪】

酋（從蕭）酉（喻蕭）酒（精蕭）酎（澄蕭）醪（來蕭）

《說文·酋部》："酋，繹酒也。从酉，水半見於上。禮有大酋，掌酒官也。"又《酉部》："酉，就也。八月黍成，可為酎酒。象古文酉之形。""酒，就也。所以就人性之善惡。一曰造也，吉凶所造也。古者儀狄作酒醪，禹嘗之而美，遂疏儀狄。杜康作秫酒。""酎，三重醇酒也。《明堂·月令》曰：孟秋天子飲酎。""醪，汁滓酒也。"

【析同支斯又同新】

析（心錫）支（照齊）斯（心齊）新（心先）

《說文·木部》："析，破木也。一曰折也。"又《支部》："支，去竹之枝也。"又《斤部》："斯，析也。从斤其聲。《詩》曰：'斧以斯之。'"段注：《說文·木部》："新，取木也。"

【呧同詆敦催】

呧（端齊）詆（端齊）敦（端痕）催（清灰）

《說文》："呧，苛也。"段玉裁注："苛者，訶之假借字。按：《言部》有'詆'字，云：'訶也'。《口部》'呧'似複出。"《說文》："詆，苛也。一曰訶也。"《說文》："敦，怒也，詆也。一曰誰何也。"《說文》："催，相儔也。"

四　喉音與舌齒唇相通

在聲紐頻數統計表中，喉音分別與舌齒唇音相通轉的頻數爲：影舌185，影齒74，影唇15，曉舌35，曉齒15，曉唇36，匣舌67，匣齒26，匣唇18。

（一）喉音與舌音

【蚰同螫】

蚰（曉鐸）螫（審鐸）

《說文・虫部》："蚰，螫也。""螫，蟲行毒也。"

【匬同甌】

匬（定侯）甌（影侯）

《說文・匚部》："匬，甌，器也。"又《瓦部》："瓨，似罌，長頸。受十升。讀若洪。"

【藥同藥】

藥（喻沃）藥（來沃）

《說文・艸部》："藥，治病艸。"又《疒部》："藥，治也。"

【斅同劈】

斅（曉哈）劈（來哈）

《說文・攴部》，"斅，坏也。"又《刀部》："劈，剥也，劃也。"

【旬同瞚】

旬（匣先）瞚（審先）

《說文・目部》："旬，目摇也。""瞚，開闔目數摇也。"

【玄或與臣同】

玄（匣先）臣（襌先）

《說文・玄部》，"玄，幽遠也。黑而有赤色者爲玄。"又《臣部》："臣，牽也，事君也。象屈服之形。"

【櫌同莜】

櫌（影蕭）莜（定蕭）

《說文・木部》："櫌，摩田器。《論語》曰：'櫌而不輟。'"又《艸部》："莜，艸田器。《論語》曰：'以杖荷莜。'今作蓧。"

【枼同牒】

枼（喻合）牒（定合）

《說文·木部》："枼，楄也。枼，薄也。"又《片部》："牒，劄也。"

【穰同秧】

穰（日唐）秧（影唐）

《說文·禾部》："穰，黍䅌已治者。""秧，禾若秧穰也。"

【傴同僂】

傴（影侯）僂（來侯）

《說文·人部》："傴，僂也。""僂，尪也。周公韈僂，或言背僂。"

【貒集韻同豲】

貒（透寒）豲（曉寒）

《說文·豸部》："貒，獸也。""豲，野豕也。"

【阤同陊陸】

阤（澄歌）陊（定歌）陸（曉歌）

《說文·𨸏部》："阤，小崩也。""敗城𨸏曰陸。""陊，落也。"《玉篇·𨸏部》："陊，落也。"

【蓧同㔷同櫌】

蓧（定蕭）㔷（定蕭）櫌（影蕭）

《說文·艸部》："蓧，艸田器。《論語》曰'以杖荷蓧'。"又《匚部》："㔷，田器也。"又《艸部》："櫌，摩田器也。《論語》曰'櫌而不輟'。"

【柖同榣又同搖掉搈摵】

柖（照豪）榣（喻蕭）搖（喻蕭）掉（定沃）搈（喻東）摵（匣覃）

《說文·木部》："柖，樹榣皃。""榣，樹動也。"又《手部》："搖，動也。""掉，動也。""搈，動搈也。""摵，搖也。"

（二）喉音與齒音

【弸同弘】

弸（並登）弘（匣登）

《說文·弓部》："弸，弓彊皃。""弘，弓聲也。"

【翠同鷸】

翠（清没）鷸（喻没）

《說文・羽部》："翠，青羽雀也，出鬱林。"又《鳥部》："鷸，知天將雨鳥也。"

【損同抎】

損（心痕）抎（爲痕）

《說文・手部》："抎，有所失也。""損，減也。"

【鍱同鏶】

鍱（喻合）鏶（從合）

《說文・金部》："鏶也。齊謂之鍱。"

【薉同蔡芔】

薉（影曷）蔡（清曷）芔（曉没）

《說文・艸部》："薉，蕪也。"徐鍇繫傳："田中雜草也。"又："蔡，艸也。""芔，艸之總名也。"

【諗同讖籤又同覈】

諗（心添）讖（初添）籤（清添）覈（匣沃）

《說文・言部》"諗，問也。""讖，驗也。"又《竹部》"籤，驗也，一曰銳也，貫也。"又《襾部》："覈，實也，考事而笮，邀遮其辭，得實曰覈。"

（三）喉音與脣音

【翬同奮】

翬（曉痕）奮（非痕）

《說文・羽部》："翬，大飛也。"又《奞部》："奮，翬也。"

【漠同巟】

漠（明唐）巟（曉唐）

《說文・水部》："漠，北方流沙也。"又《川部》："巟，水廣也。"

【滅同威】

滅（明曷）威（曉曷）

《說文・水部》："滅，盡也。"又《火部》："威，滅也。"

【殙同歾】

殙（曉痕）歾（明没）

《說文·歺部》："殙,瞀也。""殁,終也。"

【昧同曶㬎】

昧（明沒）曶（曉沒）㬎（明沒）

《說文·日部》："昧,旦明也。一曰闇也。""曶,尚冥也。""㬎,昧前也。"

【芬同𦤀馫苾枌芳香】

芬（敷痕）𦤀（曉唐）馫（並屑）苾（並屑）枌（敷痕）芳（敷唐）香（曉唐）

《說文·屮部》："芬,艸初生其香分佈。"又《匕部》："𦤀,穀之馨香也。"又《食部》："馫,食之香也。"又《艸部》："苾,馨香也。"《說文·艸部》："芳,馨香也。"《說文·艸部》："香,芳也。"又《木部》："枌,香木也。"

黃季剛所言喉、牙音可舒作舌、齒、唇音,同理舌、齒、唇音也可以斂作喉、牙音,這是一種相互轉換變化的過程。喉音有以上的例證,同理牙音也有相同的情況。

五 牙音與舌齒唇相通

在聲紐頻數統計表中,牙音與舌齒唇音相通轉的頻數為：見舌83,見齒43,見唇13,溪舌48,溪齒14,溪唇4,疑舌36,疑齒16,疑唇6。

（一）牙音與舌音

【蝸同蠃】

蝸（見歌）蠃（來歌）

《說文·虫部》："蝸,蝸蠃也。""蠃,螺蠃也。一曰虒蝓。"

【蛆同螇】

蛆（群鐸）螇（來鐸）

《說文·虫部》："蛆,渠蛆。一曰天社。""螇,蠱也。一曰蜉遊。朝生莫死者。"

【徑同俓】

徑（見青）俓（徹青）

· 215 ·

《說文·彳部》:"徑,步道也。""徎,徑行也。"

【章同竟】

章(照唐)竟(見唐)

《說文·音部》:"章,樂竟爲一章。""竟,樂曲盡爲竟。"

【矙同覽】

矙(見添)覽(來添)

《說文·目部》:"矙,視也。"又《覽部》:"覽,觀也。"

【羔同羝】

羔(見豪)羝(澄豪)

《說文·羊部》:"羔,羊子也。""羝,羊未卒歲也。"

【尻同処】

尻(見模)處(穿模)

《說文·几部》:"尻,處也。从尸得几而止。《孝經》曰:'仲尼尻。'尻謂閑尻如此。""處,止也。"

【坙同黗澱】

坙(疑痕)黗(定痕)澱(定痕)

《說文·土部》:"坙,澱也。"又《黑部》:"黗,謂之坙。坙,滓也。"又《水部》:"澱,滓滋也。"

【潎同汋,別義同徽】

潎(見沃)汋(禪沃)徽(見沃)

《說文·水部》:"潎,水礙衺疾波也。一曰半遮也。"《水部》:"汋,激水聲也。"又《彳部》:"徽,循也。"

【卯同卿鄉】

卯(溪唐)卿(溪唐)鄉(溪唐)

《說文·卯部》:"卯,事之制也。"《卯部》:"卿,章也。"又《䢜部》:"鄉,國離邑民所封鄉也,嗇夫別治。封圻之內六鄉,六鄉治之。"

【亂同𤔔䜌】

亂(來寒)𤔔(來寒)䜌(來寒)

《說文·言部》:"䜌,亂也。"又《乙部》,"亂,治也。"又《𠬪部》,

"矞，治也。幺子相亂，爰治之也。讀若亂，同。"

（二）牙音與齒音

【諫同譙】

諫（見寒）譙（從蕭）

《說文·言部》："諫，數諫也。""譙，嬈譊也"。

【劌同戌】

劌（見曷）戌（心曷）

《說文·刀部》："劌，利傷也。""戌，滅也。九月陽氣微，萬物畢成，陽下入地也。五行，土生於戊，盛於戌。"

【齵同齰齵】

齵（莊侯）齰（莊侯）齵（疑侯）

《說文·齒部》："齵，齰也。""齰，齒搞也。一曰䶥也。一曰馬口中糜也。""齵，齒不正也。"

【｜同叟進晉邁先兟䠓躋】

｜（見寒）叟（清寒）進（精先）晉（精先）邁（清寒）先（心痕）兟（疏痕）䠓（喻痕）躋（精灰）

《說文·｜部》："｜，上下通也。引而上行讀若囟，引而下行讀若退。"

又《囟部》："囟，頭會腦蓋也。"又《辵部》："邁，登也。""進，登也。"《說文·足部》："躋，登也。从足齊聲。《商書》曰：'告予顛躋。'"《說文·日部》："晉，進也。日出萬物進。从日从至。《易》曰'明出地上，晉'。"《說文·先部》："先，前進也。从儿之。"《說文·夲部》："䠓，進也。从夲从中允聲。'"

（三）牙音與唇音

【胲同拇】

胲（見咍）拇（明咍）

《說文·肉部》："胲，足大指毛也。"又《手部》："拇，將指也。"

【粉同糳】

粉（非痕）糳（溪寒）

《說文·米部》："粉，傅面者也。""糳，傅面者也。"

·217·

【妃同媲】

妃（見咍）媲（滂灰）

《說文·米部》："妃，匹也。"《米部》："媲，妃也。"

【講同傆譌又同謾】

講（明曷）傆（疑寒）譌（疑歌）謾（並寒）

《說文·言部》："講，譀也。"又《人部》："傆，黠也。"又《言部》："譌，譌言也。""謾，欺也。"

我們在前面按照黃季剛先生在"聲韻通例"中給出的疊韻相轉的聲類相通例證，對其批注的《說文同文》中的聲紐情況進行了分別研討分析，現基本得出以下幾點：

1. 黃季剛先生所提出的第一例同類音相轉的情況中，可以看出在喉、牙、舌、齒、唇五大聲類中存在大量的例證，甚至存在很多的疊韻條例。這就表明黃季剛先生在批注時，僅從聲韻的情況上考慮，其把握的標準是相對嚴格的。即使是包含5字以上的條例，同類音相轉的情形也有很多。

2. 黃季剛先生所提出的第二種、第三種情況，分別是喉牙音相轉和舌齒音相轉。這兩種也是《說文同文》中廣泛存在的情況。喉牙、舌齒音的相通轉，和其在發音部位上的臨近不無關係。

3. 黃季剛先生所提到的第四種情況，即喉、牙音舒作舌、齒、唇音的例子，相對而言，喉、牙音與舌、齒音相通轉的例子多於喉、牙與唇音相通轉的例證。這可能與喉、牙在發音部位上與唇音相隔較遠有關係。

4. 還有一種情形是黃季剛先生在通例中未提到的，即唇音和舌、齒音的關係。在前面幾部分的分析過程中，我們注意到唇音似乎存在某種特殊性。季剛先生所歸納的四種聲轉情況中是以喉、牙音爲考量的主體，涉及唇音的情況很少。這就反映了聲類在唇音上的一種叫聚合，唇音相對於舌、齒音而言就有一定意義上的獨立性。季剛先生在《聲韻通例》中談到同位相變時說"唇音，唯變喉牙"。與《說文同文》中的聲變用例是相合的。

第四節 《說文同文》音轉關係考察

一 黃季剛音轉分類理論考察

音轉即季剛先生在《古聲韻古本音概略》①中提到的"韻轉聲則不轉"。立足于不同的角度，季剛先生對音轉的分類有不同。

第一個角度：入聲母音

陰陽對轉，入聲是樞紐。入聲與陰陽韻的語音如何承接？季剛先生認爲，母音類屬相似，不同的母音之間的區別很微小，不容易辨析。入聲也是母音，入聲母音之間區別更細微，陰聲韻入聲韻就是在入聲母音的基礎上語音延長加上尾音形成的。《聲韻學筆記·元音》②："惟聲音多殊，而其元音類屬相似，吾華之元音凡七：阿、隈、鷖、烏、謳、鏖、哀。純乎韻母，其辨甚微。國語以入聲爲樞紐，而入聲一韻幾如一韻，以入聲爲主，其元音爲：遏、顎、益、惡、屋、沃、餘厄。以楚音校之，則顎屋同。惡沃亦混。七音連讀則幾乎一韻。故知母音之入聲較之平聲其別尤爲微細。七音之成，由來以漸。而後來始能分別。可知入聲者本聲，非閏聲，而四聲皆以入聲爲基。入聲有直讀入聲、曲讀入聲。而爲陰陽聲之樞紐。如引長之，則止於喉音者爲陰聲，加以鼻音者爲陽聲。鼻聲助聲助韻，不能爲主。如遏即陰，安即陽，故遏爲歌、安二部同用之入聲由此也。"入聲元音是溝通陰聲韻、陽聲韻的樞紐，爲陰聲韻和陽聲韻變轉提供了理論可能性和實踐可行性。《音略》："前人多立對轉、旁轉之名；今謂對轉於音理實有，其餘名目皆不可立。以雙聲疊韻二理可賅括而無餘也。"③承認對轉，排除旁轉，說明韻部結構中，元音爲主，因此基於同一入聲元音的陰陽對轉是最直接、也是最主要的音轉關係。從發音方法上講，陰聲韻、陽聲韻也可以說是入聲韻的延伸，

---

① 黃侃述，黃焯編：《文字聲韻訓詁筆記》，上海古籍出版社1983年版，第156頁。
② 同上書，第102頁。
③ 黃侃：《黃侃論學雜著》，中華書局1964年版，第63頁。

·219·

黃季剛《說文同文》研究

故無需對轉"以雙聲疊韻二理可賅括而無餘也"。以疊韻概括其餘，一方面說明入聲母音對陰聲韻和陽聲韻的統攝性，另一方面也說明"入聲一韻幾如一韻""七音連讀則幾乎一韻"，入聲體系就是音轉的核心和樞紐。

第二個角度：異平同入

以上所引《元音》條中"入聲有直讀入聲、曲讀入聲"是在闡釋"四聲皆以入聲为基"，音轉中亦可言"曲直"。在《異平同入與入聲兼配陰陽聲》[①]："異平同入，古音如此，今音亦然。韻書次第，以入聲配陽聲，古韻通用，則多以入聲歸陰聲。陰陽對轉之理，不僅以配古韻，今韻亦可。江永《四聲切韻表》以入聲兼配陰陽之理本未徹底了然，故所配多破碎，然勝於《切韻指掌圖》則不可以道里計矣。《切韻指掌圖》何爲而謬乎？曰未解入聲直轉曲轉之理。""直轉"即陰陽同入相轉，江永在《四聲切韻表·凡例》中說："入聲可直轉者，唯支脂之微數韻耳。"此處直轉指入聲者，質、職、術分別與陰聲韻支、脂、之、微相轉。江永又曰："入聲有轉紐，不必皆直轉也。……數韻同一入，猶之江漢共一流，何嫌乎二本乎？"[②]"數韻只一入"即"曲轉"，又曰異平同入對轉。《聲韻通例》："凡同入者，或一陰聲與一陽聲同入，或一陽聲與二陰聲同入，或二陽聲與一陰聲同入。"[③]《音略·今韻》引《錢夏韻攝表》[④]列了八個入聲韻攝，並指出了入聲所攝的陰陽韻攝，可以分爲兩類。

一是"一陰聲與一陽聲同入"，如：

軛攝，即依攝及恩攝之促音。

惡攝，即烏攝與鴦攝之促音。

屋攝，即謳攝與翁攝爲促音。

沃攝，即爊攝與硉攝之促音。

餄攝，即哀攝及罌攝之促音。

二是"一陽聲與二陰聲同入"，如：

---

① 黃侃述，黃焯編：《文字聲韻訓詁筆記》，上海古籍出版社1983年版，第129頁。
② 江永：《四聲切韻表·凡例》，嚴式海《音韻學叢書》，四川人民出版社1957年版，第33册，第7—9頁。
③ 黃侃：《黃侃論學雜著》，中華書局1964年版，第143頁。
④ 同上書，第78—86頁。

第二章 《說文同文》聲韻關係研究

遏攝，即靄攝、阿攝、安攝之促音。

三是"二陽聲與一陰聲同入"，如：

姶攝，即靄攝、阿攝、䖝（遏）攝之收唇促音。

揖攝，即依攝、恩攝、䖝攝之收唇促音。

收唇音無對應陰聲韻，與之同主音的收舌音的陰聲韻對應收舌陽聲韻和收唇陽聲韻。一陰一陽同入相轉爲入聲直轉，二陰一陽相轉、一陰二陽相轉爲入聲曲轉。二陽一陰相轉同樣出現在唯有陰聲韻的"蕭"部韻轉關係上。如季剛先生在《與人論小學書》中舉例："又有雩、翏等字，其本音在蕭韻，故知東與蕭爲對轉（侯蕭同入）。""蕭"部在《古韻表》中沒有對應的陽聲韻和入聲韻。以異平同入之理，則蕭、東對轉。在《論略推求語根之法》中季剛先生推求"首"的語源："首，古文百，頭也，象形。引申爲凡物之首，首亦本字也。然求其語根則爲上字。上，《說文》云：'高也。'首於人身爲最高，於百骸爲最尊也。首屬舌音審母，古屬透母蕭韻，上亦屬舌音禪母，古屬定母而同爲舌音，上居唐韻，而蕭唐對轉是古音亦同也。"①

將收舌入聲和收唇入聲相對應，二者之間就形成旁轉。因此就會有以下分類。《與人論治小學書》中的"音轉者，即雙聲相轉，亦即對轉旁轉也"②。

第三個角度：韻表結構

在《廣韻聲勢及對轉表》③中列"大凡九類，二十六攝，七十二對轉，三百三十九個小韻。"所分九類依據韻尾分攝，分別是：歌戈曷末屑寒桓先類第一，灰沒魂痕類第二，齊錫清類第三，模鐸唐類第四，侯屋東類第五，豪蕭沃冬類第六，咍德登類第七，盍帖談添類第八，合覃類第九。《音略》中的《古韻表》，以母音同標準歸類，歌曷寒合覃，灰沒痕類，屑先帖添，齊錫青，模鐸唐，侯屋東，蕭，豪沃冬，咍德登。古今兩相對照，發現主要區別在合覃、盍帖談添、屑先、蕭部上。這是由不同的歸類原則造成的。《廣韻聲勢及對轉表》依據韻尾分攝，《古韻表》依據母音分類，因而將歌曷寒和合覃、屑先帖添列在一類。

---

① 黃侃述，黃焯編：《文字聲韻訓詁筆記》，上海古籍出版社1983年版，58頁。
② 黃侃：《黃侃論學雜著》，中華書局1964年版，第163頁。
③ 同上書，第280—289頁。

黃季剛《說文同文》研究

關於陰陽聲的分類，季剛先生在《聲韻學筆記·陰聲韻陽聲韻》中列表說明，如下：

表三

直喉	歌麻等 阿	抵齶	寒先等 安	入聲只有三音遏餀惡是也
展輔	灰先等 威	穿鼻	唐冬等 翁	
斂脣	模魚等 烏	撮脣	覃侵等 諳	

從此表可以看出同類的陰陽聲母音和尾音在發音部位是相承的。音尾的具體音值與相互間的差別，季剛先生是明確的，《親真與清貞等韻之別》："親真用吳音收舌，其音爲 n，清貞用長江音收鼻，其音爲 -ng，烝用北平音收鼻脣，其音爲 -mn，侵針用粵音收脣，其音爲 -m。"① 《古韻表》中分收鼻和收脣兩大類，在《與人論治小學書》中所列古韻表② 以陰、入、陽三大類排列，不區別入聲和陽聲的韻尾。這是和此條問答中"音轉"條例相承的："音轉者，即雙聲相轉，亦即對轉旁轉也。"③ 其後列舉陰聲韻音轉：灰咍旁轉、灰歌旁轉、灰魂對轉。列舉陽聲韻音轉：冬東、冬登、東覃旁轉，蕭東對轉。《古聲韻古本音概略》④ 中，也僅列陰、入、陽三大類，不分收鼻還是收脣，列合覃、帖添在咍德登後。"此表排列略依旁轉最相近者爲次第。"⑤ 如在《聲韻學筆記·音變舉例》⑥ 中就反映出這樣的差別：

"彤，《說文》無此字，蓋在彡部，在覃部而與融通用，而轉入冬。又在東韻，又轉入東。覃冬東是旁轉。"

"熊，從炎省聲，炎聲在添部，古與雄通用，轉入登部，今在東韻，轉入東。添、登、東是旁轉。"

僅以陰、陽、入分類，不區分尾音發音部位，韻部之間就會在韻表上呈

---

① 黃侃述，黃焯編：《文字聲韻訓詁筆記》，上海古籍出版社1983年版，第135頁。
② 黃侃：《黃侃論學雜著》，中華書局1964年版，第157頁。
③ 同上書，第163頁。
④ 黃侃述，黃焯編：《文字聲韻訓詁筆記》，上海古籍出版社1983年版，第156頁。
⑤ 同上書，第160頁。
⑥ 同上書，第110—116頁。

現出三種關係："對轉者，一陰聲與一陽聲同入而相轉；旁轉者，一陰聲與一陰聲部類相近而相轉，陽聲准是；旁對轉者，一陰聲與一陽聲不同入而相轉；其陽聲對轉之陰聲，必與此陰聲爲旁轉，陽聲准是。"①在闡釋對轉旁轉旁對轉之理時，季剛先生舉例曰："譬如東韻中有中、忡等字，本音在冬韻；有弓、穹等字，本音在登韻；有風、楓等字，本音在覃韻，故知東與覃爲旁轉；有雺、䨴等字，本音在蕭豪韻，即知東韻與冬韻、登韻、覃韻爲旁轉，與蕭豪爲旁對轉也。"②這裡所說的"東韻與蕭豪旁對轉"與"蕭東對轉"之間的差異就在於二者不同的立足點，《聲韻通例》："凡陰聲陽聲互相轉，曰對轉；陰聲陽聲同類音近相轉者曰旁轉；以得對轉者，曰旁對轉。"③蕭東旁對轉是以旁轉得對轉，在韻表上是先橫後縱，"蕭東對轉"是異平同入對轉，屬於入聲曲轉。"曲"在韻表上體現得更直觀些。

二 《說文同文》音轉分類

我們依據《音略·古韻表》《古聲韻古本音概略·古今韻類表》爲基礎，適當參考《廣韻》對轉聲勢判斷分析《說文同文》音轉關係，採用對轉、旁轉、旁對轉分類。

（一）對轉

同入對轉，主要分以下四種關係：

1. 陰陽對轉

【穿同窡】

穿（穿寒）窡（穿曷）

《說文·穴部》："穿，通也。""窡，穿地也。一曰小鼠聲。"

【慇同哀同㤅】

慇（影痕）哀（影灰）㤅（影灰）

《說文·心部》："慇，痛也。""哀，閔也。""㤅，痛也。"

【㸪同㸬】

---

① 黃侃：《黃侃論學雜著》，中華書局1964年版，第159頁。
② 黃侃述，黃焯編：《文字聲韻訓詁筆記》，上海古籍出版社1983年版，第128頁。
③ 黃侃：《黃侃論學雜著》，中華書局1964年版，第143頁。

縈（溪青）褧（溪齊）

《說文·糸部》："縈，枲屬。《詩》曰：'衣錦褧衣。'"又《衣部》："褧，縈也。"

【控同扣】

控（溪東）扣（溪侯）

《說文·手部》："控，引也。""扣，牽馬也。"

【宕同度】

宕（定唐）度（定模）

《說文·宀部》："宕，過也。一曰洞屋。"又《又部》："度，法制也。"

【增同滋】

增（精登）滋（精咍）

《說文·土部》："增，益也。"又《水部》："滋，益也。一曰滋水，出牛飲山白陘谷，東入呼沱。"

2. 陰入對轉

【峨同嶭厜】

峨（疑歌）嶭（疑曷）厜（疑歌）

《說文·山部》："峨，嵯峨也。""嶭，巀嶭，山也。""厜，厜㕒也。"

【勃同排】

勃（並沒）排（並灰）

《說文·力部》："勃，排也。"又《手部》："排，擠也。"

【語同詻𠴲】

語（疑模）詻（疑鐸）𠴲（疑鐸）

《說文·言部》："語，論也。""詻，論訟也。傳曰：詻詻，孔子容。"又《吅部》："𠴲（咢），譁訟也。"

【屰同午悟】

屰（疑鐸）午（疑模）悟（疑模）

《說文·干部》："屰，不順也。"又《午部》："午，悟也。五月陰氣午逆陽，冒地而出。此予矢同意。""悟，逆也。"

【嚄同昧】

噣（知屋）咮（照侯）

《說文·口部》："噣，喙也。""咮，鳥口也。"

【翯同䳑】

翯（匣豪）䳑（匣沃）

《說文·羽部》："翯，鳥白肥澤皃。"又《白部》，"䳑，鳥之白也。"

3. 陽入對轉

【吶同訥訒】

吶（娘没）訥（泥没）訒（日痕）

《說文·吶部》："吶，言之訥也。"又《言部》："訥，言難也。""訒，頓也。《論語》曰：其言也訒。"

【謂同欥】

謂（爲先）欥（喻屑）

《說文·言部》："謂，報也。"又《欠部》："欥，詮詞也。"

【罄同罊同窒】

罄（溪青）罊（溪錫）窒（溪青）

《說文·缶部》："罄，器中空也。殸，古文磬字。《詩》云：'缾之罄矣。'""罊，器中盡也。""窒，空也。《詩》曰：'瓶之窒矣。'"

【濛同霂】

濛（明東）霂（明屋）

《說文·水部》："濛，微雨也。"又"霂，霢霂也。"

【朸同棱】

棱（來登）朸（來德）

《說文·木部》："朸，木之理也。""棱，柧也。"

4. 陰陽入對轉

【訝同逆迎】

訝（疑模）逆（疑鐸）迎（疑唐）

《說文·言部》："訝，相迎也。"又《辵部》："逆，迎也。關東曰逆，關西曰迎。""迎，逢也。"

【叟同頮没湏搵】

叜（明沒）頮（影沒）浸（明沒）溾（影灰）搵（影痕）沒（明沒）

《說文·又部》："叜，入水有所取也。"《玉篇·又部》，"叜，古沒字"。又《頁部》："頮，內頭水中也。"又《水部》："沒，沈也。""溾，沒也。"又《手部》："搵，沒也。"

【劃同刲刑剄】

劃（曉溪）刲（溪齊）刑（匣青）剄（見青）

《說文·畫部》："畫，界也。象田四界，聿所以畫之。"又《刀部》："劃，錐刀曰劃。""刲，刺也。""刑，剄也。""剄，刑也。"

（二）旁轉

《聲韻通例》："陰聲陽聲同類音近相轉者曰旁轉。"① 這裡只談到陰聲同類相近、陽聲同類相近，《說文同文》中還包括入聲同類相近。

1. 陰聲韻旁轉

【掊同捊】

掊（並侯）捊（並蕭）

《說文·手部》："掊，把也。今鹽官入水取鹽爲掊。""捊，引取也。"

【苗同穆】

苗（明豪）穆（明蕭）

《說文·艸部》："苗，艸生於田者。"又《禾部》："穆，禾也。"

【鞵同躧】

鞵（疏齊）躧（疏歌）

《說文·革部》："鞵，鞶屬。"又《足部》："躧，舞履也，"

【屖同肌】

屖（溪灰）肌（群蕭）

《說文·屍部》："屖，尻也。"又《肉部》："肌，孰肉酱也。"

【悈同憮】

悈（微咍）憮（微模）

《說文·心部》："悈，悈撫也。""憮，愛也，韓鄭曰憮。"

---

① 黃侃：《黃侃論學雜著》，中華書局1964年版，第143頁。

第二章 《說文同文》聲韻關係研究

【幺同丝幼】

幺（影豪）丝（影蕭）幼（影蕭）

《說文·幺部》："幺，小也。象子初生之形。""幼，少也。"又《丝部》："丝，微也。"

【蝦同鼃䵞】

蝦（匣模）鼃（匣齊）䵞（匣齊）

《說文·虫部》："蝦，蝦蟆也。"又《黽部》："鼃，鼃黽也。从它，象形。黽頭與它頭同。""䵞，水蟲也，薉貉之民食之。"

2. 入聲韻旁轉

【聿同疌】

聿（娘帖）疌（娘合）

《說文·聿部》："聿，手之疌巧也。"又《止部》："疌，疾也。"

【瘚同旡】

瘚（見曷）旡（見没）

《說文·疒部》："瘚，屰氣也。"《說文·旡部》："旡，飲食氣屰不得息曰旡。"

【結同縎】

結（見屑）縎（見没）

《說文·糸部》："結，締也。""縎，結也。"

【吸同呷歙】

吸（曉合）呷（曉帖）歙（曉合）

《說文·口部》："吸，内息也。""呷，吸呷也。"又《欠部》："歙，縮鼻也。"

【眽同覛瞑𦣝】

眽（明錫）覛（明錫）瞑（明錫）𦣝（明曷）

《說文·目部》："瞑，小視也。""眽，目財視也。"段注："財，當依《廣韵》作邪。邪當作衺，此與辰部覛音義皆同。"又《辰部》："覛，衺視也。"又《𦣝部》："𦣝，目不正也"。

· 227 ·

3. 陽聲韻旁轉

【電同霆】

電（定先）霆（定青）

《說文·雨部》："電，陰陽激燿也。""霆，雷餘聲也。"

【灑同汛】

灑（心痕）汛（心先）

《說文·水部》："灑，滌也。古文爲灑掃字。""汛，灑也。"

【洪同洚】

洪（匣東）洚（匣冬）

《說文·水部》："洪，洚水也。""洚，水不遵道。一曰下也。"

【診同䀣】

診（照先）䀣（知寒）

《說文·言部》："診，視也。"又《䀣部》："䀣，極巧視之也。"

【籑同筵】

籑（明寒）筵（明先）

《說文·竹部》："籑，筡也。""筵，竹膚也。"

【青同蒼】

青（清青）蒼（清唐）

《說文·青部》："青，東方色也。"又《艸部》："蒼，艸色也。"

【㝱同甍】

㝱（明唐）甍（明登）

《說文·木部》："㝱，棟也。《爾雅》曰：'㝱廇謂之梁。'"又《瓦部》："甍，屋棟也。"

【生同產】

生（疏青）產（疏寒）

《說文·生部》："生，進也。象艸木生出土上。""產，生也。"

【槾同樠】

槾（匣寒）樠（匣痕）

《說文·木部》："槾，樠，木薪也。""樠，槾木未析也。"

· 228 ·

第二章 《說文同文》聲韻關係研究

【歉同欺】

歉（溪添）欺（溪覃）

《說文·欠部》："歉，歉食不滿。""欺，食不滿也。"

【緯同繉】

緯（爲先）繉（爲痕）

《說文·糸部》："緯，織橫絲也。""繉，緯也。"

【鐵同鑱】

鐵（精添）鑱（精寒）

《說文·金部》："鐵，鐵器也。一曰鑱也。""鑱，穿木鑱也。"

（三）旁對轉

分爲陰聲與入聲旁對轉、陰聲與陽聲旁對轉、入聲與陽聲旁對轉三種情況，具體舉例如下：

1.陰聲與入聲

【椆與稠同】

椆（照蕭）稠（知沃）

《說文·木部》："椆，木也。讀若丩。"又《稽部》："稠，特止也。"

【迭同遞】

迭（定屑）遞（定齊）

《說文·辵部》："迭，更迭也。一曰達。""遞，更易也。"

【襮同暴】

襮（並豪）暴（並屋）

《爾雅·釋器》："黼領謂之襮。"《說文·糸部》："暴，頸連也。"段注："領謂之襮，連領謂之暴。"《玉篇·糸部》："暴，亦作襮。"

【頯同頢聵】

頯（疑灰）頢（疑曷）聵（疑灰）

《說文·頁部》："頯，頭蔽頯也。""頢，癡不聰明也。"又《耳部》："聵，聾也。"

【鞳同絡縷】

鞳（來鐸）絡（來鐸）縷（來侯）

· 229 ·

《說文·革部》,"觡,生革可以爲縷束也。"又《糸部》:"絡,絮也。一曰麻未漚也。""縷,線也。"

【脩同昔】

脩（心蕭）昔（心鐸）

《說文·肉部》:"脩,脯也。"又《日部》:"昔,乾肉也。"

【枯同極】

枯（溪模）極（群合）

《說文·木部》:"枯,極也。""極,驢上負也。或讀若急。"

2. 陰聲與陽聲

【詞同調】

詞（定東）調（定蕭）

《說文·言部》:"詞,共也。一曰譀也。""調,和也。"

【邃同愻】

邃（心灰）愻（邪先）

《說文·穴部》:"邃,深遠也。"又《心部》:"愻,深也。"

【磬同球】

磬（溪青）球（群蕭）

《說文·石部》:"磬,樂石也。"又《玉部》:"球,玉也。"

【揮同提】

揮（定寒）提（定齊）

《說文·手部》:"揮,提持也。""提,挈也。"

【紀同綱】

紀（見咍）綱（見唐）

《說文·糸部》:"紀,絲別也。""綱,維紘繩也。"

【霄同霰】

霄（心豪）霰（心寒）

《說文·雨部》:"霄,雨霓爲霄。"《釋名·釋天》:"霰,星也。水雪相搏如星而散也。"

【坭同泥濘】

第二章 《說文同文》聲韻關係研究

吡（泥灰）泥（泥灰）濘（泥青）

《說文·丘部》："吡，反頂受水丘。"又《水部》："泥，水。出北地郁郅北蠻中。""濘，榮濘也。"

【非同飛不】

非（非先）飛（非先）不（非咍）

《說文·非部》："非，違也。"又《說文·飛部》："飛，鳥翥也。"又《不部》："不，鳥飛上翔不下來也。"

【侮同嫚趄慢】

侮（微咍）嫚（明寒）趄（明寒）慢（明寒）

《說文·人部》："侮，傷也。"又《女部》："嫚，侮易也。"又《走部》："趄，行遲也。"又《心部》："慢，惰也。一曰慢，不畏也。"

【攕同掔】

攕（疏添）掔（疏豪）

《說文·手部》："攕，好手皃。"又《馬部》："掔，人臂皃。"

【菡同荷茄】

菡（匣添）荷（匣歌）茄（見歌）

《說文·艸部》："菡，菡萏也。"《說文·艸部》："荷，芙蕖葉。"《說文·艸部》："茄，芙蕖莖。"

【丞同承受】

丞（禪登）承（禪登）受（禪蕭）

《說文·収部》"丞，翊也。山高，奉承之義。"又《手部》，"承，奉也，受也。"又《受部》："受，相付也。"

3. 入聲與陽聲

【緬同糸】

緬（明寒）糸（明錫）

《說文·糸部》："緬，微絲也。""糸，細絲也。"

【茇同本】

茇（幫曷）本（幫痕）

《說文·艸部》："茇，艸根也。"又《木部》："本，木下曰本。"

【刌同切】

刌（清痕）切（清屑）

《說文·刀部》："刌，切也。""切，刌也。"

【篸同筅】

篸（莊錫）筅（莊先）

《說文·竹部》："篸，牀棧也。""筅，牀篸也。"

【血同衁】

血（曉屑）衁（曉唐）

《說文·血部》："血，祭所薦牲血也。""衁，血也。《春秋傳》曰：'士刲羊，亦無衁也。'"

【按同抑】

按（影寒）抑（影屑）

《說文·手部》："按，下也。""抑，按也。"

【卹同恤】

卹（心屑）恤（心屑）

《說文·血部》："卹，憂也。"又《心部》："恤，憂也。收也。"

【冄同弱姌嫋】

冄（日添）弱（日沃）姌（日添）嫋（泥沃）

《說文·冄部》："冄，毛冄冄也。"又《彡部》："弱，橈也。"又《女部》："姌，弱長皃。""嫋，姌也。"

4. 陰陽入相轉

【鴻同鶴鵠】

鴻（匣東）鶴（匣沃）鵠（匣蕭）

《說文·鳥部》，"鴻，鴻鵠也。""鶴鳴九皋，聲聞於天。""鵠，鴻鵠也。"

【讀同誦籀】

讀（定屋）誦（邪東）籀（澄蕭）

《說文·言部》："讀，誦書也。"又：《言部》："誦，諷也。"又《竹部》："籀，讀書也。"

第五節 《說文同文》聲韻規律定量分析

爲能對《說文同文》中的聲韻規律有更加清晰的認識，我們參照《漢字通用聲素研究》附表分別統計了聲轉、韻轉的各個聲紐、韻部的具體相通轉數量，在此基礎上，統計出聲轉、韻轉比率，詳見附錄一至附錄四。

頻數統計表的讀法：豎列代表 A 字的聲紐、韻部，橫列代表 B 字的聲紐、韻部，縱橫交叉形成的表格中的數字表示兩字聲紐、韻部相通轉的頻數。

比率統計表的計算：

聲轉或韻轉比率＝每組聲轉或韻轉的頻數／聲轉或韻轉的總頻數。如：

聲轉（影，影）組出現的頻數爲 262，聲轉的總頻數爲 4555，則計算出（影，影）組的出現頻率爲 5.75% ≈ 262/4555。

韻轉（歌，歌）組出現的頻數爲 45，韻轉的總頻數爲 4555，則計算出（歌，歌）組的出現頻率爲 0.99% ≈ 45/4555。

一　聲音相近——聲紐通轉規律分析

1. 從表格中可以看出，《說文同文》聲紐雙聲的頻數共 1857 次，雙聲總比率 40.81%。雙聲比率超過 2% 從大到小排列：影、見、明、匣、端、定、來、溪。

2. 同類音相轉總比率 23.86%，五音從大到小排列：

舌音（8.15%），喉（4.52%），唇音（4.09%），牙（3.65%），齒音（3.45%）。

3. 非同類音相轉總比率 35.38%，五音分別比率如下：

喉音與其他類音相轉總比率 20.09%，從大到小排列：

牙（9.53%），舌（6.53%），齒音（2.51%），唇音（1.52%）。

牙音與其他類音相轉總比率 15.31%，從大到小排列：

喉音（9.53%），舌（3.69%），齒音（1.59%），唇音（0.5%）。

舌音與其他類音相轉總比率19.26%，從大到小排列：

齒音（8.17%），喉音（6.53%），牙音（3.69%），唇音（0.87%）。

齒音與其他類音相轉總比率12.74%，從大到小排列：

舌音（8.17%），喉音（2.51%），牙音（1.59%），唇音（0.47%）。

唇音與其他類音相轉總比率3.36%，從大到小排列：

喉音（1.52%），舌音（0.87%），牙音（0.5%），齒音（0.47%）

從以上統計數據看出，黃季剛《說文同文》聲紐關係主要有三類，雙聲占40.81%，同類音相轉23.86%，非同類音相轉35.38%，總計100.05%。五音分類中，喉音聲轉比率最高，達20.09%，唇音聲轉比率最低，爲3.36%。

這些統計數量進一步證明，黃季剛先生所列出的四大聲轉條例，與《說文同文》通轉規律是相吻合的。

二 聲音相轉——韻部通轉規律分析

1. 從表格中可以看出，《說文同文》共發生疊韻頻數1674次，疊韻總比率爲36.75%。

2. 對轉關係總比率爲15.9%，從大到小排列

模組（3.8%），歌組（2.3%），灰組（2.04%），侯組（1.96%），齊組（1.79%），咍組（1.76%），怗組（0.84%），豪組（0.75%），屑組（0.53%），合組（0.13%），蕭組（0）。

3. 旁轉分陰聲韻旁轉、入聲韻旁轉、陽聲韻旁轉。

（1）旁轉比率計算方法

以陰聲韻旁轉爲例。陰聲韻比率由陰聲韻行列與其他陰聲韻相逢比率相加而成，如灰韻行與陰聲韻相逢比率0.26+0.09+0.09+0.22+0.11+0.09，灰韻列唯與陰聲韻歌相逢，比率0.42，行列相加得1.28。

陰聲韻旁轉總比率由陰聲韻旁轉比率之和除2得出。

由此得出陰聲韻旁轉總比率7.32%，各陰聲韻比率由大到小排列：

蕭（4.4%），豪（2.77%），侯（1.66%），灰（1.28%），咍（1.27%），模（1.26%），歌（1.1%），齊（0.9%）。

（2）陽聲韻旁轉總比率爲10.165%，各陽聲韻比率由大到小排列

寒（4.08%），先（3.42%），痕（3.3%），添（2.34），覃（1.97%），青（1.84%），唐（1.23%），東（1.2%），登（0.56%），冬（0.39%）。

（3）入聲韻旁轉總比率爲3.43%，各陽聲韻比率由大到小排列

曷（1.4），沒（0.85），屑（0.8），錫（0.49），鐸（0.16），屋（0.25），沃（0.41），德（0.57），合（1.25），怗（0.68）。

（4）旁轉總比率＝7.32%+10.165%+3.43%=20.915%

4. 旁對轉分陰聲韻和入聲韻旁對轉、陽聲韻和入聲韻旁對轉、陰聲韻和陽聲韻旁對轉。

（1）旁對轉比率計算方法

現以陰聲韻和入聲韻旁對轉爲例說明。

先以陰聲韻爲依據，計算陰入旁對轉比率；次以入聲韻爲依據計算入陰旁對轉比例，陰入和入陰比率相加除2爲陰入旁對轉總比率。如（單位%）：

歌入 =0+0.11+0.24+0.07+0+0.02+0.04+0+0=0.48

灰入 =0.46+0.22+0.15+0.02+0.02+0+0+0+0+0.18=1.05

齊入 =0.53+0.02+0+0+0.04+0.02+0+0.31+0.11+0.26=1.29

模入 =0.18+0.09+0.07+0.15+0.07+0.22+0+0.02+0.18=0.98

侯入 =0.13+0.11+0+0.04+0+0+0.04+0.07+0.04=0.43

蕭入 =0.48+0.09+0.24+0.22+0.18+0.07+0.11+0.13+0.92=2.44

豪入 =0.64+0+0.11+0.44+0.09+0+0.15+0.02+0+0.48=1.93

哈入 =0.20+0.04+0.02+0.13+0+0.02+0.02+0.09+0.09=0.61

陰入旁對轉比率：9.21%。由大到小排列：

蕭（2.44%），豪（1.93%），齊（1.29%），灰（1.05%），模（0.98%），哈（0.61%），歌（0.48%），侯（0.43%）。

依此演算法，入陰旁對轉比率6.86%。比率由大到小排列：

曷（1.19%），屑（0.87%），怗（0.81%），屋（0.73%），錫（0.72%），沃（0.72%），合（0.72%），沒（0.49%），德（0.35%），鐸（0.26%）。

陰聲韻和入聲韻旁對轉總比率：（9.21%+6.86%）/2=8.035%

（2）陽聲韻和入聲韻旁對轉

陽入旁對轉總比率爲6.88%，由大到小排列如下：

寒（1.27%），添（1.4%），先（1.25%），痕（0.9%），青（0.53%），唐（0.43%），東（0.39%），覃（0.54%），冬（0.06%），登（0.11%）

入陽旁對轉比率爲6.66%，由大到小排列如下：

曷（1.44%），屑（1.1%），没（1.02%），帖（0.81%），屋（0.04%），錫（0.67%），沃（0.57%），合（0.67%），德（0.19%），鐸（0.15%）

陽聲韻和入聲韻旁對轉總比率=（6.88%+6.66%）/2=6.77%

（3）陰聲韻和陽聲韻旁對轉

陰陽旁對轉比率爲12.82%，由大到小排列如下：

蕭（3.6%），齊（1.59%），灰（1.96%），豪（1.93%），模（1.17%），侯（0.99%），歌（0.79%），咍（0.79%）。

陽陰旁對轉比率爲12.86%，由大到小排列如下：

添（2.62%），寒（2.1%），先（1.96%），覃（1.6%），東（1.41%），痕（1.04%），青（0.7%），唐（0.63%），冬（0.48%），登（0.32%）。

陰聲韻和陽聲韻旁對轉總比率=（12.82%+12.86%）/2=12.84%

（4）旁對轉總比率=8.035%+6.77%+12.84%=27.645%

由上面分析可知，《說文同文》韻轉組成比率爲：疊韻36.75%，對轉15.9%，旁轉20.915%，旁對轉27.645%，總計101.21%。由此知，《說文同文》的韻轉標準還是比較嚴格的。

三　幾組特殊韻部音轉關係統計分析

在黄季剛先生古本韻二十八部體系中，陰聲八、陽聲十收鼻八收唇二，入聲十收鼻八收唇二。在《古韻表》[①]中，蕭部没有相配的入聲和陽聲；收舌韻屑、先和收唇韻合覃帖添没有相配的陰聲韻。通過分析《說文同文》韻部頻數和比率，可以顯現這些韻的聲韻地位和音轉狀況，爲其具體音值的確定提供參考。

[①] 黄侃：《黄侃論學雜著》，中華書局1964年版，第88—90頁。

第二章 《說文同文》聲韻關係研究

1. 蕭部

蕭部與陰聲韻之間的關係，比率由大到小排列：

豪（1.88），侯（0.92），咍（0.72），模（0.44），灰（0.22），歌（0.15），齊（0.07）。

可見，蕭與豪關係最爲密切，《古韻表》中，豪爲㸌攝開合口洪音，蕭爲㸌攝開合口細音，二韻之間只是洪細差別。蕭與侯不同攝，侯爲謳攝開合口洪音，與蕭之間不僅有洪細差別，主要母音音值不同。

蕭部與陽聲韻之間的關係，比率由大到小排列：

覃（0.96），東（0.84），添（0.48），冬（0.31），寒（0.31），痕（0.31），唐（0.13）先（0.11），登（0.11），青（0.04）。

蕭部與入聲韻之間的關係，比率由大到小排列：

沃（0.48），合（0.24），帖（0.22），曷（0.22），屋（0.20），没（0.18），鐸（0.13），錫（0.11），德（0.09），屑（0.07）。

由以上數據可以看出，與蕭最爲密切的入聲是沃、陽聲是覃，這就是異平同入對轉的重要依據。居於次位但又不容忽視的是蕭和收脣音合、帖二組的關係。

2. 屑先

在《古韻表》[①]中，屑先和帖添列爲一列。二組鼻音尾音不同。

屑與陰聲韻的關係，比率由大到小排列如下：

齊（0.26），灰（0.22）豪（0.15），歌（0.11），蕭（0.07），侯（0.04），模（0.02），咍（0）。

與屑發生音轉關係的入聲有三個，比率由大到小排列：曷（0.29），没（0.20），錫（0.13）。

與屑發生音轉關係的陽聲有四個，比率由大到小排列：痕（0.42），青（0.33），寒（0.24），唐（0.11）。

由此知，屑與齊、痕、曷組關係密切，發音切近。

先與陽聲韻關係，比率由大到小排列：

---

① 黃侃：《黃侃論學雜著》，中華書局1964年版，第89頁。

寒（1.43），痕（1.34），青（0.35），覃（0.15），唐（0.09），東（0.04），登（0.02）。

先與陰聲韻關係，比率由大到小排列：

灰（0.90），齊（0.48），歌（0.18），蕭（0.11），豪（0.11），哈（0.09），帖（0.09），模（0.09），合（0.04），侯（0）。

先與入聲韻關係，比率由大到小排列：

屑（0.53），沒（0.44），曷（0.35），錫（0.26），德（0.07），合（0.04），帖（0.09），鐸（0），屋（0），沃（0）。

先與屑相對應，其具體音值與寒、痕切近。

3. 合覃、帖添

收唇韻合、帖類在《古韻表》中沒有對應的陰聲韻，韻部通轉統計表中依此遞減通轉關係爲：合、帖類最易和豪、蕭、哈類陰聲相轉。

與合相轉的入聲由大到小排列：帖（0.46），曷（0.24），沃（0.22），沒（0.20），德（0.13）。

與合相轉的陰聲由大到小排列：蕭（0.24），哈（0.20），模（0.15），豪（0.11），齊（0.02）。

與合相轉的陽聲由大到小排列：添（0.50），覃（0.13），東（0.13），寒（0.07），唐（0.04），先（0.04），登（0.02）。

與覃相轉的陽聲由大到小排列：添（1.43），先（0.15），東（0.15），登（0.11）冬（0.07），青（0.04），痕（0.02）。

與覃相轉的陰聲由大到小排列：蕭（0.96），豪（0.29），模（0.22），侯（0.09），齊（0.04）。

與覃相轉的入聲由大到小排列：帖（0.44），合（0.13），德（0.02），沃（0.04），曷（0.04）。

由以上數據可以看出，與合覃關係密切的陰聲爲蕭、豪，陽聲爲添、東，入聲爲帖。《古韻表》將合、覃和曷、寒列爲一列，但從韻轉比率看，二類音並不相近。

與帖相轉的入聲由大到小排列：合（0.46），曷（0.09），沃（0.04），德（0.07）鐸（0.02）。

第二章 《說文同文》聲韻關係研究

與帖相轉的陰聲由大到小排列：豪（0.44），蕭（0.22），模（0.07），侯（0.04），咍（0.04），

與帖相轉的陽聲由大到小排列：添（0.84），覃（0.44），東（0.11），先（0.09），寒（0.07），唐（0.04），冬（0.02），登（0.02），青（0.02）。

與添相轉的陽聲由大到小排列：覃（1.43），東（0.40），唐（0.13），寒（0.11），痕（0.04），青（0.04），冬（0.04）。

與添相轉的陰聲由大到小排列：豪（0.94），蕭（0.48），侯（0.46），模（0.35），登（0.15），咍（0.13），歌（0.11），灰（0.11），齊（0.04），

與添相轉的入聲由大到小排列：帖（0.84），合（0.50），沃（0.46），曷（0.29），鐸（0.07），德（0.04），屋（0.02），没（0.02）。

由以上數據可以看出，與帖、添相近的陰聲韻有豪、蕭、侯、模，陽聲韻有覃、東、唐、寒，入聲韻有合、沃、曷。黃季剛先生在《古韻表》中，把屑、先和帖、添排在一列，但從《同文》韻轉比率看，二者之間關係並不相近。

《聲韻學筆記》："模部字與添帖二部多相通。"① 這條規律與韻轉規律相合。《談添盍帖分四部說》②："覃、談、添、合、盍、帖與痕、寒、先、没、曷、屑六部相配，彼六部收舌，此六部收脣，故此十二部字，幾於無一不通，不同聲，即同訓，覃等之旁轉對轉與痕等之旁轉對轉亦相應。"這段話從收舌與收脣體系相配的角度，說明覃等六收脣韻和痕等六收舌韻相對應。合、没韻轉比率爲0.20%，覃、痕韻轉比率0.02%，添和先、帖和屑韻轉比率均爲0。

---

① 黃侃述，黃焯編：《文字聲韻訓詁筆記》，上海古籍出版社1983年版，第136頁。
② 黃侃：《黃侃論學雜著》，中華書局1964年版，第290頁。

第三章 《說文同文》聲義網絡系統

關於《說文同文》的性質，一直有兩個問題令人困擾。一是"同文"到底是字源還是語源？二是《同文》和變易、孳乳什麼關係？季剛先生詮釋"音學進步"之二可以進一步啟發我們的思路："聲義同條之理，清儒多能明之，而未有應用以完全解說造字之理者。侃以愚陋，蓋嘗陳說於我本師；本師采焉以造《文始》，於是，轉注、假借之義大明；令諸夏之文，少則九千，多或數萬，皆可繩穿條貫，得其統紀。"① 以"聲義同條之理"解說"造字之理"就是以語言統攝文字。假借轉注之理，是文字孳生之理："夫文字之生，後於語言，聲音既具，六書乃成。凡一義而數聲者，依聲而制字，則轉注之例興。一聲而數義者，依聲而制字，則假借之用顯。"② 文字是記錄語言的符號，聲義同條是語言。依聲義而制字形，文字孳生，功能擴展，轉注、假借是造字之則，從這個角度看，《文始》立足於字源。但聲義具而制字形，文字的產生受語言的影響和控制，依此，《文始》"以明語原。"③ "章君《文始》一書，意在說明轉注、假借。非先明《說文》，熟諳音理，不可以讀《文始》。其中立名，有孳乳、變易二者。所謂孳乳，謂聲通義變；所謂變易，謂聲義俱通。"④ 孳乳聲通義變，文字依不同聲義而孳生；變易聲義俱通，文字依據同一聲義而孳生。文字的孳生基於語言的變化。由此看來，

---

① 黄侃：《黄侃論學雜著》，中華書局1964年版，第94頁。
② 黄侃述，黄焯編：《文字聲韻訓詁筆記》，上海古籍出版社1983年版，第79頁。
③ 章太炎：《國故論衡》，上海古籍出版社2003年版，第10頁。
④ 黄侃述，黄焯編：《文字聲韻訓詁筆記》，上海古籍出版社1983年版，第94頁。

字源和語源相依而生，二者角度不同，彼此支撐，不能截然而分。"治《說文》者，一貴明其字例，二貴明其詞例。必於此兩端憭然於胸，乃知《說文》說解幾無一字虛設也。如'天，顛也。至高無上。从一大'。言天之大，無物可比，故曰一、大也之類。至於揅究是書，不外直看、橫看兩法。知上之爲高，又知高之爲崇，以此遞求，則直看法也。知丕之爲大，又知皇之爲大，以此旁求，則橫看法也。《文始》之作，即用此法也。循是求之，以得其穿鎖鉤連之跡，則不待改字而其義見矣。"①這裡所言字例是指承載聲義的字形，詞例指聲義同條。直看遞求法是從字形說解中尋求音義相通的資訊，縱向推求語源。如由"天"找到"上""高"，天，舌音透母；上，禪母，古舌音；崇，床母，古齒音。然後依聲義鏈條系聯到"崇"，這與《文始》孳乳條例是一致的。橫看旁求法是依據同訓而音義系聯，如"丕""皇"，這與《文始》變易條例是相同的。所謂明"字例"，是緊緊把握初文形、音、義線索，明"詞例"是明確音義血脈貫通之理，追尋語言演化之跡。可見"文"是字、詞孳生演化之基始和樞紐。"同文"就是透過不同的字形追尋和續接音義傳承血脈。《說文同文》就是沿著《文始》的思路，以《說文解字》爲依託，從字源明語源，以得語言文字的系統和根源。

第一節　語言發生階段

關於形、音、義的發生，黃季剛先生主張"聲—義—形"的發生順序："三者之中，又以聲爲最先，義次之，形爲最後。凡聲之起，非以表情感，即以寫物音，由是而義傳焉。聲、義具而造形以表之，然後文字萌生。昔結繩之世，無字而有聲與義；書契之興，依聲義而構字形。……因此以談，小學徒識字形，不足以究言語文字之根本，明已。"②這裡概括了三種緣起。最初是聲音，遠古先民在勞動中通過聲音交流和溝通，抒發感情，描摹物態，

---

① 黃侃述，黃焯編：《文字聲韻訓詁筆記》，上海古籍出版社1983年版，第86頁。
② 黃侃：《黃侃論學雜著》，中華書局1964年版，第93頁。

黃季剛《說文同文》研究

本於自然。"是故五音之起,皆以表情;推其起原,此種聲音,大氐與笑歎呻吟歌呼之音不相遠。此即一切聲韻自然之質也。"①其後"音發而義從之",語言形成。遠古結繩之世,無字而有聲與義,"凡語言非一人所能造,必有其根。"②此語言之根即指最初音義結合之源。用聲音記錄意義並非任意的,"中國文字凡相類者多同音,其相反相對之字亦往往同一音根。"③最後"依聲義而構字形"。文字根於語言,字形承載聲義。根者,本也,即緣起。根明則源流自明。從音根到語根再到字根,音根是統領,語言文字之系統由此而出:"夫世間之事物雖多,而人之接觸事物不出五官耳目,而有一定之觀念,本為單簡,然五官之認識雖有限,而意識之變化則多,但表意識之語仍為有限者,以聲音有限,而止有四百餘故也。義由音生,故謂吾國字義止四百餘亦可。夫文字雖至四萬有餘,而不出聲音四百之外。以有限之音馭繁多之文字,是則必相聯貫而有系統可尋。故吾國文字,音近者義往往相近,由聲音為維繫語言文字之重要資料也。"④

語音稍縱即逝,語言發生久遠,探音根,索語源,必須要有能够把握的操作平臺。最初造字依類象形之"文"就是這樣的操作平臺:"語言先於文字,故吾人語言多不能書出者以此。夫言不空生,論不虛作,萬無無此語言而虛造此字者。凡文字之作,為語言生,息息相應,語音雖隨時變遷,然凡言變者,必有不變者以為之根。由文字以求文字,由語言以求文字,固非求本字不可也。"⑤這裡的"本字"即最初造字依類象形之"文"。"六書之中,惟象形、指事字形聲義三者多相應,其他則否。蓋象形指事之初作,以未有文字時之言語為之根,故其聲義必皆相應,而即所謂本字也。"⑥

在黃季剛先生的語言發生理論中,語根和字根歷史層次是截然分別的。"凡會意、形聲之字必以象形指事字為之根。而象形、指事字又以未造字時之語言為之根。""近時若章太炎《文始》,只能以言文字,不能以說語

---

① 黃侃:《黃侃論學雜著》,中華書局 1964 年版,第 95 頁。
② 黃侃述,黃焯編:《文字聲韻訓詁筆記》,上海古籍出版社 1983 年版,第 137 頁。
③ 同上書,第 47 頁。
④ 同上書,第 199—200 頁。
⑤ 同上書,第 55 頁。
⑥ 同上書,第 53 頁。

言。……故《文始》所言，只爲字形之根源，而非字音字義之根源也。"① 所謂字形之根源，總集文字形、音、義三要素："治《說文》欲推其語根，宜於文字說解及其所以說解三者細加推闡。凡文字解之至無可解，乃字形之根。純象形、指事字是所謂文。一面爲文字之根，一面又爲聲音之根，訓詁之根，形聲義三者實合而爲一，不可分離，故文爲形聲義之根。"② 語根依托於字根，所以在具體操作實踐過程中，黃季剛先生之"語根"就等同於字根："不可分析之形體謂之文，可分析者謂之字。字必統于文。故語根必爲象形指事。……蓋文字之基在於語言，文字之始則爲象形指事。故同意之字往往同音；今聚同意之字而求其象形指事字以定其語根，則凡中國之文字皆有所歸宿矣。"③

由此可見，"文"總集音根、字根、語根，從字根入手，可得文字孳生之統系和源流，這就是字源學研究的內容；由語根入手，可得語言發展之系統和根源，這就成爲詞源學的研究目標。

第二節　文字產生階段

《說文解字・敘》："倉頡之初作書，蓋依類象形，其後形聲相益，即謂之字。文者，物象之本；字者，言孳乳而浸多也。""文"起於造字之初象形表意文字階段，"字"爲其後符號表意文字階段以"文"爲功能構件組合形成的字。文字的產生是有次第的。

一　文字產生順序

《以聲韻求文字之系統》："古論六書，首明次第。綜而論之，大端有二，一則爲漸次孳乳，一則爲同時並著。今檃栝其終始，詳審其源流，漸次

---

① 黃侃述，黃焯編：《文字聲韻訓詁筆記》，上海古籍出版社1983年版，第199頁。
② 同上書，第60—61頁。
③ 同上書，第198頁。

而成,與實稍近。蓋古人作字,所以記言,豈能專立條例以造書契哉?今略表其孳生次第,再詳論之:文/一獨體象形指事字,二合體象形指事字,三變體字複體反文倒文省文之類;字/三變體字,四先出會意字,五形聲字,六後出會意字,七雜體字。"①文字產生的動機是表意的明確性,最初是象形字和指事字:"象形、指事之中,有爲圖畫也,符號也。圖畫所以象形,符號所以表事。初皆尚簡,故爲獨體。"隨着表達的需求,在獨體基礎上添加象形符號、點畫符號來明確表意,隨之產生合體象形指事字:"蓋萬物可象之形,有不可以獨體畫之者也。指事者,即以簡單符號以代複語,其不足用也固矣。況事不能僅以獨體表之者乎。方圓可指,大小不可指矣;大小可指,黑白不可指矣。於是進而爲合體指事焉。"季剛先生"變體字"是文和字的銜接點,其中的反文、倒文、省文之類,是改變獨體象形形體方向和簡省獨體形體單位形成的,其中的複體,即所謂的獨體會意,是由同一獨體作爲部件疊加形成的。其後擴展到會意字,至"形聲,則無字不可造矣"。

《說文略說·論文字製造之先後》:"由文入字,中間必經過半字之一級。"半字包括合體、省變、兼聲、複重。"此種半字,既爲會意、形聲之原,再後乃有純乎會意、形聲之字出。……造字次序,一曰文,二曰半字,三曰字,四曰雜體。就大體言,二可附於一中,四亦三之支別。然則文、字二名,可以統攝諸字無所遺也。"②這段話中的"半字"處於"文"和"字"的過渡階段,即章太炎先生"準初文"。所謂"準",有準備、預備之意,其以"初文"爲準則與目標,但又差一層次。黃季剛先生認爲造字層次"二(半字)可附于一(文)之中"立足於"文"和"半字"相同之處,同時又認爲"此種半字既爲會意、形聲之原"着眼於"半字"和"字"的相通之處。章、黃對"文"和"字"的區分以漢字結構爲標準,這與段玉裁注《說文解字·敘》中將"文""字"等同於與漢字結構分類的做法一脈相承,但又與許慎對"文"和"字"的界定角度有出入。《說文解字·敘》:"倉頡之初作書,蓋依類象形,故謂之文。其後形聲相益即謂之字。文者,物象之本。字者,言孳乳而浸多也。"馬敘倫《六書解例》:"文字發生之次第,文

---

① 黃侃述,黃焯編:《文字聲韻訓詁筆記》,上海古籍出版社 1983 年版,第 42—43 頁。
② 黃侃:《黃侃論學雜著》,中華書局 1964 年版,第 3—4 頁。

第三章 《說文同文》聲義網絡系統

爲形符,字爲聲符,形符所屬,則象形、指事、會意是矣;聲符所屬,則形聲、轉注、假借是矣。"①這段話首先將"文"和"字"的區別界定爲"文字發生之次第","文"以純形符表意,"字"以形、聲相合表意。聲符參構字形是漢字造字法發展史上的一大飛躍,王鳳陽先生認爲這一飛躍的基礎是形聲字:"春秋戰國以來,形聲字越來越多。存在決定意識,形聲字的增多,反映在人的觀念裡就是把圖解詞義的字和形聲組合的字劃分了開來,這打下了"文""字"分化的基礎。……把文字二分化,把用形象寫詞法造的字稱作'文',把用形聲寫詞法造的字稱作'字',究其實質,這還是篆書階段的文字觀念。"②小篆是古文字階段最後一種文字體系,篆書階段的文字觀念實際上是象形表意文字體系觀念,其立足點是文字的歷史發展。陸宗達先生在《說文解字通論》分析段注"獨體爲文、合體爲字"時明確區分了兩個角度:"在這裡段氏誤解了許慎的原意。許慎所說的文和字是說明漢字的歷史發展,六書則指的是漢字字形的構造法則。"③李運富先生在《論"漢字起源"的具體所指》指出:"在'依類象形'的階段,所造之'文'爲'物象之本',是以直接反映客觀事物爲目的的。到了'形聲'階段,造字方式突破了客觀事物'形'的限制,直接根據語言之'聲'。象形法和形聲法代表了漢字發展的兩個階段,象形階段的'文'跟語言是不嚴格對應的,到了形聲階段,'文'和'字'才跟語言真正結合起來。"④文字和語言結合起來的階段是記號表意文字階段。"象形文字'記號化'的意思,指的是象形文字的字形和它所記錄的詞之間斬斷了意義上的連鎖,使字與詞之間按規定關係重新結合,使字成爲詞的社會上約定俗成的符號。""半字"是象形表意文字向記號表意文字轉化的銜接點。象形文字體系的文字特點是客觀事物描畫,記號表意文字體系的特點是字元功能組合。"半字"綜合了這兩種特點,這正是段玉裁一方面認爲象形、指事爲獨體,一方面又將象形劃分爲"獨體象形""合體象形"的癥結所在。

---

① 馬敘倫:《六書解例》,商務印書館1933年版,第48頁。
② 王鳳陽著,張世超修訂:《漢字學》,中華書局2018年版,第488頁。
③ 陸宗達:《說文解字通論》,北京出版社1981年版,第46頁。
④ 李運富:《漢字漢語論稿》,學苑出版社2008年版,第32—33頁。

黃季剛"半字"中的四種類型在象形表意文字體系和記號表意文字體系的銜接段體現出不同的層次：

"省變"類是在原獨體初文的基礎上形體上的簡省和變形，簡省類如：() 從飛()省，不()從木()省，白()從自()省，亢()從籀文大()省，㾦從豕()省等。變者或如象形初文之反文，如匕()，七()從反人()，乏()從反正()，辰()從反永()，乚從乙反丁()，可()從反叵()；或如初文之倒文，如倒首()，㚔倒䇂，幻()倒予()，去()倒子等；或如初文之延曲，如廴()從彳()而引之，如天()矢()尤()均從古文大()屈曲，從木之曲頭。這是與獨體之"文"最接近的一類，因爲其仍有很強的象形性，只有一個獨立的構件，不涉及字元的組合問題。

其餘三類合體、兼聲、複重均有兩個或兩個以上的組構部件，這三種又分爲三個表意層次：

"合體"類表意的重心在不成字的象形符號和指事符號，象形符號如朵()中的，果()、番()中的田，帶()中的，曺()石()中的○，靁()中的，兒()中的，兇()中的等，以形象表意，字形中的成字部件處於次要地位，只是表意的一個依托。

指事符號爲點畫和線條，指事字義之所在，點畫指事如叉()刃()亦()叉()等，橫畫指事如本()末()朱()旦()寸()甘()巜()等。這一類具象的標示符號更具初文特性，而多個形體組合則又具備"字"的組合性.

"復重"類均由相同的獨體初文組合而成，或側重數量累積表意，如艸、卉()茻()集屮()，林()森()集木()，從()眾()集人()，秝()集禾()，羴()集羊()，惢()集心()，毳()集毛()等；或側重方向會合表意，収()從丮()又()，反廾，北()從正反人()()，屮從正反止，臼從左右手等；或側重空間位置會合表意，如步()從前後止、夅從上下止()、畕從相鄰田()等。這一類均由相同的象形初文組合而成，與古文字階段形體方向、多少不拘有極大關聯，但又區別於"字"形、聲異功能形體

· 246 ·

第三章 《說文同文》聲義網絡系統

組合。

"兼聲"類字章太炎《文始》稱之爲"聲具形殘"字，聲符成字，形符象形但又不成字，如"氐"象山體墜墮形丆聲，如"内"象獸足蹂地形九聲，"主"象燈中火炷形、亦聲；"函"象菡萏形ㄅ聲等。這一類"蓋初有形聲時所作，與後來形聲皆成字者殊科"①。將其列爲"半字"中最後一類，是因爲其區別於其他三類的新構字部件聲符，這是向"形聲相益"的字邁進的具有突破性的一個環節。

綜上所述，位於象形表意文字和記號表意文字交叉點的"半字"，可以根據獨體／合體、表形／表意／表音進一步區分爲以下順序和層次：省變—合體—復重—兼聲。其中表音構件的出現是由"文"到"字"飛躍的關鍵性一步。陸宗達、王寧先生在《訓詁與訓詁學·論章太炎黃季剛的說文學》一文中對此作出評價："於'六書'之外，提出了文與字的漢字字體分析方法，突出了漢字造字的層次。太炎先生以獨體字（象形、指事）爲初文，以合體會意、合體象形、迭體與兼聲爲准初文，以合體字（會意、形聲）爲字。如果說，'六書'是漢字的結構分析法，那麼，這種方法則是層次分析法。它顯示了小篆字系以初文爲形位，用形位生成的方法二度造字的特點。通過這種方法系統分析漢字，對探討漢字的歷史發展趨勢有極大的推動作用。"②所謂"層次分析法"指造字的層次，涉及漢字體系及造字法的演變。

"文字之初，根基言語。迨乎亦必名詞與動詞同出，固不可以強爲之先後也。蓋論其造字之初，自應分別先後；論其以言語而造字，自必同時而出。"這就是"漸次孳乳""同時並著"③之理。

二　文字產生統系

最初獨體之文是形、音、義之根。從形體上說，獨體之文是產生文和字的基礎："夫獨體之文又可生文，所生之本文，又可生字，故獨體其本也。"

---

① 章太炎：《文始·敘例》，《章太炎全集》（七），上海人民出版社1980年版，第159頁。
② 陸宗達、王寧：《訓詁與訓詁學》，山西教育出版社1994年版，第346頁。
③ 黃侃述，黃焯編：《文字聲韻訓詁筆記》，上海古籍出版社1983年版，第42頁。

· 247 ·

從聲音上說，獨體是字音的根源："複體、合體，積於獨體，其得聲也，往往因之，故獨體，聲音之母也。"所謂"聲音之母"，主要指獨體可以作爲形聲字的聲符，形成形聲字，獨體是母文，形聲字是子，形聲字子母相應。從意義上說，最初獨體字記錄的本義，是意義發展的源頭："一字之義，有先有後，後有之義因乎本有，故始義其源也。"由此看來，"文"就是形音義的源頭，是語言文字系統的根本。"文字基於言語，言語發乎聲音，四書未造之時，未嘗無此言語也。然則，推求文字孳生統系以得其條理者，非音韻將何由乎？……欲求文字之系，必先基之音韻，欲求六書之本始，必先問乎獨體。然則，獨體與音韻之於六書，猶衣裳之有要領也。"①

《說文同文》是黃焯先生在輯錄《黃侃手批說文解字》時定的名稱，"同文"實明確了"文"的源頭和統領地位："季剛先生嘗就其音義之相同或相通者類聚而比次之，注云某同某某，或云某與某同，蓋據章君《文始》所列，並自下己意，其與文字之孳生演變之跡具爲彰顯。"②這個定位明確了以"音義"爲核心、以文字爲指歸的語言文字系統研究的思路。《說文同文》依據章太炎《文始》而類聚比次同文。但二者不同之處在於《文始》以音編排，首先明確聲類爲語基，如《轉注假借說》："字之未造，語言先之矣；以文字代語言，各循其聲。方語有殊，名義一也，其音或雙聲相轉，疊韻相迤，則爲更制一字，此所謂轉注也。孳乳日繁，即又爲之節制，故有意相引申，音相切合者，義雖少變，則不爲更制一字，此所謂假借也。""何謂'建類一首'？類謂聲類，鄭君《周禮序》曰：'就其原文字之聲類。'……首者，今所謂語基。《管子》曰：'凡將起五音曰首'；《莊子》曰：'乃中經首之會。'此聲音之基也。"③"文"就是語基，從此出發，遵循變易孳乳條例，多長線系聯。而《說文同文》是隨《說文》部首編排次第批注於頁眉，孳乳少而變易多。如《雜著·聲韻通例》所列《文始》陰聲歌部"丅"字變易孳乳系列④，橫列爲變易，列了"丅"變易的八個字，在《說文同文》中，

---

① 黃侃箋識，黃焯編次：《文字聲韻訓詁筆記》，上海古籍出版社 1983 年版，第 44—45 頁。
② 黃侃：《說文箋識四種》，上海古籍出版社 1983 年版，第 3 頁。
③ 章太炎：《國故論衡》，上海古籍出版社 2003 年版，第 36 頁。
④ 黃侃：《黃侃論學雜著》，中華書局 1964 年版，第 172 頁。

第三章 《說文同文》聲義網絡系統

有【乎同迤過跨赶越迹】，"乎"的這六個同文各自字頭下標明與"乎"的關係：【跨同乎】【越同迹】【迹同越】【過乎同】【迤乎同】【迹乎同】【赶同乎】，該條例中另外兩個同文是胯、奎，黄季剛先生雖然在聲韻通例中將這兩字與其他六個字橫列，橫列爲變易，但這兩個字頭下用的是"由來"術語：【胯由乎跨來】【奎由乎赶來】，"由來"是孳乳術語，在章太炎《文始》中這二字亦列爲孳乳，表中孳乳字季剛先生批注曰：【蹶由乎越迤來】【跂由乎越迹蹶來】【徛乎來】。爲什麼在《聲韻通例》中列爲變易，季剛先生自有其用意，此處按下不表，容待與下個問題一齊交代。僅從手批內容看，初文"乎"統領的同文聲韻關係是：乎（溪歌）、迤（溪寒）、過（匣歌）、跨（溪模）、赶（溪齊）、越（爲曷）、迹（爲曷）、胯（溪模）、奎（溪齊），聲紐嚴格控制在見曉組，韻部爲對轉與旁轉。季剛先生總結《文始》"乎"字繁衍孳生系列聲韻關係："乎本韻歌，本聲溪；通韻五：模、曷、鐸、寒、唐；通聲五：見、影、定、曉、匣。"[1]與《同文》聲韻關係相比，《文始》的聲韻關係範圍明顯大一些。由此知，"文"總攝《說文同文》聲義孳生統系，"同文"主要是變易字。

三 文字產生之理

轉注假借是造字之理，貫穿了文字產生的全過程。初文產生階段亦不例外。

（一）"同文異用"

《古文一字兩用》："古文有一字而兩用者。如🈲，城郭，城墉。🈲，讀汪。封之古文。🈲，申，玄，糸。🈲，郊門。墉之古文。蓋古文異字同體者多，同形異義者衆也。"[2] "同體""同形"而"異義""異字"，聯繫這幾個表述和所舉字例可以看出，所謂初文一字兩用，指同一個字形履行不同的記錄功能，記錄不同的音和義。"蓋初期象形、象事諸文，只爲事物之象徵，而非語言之符識，故一文可表數義。"[3] 非語言之符識，是說音義尚未約定俗

---

[1] 黃侃：《黃侃論學雜著》，中華書局1964年版，第171頁。
[2] 黃侃述，黃焯編：《文字聲韻訓詁筆記》，上海古籍出版社1983年版，第50頁。
[3] 同上書，第204頁。

· 249 ·

成，一文一義還沒有固定下來。《論文字製造之先後》："一𢆶也，既以爲玄之古文，又以爲糸之古文；一丨也，既以爲上行之進，又以爲下行之退；同文異用，叚借之例又行矣。"①

"同文異用"實爲借用相同的形體記錄不同的音義，和同音假借不同。其直接結果即導致一字多音。這樣從造字階段就解決了形聲字同聲符不同音的問題。"一字多音之理，在音學上必須詮明，而後考古始無窒礙。……凡《說文》聲子與聲母不同者，皆可由此得其解說。……古人于象形指事字多隨意指稱，不以聲音爲限。"②"不以聲音爲限"即是同文假借和同音假借的根本性的不同。季剛先生所言之"同文異用"不僅僅如上舉丨類限於同一形體，根據後文所列字例，"同文"應指爲同一聲義造的同字異體。如：

《說文》以囟爲聲符的字齒音有：𤔌、伵、汹、細、思等。唯"䐉"囟聲却爲舌音泥紐。

《說文·女部》："嫐，有所恨痛也。从女，甾省聲。"

《說文·匕部》："甾：頭髗也。从匕。匕，相比箸也。巛目象髮。囟象囟形。"

季剛先生按："甾，即囟之異體。"由此知"囟"亦有舌音。則"䐉"爲舌音得到解釋。儑、遷、躓均以囟爲聲符，腦、惱、瑙等均以甾爲聲符，如果牽系于聲符專一音，不明了聲符多音之理，則會以方音、訛音甚至合音曲爲旁通，迂曲而牽強。

另如："蛇與易古當爲一文，蓋蛇若讀委蛇之蛇，則與易同爲喉音。从易聲者有剔，則與蛇同爲舌音，錫賜則又與巳同爲齒音也。《說文》巳爲蛇象形，古蓋即以巳爲蛇字。"依此，"蛇"舌、喉、齒三個讀音，源於古與"蛇"一文的"易"字和同用的"巳"字。由此知，季剛先生所言之"同文異用"的"文"不僅僅立足於古文同一形體，還包括同一音義的不同形體。

（二）"初文有轉注"

初文轉注和古文同形異用不同。古文同形異用是用相同形體記錄不同的音義，涉及字的功能問題，實際上是同形字問題。而初文轉注是聲音意義相

---

① 黃侃：《黃侃論學雜著》，中華書局 1964 年版，第 4 頁。
② 黃侃述，黃焯編：《文字聲韻訓詁筆記》，上海古籍出版社 1983 年版，第 52 頁。

第三章 《說文同文》聲義網絡系統

連貫而造字。所以，古文同形異用和初文轉注相輔相成，轉注假借"造字之理"從最初初文產生時就存在。《論文字製造之先後》："就文而論，亦非造自一時。何以明之？屮之與屮，水之與川，聲有對轉，而語無殊；｜之與囪，日之與入，義有微殊，而聲未變；此如造自一時，何由重複？是則轉注之例，已行于諸文之間久矣。一𢆉也，既以爲玄之古文，又以爲糸之古文；一｜也，既以爲上行之進，又以爲下行之退；同文異用，假借之例又行矣。今若推其本原，往往集數十初文而聯爲一貫，用以得文字之太初；斯誠考文者一愉快事也。"① 可見，初文的產生階段也有造字和用字兩個層面，造字層面，依聲義而造字形，轉注之例行；用字平面，古文同文異用，假借之例行。造字之理"轉注、假借爲中國文字盈虛消長之法，如鳥之兩翼，車之兩輪也"②。

1. 初文轉注源頭

《初文多轉注》："同聲同義而異字，即轉注也。其或聲音小變，或義界稍異，亦得謂之轉注。訓詁既有根原，文字何得無其根原？形與形既多同，聲義又屬有限，故轉注之法，於蒼頡時已有。"③ 文字的根源在哪里？所謂"形與形既多同，聲義又屬有限"就是答案。文字的根源在於聲義。聲義同條即語言。在初文造字平面，轉注依聲義而造字。以有限的聲義統攝"多同"的初文，初文之間呈現平面音義網絡。倉頡初造書，依類象形謂之文，初文轉注無疑在最初造字平面又分出層次，聲義多同的初文源頭在語言，初文轉注的源頭如何確定？

《推廣初文轉注之義》："初文謂凡象形、指事字，包獨體合體二者。轉注謂聲義相聯。今假定以一爲最初之根，一字聲音超過文字之外，其根不可知。故云假定。"④ 所謂"一字聲音超過文字之外，其根不可知"是指"一"字形體中沒有示音構件，所以其聲音來源不明。《形聲字子母必須相應》："凡一字中，點畫帶有聲音者，形聲也，是謂有聲字。聲音不在點畫中者，

---

① 黃侃：《黃侃論學雜著》，中華書局1964年版，第4頁。
② 黃侃述，黃焯編：《文字聲韻訓詁筆記》，上海古籍出版社1983年版，第56頁。
③ 同上書，第61頁。
④ 同上書，第66頁。

象形、指事等是也，是謂無聲字。"① 無聲字聲音的確定需要從《說文》字形和說解中找。《論據〈說文〉以考古音之正變》："據許書以推音之變者，……四據無聲字而細索其音……據無聲字者，《說文》之字，有本有聲而不言聲者。道从辵从首，實首聲也；皆从比从白，實比聲也。此舉二徐皆所不言。若大徐言聲，小徐不言，或小徐言聲，大徐不言，不在此例。有本有聲，而得聲之後已轉，而不言者。如天从大，實大聲，由曷轉先。熏，从黑，實黑聲，由德轉痕。巿，从入，實入聲，由合轉灰。悉，从心，實心聲，由覃轉屑是也。由此推測聲音之變，皦然若合符之復析。"② "一"爲六書指事字，爲無聲字，所以只能按音理進行繫聯。《說文·一部》："一，惟初大極，道立於一，造分天地，化成萬物。"季剛先生按："一之所起有一而未形，故爲太一。古喉音影母屑部。"這就交待出以"一"爲源頭的轉注初文的音義之源：

兀，影母沒韻；玄，匣母先韻；乙，影母屑韻；丨，見母痕韻；厂，影母齊韻；甲，見母怗韻；咼，見母歌韻；角，見母屋韻；丫，見母齊韻；幺，影母蕭韻；糸，影母蕭韻；不，疑母曷韻；冂，見母清韻；秝（嗌籒文），影母錫韻；寅，影母先韻。

初文轉注的第二類源頭確定來源於一字多音。

《說文·屮部》："屮，艸木初生也。象丨出形，有枝莖也。古文或目爲艸字。讀若徹。"段注："凡云古文以爲某字者，此明六書之叚借。以，用也，本非某字，古文用之爲某字也。如古文以灑爲灑埽字，以疋爲《詩·大雅》字，以丂爲巧字，以臤爲賢字，以炇爲魯衛之魯，以哥爲歌字，以詖爲頗字，以囧爲䀎字，籒文以爰爲車轅字，皆因古時字少，依聲托事。至於古文以屮爲艸字，以疋爲足字，以丂爲亏字，以俟爲訓字，以臭爲澤字，此則非屬依聲，或因形近相借，無容後人效尤者也。"這裡段注區分了兩種假借，一是依聲托事的假借，一是形近相借。這兩種假借都可以造成一字多功能。

《說文·丨部》："丨，上下通也。引而上行讀若囟，引而下行讀若退。"段注："囟之言進也。可上可下，故曰下上通。竹部曰：篆，引書也。凡字

---

① 黃侃述，黃焯編：《文字聲韻訓詁筆記》，上海古籍出版社1983年版，第36頁。
② 黃侃：《黃侃論學雜著》，中華書局1964年版，第108頁。

第三章 《說文同文》聲義網絡系統

之直,有引而上,引而下之不同。若至字當引而下,不字當引而上,又若才中木生字皆當引而上之類是也。分用之則音讀各異,讀若囟在十三部,讀若遅。在十五部。今音思二切,囟之雙聲也。又音古本切。"根據段注,"丨"字三音,上下貫通義音古本切,爲喉牙音;進義讀若囟,爲齒音;退義讀若遅,爲舌音。可見此字之音與方向密切相關。《說文·竹部》:"篆,引書也。"王筠句讀:"篆本引而書之之名,因命所書之體曰篆。"段注:"引書者,引筆而箸於竹帛也。因之李斯所作曰篆書,而謂史籀所作曰大篆,旣又謂篆書曰小篆。其字之本義爲引書。"篆文的書寫單位是線條,線條書寫方向不統一,故由下而上引筆曰進,由上而下引筆曰退。依段注由篆引筆再推廣之"字之直",《說文·至部》:"至,鳥飛從高下至地也。从一,一猶地也。象形。不,上去而至下。"又《不部》:"不,鳥飛上翔不下來也。从一,一猶天也。象形。""至""不"均釋爲象形,"至"從高往下,"不"從低往上,二者方向正相反。"囟之言進",由此推而廣之,爲艸木生發之象,有才、屮、木、生等字。所謂"聲未變"是說"丨"齒音讀若囟。

在《就初文同聲求其同類》[①]條,黃季剛先生清理了"丨"的初文轉注線索。《說文》"丨"一字兩讀,初文多音,屬於因形而借。"丨,引而下行讀若退。舌音。其所出者有屮,借用。"這裡的借用指依聲托事。退,透母沒部;屮,徹母屑部。古無舌上音。二字雙聲。以屮爲音義源頭,其所出者有出、上、之、大、耑、百、毛、巫、朵、屯、壬、辰、東、鹵、甹、支、朱、禾、舜、竹、土、田、丁。"丨,引而上行讀若囟,齒音,植物之象形象物字有屮,古文或以爲艸字。"這裡是說"丨"的齒音源於古文以屮爲艸,以"艸"爲源頭,齒音植物字有芻、甾、才、丰、朿、帀、弗、齊、秀、柔。將季剛先生系聯的初文系列和段注相比,段注以意義的方向性區分爲囟(進)、退兩個系列,但並未與聲音體系相聯繫,如"才屮木生字皆當引而上之類是也"。其中"才"爲齒音,"屮"爲舌音,"木"爲唇音,"生"爲齒音。季剛先生沒有明確區分意義的方向性,立足於"植物之象形象物字",但以聲音爲統攝,聲義系聯,具有清晰的體系性。可見初文假借,同形異

[①] 黃侃述,黃焯編:《文字聲韻訓詁筆記》,上海古籍出版社1983年版,第67—69頁。

用，一字多音，決定初文轉注的方向。初文依不同的音義而轉注，而呈現出平面音義網絡。

2. 初文轉注類型

"倉頡所造初文五百二十字，其歸於轉注之例者觸處皆是，不止燕之與乙、丙之於马、丫之與乖已也。"① 這裡所舉三組例字分別說明初文轉注的三種類型。

第一種類型：同聲同義而異字，如燕同乙：《說文·燕部》："燕，玄鳥也。籋口，布㧑，枝尾。"又《乙部》："乙，燕燕，乙鳥也。齊魯謂之乙。取其鳴自謼。象形也。"段注："燕篆像其籋口、布㧑、枝尾，全體之形。乙篆像其於飛之形。故二篆皆曰像形也。乙象翅開首竦，橫看之乃得。"季剛先生按："燕影母寒韻，乙影母曷韻，本爲一字，燕爲合體象形籋口，布㧑，枝尾。乙則純象形，若圖畫有工筆畫與寫意畫之別也。"② 燕、乙一聲之轉，乙爲齊魯方音。如此則"虍即虎字不足有其足也。由大之作人可知，互即古豕字，丫即古羊字，由即古鬼字"③。古文以最具特點的部分象形指代整體，如"互"突出銳利的頭，"丫"突出乖剌的羊角，"由"想像描摹出令人生畏的鬼頭部指代鬼。

第二種類型：義界稍異而異字，如丫之與乖：《說文·丫部》："丫，羊角也。讀若乖。"："芈，戾也。从丫八。"丫、芈二字同音見母齊部。"芈戾"是羊角的特性。

另外的例子如《論文字製造之先後》："丨之與囟，日之與入，義有微殊，而聲未變。"④

丨之與囟：《說文·丨部》："丨，上下通也。引而上行讀若囟，引而下行讀若退。"段注："囟之言進也。可上可下，故曰下上通。"丨，見紐痕部；囟，心紐先部，進，精紐先部。"下上通"包含"進"義。

日之與入：《說文·日部》："日，實也。大易之精不虧。故曰實。从口

---

① 黃侃述，黃焯編：《文字聲韻訓詁筆記》，上海古籍出版社1983年版，第61頁。
② 同上書，第62頁。
③ 同上。
④ 黃侃：《黃侃論學雜著》，中華書局1964年版，第4頁。

第三章 《說文同文》聲義網絡系統

一,象形。"《釋名·釋天》:"日,實也,光明盛實也。"又《入部》:"入,內也。自外而中也。象從上俱下也。上下者,外中之象。""日"光明盛實,自外而內、從上俱下曰"入"。日,日母屑部;入,日母緝部,二字義有微殊而相因。

第三種類型:聲音小變而異字,如丂之與丙:《說文·丂部》:"丂,嘾也。艸木之華未發函然。象形。讀若含。"又《丙部》:"丙,舌皃。从谷省。象形。"丂,匣母添部;丙,透母添部。二字義象同,都象草木含苞待放的形態。

另外的例子如《論文字製造之先後》:"屮之與耑,水之與川,聲有對轉,而語無殊。"①

屮之與耑:《說文·屮部》:"屮,艸木初生也。象丨出形,有枝莖也。古文或目爲艸字。"又《耑部》:"耑,物初生之題也。上象生形,下象根也。"屮,徹屑,古舌音透;耑,端母寒部。從字形上看,二字均爲艸木初生象。

水之與川:《說文·水部》:"準也。北方之行。象衆水並流,中有微陽之氣也。"所謂"北方之行"是解釋"水"對應的五行方位,"象衆水並流,中有微陽之氣也。"是從卦象上解釋"水",如段注:"火,外陽內陰。水,外陰內陽。中畫象其陽。云微陽者,陽在內也,微猶隱也。水之文與三卦略同。"又《川部》:"川,毌穿通流水也。《虞書》曰:'濬く巜,距巛。'言深く巜之水會爲川也。""川"實爲水,特指通徹大水。水,審紐先部;川,穿紐痕部。均古舌音。

所謂"語無殊",指意義區別不大;所謂"聲對轉",以對轉涵蓋所有音轉。

3.初文轉注方向

初文轉注以聲義爲線索而造字,而初文假借,同文異用,多建立在同形異用基礎上。二者雖同屬於初文層次,但也應有先後。"初期象形指事字音義不定於一,一字而含多音,一形而包數義。"②初文的多個音義正是轉注的

---

① 黃侃:《黃侃論學雜著》,中華書局1964年版,第4頁。
② 黃侃述,黃焯編:《文字聲韻訓詁筆記》,上海古籍出版社1983年版,第183頁。

源頭，從這個角度看，初文假借應該發生在初文轉注前。

《初文多轉注》以"彑"爲源頭系聯三組初文，源於"彑"有喉舌齒三個讀音。《說文同文》條目中有：【豕同象㺟豨，古或與彑同，與亥同文】豕，審母先韻，古舌音；彑，見母曷部；亥，匣母咍部，古喉音。彑爲古豕字。

"彑，專名爲野豬，公名爲一切野獸之稱。有喉、舌、齒三音。初文轉注與此相應有三個方向。

方向一："其作喉音，則語由丨來，其作𠃉，即古銳字。"喉音分兩個層次：

第一個層次，喉音轉注初文：

匣母咍部："亥，古文亥爲豕，與豕同。亥象裹子咳咳之形。"

群母模部："豦，鬭相丮不解也。"

疑母曷韻："豪，豕怒毛豎也。"

曉母寒韻："豩，二豕也。"

影母灰韻："希，脩豪獸。一曰河內名豕也。从彑，下象毛足。"

匣母模韻："㺒，豕也。从彑，讀若瑕。"

第二個層次，喉音後出字，如：

彑（豕）後出字：

匣母曷韻："豰，豚屬。"

曉母灰韻："豨，豕走豨豨也。"

"由豨之義又有豯"，喉音匣母："豯，生三月豚，腹奚奚皃也。"

豩後出字：

匣母寒韻："豲，豕屬也。"

由希來者：

曉母没韻："豷，豕屬。从希習聲。"

匣母豪韻："䝂，䝂豕。鬣如筆管者。出南郡，从希高聲。"

匣母没韻："𧋅，𧋅蟲也，似豪豬而小。从希，胃省聲。蝟，或从虫作。"

由豨、豯、亥等義又有：

影母屑韻："㱃，豕息也。"

第三章 《說文同文》聲義網絡系統

由豩、虒、希則有：

見母痕韻："豤，豕齧也。"

匣母寒韻："豢，目穀圈養豕也。"

由彑來者：

見母模韻："豭，牡豕也。"

見母先韻："豣，三歲豕。"

影母錫韻："豰，上谷名豬豰。"

"與彑同狀而不同物者"：

易，蜥易，蝘蜓，守宮也。影母錫韻。

"古喉音之屬，豕、希、彑、𧰨四部字可以此法穿貫之。"①"此法"指音義同條繫聯法。

方向二："彑之讀舌音者，以希讀若弟及豕之今音知之。"

透母灰韻："豕，彘也。竭揭其尾，故謂之豕。讀與豨同。"

定母灰韻："彘，豕也。後蹏廢謂之彘。从彑从二匕，矢聲。彘足與鹿足同。"

透母齊韻："彖，豕也。从彑从豕，讀若弛。"

透母寒韻："彖，豕走也。从彑，从豕省。"

定母痕韻："豚，小豕也。古文象。从希省，象形。从又持肉，以給祠祀也。豚，篆文从肉豕。"

端母模韻："豬，豕而三毛叢（尻）者。"

透母屋韻："豖，豕絆足行豖豖也。从豕繫二足。

"豙，獸長脊行豙豙然，欲有所司殺形。"

由豸出者：

定母齊韻："廌，解廌獸也。佀牛，一角。从豸省。"

透母模韻："兔獸名。象踞，後其尾形。"

透母沃韻：㲋，㲋獸也。佀兔青色而大。

鼠，穴蟲之總名也。

---

① 黃侃述，黃焯編：《文字聲韻訓詁筆記》，上海古籍出版社 1983 年版，第 64 頁。

· 257 ·

方向三:"彑之讀齒音者,以希之讀齒音知之。"

心母没韻:"豨,希屬。从二希。𧰷,古文豨。《虞書》曰:'豨類於上帝。'"

心母曷韻:"殺古文作𣪩,則正與希之古文同形。知以名則爲希,以德則爲殺也。名動同詞,此又一例矣。"

與希同音而小變者:

心母灰部:"㕙,如野牛而青。象形。與禽離頭同。兕,古文从儿。"

心母唐韻:"象,南越大獸,長鼻牙,三年一乳,象耳牙四足尾之形。"

與兕象相類者:

心母灰部:"犀,南徼外牛。一角在鼻,一角在頂。似豕。从牛尾聲。"

從以上分析得出以下結論:

其一,初文轉注的方向由古文異用決定:以"彑"音義之源頭進行初文轉注系聯,系聯的方向來自"彑"不同的音義,正如季剛先生在喉音初文轉注系聯之後按:"易有喉舌齒三音。讀舌音如剔,齒音如錫,古者以一名而稱謂多物,以識別力差故也。"①"識別力"差,指古同文異用,形體一致,不同的音義依託於同一形體,容易引起誤解。"彑"本豕頭,銳而上出,由丨上行讀爲進義相因,故言喉音字由丨來。古文豕與亥同文,說明豕古爲喉音。以部分代整體,彑爲古文豕,豕今音舌音,故彑有舌音;希,从彑,下象毛足,"河內名豕"即謂河內呼豕爲希,河內是漢郡名,這應該是同義音轉方言字。"殺古文作𣪩,則正與希之古文同形。知以名則爲希,以德則爲殺也。名動同詞,此又一例矣。"以殺字爲齒音,古文同形的希亦爲齒音。以部分代整體,"彑"即古文希,故有齒音。

其二、初文轉注的實質即變易字。《略論字體變易之條例及字體變遷》條變易條例第六條文字變易:"就一字而推變數字,其大較不變者也。就一義而多立異名,其本始不變者也。《說文》列字屬於此類者甚多。"②其下所舉字例即"彑"變易字組,起點:"暫定彑有喉舌齒三音兩義:一、豕之通名;二、脩豪獸。通過音義系聯,最後得出結論:"以上所舉,以形而言,不出

---

① 黃侃述,黃焯編:《文字聲韻訓詁筆記》,上海古籍出版社1983年版,第63頁。
② 同上書,第31頁。

象形、指事、會意之外，以義而言，不出豕義之外，以聲而言，不出喉齒之外。則諸字或以聲變，或以韻變，然同一體也。今合併之，以音分爲三類並列表如左。"

喉音：亾枼丂

舌音：丂鬴朱黍

齒音：朿慧

其三、轉注之初文是後出合體字的音義之源。後出字多爲形聲字。這樣以"文"爲源頭，孳生字，形成了音義網絡。《以聲韻求文字之系統》："總而論之，當知三事：一，文與文有關聯，文與字亦有關聯；二，凡字必有所屬，孤立之字，古今所無；三，以多音之法推之，則牽系益多。故中國文字俱脈絡貫通，而音韻者，文字之咽喉也。"[①]

第三節　文字繁衍階段

關於《說文同文》可以有三個切入角度：

一從語言變化入手。"語言之變化有二：一由語根生出之分化語；二因時間或空間之變動而發生之轉語。分化語者，音不變而義有變；原其初本爲一語，其後經引申變化而爲別語別義。……轉注（語）則義同而語爲二。如女、爾、而、若、乃等字皆爲第二人稱，特其音有轉變。若其變而別造字者，如朝之與旦、旦之與晨皆是。……要之文字意義之增多，訓詁之繁衍，不外分化語與轉語二途；又不外以雙聲疊韻爲其變化之軌轍也。"[②]以上的界定，主要突出兩種語言變化角度：一是語言變化動因，"由語根生出"之分化語，強調分化語爲同源裂變；"因時間或空間之變動而發生"，強調轉語爲跨時空同義語音變轉。二是語言變化引發因素，由語義要素引發的語言變化稱爲分化語，由語音要素引發的語言變化稱爲轉語。因此，分化語和轉語

---

① 黃侃述，黃焯編：《文字聲韻訓詁筆記》，上海古籍出版社1983年版，第46—47頁。
② 同上書，第205—206頁。

的區分重點是明確"別語""語爲二",語言變化之前的"一語"狀態並不明晰。

二從造字之理入手。造字之理即轉注假借。關於轉注假借,黃季剛先生有兩種闡釋,一從文字體用角度:"古人之論六書,輒以四體二用爲言。四體者,象形、指事、會意、形聲,二用者,轉注、假借。體爲造字之本,而用亦爲之本者,假借者,以聲爲主,與形聲如一物;轉注者以意爲主,與會意如一物,故即謂之體可也。況古人往往合體用爲一乎?"[①] 二從造字辯證規律角度:"古以一聲演成數字者,循轉注之例;今以一字兼數音數義者,循假借之例。"[②] "轉注者,所以恣文字之孳乳;假借者,所以節文字之孳乳。"[③]"轉注、假借爲中國文字盈虛消長之法,如鳥之兩翼,車之兩輪也。"[④]

三從字體變遷入手。文字是記錄語言的符識。章太炎從初文、准初文出發,討其類物,比其聲均,"音義相讎,謂之變易","義自音衍,謂之孳乳"。變易謂"聲義全同而別作一字。變易猶之變相"。[⑤]"變易性爲蛻化"[⑥],聲義就是體骨,文字就是外相和軀殼;"孳乳性爲分裂也。"[⑦]"譬之生子,血脈相連,而子不可謂之父。"[⑧]聲義是傳承的血脈,音義相因,同源裂變,文字承載語言統系。由此可見,變易、孳乳是古今文字隨語言變化而孳生的條例。"聲音意義相連貫而造字,即謂之轉注。"[⑨]變易、孳乳造字就是轉注。但轉注僅強調造字所依聲義,並未區分聲義的變化。而變易"音義相讎"、孳乳"義自音衍",明確在音義主導下文字孳生。孳乳實與分化語同,變易部分同於轉語。

綜合以上幾個角度,聯繫《說文同文》實際情況,我們對音義發展層次和脈絡作出新的分類和闡釋,分爲一語、一語—別語、別語三個層次。

---

① 黃侃述,黃焯編:《文字聲韻訓詁筆記》,上海古籍出版社1983年版,第35頁。
② 黃侃:《黃侃論學雜著》,中華書局1964年版,第164頁。
③ 黃侃述,黃焯編:《文字聲韻訓詁筆記》,上海古籍出版社1983年版,第78頁。
④ 同上書,第56頁。
⑤ 同上書,第34頁。
⑥ 同上書,第29頁。
⑦ 同上。
⑧ 同上書,第34頁。
⑨ 同上書,第61頁。

第三章 《說文同文》聲義網絡系統

一 一語層次

"一語"基礎即"音義相讎",所謂"相讎"指文字產生前後依據的音義是對等關係。在《與人論小學書》中第五事問答中:"變易者,形異而聲、義俱通。""變易,譬之一字重文。"①"一字"立足於"聲義俱通",實即"一語","重文"立足于改易殊體。這是否就是說"一語"等同於變易呢?不能等同。在文字變易諸條例中,第五條"聲轉韻轉變易"超出了"一語"的界限,需要進一步離析。《說文同文》"一語"主要由以下三方面内容組成:

(一)一字重文

重文爲補充在《說文解字》小篆說解後的同功能異形字。同功能指與小篆字頭記錄功能相同,聲義俱通,只是文字形體不同。《說文·敘》:"今敘篆文,合以古籀。"秦書同文,取七國異形文字校以秦文,"皆取史籀大篆,或頗省改"者成爲小篆,季剛先生認爲小篆"乃因仍舊文非以意改作也"。這就是說,小篆是沿襲古、籀、大篆相合者,並非以意新創製。"言古籀者意在較量用舍,得其同異。""凡《說文》明言古、籀之字必其信而有征者矣。"②《說文綱領》③中,分重文爲以下幾種:

其一,"其曰籀文某者,明其爲秦篆所不用。"

其二,"其曰古文某者,又明其爲籀文所不用。"

其三,"或體之字蓋出於山川鼎彝,許君不能定其爲籀爲古,故以或體名之。"

其四,"俗體云者,求之古籀,既無其字,校以秦文,更有不合,義無所從,乃名曰俗。"

其五,"敘云奇字,即古文而異者也。則自蒼頡造字以來,五帝三王之世已有異體、俗體。《說文》曾明言有俗篆,則古文、籀文、草書亦當有俗字也。庸俗之變,自古已然耳。"

以上分類主要立足于重文的來源,從小篆字頭與重文的聲義入手,可以有近一步的分類。

---

① 黃侃:《黃侃論學雜著》,中華書局1964年版,第164頁。
② 黃侃述,黃焯編:《文字聲韻訓詁筆記》,上海古籍出版社1983年版,第76頁。
③ 同上書,第75—77頁。

黃季剛《說文同文》研究

1. "廣異體"

"變易譬之一字重文"，性質上等同於《說文》正篆和重文之間的關係，但外延上不限於這個範圍，音義上體現兩種類型：一是季剛先生命名的"廣異體"，形異而音近義同；二是我們針對根據《說文同文》具體情況、相對"廣異體"而命名的"狹異體"，形異而音義俱同。黃季剛先生在《古人訓詁之體不嫌重複》條引《廣雅疏證》卷十上"參也"條說："古人訓詁之體不嫌重複。如崇高字或作嵩。而《爾雅》云：'嵩，崇高也。'篤厚字，《說文》作竺，而《爾雅》云：'篤，竺厚也。'《字林》以縒爲古嗟字，而《爾雅》云：'縒，嗟也。'孫炎以通爲古述字，而《爾雅》云：'通，述也。'若斯之流，即所以廣異體也。"[①]所謂"訓詁之體不嫌重複"指文獻同詞異字現象。這段區分三大問題：一是區分字書與詞書，以上所引四例，多以《說文》《字林》與《爾雅》相對應，這是字書和辭書的對立，黃焯總結："《爾雅》爲運用文字之學，而爲訓詁之正義；章太炎先生《小學略說》云：《爾雅》爲運用文字之學，其功用在解釋經典。經典所無之字，《爾雅》自亦不具。是故字書爲體，《爾雅》爲用。黃先生云：《爾雅》之作，本爲齊一殊言，歸一統緒。又云：《爾雅》者，釐正故訓、綱維群籍之書也。又云《爾雅》爲諸夏之公言，皆經典之常語，爲訓詁之正義。"[②]二是區分文字與文辭，文字以字形爲基，文辭以經典爲基，二者不能等同："文字之形音義有變遷而訓詁以立。若文辭之有變遷，則與訓詁異趣。蓋文字重論原理，而文辭則承習慣，二者不相侔也。故以《說文》釋古籍者，必不可通。以《說文》明造字之本，而非解用字之義故爾。《爾雅》雖明用字之義，然所釋之字有限，故若不通文字之變，徒據《說文》《爾雅》以釋古籍之文，必寠礙難通矣。夫文字與文辭之不可並爲一談者久矣。"[③]三是區分獨立之訓詁與隸屬之訓詁："《說文》訓詁乃獨立之訓詁，《爾雅》乃隸屬之訓詁。獨立之訓詁雖與文章所用不相應可也。"[④]"《爾雅》釋之之字，用正字或用假字多承習慣，或由傳本乖互，又古人聲同義通，兼茲三例，故古人釋之之字不純爲

---

① 黃侃述，黃焯編：《文字聲韻訓詁筆記》，上海古籍出版社1983年版，第230頁。
② 同上書，第231頁。
③ 同上書，第185—186頁。
④ 同上書，第189頁。

第三章 《說文同文》聲義網絡系統

正字也。"①"訓詁之體"指文詞依託的漢字形體,"不嫌重複",指不同字形重複記錄經典中同一個詞。

在《論據說文以推聲之正變下》②:"據許書以推音之變者,一據重文,二據說解,三據讀若,四據無聲字而細索其音,五據有聲字而推其變。據重文者:重文之字,取聲多在同部;而亦有在異部者,則其變也。"由此知,《說文》正篆和"重文"聲義並非完全相同,聲有變轉,意義相同。隨後所列重文音變例如:

正篆"玭"重文"蠙":灰、先相轉;

正篆"祡"重文"禷":齊、歌相轉;

正篆"鴞"重文"鶪""䳿":齊通錫、鐸;

正篆"瓊"重文"璚、瓗、琁":青通沒、齊、寒;

正篆"雛"重文"隼":灰入痕;

正篆"扈"重文"岠":模入添;

以上所列正篆與重文的聲義關係正是黃季剛先生"廣異體"的充分體現。所謂"異體",即"變易殊體",但又超出了文字學中所界定的音義全同、完全以形體爲區分標準的狹義異體,所以命之爲"廣異體"。如季剛先生所舉廣異體例:

《說文·山部》:"崇,嵬高也。"段注:"崧嵩二形皆即崇之異體。"二字同爲冬部字,崇,床母,古音從母;崧嵩,心母。《說文新附·山部》:"嵩,中嶽嵩高山也。从山从高,亦从松。韋昭《國語》注云:古通用崇字。"段注所言"異體",即指字形重複,都記錄崇高義,造字同詞,三字同義疊韻聲轉。後來"嵩"專用指中嶽,才產生分化。

篤厚字,《說文》"竺"爲專用字,《爾雅》"篤"是經典相承習慣用字。《說文·亯部》:"管,厚也。从亯竹聲。讀若篤。"段玉裁注:"管、篤古今字。"朱駿聲:"管,經傳皆以篤爲之。"《集韻·沃韻》:"竺,或作管。"三字同爲端母蕭部字。《說文·竹部》:"竺,厚也。"段注:"今經典絕少作竺者,惟《釋詁》尚存其舊。叚借之字行而真字廢矣。篤,馬行鈍遲也。聲同

---

① 黃侃述,黃焯編:《文字聲韻訓詁筆記》,上海古籍出版社1983年版,第232頁。
② 黃侃:《黃侃論學雜著》,中華書局1964年版,第107頁。

而義略相近，故叚借之字專行焉。"

《玉篇·長部》："䠱，憂歎也。"《爾雅·釋詁下》："嗟，䠱也。"郭璞注："今河北人云䠱歎。"陸德明釋文引《字林》："䠱，古嗟字。"《羣經平議·爾雅一》："嗟，咨䠱也。"俞樾按："嗟之與䠱古今字耳。"

《說文·辵部》："遹，回辟也。""述，循也。"段注："古文多叚借遹爲之。如《書》'祗遹乃文考'、《詩》'遹駿有聲'、'遹追來孝'。《釋言》、毛傳皆曰'遹，述也'是也。孫炎曰：'遹，古述字。'蓋古文多以遹爲述，故孫云爾，謂今人用述，古人用遹也。凡言古今字者視此。"二字古音均在没部，"遹"喻母，"述"神母，古音定母。古音喻三歸匣，二字古音相同。

以上四例，前代訓詁學者均釋爲"古今字"，即經典中某詞，古有專用字形，或爲正字，或爲借字，但後來都"不嫌重複"，又新造字，形成同詞古今異用。所造新字與舊字之間是"廣異體"關係，與一般的文字學中的異體（我們稱之爲狹異體）立足點不同，"廣異體"立足於訓詁，指用字領域同詞異字，"狹異體"立足於文字，指造字領域一字殊體，同詞異字。"廣異體"古字或爲正字，如崇高字，或爲借字，如篤厚字、循述字，所以古字和今字之間形體上不像狹異體那樣有變易規律，功能上存在同義音轉關係。變易、孳乳是文字孳生條例，我們這裡所說的廣異體屬於文字孳生領域的音近義同現象。

《論俗書滋多之故》："古字重複，皆由變易。"①《說文同文》中"廣異體"大量存在，如：

【斯同析】《說文·斤部》："斯，析也。从斤，其聲。《詩》曰：'斧以斯之。'"又《木部》："析，破木也。一曰折也。从木从斤。"二字一聲之轉，韻對轉，"斯"齊部，"析"錫部。意義相同。

【載同乘】《說文·車部》："載，乘也。"又《桀部》："乘，覆也。"《左傳·桓公十年》，"使公子彭生乘公"，洪亮吉詁引蔡邕《獨斷》："乘猶載也。"載，精母咍部，乘，神母登部，古定母。二字舌齒雙聲，韻對轉，意義相同。

【軖同𦉭】《說文·車部》："軖，紡車也。"段注："紡者，紡絲也。凡

---

① 黃侃：《黃侃論學雜著》，中華書局 1964 年版，第 10 頁。

第三章 《說文同文》聲義網絡系統

絲必紡之而後可織。紡車曰輊。"《說文·竹部》:"筀,可吕收繩者也。从竹象形,中象人手所推握也。互,筀或省。"《廣雅·釋器》:"軖謂之軖。"二字旁紐對轉。軖,群母唐部;互,匣母模部。

【陂同坡阪】《說文·𨸏部》:"陂,阪也。"朱駿聲通訓定聲:"陂,字亦作坡。"《爾雅·釋地》:"陂者曰阪。"陸德明釋文:"陂,又作坡。"《說文·土部》:"坡,阪也。"陂、坡二字同訓爲"阪"。陂,幫母歌部;坡,滂母歌部;阪,非母寒部。陂、坡旁紐雙聲,疊韻,與"阪"對轉。

【藩同棥】《說文·艸部》:"藩,屏也。"又《爻部》:"棥,藩也。从爻林。《詩》曰:'營營青蠅,止於棥。'"朱駿聲通訓定聲:"棥,今俗所謂籬笆是也,實即藩字之古文。"《易·大壯》:"羝羊觸藩。"孔穎達疏:"藩,藩籬也。""藩"非寒,棥,奉寒。"棥"古疊韻,聲清濁小異。

【凥同處】《說文·几部》:"凥,處也。从尸得几而止。《孝經》曰:'仲尼凥。'凥謂閑凥如此。"段注:"凡今人居處字,古祇作凥處"。《說文·几部》,"处,止也。从夊几。夊得几而止也。處,处或从虍聲。"凥,見母模部,處,穿母模部,意義相同。

2. 狹異體

狹異體指立足於造字領域同一音義的不同字形,其差異主要表現於漢字形體上。

《文字聲韻訓詁筆記》"略論文字變易之條例及字體變遷"中書法變易、筆畫變易、傍音變易和全體變易實爲形體分類,涉及書寫單位、書體風格、形體構件和形體結構等問題。

書寫單位:"筆畫"是隸變以後漢字形體單位元,在隸變以前,小篆書寫單位是線條。字體變易條例中的"筆畫變易"對此不作區別。"筆畫變易者就一字中一點一畫而言也。蓋最初造字,悉爲本體,然同時亦不免有異其點畫者。如上之作二,古文本體也。又作一,作上,則點畫之異趣耳。然猶不失造字之本義也。至於上變爲上,丁變而爲下則造字本義竟不可曉。故因點畫之變易而文字之本義遂致晦塞者,考之不可不慎也。"[1] 這裡提到的

---

[1] 黃侃述,黃焯編:《文字聲韻訓詁筆記》,上海古籍出版社1983年版,第30頁。

"上"的幾個形體涉及古文、小篆和隸書。"點畫之異趣"是說雖然筆道形態變了,造字意圖不同(異趣),但還可以根據字形解說本義。隸書字體已經不能因形說義。其中要區分兩組關係,一是獨立使用的字和組構字形的字的變體,如古文上,單獨寫作二,構字時寫作𠄞,如旁、帝;二是筆意和筆勢。原初可以據形說義的字形稱爲筆意,其特點即《說文·敘》"厥意可得而說",經過各種書寫態勢以後脫離了原始造字意圖的字稱爲筆勢。"不知筆意者,不可以言筆勢。顏之推云,學者不觀《說文》,則往往不知一點一畫爲何意。最初造字時一點一畫皆有意義。"①這就是說,"筆意"中保留原始造字意圖,漢字的形義關係在"筆意"中是統一的,是可以據形知義的,而在"筆勢"中是脫節的,所以"不悉筆勢之省變而以一點一畫求之必至於妄說"②。筆勢不僅僅存在於隸書中。《鐘鼎甲骨文字》:"若其文字有不可解者,由不知其字之本,與其筆勢之變。凡不知別異之說,徒以意爲之,則不免於鄙陋。不知筆勢之說,則已識之字不能解說,不識之字則生妄言。古文篆書本有筆勢變化而不可知其下筆之意者。故治鐘鼎甲骨者,不宜專據點畫以爲說也。"③

書體風格:"書法變易"着眼於漢字書寫體系的整體風格,即某一歷史時期文字體系風格的共性:"自造字迄于秦世,代異其體,始則古文,奇字亦古文之變,繼以大篆,而終以小篆。其體既異,故書法不同。"書法變易使"繁難者變爲簡易,錯綜者歸於整齊"。根據變易字所屬書體類別,黃季剛先生將書法變易分爲兩大類別:"就一種字同時言,如祀與禩皆小篆也。"祀與禩在《說文》中是正篆和小篆或體,所謂"就一種字同時言",指二字都屬於小篆共時系統。"或同類字相類者言,如祡古文作禷,蓋皆就一字全體而言也。祡和禷是小篆和古文的關係,所謂"同類字相類者言",指這二字是同一個字在不同書法體系的寫法。

形體構件問題,主要體現在"全體變易"中。"全體變易"中通過改變形聲字功能構件而變易:一是同爲形聲結構,但選取的形符和聲符都不同,

---

① 黃侃述,黃焯編:《文字聲韻訓詁筆記》,上海古籍出版社1983年版,第24頁。
② 同上。
③ 同上書,第18頁。

第三章 《說文同文》聲義網絡系統

如《說文》："蠠，《夏書》蚳或从虫賓。"二是同聲而變其形者，如踰、逾、越、趏。三是形聲字義符不變，聲符互換而成的。《集韻》："䞓，《說文》：'赤色也。'引《詩》'魴魚䞓尾'。或作赬、䞓。"

形體模式問題，主要在全體變易中體現。象形古文和形聲字、會意字與形聲字，是改變構形模式而成。《說文》："申，古文賡，象形。""涷，䣼棠棗之汁。或从水。泟，涷或从正。"

《說文同文》中，會意字和形聲字差別，如：

【訆同讙】《說文·訆部》："訆，驚嘑也。讀若讙。"又《言部》："讙，譁也。"《玄應音義》卷十二："讙呼。"注："讙，古文作訆，又作諠，同。"二字同爲曉母寒部。

【喜同歖】《說文·喜部》："喜，樂也。歖，古文喜从欠，與歡同。"二字聲義皆同。

【夏同申】《說文·又部》："夏，引也。昌，古文申。"徐鍇繫傳："夏，引而申之。"《玉篇·又部》："夏，古文申字。"二字聲義皆同。

【辛同愆】《說文·辛部》："辛，辠也。从干、二。二，古文上字。讀若愆，張林說。"桂馥義證："辛，讀爲愆，今經典皋辛字皆作愆"，"《廣韻》以辛爲愆之古文。"《說文·心部》："愆，過也。从心衍聲。"二字聲義皆同。

【疐同廞】《說文·叀部》："疐，礙不行也。从叀，引而止之也。叀者，如叀馬之鼻。从冂，此與牽同意。《詩》曰：'載疐其尾。'"桂馥義證："疐、廞聲義竝相近。"《說文·广部》："廞，礙止也。从广至聲。"段注："石部曰：'礙者，止也。'凡廞礙當作此字，今俗作窒礙。"疐、廞同爲知母屑部。聲義並同。

【疐同躓】《說文·叀部》："疐，礙不行也。从叀，引而止之也。叀者，如叀馬之鼻。从冂，此與牽同意。《詩》曰：'載疐其尾。'"段注："《釋言》云：'疐，跲也。'《豳風》毛傳同。足部'躓，跲也。''跲，躓也。'以《大學》'懥亦作懫'推之，則疐即躓字，音義皆同。許不謂一字殊其義者，依字形爲之說也。"《說文·足部》："躓，跲也。"《爾雅·釋言》"疐，跲也。"邢昺疏："躓，即疐也。"陸德明釋文："疐與躓同。"二字同爲知母屑部。聲義並同。

形聲字之間構件差別，如：

【鈇同斧】《說文·金部》，"鈇，莝斫刀也。从金，夫聲。"《中庸》："不怒而民威於鈇鉞。"朱熹集注："鈇，莝斫刀也。"《史記·仲尼弟子列傳》："鈇屈盧之矛。"司馬貞《史記索隱》："鈇，斧也。"《說文·斤部》："斧，斫也。从斤，父聲。"段注："斧，所以斫也。"《集韻·噳韻》："斧，或作鈇。"二字同爲非母模部，聲義全同。

【斸同欘】

《說文·斤部》："斸，斫也。从斤屬聲。"段注："木部有欘字，所以斫也。齊謂之茲其，蓋實一字。"又《木部》："欘，斫也。齊謂之鎡錤。一曰斤柄，性自曲者。从木屬聲。"段注："欘，謂斫木之斤及斫田之器，其木首接金者，生而內句，不假糅治，是之謂欘。"王筠《說文句讀》："欘與斸同字。"《玉篇·木部》："欘，或作斸。"斸，照母屋部；欘，知母屋部，二字聲義皆同，只是形符不同。

【翳同僬】《說文·羽部》："翳，翿也。所以舞也。"又《人部》："僬，翳也。"段注："《廣雅》曰：'幢謂之翳。'《爾雅》曰：'翢，纛也。'毛傳曰：'翿者，纛也，翳也。'《羽部》曰：'翳者，翿也，所以舞也。'《人部》曰：'僬者，翳也。'按或用羽，或用犛牛尾，或兼用二者。翢、僬、翿實一字。纛俗作纛，亦即翳字，《爾雅》、毛傳皆以今字釋古字耳。幢亦即翳字，古羿聲、周聲與童聲轉移，如《詩》以調韻同，漢縣銅陽讀如絑之比。其始祇有翳字，繼乃有纛，繼乃有幢，皆後出，故許書不列纛、幢二篆。此釋旍必云幢，不云翳者，翳嫌舞者所持。"翳，定母蕭部；僬，澄母蕭部，古音定母，二字聲義皆同，是爲變易。

會意字構件不同：

【斬同戔】《說文·車部》："斬，截也。从車从斤。斬法車裂也。"又《戈部》："戔，絶也。从持戈。"段注："絶者，刀斷絲也。引申爲凡斷之偁。斷之亦曰戔。與殲義相近。"斬，莊母添部，古精母；戔，精母添部。音義相同。

【𤔔同亂】《說文·受部》："𤔔，治也。幺子相亂，受治之也。讀若亂

第三章 《說文同文》聲義網絡系統

同。"朱駿聲通訓定聲:"𠃉字實即亂之古文。"段注:"𠃉與亂音義皆同。"《說文·乙部》:"亂,不治也。从乙𠃉。乙,治之也。"二字均爲來母寒部。

象形字與形聲字的不同,如:

【隱同𠃊】《說文·𨸏部》:"隱,蔽也。"段注:"𠃊,古文。"二字同爲影母痕部。

廣異體和狹異體的區分,在《說文同文》中或以不同歸組體現,如:

【𠿝同叫訆,又同謷嗷】《說文·𠱓部》:"𠿝,高聲也。一曰大呼也。从𠱓,丩聲。《春秋公羊傳》曰:'魯昭公叫然而苦。'"《周禮·春官·雞人》"夜嘑旦以𠿝百官。"孫詒讓正義:𠿝、叫、訆音義並同。《說文·口部》"叫,嘑也。从口,丩聲。"又《言部》"訆,大呼也。从言,丩聲。《春秋》傳曰:'或訆於大廟。'"段注:"與𠱓部𠿝、口部叫音義皆同。"三字同爲見母蕭部字,義符相近,聲符相同,爲狹異體。

《說文·言部》:"謷,痛呼也。从言,敖聲。"《廣雅·釋詁二》,"嗷,鳴也。"王念孫疏證:"謷,與嗷同。"《說文·口部》,"嗷,吼也。一曰嗷,呼也"。《玄應音義》卷十三"嗷嚾"注,"嗷,又作𠿝、謷二形,同"。"謷"與"嗷"爲義符相近的同聲符異體字。"𠿝"爲見母蕭部,"嗷"爲見母沃部,二字爲一聲之轉的爲廣異體。

【癶同𡕢。又同跋】《說文》:"𡕢,走犬兒。从犬而丿之。曳其足,則剌𡕢也。"段注:"𡕢與癶音義同。"《說文·癶部》:"癶,足剌癶也。从止少。"徐鍇繫傳:"兩足相不順,故剌癶也。"由犬曳足而行貌。又人兩足分張而行貌。亦泛指行走不正。《說文》:"跋,步行獵跋也。从足貝聲。"段注:"獵今之躐字,踐也。毛傳曰:跋,躐也。老狼進則躐其胡。獵跋猶踐踏也。"𡕢,並母曷部;癶跋,幫母曷部。

或以同一歸組出現,如:

【𠾐同叩䜛嘕聑】《說文·𠱓部》:"𠾐,呼也。从𠱓,莧聲。讀若䜛。"又《叩部》:"叩,驚嘑也。从二口。讀若䜛。"又《言部》:"䜛,諽也。从言,薎聲。"《玄應音義》卷十二"䜛呼"注:"䜛,古文作叩。"叩爲會意字,𠾐、䜛爲構件不同的形聲字,三字同爲曉母寒部字。爲狹異體。

《說文·口部》:"嘕,高氣多言也。从口,薑省聲。《春秋》傳曰:嘕言。"《耳部》:"聑,謹語也。从耳昏聲。"《左傳·襄公二十六年》:"聑而與之語。"孔穎達疏:"聲亂耳謂之聑。多爲言語謹譁亂其耳。"嚻,曉母曷部,聑,見母曷部。與囂叩謹對轉,爲廣異體。

(二) 方音變易

方音相對於方言而言,黃季剛先生從三個角度比較這二者之不同:一是以聲韻轉變重點比較,如變易條例中第五種:"聲轉韻轉變易:聲轉之變,由於方言;韻轉之變,本乎方音。"① 二是以訓詁方式作比較,如《以聲韻求訓詁之根源》中求根源第二事:"二以聲訓或義訓推之者。聲訓者,根乎方音不同;義訓者,根乎方言之不同。蓋一字而南北異讀,方音之異也;一義而東西異稱,方言之異也。故推其生聲之由,則本乎方音之異;推其生義之由,則本乎方言之異。"② 三是以轉音和轉語作比較,如《論語言變化》:"轉注(語)則義同而語爲二。如女、爾、而、若、乃等字皆爲第二人稱,特其音有轉變。若其變而別造字者,如朝之與旦、旦之與晨皆是。"③

從所舉的例字看,方音變易包括三種:

一是傍音變易,屬於方音一字殊體:"傍音變易,謂一字其聲變而其形不變者也。蓋其變多由乎方音之不同,遂而一字殊體,如瓊或作璚,作瓗,作琁是也。"④ 瓗、璚、瓊"是"瓊"字的或體,是聲符互換的形聲字,群母寒部;琁,邪母寒部,四個字聲符不同形符相同。說明造字時同音,後音轉,裔,喻母没部;巂,匣母齊部;旋,邪母寒部,夐,曉母青部。足、走、辵三個義符意義相近。"傍音變易"用例是《說文》中的篆文或體,通過改變形聲字聲符而變易。

二是韻轉變易:"《爾雅》:'吾、卬,我也。'今言或謂我爲俺。此則方音之不同。"⑤ 其中,吾、我和俺是第一人稱專用字。

《說文·口部》:"吾,我自稱也。"吾,疑母模部。

《說文·我部》:"我,施身自謂也。"段注:"口部曰:吾,我自稱也。

---

① 黃侃述,黃焯編:《文字聲韻訓詁筆記》,上海古籍出版社1983年版,第31頁。
② 同上書,第194頁。
③ 同上書,第206頁。
④ 同上書,第30頁。
⑤ 同上書,第137頁。

第三章 《說文同文》聲義網絡系統

女部曰：姎，女人自稱姎我也。《毛詩》傳曰：'言，我也。卬，我也。'《論語》二句而我、吾互用。《毛詩》一句而卬、我襍稱。蓋同一我義而語音輕重緩急不同。施之於文若自其口出。"這就是說，第一人稱代詞雖然字不同，但意義相同，語音不同。我，疑母歌部。

季剛先生按："《廣韻》：於驗切，我也。北人稱我曰俺。俺，影母，上古韻部从其聲符添部。"

"吾""我""俺"三字喉牙雙聲，語音差別主要在韻。

上列第一人稱代詞只有"卬"是借字表音。《說文·匕部》："卬，望也。欲有所庶及也。从匕卪。《詩》曰：高山卬止。"段注："卬與仰義別，仰訓舉，卬訓望。今則仰行而卬廢，且多改卬爲仰矣。……《釋詁》《毛傳》皆曰：'卬，我也。'語言之叚借也。"卬，疑母唐部。

三是借音變易："如女、爾、而、若、乃等字皆爲第二人稱，特其音有轉變。"① 這組字是第二人稱代詞系列，"女"本義爲女子，娘母模部；"爾"本義爲窗交疏玲瓏可觀，日母先部；"而"本義爲髥鬚，日母咍部；"若"本義爲擇菜，日母鐸部；"乃"本義爲虛詞，泥母登部。古娘日歸泥。這裡所列五個第二人稱一聲之轉，均爲借字表音。

《方言偶憶》② 列舉了一些方音方言字，如：

g/k/h——d："科門，北方呼爲骨朵。""菡萏，今人謂荷花骨朵。"

《爾雅·釋魚》："科斗，活東。"郭璞注："科斗，蝦蟆子也。"孔安國《尚書序》："科斗書廢已久。"孔穎達疏："科斗書，古文也，所謂倉頡本體，周所用之。形多頭麤尾細狀，腹團圓似水蟲之科斗，故曰科斗也。"

科斗、骨朵、活東、菡萏都是借字記音。

d-l："玓瓅，蘄春形容珠玉果實之圓者曰的溜圓。"《說文·玉部》："玓瓅，明珠色。"《說文同文》中有【玓同旳】【瓅同繅】，《說文·日部》："旳，明也。"段玉裁注："旳，白之明也。故俗字作的。"又《糸部》："繅，絲色也。"段玉裁注："謂絲之色，光采灼然也。"朱駿聲通訓定聲："繅，玓瓅明光之色。"《廣韻·錫部》："皪，的皪，白狀。"《漢書·司馬相如傳》：

---

① 黃侃述，黃焯編：《文字聲韻訓詁筆記》，上海古籍出版社1983年版，第206頁。
② 同上書，第138頁。

"明月珠子，的皪江靡。"顏師古注："的皪，光貌也。"方言中以此詞表示明珠光色而引申形容明珠圓滑。"的溜"都是借字表音，與"圓"形成三音詞。

"特其音有轉變"即指方言中借字表音。《方言成因》："俗語之異於文言者，只可謂爲變音，而不可謂爲訛音。"①《方音·方言》："方土之言，只有別字而無訛音。別字者，一人之失檢；訛音者，多數之誤字。"② "變音""別字"方言中特有的借字表音現象，理解這一現象，也只能立足於記音符號，如果和文字形義聯繫起來，必然導致錯訛的結論。故"治《方言》者須隨時當心，而勿穿鑿"。黃季剛先生舉兩例說明這個問題。

第一例："《集韻》：'癐疥，疥瘡也。'"

《說文·疒部》："疥，搔也。"段注："搔音穌到切。疥急於搔，因謂之搔。俗作瘙，或作癞。穌到切。今四川人語如此。"《集韻·豪韻》："瘙，疥也。"《廣韻·號韻》："瘙，疥瘡。"瘙、搔聲符爲蚤。《說文·手部》："搔，刮也。"段注："搔，摩也。摩馬曰騷，其聲同也。又疒部疥，搔瘍也。瘍之需手搔者，謂之搔瘍。俗作瘙瘍。"《說文·䖵部》："蚤，齧人跳蟲也。从䖵叉聲。叉，古爪字。蚤，蚤或从虫。"可見，"叉"爲蚤、搔、騷、瘙的音義初文。《說文·又部》："叉，手足甲也。从又，象叉形。"癐，《集韻》，音杲，"癐疥，疥瘡也。"

疥，見母曷部；瘙，心母蕭部；癞，心母豪部；高，見母豪部。"聲轉韻轉變易：聲轉之變，由於方言；韻轉之變，本乎方音。""疥""癐"一聲之轉，故"癐"是在音借字"高"的基礎上加義符形成的方音變易。"瘙""癞"亦一聲之轉，是不同方言區的方音變易。"疥"聲符是"介"，"瘙"聲符是"蚤"，二字造字理據不同。《說文·疒部》："痂，疥也。"段注："蓋瘡鱗可曰介，介與痂雙聲之故耳。"疥、痂雙聲爲變易。"疥"音義初文爲"介"，指瘡鱗。疥、瘙爲牙音與齒音相轉，爲同義方言轉語。方音變易"癐"若強以形說義，必致訛誤。

第二例："《漢書》注：鴰，秦人謂之鴰鹿。今湖北皆有此語。"

《說文·鳥部》："鴰，麋鴰也。""雊，麋鴰也。从鳥倉聲。"段注："見

---

① 黃侃述，黃焯編：《文字聲韻訓詁筆記》，上海古籍出版社1983年版，第138頁。
② 同上書，第137頁。

第三章 《說文同文》聲義網絡系統

《釋鳥》。郭云：今呼鶛䳜。師古曰：今關西呼爲䳜鹿。山東通謂之鶛，鄙俗名爲錯落。司馬彪云：'鶛似鴈而黑。'"《急就篇》卷四："鷹鷂鴇䳜鷖雕尾。"顏師古注："䳜者，鶛也。關西謂之䳜鹿，山東通謂之䳜拃，皆象其鳴聲也。""鶛似鴈而黑"解釋了"鶛"的造字理據，"皆象其鳴聲也"是"䳜"的造字理據。鶛，清母唐部；䳜，見母曷部。可見，鶛、䳜二字是同義方言轉語。

《蘄春語》記載"燅"字兩重音變："《說文》炎部：'燅，於湯中爓肉也。从炎，从熱省。煔，或从炙。'《大集日藏分經音義》引《通俗文》：'以湯去毛，曰燅。'案吾鄉謂殺禽獸已，納之沸湯去毛，曰燅毛，或書作㨼。去田草，亦曰燅，或書作耓。音正同《廣韻》，而與《說文》本訓稍有不合。北京語所謂薄切魚鳥畜獸肉，以箸沸湯中，略動搖即熟可食，曰汕鬲子，讀所晏切。此燅字之音變，一也。四川以東，謂縷切魚鳥獸禽肉，以勺藥即'作料'二字之正字和之，俟湯沸傾入，俄頃盛出曰參湯。讀倉寒切。此燅字之音變，二也。吾鄉又謂納肉水中，以火煨之，久而後熟，曰燂湯，讀徒瓦切。燂，《說文》云'火熱也。'與燅蓋略同義。《唐韻》大甘又徐鹽切，《廣韻》又昨鹽切。參湯之參，即昨鹽而讀洪音者，方音清濁每相溷。"[①]"燅"本義爲將祭祀用的肉類放在湯鑊中燙熱。《儀禮·有司》："司宫攝酒，乃燅尸俎。"鄭玄注："燅，溫也。古文燅皆作尋。《記》或作煔。"段注燅字："按燅者正字，尋者同音叚借字。……徐鹽切。""煔"是在借字的基礎上爲本義新造字。後"燅"引申爲用開水燙後拔去毛。《小學蒐佚·考聲二》："燅，以湯沃毛令脫也。"《一切經音義》卷一引服虔《通俗文》："以湯去毛曰燅。"這就是蘄春語中燅毛或作"㨼"。拔去田艸作"耓"。這兩個字都是在"燅"本義借字的基礎上加義符形成的。季剛先生所說的第一重音變即北京語讀所晏切的汕鬲子，《說文·鬲部》："䰞，秦名土䰞曰䰞。"段注："今俗作鍋。""汕鬲子"就是涮鍋子，所晏切是北京方音轉音，"汕"是方音借字。第二重音變是四川話中的參湯，"參湯之參，即昨鹽而讀洪音者，方音清濁每相溷。""參"是方音借字。"燅"《慧琳音義》卷六十六"燅顑"

---

① 黃侃述，黃焯編：《黃侃論學雜著》，中華書局1964年版，第424頁。

注："燅，《說文》从覃作燂，俗用字也。"季剛先生謂燂讀徒亙切，與燅義略同，燅、燂爲同義音轉變易字。

"凡語言非一人所能造，必有其根。"[①] 方音變易是同語變易，是在音借字基礎上造字，音借字只是音根；方言轉語是同義轉語，是在不同的音義理據基礎上造字。其音義之根依託於形義之根聲符。這實質上就是字和詞的區別、一語和別語的區別。

變易屬於造字條例，故借字表音似乎應排除。但如果在一聲之轉借字表音的基礎上添加義符新造字就屬於方音變易。上舉"瘄""痄""瘵""搙""耨"就是這樣。因此，聲韻關係輔以音義理據是區分方音變易和方言轉語的兩個相輔相成的條件。

《說文同文》例：

【壯同駔奘】《說文·馬部》："駔，牡馬也。"段玉裁據李善《文選注》和戴仲達所引唐本《說文》改"牡"作"壯"，王筠《說文句讀》改爲"奘馬"。《說文·亣部》："壯，大也。""奘，駔大也。从亣从壯壯亦聲。"壯，莊母唐部，古音精母；奘，從母唐部。駔，精母模部。《爾雅·釋言》："奘，駔也。"郭璞注："今江東呼大爲駔。駔猶麤也。"《方言》第一："秦晋之間，凡人之大謂之奘，或謂之壯。""壯""駔""奘"三字聲同類，方音變易。

【雅同鴉】《說文·隹部》："雅，楚烏也。一名鸒，一名卑居，秦謂之雅。"又《鳥部》："鸒，卑居也。"《詩·小雅·小弁》"弁彼鸒斯。"毛傳："鸒，卑居。卑居，雅烏也。"《爾雅·釋鳥》："鸒斯，鵯鶋。"郭璞注："雅烏也，小而多群，腹下白，江東亦呼爲鵯烏。"雅，疑母模部；鸒，喻母模部。疊韻聲轉。是爲方言轉語。

【鎦轉言琳。琳見方言。同戮】《說文·金部》："鎦，殺也。"徐鍇繫傳："《說文》無劉字，偏旁有之。此字又史傳所不見，疑此即劉字也。"《廣韻·尤韻》："鎦，殺也。"《說文·戈部》："戮，殺也。从戈，翏聲。"《方言》卷一："琳，殺也。晉魏河内之北謂琳爲殘。"鎦、戮同爲來母蕭部。"琳"來母覃部，三字一聲之轉。是爲方音變易。

---

① 黃侃述，黃焯編：《文字聲韻訓詁筆記》，上海古籍出版社1983年版，第137頁。

第三章 《說文同文》聲義網絡系統

【恥同辱惡】恥、辱互訓。《說文·辰部》："辱，恥也。"又《心部》："恥，辱也。""惡，慙也。"《方言》卷六："山之東西自愧曰惡。"《文選·司馬相如〈封禪文〉》"群臣惡焉"劉良注："惡，恥也。"辱，日母屋部；恥，徹母咍部；惡，娘母咍部。三字均舌類雙聲，是爲方音變易。

（三）系統變易

前兩個"一語"層次分類多立足於文字產生初階新舊字之間的形體和功能對比，而"系統變易"類具有較強的系統性，以一字爲起點進行音義系聯，方向明確，源流清晰，不僅構架出"一語"音義網絡，而且爲不斷孳生出的文字設立了統帥和音義認同平臺。黃季剛先生變易條例中的文字變易就屬於系統變易："就一字而推變數字，其大較不變者也，就一義而多立異名，其本始不變者也。"① 這個界定有兩個問題需要交代，一是一字推變數字之基——大較不變者；二是一義多立異名之基——本始不變者。回答這兩個問題還需要從黃季剛先生所舉字例入手。

1. "以形而言，不出象形、指事、會意之外"

象形：

彑：豕之頭。象其銳，而上見也。

豸：象毛足而後有尾。𤞞古文。

希：从彑，下象毛足。𩁼古文。𨽸籒文。

會意：

𢑚：从彖省，象形。从又持肉，以給祠祀。

𢑫：从二希。𢑪古文𢑫。

彖：从彑，从豕省。

形聲：

彘：从彑矢聲，从二匕，彘足與鹿足同。

以上形體，象形字和會意字一共 10 個，形聲字 1 個。

《說文·敘》："倉頡之初作書也，蓋依類象形，故謂之文。其後形聲相益，即謂之字。文者，物象之本；字者，言孳乳而寖多也。"這裡交代

---

① 黃侃述，黃焯編：《文字聲韻訓詁筆記》，上海古籍出版社 1983 年版，第 31 頁。

了"文"和"字"的區別。《說文·文部》:"文,錯畫也。象交文。"之所以"說文",是因爲"物象之本""依類象形"可得以闡說。《說文·子部》:"字,乳也。从子在宀下。子亦聲。"段注:"人及鳥生子曰乳,獸曰㹌。"《山海經·中山經》:"其上有木焉,名曰黃棘,黃華而員葉,其實如蘭,服之不字。"注:"字,生也。"之所以"解字",不僅僅是因爲"形聲相益"的字可得以解說,而且是因爲形聲相益是一種能産的造字方式。《說文·子部》:"孳,汲汲生也。从子,茲聲。""孳乳"的構詞理據由此可得以闡釋。段玉裁敘注:"依類象形,謂指事、象形二者也。""形聲相益謂形聲、會意二者也。""析言之,獨體爲文,合體爲字;統言之,則文字可互稱。"陸宗達《〈說文解字〉通論》:"這裡段氏誤解了許慎的原意。許慎所說的文和字,是說明漢字的歷史發展;六書則指的是漢字字形的構造原則。範疇既異,界說不能相混。"①所謂漢字的歷史發展,是說"文"立足於最初還沒有表音成分的象形表意文字階段,而"字"立足於其後的符號表意文字階段,用"文"作爲表音表意構件而造形聲字,漢字"汲汲生也"。王力先生在《古代漢語·通論五》中說:"對於象形、指事、會意、形聲還可以作更合理的分類:一類是沒有表音成分的純粹表意字(包括象形、指事、會意),一類是有表音成分的形聲字。"可見,"文字變易"中所舉的象形、會意字都屬於"文",形聲字屬於"字",從其10:1的比例看,這些字都還處於最初依類象形表意文字階段,形聲相益孳乳還只具苗頭,不具聲勢。

2."以義而言,不出豕義之外"

黃季剛先生列"彑"兩義:一,豕之通名。二、修豪獸。"豕之通名"指出"豕"是基本義,通用義。不是一個義點,而是一個義域。其中包含:

豕之頭:"彑"以部分代整體。

豕的不同名稱,《說文·豕部》:"豕,彘也。"段注:"《小雅》傳曰:'豕,豬也。'毛渾言之:許分別言名豕,名彘,名豬之故。"豕、彘分稱,各有理據。段注:"竭其尾,故謂之豕。此與後蹏廢故謂之彘,相對成文,於其音求其義也。"

---

① 陸宗達:《說文解字通論》,北京出版社1981年版,第46頁。

第三章 《說文同文》聲義網絡系統

豕的動作："𢑹，豕走也。"

小豕："𢑹豚，小豕也。从彖省，象形。从又持肉，以給祠祀。𦞅篆文从肉、豕。""从又持肉，以給祠祀也。"段注："凡祭宗廟之禮，豕曰剛鬣。豚曰腯肥。""豕曰剛鬣"與"脩豪獸"聯繫起來。

"脩豪獸"是"彑"的第二義。《說文·希部》："𢑹希，脩豪獸。一曰河內名豕也。从彑，下象毛足。""一曰河內名豕也"實際上指出這是一個河內地域方言詞。由此引申出"脩豪獸"義。段注："豪，豕鬣如筆管者，因之凡毫鬣皆曰豪。《釋獸》曰：貄脩豪，希者正字，貄者俗字，或作肆者，叚借字也。按此言獸，與下文豪豕非一物。""豪豕"即今"豪"字，《說文·希部》："𪑺，𪑺豕。鬣如筆管者。出南郡，从希高聲。豪，篆文从豕。"段注："按本是豕名。因其鬣如筆管，遂以名其鬣。凡言豪俊，豪毛，又皆引伸之義也。俗乃別豪俊字从豕，豪毛字从毛。"可見，"脩豪獸"是狀如豪豬的獸。《爾雅·釋獸》："貄，脩豪。"郝懿行義疏："《說文》作希。"

《訓詁概述》："蓋字雖與時俱增，而義類固屬有限。是則初文爲字形、字義之根本，實一字而含多義矣。"初文一字含多義，"文字變易"進一步建立起來初文意義體系。

3. "以聲而言，不出喉齒之外"

初文一字含多義源於古文一字兩用："古文而有一字而兩用者。……蓋古文異字同體者多，同形異義者衆也。"① 其結果即一字多音："一字多音之理，在音學上必須詮明，而後考古始無窒礙。……古人于象形指事字多隨意指稱，不以聲音爲限。"②

黄季剛先生暫定彑有喉舌齒三音，其中舌音源於"豕"，喉齒二音源於古文一字兩用。

丙喉匣咍古文亥爲豕，與豕同。

《說文·亥部》："亥，荄也。十月，微易起，接盛陰。……丙，古文亥。亥爲豕，與豕同。"段玉裁注："希、彖字皆與豕形略相似。'亥爲豕'猶巳下云'巳爲蛇也'。'與豕同'謂二篆之古文實一字也。豕之古文見九篇豕

---

① 黄侃述，黄焯編：《文字聲韻訓詁筆記》，上海古籍出版社1983年版，第50頁。
② 同上書，第52頁。

· 277 ·

部，與亥古文無二字。"《吕氏春秋·察傳》："子夏之晋，過衛。有讀《史記》者曰晋師三豕涉河。子夏曰：非也。是己亥也。夫己與三相近，豕與亥相似。至於晋而問之，則曰晋師己亥渡河也。""豕與亥相似"即言古豕亥同文。

齒音主要源於"希"一字兩用。黄季剛先生指出兩個詞義："希齒心曷古文殺字。論名當亦爲獸之類。"古文殺字是動詞，"論名亦當爲獸"是指出名詞義，即"脩豪獸"義。"名事同源，其用不别。名者，名詞；事者，動詞、形容詞。"①

另一齒音字是絲，《説文·希部》："絲齒心没希屬。从二希。《虞書》曰："絲類於上帝。"段注："《堯典》文，許所據蓋壁中古文也。伏生《尚書》及孔安國以今文讀定之，古文《尚書》皆作肆。太史公《史記》作遂。然則漢人釋肆爲遂即《爾雅》之肆，故也。壁中文作絲，乃肆之假借字也。"

黄季剛先生最後做出總結："則諸字或以聲變，或以韻變，然同一體也。""同一體"可以回答最初提出的兩個問題："一字推變數字之基""大較不變者"是"語"，從一字多音義的古文字形出發，從不同的音義方向沿着音義結合的軌道，"就初文同聲求其同類"。②"一義多立異名之基""本始不變者"是意義，"名義相依，名多而義少"③，聲變韻變但意義不變就是音義相讎的"變易"。

二　過渡語層次

"從一語到别語"是語言發展的過渡環節，是即將產生質變的關鍵節點，是分化語的起點："分化語者，音不變而義有變；原其初本爲一語，其後經引申變化而爲别語别義。如顛、天一字，古本一語。蓋以體言，極高者曰顛，其大而最高者則曰天，乃因其義有别而造兩字。以造字論，顛後於天；以語義論，天則由顛分化而來。"④"顛、天一字，古本一語""天則由顛分化

---

① 黄侃述，黄焯編：《文字聲韻訓詁筆記》，上海古籍出版社1983年版，第180頁。
② 同上書，第67頁。
③ 同上書，第180頁。
④ 同上書，第206頁。

而來",看似矛盾的分析,實際蘊含了語言過渡階段的特質。

(一)重新分析

"古本一語""因其義有別而造兩字"交代出兩個時間點,一是古無文字時,用舌音表示天、顛概念,或名事物,或名性狀,音義同條不區分。二是義衍造字時,造字是爲分別,兩個字的產生代表兩個語言單位的產生,事物、性狀都有專用字,循彼此之間聲義聯繫還能尋覓到最初"一語"的痕跡。

同一組同文,可以在古一語層面和今別語層面分別分析,傳承發展的蹤跡自在,由此判斷同文關係,得出迥異的結論。這就是語言文字源流系統中的重新分析。下列二表,均出自黃侃先生,對《文始·歌部》初文"亏"字的孳乳變易系列作了重新分析。

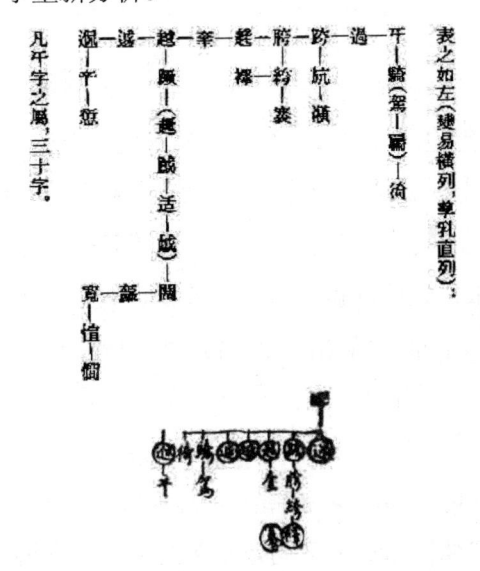

黃季剛先生在《聲韻通例》中對《文始》"亏"變易孳乳關係梳理中體現了這一思路。重新分析主要表現在兩個方面,一是名事源流分化,二是方音方言分化。

名事源流分化:"古者,名詞與動詞、静詞相因。所從言之異耳。段君注《說文》,每加所以字,乃別名詞於動、静詞,其實可不必也。即如跨、胯二音,其初固同,其後乃分爲二。自跨之物言之,則曰胯;自跨之事言之,則曰跨。《公羊傳》曰:'入其門,則無人門焉。'上門舉其物,下門舉

· 279 ·

其事，而二義無二文，此可證跨、胯之本同矣……奎、赳亦一名一動，與胯、跨爲一名一動同。"①此段梳理"取《文始》一首釋之"②，黄季剛先生兩處表解體現了重新分析的思路，一是在《黄侃論學雜著·聲韻略說》③中，二是在《手批文始》④中。（見上頁圖片）《聲韻略例》中跨與胯、赳與奎橫向變易關係，是立足於一語層次；《手批文始》跨與胯、赳與奎是縱向孳乳關係，是立足於別語層次。

方音方言重新分析體現在同訓爲"絝"但歸屬不同。《說文·糸部》："絝，脛衣也。从糸夸聲。"段注："今所謂套袴也，左右各一，分衣兩脛，古之所謂絝，亦謂之襪，亦謂之襗，見《衣部》。""襗""襪"同訓，在《黄侃論學雜著》中，"襗"列爲"絝"的變易字，"襪"列爲"絝"的孳乳字。在《手批文始》中，"襗"列爲"絝"的孳乳字，"襪"列爲"襗"的變易字。"

"襗"被列爲"絝"的變易字，是因爲二字同義形成訓釋關係。《說文·衣部》："襗，絝也。"段注："絝者，脛衣也。……《釋名》曰：'汗衣，近身受汗垢之衣也。'《詩》謂之澤，受汗澤。"《詩經·秦風·無衣》："豈曰無衣，與子同澤。"毛傳："澤，潤澤也。"鄭箋："襗，褻衣。近汗垢。"孔穎達正義："衣服之煖於身猶甘雨之潤於物，故言與子同澤，正謂同袍裳是共潤澤也。"箋以上袍下裳則此亦衣名，故易傳爲襗，《說文》云："襗，袴也。"是其褻衣，近汗垢也。襗是袍類，故《論語》注云："褻衣袍襗也。"《周禮·天官·玉府》："掌王之燕衣服。"鄭玄注："燕衣服者，巾絮寢衣袍襗之屬。"孫詒讓正義："蓋凡著袍襺者必内著襗，次著袍，次著中衣，次加禮服爲表。"段注"襗"曰："《廣韻》此字三見。一曰褻衣，一曰袗襗，一曰衣襦。亦皆不云絝。""絝"與袍類都屬於衣，但形制、功用已相差很遠，故《手批文始》中，"襗"列爲"絝"的孳乳字。襗，定母鐸部；絝，溪母模部。

---

① 黄侃：《黄侃論學雜著》，中華書局 1964 年版，第 165—166 頁。
② 同上書，第 164 頁。
③ 同上書，第 172 頁。
④ 黄侃：《手批文始》，《黄季剛先生遺書》第六冊，台灣石門圖書公司 1980 年影印版，第 2518 頁。

第三章　《說文同文》聲義網絡系統

《手批文始》"褰"列爲"襗"的變易字，是因爲二字同訓。《說文·衣部》："褰，絝也。从衣，寒省聲。"段注："《方言》曰：'絝，齊魯之間謂之襱。'按今《方言》作襱，俗字也。褰之本義謂絝。"方言音轉是建立在同義的基礎上，應歸爲"變易條例"的第五類"聲轉韻轉變易"，但在《手批文始》中，却進入豎行孳乳系列，這說明方言轉語處於字、詞過渡的節點上。同義相訓爲變易。絝，溪母模部；褰，溪母寒部；二字雙聲韻轉，按照季剛先生所言"聲轉之變，由於方言；韻轉之變，本乎方音"①，這二字之間應是方音變易關係。在《論語言變化》中，季剛先生將因時間地域變化而形成的轉語列爲语言變化的一个類型，其特点爲"义同而语爲二"。②因此，列"褰"爲"絝"的孳乳是立足于語言變化。

可見，伴隨語言變化，文字功能的變化，在分化語、轉語形成的過程中都存在一個同詞、異詞兼具的過渡環節，導致不同的歸屬和理解。

（二）"過渡語"的基礎

之所以在過渡階段形成重新分析，就在於最初在"一語"時段就蘊含了語言發展的種子。一語階段時間跨度很長，從語言初起持續到初文產生，作爲語言記錄符號，初文體現"一語"階段的語言文字面貌："初文爲字形、字義之根本，實一字而含多義矣。"③在《以聲韻求訓詁之根源》和《訓詁概述》中，黃季剛先生從三個角度概括了"一語"階段的特點："名必有義，而義必出於音，知聲、訓固同條也。……蓋古時文言合一，聞聲即可知義。"④

1."名必有義即訓詁之根源"

《以聲韻求訓詁之根源》："象形之進於形聲，六書中之孳乳也；本義進至後起義，一字之孳乳也。一字之義，初本不多，迨乎人事既緐，一義不足，於是引申推演之法興，而一字數義矣。"⑤由此知，最初依類象形之文，本字記錄本義，而後一字記錄多個引申義。如：

---

① 黃侃述，黃焯編：《文字聲韻訓詁筆記》，上海古籍出版社 1983 年版，第 29 頁。
② 同上書，第 205 頁。
③ 同上書，第 180 頁。
④ 同上。
⑤ 同上書，第 194 頁。

【祝同䛜訕譸訓詛】《說文·示部》:"祝,祭主贊詞者。""䛜,祝也。""祝"爲祭祀時溝通人神主司贊禮者。《詩·小雅·楚茨》:"工祝致告。"《禮記·曾子問》:"祫祭於祖,則祝迎四廟之主。"鄭玄注:"祝,接神者也。"

祝䛜,是古代一種以祝禱符咒治病的方術。段玉裁注:"祝䛜即祝由也。"祝,照母蕭部;䛜,來母蕭部。"祝""䛜"旁紐疊韻,意義相同。明代太醫院有十三科,"祝由科"爲其中之一,主司符咒禳病者。《素問·移經變氣論》:"毒藥不能治其內,鍼石不能治其外,故可移精祝由而已。"王冰注:"移精變氣,無假毒藥,祝說病由,不勞鍼石而已。"

"祝"引申音變爲詛咒字。《廣韻》職救切。《集韻·宥韻》:"祝,詛也。或从口从言,亦作訕。""祝"本象人跪在神主面前祈願形。祈願兼該善惡兩面。《釋名·釋言語》:"祝,屬也。以善惡之詞相屬著也。"《詩·大雅·蕩》:"侯作侯祝,靡屆靡究。"毛傳:"作、祝,詛也。"鄭玄箋:"王與群臣乖爭而相疑,日祝詛求其凶咎無極已。"善詞祈願即爲祝福,惡詞祈願即爲"訕"。"訕"是"祝"反義孳乳分化字。《說文·言部》訕、譸、詛同訓爲"訕","譸""訕"同音互訓,與"訕"聲音上的差別只在清濁。訕,澄母蕭部;譸、訕,知母蕭部;詛,莊母模部。《廣韻·御韻》:"詛,呪詛。"《尚書·無逸》:"民否則厥心違怨,否則厥口詛祝。"孔穎達疏:"詛祝,謂告神明令加殃咎也,以言告神謂之祝,請神加殃謂之詛。"訕、譸、詛均爲"訕"同義變易字。

【禱同祝】"祝"由"祭主贊詞者"引申爲祝禱。《公羊傳·襄公二十九年》:"諸爲君者皆輕死爲勇,飲食必祝曰:'天苟有吳國,尚速有悔於予身。'"何休注:"祝,因祭祝也。"《說文·示部》:"禱,告事求福也。""禱""祝"二字古音相同。"祝"本義爲"祭主贊詞者",與"禱"爲主體和動作關係,"祝"由本義正方向引申即爲祝禱。

"蓋古代一名之設,容涵多義。"[1]以上"祝"字一個字形記錄了四個詞義,隨着詞義的發展,詞語分化,有三種途徑:一是仍佔據原字形,如本義

---

[1] 黃侃述,黃焯編:《文字聲韻訓詁筆記》,上海古籍出版社1983年版,第180頁。

第三章 《說文同文》聲義網絡系統

巫祝義；二是以複音詞使字義單一化，如祝由；三是形聲相益造新字，而產生了不同的同文字組。初文一字多義是一語階段的特點，其後引申分化，分成不同的同文字組，但其源頭都是初文"祝"字。

2. "義必出於音"即"訓詁所由生"①

"文字之訓詁必以聲音爲綱領。"② 詞義引申分化，途徑是形聲相益造新字，因此凡是以同聲符形聲字形成的同文字組都記錄了一語分化的痕跡。

爲引申義造新字，如：

【茨同茨】《說文·艸部》："茨，茅蓋屋。从艸次聲。"徐鍇繫傳："次第茅以蓋之也。"《集韻·脂韻》："茨，次也。次比草爲之。""茨"茅蓋屋，聲符"次"有次第義、粗次義。《說文·欠部》："次，不前不精也。从欠二聲。𣢧，古文次。"段玉裁注："前當作歬。不歬不精皆居次之意也。"王筠句讀："不前者，逗留不進也；精者，擇也。不擇則粗，是次也。"據此，"不前"即駐紮義，"不精"即粗劣、次品義。這和"次"的古文之形義"𣢧"正相合。"𣢧"象臨時搭的帳幕。帳篷用於駐紮即"不前"，帳篷臨時搭建質量粗糙即"不精"。《周禮·天官·掌次》："朝日祀五帝，則張大次小次，設重帟重案。"鄭玄注："次，謂幄也。大幄，初往所止居也。小幄，既接祭退俟之處。"又："諸侯朝覲會同，則張大次小次。"鄭玄注："大次，亦初往所止居。小次，即宮待事之處。"由"帳篷"義引申出軍隊臨時駐紮義。《公羊傳·莊公三年》："公次於郎。"何休注："次者，兵舍止之名。"《左傳·莊公三年》："凡師一宿爲舍，再宿爲信，過信爲次。"孔穎達疏："舍者，軍行一日止而舍息也。信者，住經再宿得相信問也。《穀梁傳》曰：'次，止也。'則次亦止舍之名。過信以上，雖多日，亦爲次，不復別立名也。"茨，從母灰聲；茨，清母灰聲。"茨""茨"疊韻聲同類，均指質量粗劣住舍。

爲本義造新字，如：

【鏃同族】《說文·金部》："鏃，利也。"《爾雅·釋器》："金鏃翦羽謂之鍭。"邢昺《爾雅義疏》："鏃，箭頭也。"《說文·㫃部》："族，矢鋒也。

---

① 黃侃述，黃焯編：《文字聲韻訓詁筆記》，上海古籍出版社 1983 年版，第 180 頁。
② 同上書，第 194 頁。

束之族族也。从放从矢。"段注："今字用鏃，古字用族。"二字同爲屋韻，鏃，精母；族，從母。意義相同，只是字形不同。

【隙同㿪】《說文·𨸏部》："隙，壁際孔也。从𨸏㿪。"《漢書·魏豹傳》："如白駒之過隙。"顏師古注："隙，壁隙也。"《說文·白部》："㿪，際見之白也。从白，上下小見。"段注："際者，壁會也。壁會者，隙也。見讀如現。壁隙之光一綫而已，故从二小。"二字同爲溪母鐸部，聲義皆同。

清儒"因聲求義"，即以同聲符字的聲符字音義爲源，若同諧聲者廣義分形，均可追溯到初文源頭，因此廣義分形的最初階段聲符之廣義應該是一語的一種特殊表現。如：

【恊同勰协】《說文·劦部》："劦，同力也。从三力。《山海經》曰：'惟號之山，其風若劦。'"段注："同力者，龢也。龢，調也。……（其風若劦）許意蓋謂其風如并力而起也。""并力"義從不同角度衍生，得出三字："恊，同心之龢。从劦从心。""勰，同思之龢。从劦从思。"《說文·劦部》："协，衆之和同。从劦从十。"段玉裁注："各本作衆之和同，非是。今正。同衆之和，一如同力。"三字與聲符音義同，實爲聲符廣義分形。立足於一語層次，爲變易。《爾雅·釋詁上》："勰，和也。"邢昺疏："即古文恊字。"陸德明釋文："勰，本又作協。"以"劦"爲聲符造形聲字，爲分化語。

《論字音之起源》談到"其同一聲而義各有因者"："衆水同居一渠而來源各異。……故治音學者，當知聲同而義各殊之理。"① "聲同而義各殊"一來源於同一意義的不同意義要素，如：

【泐同阞，又同朕㵜䃕厲】阞、泐同爲來母德部字。都有"理"義素。《說文》："泐，水石之理也。"段注："《𨸏部》曰：'阞，地理也。从𨸏。'《木部》曰：'朸，木之理也。从木。'然則泐訓水之理，从水無疑矣。……水理如地理、木理可尋。其字皆从力。力者，人身之理也。"

泐、朕、㵜、䃕、厲來母雙聲。均有棱角義。理義和棱角義相承。《說文》："朕，氽出也。从氽朕聲。《詩》曰：納於朕陰。凌，朕或从夌。"段注："氽出者，謂氽之出水文棱棱然。"冰的特點是有紋理、凌厲有棱角。

---

① 黃侃：《黃侃論學雜著》，中華書局1964年版，第97—98頁。

第三章 《說文同文》聲義網絡系統

《說文·水部》:"溓,薄汖也。一曰絶小水。"又《石部》:"碌,厬石也。一曰赤色。""碌"爲赤色的礪石。亦泛指有棱角的石塊。《說文》:"厬,旱石也。""厬"是龖磨石,後作礪。《山海經·中山經》:"多礪石文石。"郝懿行義疏:"礪,當爲厬。"《廣雅·釋器》:"礱,礪也。"王念孫疏證:"礪之言粗厬也。"《山海經·西山經》:"苕水出焉而西流注於海,其中多砥礪。"郭璞注:"砥、礪,磨石也。精爲砥,麤爲厬。"麤即多棱角。

"聲同而義各殊"源於古文異用。依類象形謂之文,形聲相益謂之字。初文是形聲字的功能構件。黃季剛先生認爲以初文爲聲符構成的形聲字與初文聲符之間是子與母的關係:"形聲字子母必須相應。凡一字中,點畫帶有聲音者,形聲也,是謂有聲字。聲音不在點畫中者,象形、指事等是也,是謂無聲字。有聲之字必從無聲,則有聲之字無聲之子,無聲之字有聲之母。子生於母者也,子所得音,母必有之;母無其音,子安得从,故形聲字子母必相應也。"[1]分化語依聲造新字記錄新義,聲符爲語言聲義傳承要素。古文一字兩用,是形體假借,以此文造新字,也遵循一語到別語的規律。分化之前是一語,分化之後是別語。《音韻與文字訓詁之關係·形聲字》:"凡形聲義三者必須相應。形聲之字雖以取聲爲主,然所取之聲必兼形、義方爲正派。蓋同音之字甚多,若不就義擇取之,則何所適從也。右文之說固有至理存焉。而或以字體不便,古字不足,造字者遂以假借之法施之形聲矣。假借與形聲之關係蓋所以濟形聲取聲之不足者也。是故不通假借者,不足以言形聲。顧假借施於形聲愈繁,而取聲本義愈不可得,故假借者,六書之癰疽也。惟凡言假者,定有不假者以爲之根;凡言借者,定有不借者以爲之本。則此類形聲必當因聲以推其本字,本字既得,則形聲義三者仍當相應。"[2]以假借之法施之形聲,導致一字多音,依聲造字,聲與義不相應。在黃季剛先生所舉聲與義不相應例子中,有一例出現在《說文同文》中:

【禋當與吞同】《說文·示部》:"禋,潔祀也。一曰精意以享爲禋。"《禮記·祭法》:"埋少牢泰昭祭時也。"清余蕭客《古經解鉤沉》卷十四引《山堂考索前集》卷三十五:"《尚書》'禋於六宗。'禋有三義:禋者煙也,

---

[1] 黃侃述,黃焯編:《文字聲韻訓詁筆記》,上海古籍出版社1983年版,第36頁。
[2] 同上書,第39頁。

潔也，精也。禋者，燔柴升煙於天，以氣聞達；潔取淨潔以表無穢之理；精者，取祭者精懃之意。”這裡總結了禋祭的方式以及祭者態度。“禋”進而引申爲“敬”義。《廣韻·真韻》：“禋，敬也。”此義又作“諲”。《爾雅·釋詁下》：“諲，敬也。”邵晋涵正義：“禋、諲古字通。”郝懿行義疏：“諲者，禋之假音也。”“諲”實爲“禋”“敬”義後起字。“慎”古文作𡧜，隸定爲“昚”。季剛先生按：“禋，潔祀也。从垔，垔，塞也。不可通。按當作昚。昚，古慎字。昚、垔同聲。古文从屮（艸）从火，燔柴也。从日，言祭天也。”[①]這個字屬於形聲字中“聲與義不相應者”，“皆爲形聲之變。蓋求之於義不可得，則進而求之於聲。求之於聲，求其假借也。”據此可知，聲符“垔”假借爲“昚”。“禋”影母痕韻，“昚”禪母先韻，韻部旁轉。“禋”是一種祭祀的名稱。先燒柴升煙，再加牲體與玉帛于柴上焚燒，因煙氣上達以致精誠。“昚”字就反映了這種意象。《說文解字·火部》：“尞，柴祭天也。从火从昚。昚，古慎字，祭天所以慎也。”其中“昚”不僅以形體揭示了祭天的形式，而且記録了祭天謹慎的態度。《漢書·郊祀志下》：“古者壇場有常處，尞禋有常用。”“尞”“禋”並舉，說明二者從意象到詞義上的聯繫。

3.“名事同源，其用不别”

名即名詞，事即動詞、形容詞。“以名與事之法推之者。太古人類本無語言，最初不過以呼號感歎之聲表喜怒哀樂之情，由是而達於物，……然則感歎之間故爲語言真正根源。而亦即文字遠溯之祖。故名詞由是生焉。動詞由是生焉。……故名詞者，乃由動詞、形容詞擇一要義以爲之名，而動詞形容詞者亦即名詞之根源也。故求文字之根源，當推諸虛字；求虛字之根源，當自音聲。”[②]虛字指最初的感歎詞、擬聲名物詞，源於人類的觀察和感知。因此動詞形容詞産生於名詞之前。最初名、動、形同依一個字形就是一語階段的特點，其後分化孳乳造字，分化語之間必定有通用的歷史。如：

《說文·足部》：“跨，渡也。”段注：“謂大其兩股閒以有所越也，因之兩股閒謂之跨下。《史記·淮陰矦傳》作胯下。……《夊部》之䇂釋曰：‘跨步也。’跨步當爲誇步，誇步者，大步也。大張其兩股曰䇂。必云誇步不云

① 黄侃述，黄焯編：《文字聲韻訓詁筆記》，上海古籍出版社 1983 年版，第 42 頁。
② 同上書，第 194—195 頁。

大步者,牛誇雙聲也。後人改牛作跨,《玉篇》云:'牛與跨同。'其明證也。""跨"由初文"牛"孳乳,一語階段跨步、跨下本依同一個字形,其後改換聲符造新字記錄胯下義。

【陷同臽窞】《說文·𨸏部》:"陷,高下也。一曰陊也。从𨸏从臽,臽亦聲。"段注:"高下之形曰陷,故自高入於下亦曰陷,義之引申也。"《說文·臼部》,"臽,小阱也。从人在臼上。"段注:"臽,謂阱之小者。"《廣雅·釋水》:"臽,坑也。"王念孫疏證:"臽,今通作陷。"《慧琳音義》卷七十九"掘陳臽"注:"臽,或作陷。"陷、臽同爲匣母添部字。窞,定母添部。《說文·穴部》:"窞,坎中小坎也。"《易·坎》:"入於坎窞。"陸德明《經典釋文》引王肅云:"窞,坎底也。"焦循章句:"窞,陷也。"《廣雅·釋水》,"窞,坑也。"窞的本義是深坑,與陷的意義相近,且二字疊韻,聲音相近,是爲變易。

三　別語層次

《論語言變化》:"語言之變化有二:一由語根生出之分化語;二因時間或空間之變動而發生之轉語。分化語者,音不變而義有變;原其初本爲一語,其後經引申變化而爲別語別義。……轉注則義同而語爲二。如女、爾、而、若、乃等字皆爲第二人稱,特其音有轉變。若其變而別造字者,如朝之與旦、旦之與晨皆是。"[①]這裡交代了語言變化的途徑和結果。其一,從變化原因看,分化語是語言家族傳承的結果,"語根"是傳承的血脈。轉語是時空變動語言變化導致的結果。其二,從語言構成看,分化語是語言意義的變化,因此從一語到異語遵循意義發展規律。轉語是語言聲音變轉伴隨字形的變化。從這兩方面看,分化語、轉語的劃分似乎與孳乳、變易的劃分相合。聲義同條是其相合點。但二者分屬於不同層次。文字根於言語。無論從產生的時間序列還是功能層次文字都附屬於語言。文字以其形體承載了語言的音和義,因此文字的發生發展既有適應語言的一面,又有自身獨特的規律。黃季剛變易條例前四條命名爲筆畫變易、書法變易、傍音變易和全體變易是在強調單純文字形體的變易,而其餘二條聲轉韻轉變易和文字變易是在與轉語

---

① 黃侃述,黃焯編:《文字聲韻訓詁筆記》,上海古籍出版社1983年版,第206頁。

對應的文字形體變易,與前四種不同性質不同層次。

(一)分化語

分化語的界定中有兩個重點,一是語根,二是意義關係,這二者是相互聯繫的。"凡有語義,必有語根。言不空生,論不虛作,所謂名自正也。"①

1. 語根

第一,安語根。

語根是求語言文字之系統與根源的關鍵。"語根之學,非重在遠求皇古之前,乃爲當前爭取字書之用。其推求之法,或由下推上;或由上推下;由下推上者,不能不有根;由上推下者,又不能不安根也。"②"皇古之前"指語言產生的年代,語言是人類發展到一定階段的產物,這個時間段在理論上是可以論證能夠成立的,但在實踐上是極難追尋和把握的。必須尋找一種可以把握、便於操作的工具,這就是文字。字書就是文字的纂集。"《說文》者,一切字書之根柢,亦即一切字書之權度也。"③"《說文》爲專講文字根源之書,本之以馭其變。"④本《說文》以馭變就是"字書之用",包括兩個層次:"由文字以求文字,由語言以求文字,固非求本字不可也。"⑤"由文字以求文字"爲求"單獨之本",指經典文獻中與假借字相對應的形義相合的本字,爲具體語境所限,故爲"單獨之本";"由語言以求文字"爲求"共同之本",指語言傳承的聲義源頭,傳承鏈條的續接就像一顆樹,從樹根生髮枝條,如同從語根出發下推上;從枝條上推下探求樹根,如同從分化語回溯語根,樹根好追尋,但遠古之語根難於把握。語言推源溯流必須"安根",就好像把樹苗植入土中,這是一個人爲造作的過程。"凡文字之作,爲語言生,息息相應,語音雖隨時變遷,然凡言變者,必有不變者以爲之根。"⑥《說文》是專講文字根源的書,在其中尋找可以操作的聲義源頭就是求語根。《略論推求語根之法》:"凡會意、形聲之字必以象形指事字爲之根。而象形、指

---

① 黃侃述,黃焯編:《文字聲韻訓詁筆記》,上海古籍出版社 1983 年版,第 59 頁。
② 同上書,第 60 頁。
③ 同上書,第 71 頁。
④ 同上書,第 19 頁。
⑤ 同上書,第 55 頁。
⑥ 同上。

第三章 《說文同文》聲義網絡系統

事字又以未造字時之語言爲之根。故因會意、形聲以求象形、指事之字，是求其本字也。由象形、指事字以推尋言語音聲之根，是求其語根也。……明乎推求語根之法，不特可以溯其源，且可以見其統領也。……凡假借必有本字，本字必有語根。能悉明其本字，則文字之學通；能悉明其語根，則聲音之學亦通也。"① 由此可見，《說文》象形指事字——"文"就是貫通文字與語言的根本。

第二，求語根。

"安根"由上推下就是求語根。季剛先生在《略論推求語根之法》中以"示"字爲例說明推求語根之理。《說文・示部》："示，天垂象，見吉凶，所以示人也。从二，二，古文上字，三垂，日月星也。""示"是合體指事字，屬於初文，但非真正之根，以《說文》說解爲基，沿着"示"的聲音線索，推尋"示"的音義之源。"示"今舌音神母，至韻。古舌音定紐，没韻。以古舌音定紐爲範圍，推出"示"有其三根：

一出於二，初文，上示雙聲，上，今舌音禪母養韻，古舌音定紐唐韻。

二出於巫。初文。巫，今舌音禪母支韻，古舌音定母歌韻。巫與上亦雙聲。

三出於出。初文。出，今舌音穿母術韻，古舌音定紐没韻。

"二""巫"出於《說文》"示"的說解，"出"與"示"音義相通。由此，我們得出兩條啓示：

其一，"本音明，而後本字及語根漸漸可以推明。"② 欲求"示"的語根，牢牢把握住其本音，在古同音的鏈條上再去探求意義相關之初文。這就是因聲求義之法："《釋名》之作，體本《爾雅》。而其解說，正在推求語根。以《釋名》之法駕馭《說文》《爾雅》即爲推求語根之法。"

其二，"文爲形聲義之根。"③ "示"與其三根"二""巫""出"都是初文，初文音義系聯類同初文轉注就其同聲以求其同類，只不過轉注是造字之理，而此初文音義系聯是爲探求語根。"治《說文》欲推其語根，宜於文字

---

① 黄侃述，黄焯編：《文字聲韻訓詁筆記》，上海古籍出版社1983年版，第57頁。
② 同上書，第61頁。
③ 同上。

說解及其所以說解三者細加推闡。凡文字解之至無可解，乃字形之根。純象形、指事字是所謂文。一面爲文字之根，一面又爲聲音之根，訓詁之根，形聲義三者實合而爲一，不可分離，故文爲形聲義之根。"①

第三，系語根。

系語根就是依據語根聲義下推上進行音義系聯。《說文同文》就是在系語根。"文"是語根的依託，凡同"文"聲義者，皆可納入此序列。"系語根"與"求語根"方向不同，但相互關聯。"故凡推求語根，應知二事：一，一字一根，二，一字多根。"②"凡有語義，必有語根。"③一字一根，說明語義比較單一，一字多根"猶黃河並千七百渠而成，非出於一源也。《經籍纂詁》每字多訓，由每字多根之故"④。多訓說明多義，多訓即多根，立足於語義構成，並非嚴格的聲義相關的語根。

季剛先生舉了兩個領域中的例子，一是《說文》聲訓，如：

《說文·示部》："祳，社肉，盛之目蜃，故謂之祳。天子所目親遺同姓。从示辰聲。《春秋傳》曰：石尚來歸祳。"段注："《五經異義》曰：古左氏說：'脤，祭社之肉，盛之以蜃。'鄭注掌蜃、杜注《左傳》皆同。蜃、祳疊韻。經典祳多从肉作脤。"

《說文·玉部》："璊，玉經色也。从王㒼聲。禾之赤苗謂之虋。言璊玉色如之。玧，璊或从允。"段注："穈即艸部虋字之或體。"《說文·艸部》："虋，赤苗。嘉穀也。从艸釁聲。"

二是古人名義之學："凡有語義，必有語根。言不空生，論不虛作，所謂名自正也。《左傳》言名有五，是則制名皆必有故。語言緣起，豈漫然無所由來，無由來即無此物也。古人名義之學，散見於各書者非一。"⑤如"鄭王禮注：弁名出於槃，輅名出於櫬與蒨。"

由上引文可以看出，"出於""由來"是黃季剛求語根術語，求語根有兩個層次，一是初文層次就同聲以求同義，如"示"一字三根；一是分化語層

---

① 黃侃述，黃焯編：《文字聲韻訓詁筆記》，上海古籍出版社1983年版，第61頁。
② 同上書，第60頁。
③ 同上書，第59頁。
④ 同上書，第60頁。
⑤ 同上書，第59—60頁。

第三章 《說文同文》聲義網絡系統

次,續接相因相承聲義的來源。如"輤名出於櫬與蒨"。"櫬"是親身棺,古代棺材有内外兩層,外層直接與黄土接觸的稱爲"椁",裡層直接與亡者身體接觸的稱爲"櫬"。《左傳・襄公二年》:"夏,齊姜薨。初,穆姜使擇美檟,以自爲櫬與頌琴。"楊伯峻注:"櫬,近身之棺,猶後代以近身之衣曰襯衣。""蒨"是茜草,根可做絳色染料。劉勰《文心雕龍・通變》:"夫青生於藍,絳生於蒨,雖踰本色,不能復化。"《禮記・雜記》:"其輤有裧。"鄭玄注:"輤,載柩將殯之車飾也。輤取名於櫬與蒨,讀如蒨斾之蒨。櫬,棺也。蒨,染赤色者也。""櫬"是其用途,"蒨"是車飾顏色。季剛先生所說的"一名二根",只能說是音義相承的語源。

《說文同文》命名在於系源,但如若有初文,就涉及語根。如:季剛先生揭示"示"一字三根。《說文同文》中有【示同曟】就源於此三根。

"示"甲骨文字形作T(甲192)ㄓ(712)象神主形即宗廟中受祭者的牌位形,示部字義多與祭祀相關。《說文・示部》:"示,天垂象見吉凶所以示人也。从二,三垂,日月星也。觀乎天文以察時變,示神事也。"段注:"言天懸象箸明以示人。"《廣韻・至韻》:"示,垂示。"《說文・晶部》:"日月合宿爲曟。从晶从辰辰亦聲。"《集韻・真韻》:"曟,通作辰。"《左傳・昭公七年》:"公曰:'多與寡人辰,而莫同。何謂辰?'對曰:'日月之會是謂辰。'"杜預注:"一歲日月十二會,所會是謂辰。""示"指天象垂示,"曟"指"日月之會"天象。示,神母沒部,示(神沒)曟(禪痕),禪母痕部。二字均古定母,陽入對轉。"示"一字三根,屬於初文層次的語源,"示"爲分化語"曟"的語源。這是兩個不同的層次。

2. 意義關係

"凡有語義,必有語根。"① 但語義和語根並非同一個層次。季剛先生所謂《經籍纂詁》每字多訓,由每字多根之故②。我們並不認同《經籍纂詁》是經籍訓詁纂集,訓釋是詞義的人爲表述,不同訓釋可能來源不同。意義有本假分轉之殊,本指本義,假指假借義,分轉指引申義,只有與音密切結合的本義轉義才與語根相關。《治小學門徑》:"訓詁者,文字之義也。不知義無

---

① 黄侃述,黄焯編:《文字聲韻訓詁筆記》,上海古籍出版社1983年版,第59頁。
② 同上書,第60頁。

以明其謂；不知音無以得其讀。此王氏所以聲韻串訓詁也。文字者，形也。形之有變遷，猶音之有方俗時代之異，而義之有本假分轉之殊，合三者以爲言，譬之束蘆，同時相依，而後小學始得完璧。故自明以至今代，其研究小學所循途徑，始則徒言聲音，繼以聲音貫穿訓詁，繼以聲音訓詁以求文字推衍之跡。由音而義，由義而形，始則分而析之，終則綜而合之，於是小學發明已無餘蘊，而其途徑已廣乎其爲康莊矣。"①語根就是"以聲音貫穿訓詁"，"同文"就是"以聲音訓詁以求文字推衍之跡"，單純語義訓釋是"分而析之"，《訓詁構成之方式》："凡字不但求其義訓，且推其得名之由來，謂之推因即求語根。"②"完全之訓詁必義與聲皆相應。"③分化語是由同一語根出發、意義發展而導致的語言變化。聲義同條是語言。故《經籍纂詁》一字多訓，只能說明其有不同的意義來源，並不能說明其"多根"。

　　一字多根"猶黃河並千七百渠而成，非出於一源也"普遍存在于《說文同文》多向多層字組中。《筆記》："凡此類字（孳乳），輾轉推求，而蹤跡自在。亦有一義而二原，同字而別解者，果得其鰓理，求之亦非甚難也。"④孳乳是意義衍化推動的造字。"一義而二原"着重體現詞義廣義分化，"同字而別解"著重體現詞義引義分化。

　　第一類，"一義而二原"，某詞在同一個意義上類屬於不同的同文字組。
　　源義素類聚，如：
　　【毌同貫】【貫同擐】《說文·毌部》："毌，穿物持之也。从一橫貫，象寶貨之形。讀若冠。"段玉裁注："毌者寶貨之形……一者，所以穿而持之也。古貫穿用此字，今貫行而毌廢矣。"《說文·貝部》："貫，錢貝之貫。从毌、貝。""毌、貫"二字都爲見母寒部字。《說文手部》："擐，貫也。"《慧琳音義》卷一"擐鎧"注引《桂苑珠叢》："以身貫穿衣甲曰擐。"二字都有貫穿義。貫，見母寒部；擐，匣母寒部。

　　變易、孳乳並列類聚，如：

---

① 黃侃述，黃焯編：《文字聲韻訓詁筆記》，上海古籍出版社1983年版，第4頁。
② 同上書，第187頁。
③ 同上書，第190頁。
④ 同上書，第8頁。

第三章 《說文同文》聲義網絡系統

【薪同柴同新】"薪"本薪柴義，分歸變易和孳乳兩個字組。"薪同柴"立足於同義。《說文·艸部》："薪，蕘也。""薪"即柴，在形制上較"蕘"大。《管子·輕重甲》："農夫得居裝而賣其薪蕘。"尹知章注："大曰薪，小曰蕘。"《玉篇·艸部》："薪，柴也。"《文選·曹操〈苦寒行〉》："擔囊行取薪，斧冰持作糜。"呂向注："薪謂柴也。"《禮記·月令》："乃命四監，收秩薪柴以共郊廟及百祀之薪燎。"鄭玄注："大者可析謂之薪，小者合束謂之柴，薪施炊爨，柴以給燎。""薪""柴"同義，大小形制不同。《說文·木部》："柴，小木散材。"《廣雅·釋天》："梢，小也。"王念孫疏證："柴之爲言呲呲然小也。"薪，心母先部；柴，床母齊部。古音從母。"薪""柴"古音聲同類，韻對轉。同義變易。

新、薪同音，《說文·斤部》："新，取木也。从斤亲聲。"王筠句讀："薪者，新之累增字。"桂馥義證："通作薪。"《詩·小雅·車舝》："陟彼高岡，析其柞薪。"馬瑞辰傳箋通釋："薪之爲言新。""新"爲取木，"薪"爲取木結果。動作與結果相關，二字音義貫通。在"取木"義上二字通用。《詩·大雅·棫樸》："芃芃棫樸，薪之槱之。"孔穎達疏："伐木析之謂之薪。"《公羊傳·哀公十四年》："然則孰狩之？薪采者也。"徐彥疏："薪采猶言采薪也。""薪采"之"薪"爲取木動作，"采薪"之"薪"指取木結果。

【莫同夕夜同冥】這組字從造字上用"日""月"體現出詞義，訓釋結構中多有同義聲訓詞。"莫"以日落時分景色揭示詞義，突出光線暗，"冥"是其同義聲訓字。《說文·茻部》："莫，日且冥也。从日在茻中。"莫，明母唐部；冥，明母錫部。莫、夕、夜又在時間上形成聚合。莫，明母唐部；夕，邪母鐸部；夜，喻母鐸部。《周禮·天官·宮正》："夕擊柝而比之。"鄭玄注："夕，莫也。"陸德明釋文："莫，本亦作暮。"孫詒讓正義："莫、暮古今字。""夕"以月半見反映詞義，"莫"是其直訓聲訓字："夕，莫也。从月半見。"桂馥義證引《穀梁傳·莊公七年》："自日入至於星出謂之夕。"《禮記·文王世子》："朝夕至於大寢之門外。"陸德明釋文："暮曰夕。"《周禮·地官·司市》："夕時而市。"孫詒讓正義："夕謂下側至黃昏也。""夜"从夕，與"夕"爲同義詞。"夜，舍也。天下休舍。从夕。亦省聲。"段玉裁注："夜與夕渾言不別，析言則殊。"《廣雅·釋詁四》："窎，夜也。"王念

· 293 ·

孫疏證："凡日入之後，日出之前通謂之夜。"《說文·冥部》："冥，幽也。"段玉裁注："引申爲凡闇昧之稱。"經典傳注中"莫""夕""夜""冥"多直訓關係。《禮記·文王世子》："及莫又至，亦如之。"鄭玄注："莫，夕也。"《玉篇·艸部》："冥，夜也。"《文選·王粲〈雜詩〉》："風飆揚塵起，白日忽已冥。"吕向注引鄭玄《毛詩》箋曰："冥，夜也。"《尚書大傳·洪範》："星辰莫同。"鄭玄注："莫，夜也。"《元包經傳·太陰》："氣蠢于莫，陽之動也。"唐代李江注："莫，冥。""莫"與"夕""夜"同的基點是時間，與"冥"同的基點是光線特點。"莫"與"夕""夜"對轉，與"冥"雙聲。

【命同名同徬】《說文》："命，使也。从口令。"段注："令者，發號也，君事也。非君而口使之，是亦令也。故曰：命者，天之令也。"《說文》："徬，使也。"命，明母耕部；徬，滂母耕部。二字同義疊韻。《說文》："名，自命也。"《廣雅·釋詁》："命、鳴，名也。"王念孫疏證："名、鳴、命，古亦同聲同義。"命、名同音，音義相因相承，"名"是"命"的結果。

【誠同苟誡誋諽又同戒】"戒"是"誠""誡"的音義之源。《說文·廾部》："戒，警也，从廾持戈，以戒不虞。"手持武器體現戒備。《說文·言部》："誠，敕也。"是用語言告誡、勸告之義。《說文·心部》："誡，飭也。"段玉裁注："飭，各本作飾。古書飾飭多互譌，不可勝正。《力部》曰：'飭，致堅也。'誡與戒義同，警也。《釋言》曰：'誡，褊急也。'""誡"是心上警戒之義。戒、誠、誡同屬見母德部字，"誠""誡"是"戒"的廣義分化字。

《說文·苟部》："苟，自急敕也。从羊省，从包省，从口。口猶慎言也。从羊，羊與義善美同意。"段注："許《言部》諽字下曰：'飭也，讀若戒。'蓋戒音紀力反，與苟、戒、棘、亟音義皆同。"《說文·言部》："誋，誡也。"徐鍇繫傳："誡，今人言誡誋是也。"《廣雅·釋詁三》："誋，告也。"王念孫疏證："誋者，誠之告也。"《說文·言部》："諽，飭也，一曰更也。从言，革聲，讀若戒。"段玉裁注："諽與誡音義同。"除誋爲群母咍部外，誠、苟、誡、諽、戒都是見母德部字。五字同義音轉變易。

【寮同祡，同燎櫵】《說文·火部》："寮，柴祭天也。从火昚。"段注："燒柴而祭謂之柴，亦謂之寮，亦謂之禷。《木部》曰：禷，柴祭天神。《周禮》燎燎字當作禷寮。"又《說文·木部》："櫵，積木燎之也。从木火，

第三章 《說文同文》聲義網絡系統

酉聲。《詩》曰：薪之槱之。"《周禮》："以槱燎祠司中、司命。"禋，槱或从示，柴祭天神也。"段注："以燔柴乃祀天神之禮，故从示也。"《說文》："祀，祭無已也。""竂同祀"建立在邏輯關係上。竂，來母豪部；祀，邪母咍部。《說文》："燎，放火也。"徐灝注箋："尞、燎實一字，相承增火旁。今云放火者，後人改之。燎之本義爲燒艸木。"竂燎，來母豪部；槱，喻母蕭部。竂、燎、槱同義音轉變易。

【燅同炎又同㷖】《說文》："㷖，於湯中爚肉。从炎，从熱省。燅，或从炙作。"段注："《廣韻》曰：燅，《說文》同上。此古本《說文》之異也。炎即灷。""㷖"爲加熱祭牲。《儀禮·有司》："有司徹。埽堂。司宮攝酒，乃㷖尸俎。卒㷖，乃升羊豕魚三鼎。"鄭玄注："㷖，溫也。"依段注，古本《說文》作"燅"，"灷"爲焚燒義。《說文·火部》："灷，小爇也。"《節南山》曰：憂心如惔。古本《毛詩》作如灷，故毛傳曰：'灷，燔也。'《瓠葉》傳曰：'加火曰燔。'許曰：燔，爇也。爇，加火也。是毛訓作爇，許則別之云小爇耳。"㷖，邪母添部；灷，澄母添部。二字音義相承。

【濇同澀同嗇】濇、澀一聲之轉。濇，疏母德部；澀，疏母合部。《說文》："澀，不滑也。"《慧琳音義》卷十八："澀滑。"注："澀，又作濇。"《說文·水部》："濇，不滑也。"《正字通·止部》："澀，別作澀。"《說文·㐭部》："嗇，愛濇也。从來㐭。來者，㐭而臧之。故田夫謂之嗇夫。""嗇"爲慳吝不爽快。"濇"義爲其意義要素之一。二字音義相承。

第二類，"同字而別解者"，詞義引申依托同一字形，或伴隨音變，在引申義上類聚成同文字組。

【籜同箁又同落】"籜"爲落地的草木皮葉。《說文·艸部》："籜，艸木凡皮葉落陊地爲籜。""籜"有兩個意義要素：一是草木皮葉，同箁。《說文·竹部》："箁，楚謂竹皮曰箁。"段玉裁注："今俗云筍籜箁是也。笢而陊地，故竹篆下垂者像之。"一是落陊地，同落。"籜""箁"爲包在新竹外面的皮葉，竹長成逐漸脫落。俗稱筍殼。《文選·謝靈運〈于南山往北山經湖中瞻眺詩〉》："初篁苞緑籜，新蒲含紫茸。"李善注引服虔《漢書》注："籜，竹皮也。"《西遊記》第一回："頭上戴箬笠，乃是新筍初脫之籜。"籜，透母鐸部；箁，日母鐸部。《說文·艸部》："籜，艸木凡皮葉落陊地爲籜。"

· 295 ·

又:"落,凡艸曰零,木曰落。"擇,透母鐸部;落,來母鐸部。

【藩同棥同屏屛】"藩"二義,一是藩籬,同棥;二是屏障,同屏屛。《說文·艸部》:"藩,屏也。"又《爻部》:"棥,藩也。从爻林。《詩》曰:'營營青蠅,止於棥。"朱駿聲通訓定聲:"棥,今俗所謂籬笆是也,實即藩字之古文。"《詩·大雅·板》:"價人維藩,大師之垣。"孔穎達疏:"藩者,園圃之籬可以遮罩行者故以藩爲屏也。"《易·大壯》:"羝羊觸藩。"孔穎達疏:"藩,藩籬也。"藩,非母寒部;棥,奉母寒部。

《說文·艸部》:"藩,屏也。""屏,蔽也。""藩"本義爲"棥",指籬笆。引申爲遮罩、屏障。左思《魏都賦》:"以道德爲藩,不以襲險爲屏也。"《國語·齊語》:"三萬人以方行於天下,以誅無道,以屏周室。"韋昭注:"屏,猶藩也。""藩""屏"對用、互釋,都是屏障之義。《釋名·釋宮室》:"屏,自障屏也。""屏風""照壁"都謂屏。《廣韻·青韻》:"《三禮圖》扆從廣八尺,畫斧文,今之屏風則遺象也。"《荀子·大略》:"外屏諸侯,内屏禮也。"楊倞注:"屏猶蔽也。"王先謙集解:"蓋屏之制,如今之照壁。"藩,非母寒部,屏屛,幫母清部。《說文·广部》:"屛,蔽也。"段玉裁注:"此與尸部之屏義同,而所謂各異,此字从广,謂屋之隱蔽者也。""屏""屛"爲廣義分形字。《書·金縢》:"我乃屛璧與珪。"孫星衍今古文注疏:"屛同屏。"

【譣同讖籤又同驗】《說文·言部》:"譣,問也。从言僉聲。"段玉裁注:"譣訓問,謂按問,與試驗、應驗義近。"《說文·馬部》:"驗,馬名。从馬,僉聲。"《玉篇》:"驗,徵也,證也。"段注:"驗,今用爲譣字。證也,徵也,效也,不知其何自始。驗行而譣廢矣。"《說文·言部》:"讖,驗也。有徵驗之書。河雒所出書曰讖。"《說文·竹部》:"籤,驗也。"段注:"驗當作譣。占譣然不也。小徐曰:'籤出其處爲驗也。'"朱駿聲通訓定聲:"今俗謂神示占譣之文曰籤。""讖"和"籤"二字同訓,"譣"爲其共有的音義之源。譣,心母添部;讖,初母添部;籤,清母添部,旁紐疊韻。

《說文·言部》:"譣,問也。"段注:"《言部》'讖,驗也。'《竹部》'籤,驗也。'驗在馬部爲馬名。然則云徵驗者,於六書爲假借,莫詳其正字。今按:譣,其正字也。譣訓問,謂按問。與試驗、應驗義近。"《說文·襾部》,"覈,實也,考事襾笮,邀遮其辭,得實曰覈。"段注:"襾者,反覆之。笮者,迫之。徼者,巡也。遮者,遏也。言攷事者定於一是,必使其上下四方之辭皆不得逞,而後得其實,是謂覈。此所謂咨於故實也,所謂實事求是也。"王筠《說文句讀》:"考其事,必得其實,乃謂之覈。""譣"是占譣,"覈"是核實,譣,心母添部;覈,匣母沃部。二字音義相因。

【剽同砭別義剽劫人也同勡】《說文·刀部》:"剽,砭刺也。從刀票聲。一曰剽,劫也。"段玉裁注:"砭之刺之皆曰剽也。砭者,以石刺病也。刺者,直傷也。""別義"實爲引申義。《說文·力部》:"勡,劫也。從力喿聲。"段注:"以力脅止人而取其物也。……按此篆諸書多从刀。而許《刀部》剽下曰:'一曰剽劫人也。'是在許時固从力从刀竝行,二形不必有是非矣。"王筠句讀:"勡,與刀部剽同字。"朱駿聲通訓定聲:"勡,古書多以剽爲之。"《說文·石部》:"砭,以石刺病也。"剽勡,滂母豪部;砭,幫母怗部。"砭"是古代一種治病的方式,用針刺而治病;而"剽"是側重指刺的動作。通過刺行劫謂之勡,最初都用"剽"字,後分化出"勡"字。

【畫同劃刲刑剄又同冂介界】"畫"字有二義。《說文·畫部》:"畫,界也。象田四界,聿所以畫之。""畫"爲劃分疆界。疆界義同冂介界。《說文·八部》:"介,畫也。从八,从人。人各有介"。徐灝《說文解字注箋》:"古疆界字祇作介。"《說文·田部》:"界,境也。"段注:"界之言介也。介者,畫也。介、界古今字。"《說文·冂部》:"冂,邑外謂之郊,郊外謂之野,野外謂之林,林外謂之冂,象遠界也。"畫,匣母錫部;介界,見母曷部;冂,見母青部。劃分疆界後分化出動詞義。《說文·刀部》:"劃,錐刀曰劃。"段注:"錐刀之末畫謂之劃也。""劃"指用尖利物把東西割開。在此意義上,畫與刲、刑、剄同。刑、剄互訓。《說文·刀部》:"刑,剄也。"段注:"刑者,剄頸也,橫絕之也。此字本義少用,俗字乃用荆爲刑罰、典刑、儀刑字,不知造字之恉既殊。"《說文·刀部》:"刲,刺也。"王筠《說文句讀》:"殺羊刺其耳下,異於他牲,故謂之刲。"畫劃,匣母錫部;刲,溪母齊部;刑,匣母青部;剄,見母青部。

(二)轉語

"因時間或空間之變動而發生之轉語。"據此轉語可以分爲方言轉語和古今轉語。"轉語則義同而語爲二",義同音轉別造字者均爲轉語。

方言轉語定位有三個角度:第一是語言的發生角度,分化語和轉語不同:"分化語者,音不變而義有變;……轉注(語)則義同而語爲二。"① 第二是文字的孳生角度,方言和方音不同:"聲轉韻轉變易:聲轉之變,由於方言;韻轉之變,本乎方音。"② 第三是訓詁方式角度,方音屬於聲訓,方言屬於義訓:"聲訓者,根乎方音不同;義訓者,根乎方言之不同。蓋一字而南北異讀,方音之異也;一義而東西異稱,方言之異也。故推其生聲之由,則本乎方音之異;推其生義之由,則本乎方言之異。"③ 爲同一方言詞語造字,"生義之由不同",往往體現於方言詞不同的造字理據上。"楊子雲爲《方言》,其方言與方音不同。知方言與方音之別,而後訓詁條理乃可言。《爾雅》溥、廓皆訓大,而溥與廓聲不同,此方言之變。凡發音必有其義,而所以呼溥呼廓,必有呼之故也。"④《說文同文》中有【溥同鋪博旁】,這組字以唇音模韻字記錄了廣普浩大義,甫、方是通用的聲素。"廓"以郭爲聲符,《釋名·釋宮室》:"郭,廓也。廓落在城外也。"《方言》:"張小使大謂之廓。"錢繹箋疏:"郭、廓古今字。"郭、廓是以見母模部表示擴大義。不同的聲符不同的構詞理據。溥、郭均模類字,是唇音和牙音聲轉關係。

《論音之變遷屬於時者》⑤:"《說文序》曰:'六國之時,言語異聲';據此片文,足徵自古語言,隨時遷異。是故有輶軒之使,采録遠古之言。……計漢時,去古未遠,而方音變遷,固已多矣。故其書自敘其例,有云:'敦、豐、厖、夼、憮、般、嘏、奕、戎、京、奘、將,大也,皆古今語也,初別國不相往來之言也,今或同。句。而舊書雅記故俗語,不失其方;句,舊書七字連讀,言舊書雅記中所載故時之俗語也。而後人不知,故爲之作釋也。'又云:'假、佫、懷、摧、詹、戾、艐,至也,皆古雅之別語也,今則或同。'如上二文,可知古今轉移,爲變甚大。"這段話溝通了方言轉語和古今轉語,方言轉語爲"初別國不相往來之言也"。後來,語言地域差異縮小,

---

① 黃侃述,黃焯編:《文字聲韻訓詁筆記》,上海古籍出版社 1983 年版,第 206 頁。
② 同上書,第 31 頁。
③ 同上書,第 194 頁。
④ 同上書,第 137 頁。
⑤ 黃侃:《黃侃論學雜著》,中華書局 1964 年版,第 101 頁。

第三章 《說文同文》聲義網絡系統

"今或同","而舊書雅記故俗語,不失其方"。可見方言轉語、古今轉語是相承的。因此,《方言》《爾雅》所釋古今語、古雅之別語實爲初方言轉語與後古今轉語的彙集。

上引"古今語"例出自《方言》第一卷第十二條:"敦、豐、厖、夼、憮、般、嘏、奕、戎、京、奘、將,大也。凡物之大貌曰豐。厖,深之大也。東齊海岱之間曰夼,或曰憮,宋魯陳衛之間謂之嘏,或謂之戎。秦晋之間凡物之壯大謂之嘏,或曰夏。秦晋之間凡人之大謂之奘,或謂之壯。燕之北鄙齊楚之交或曰京,或曰將,皆古今語也,語聲轉耳,初別國不相往來之言也,今或同。而舊書雅記故俗語不失其方皆本其言之所出也。雅,《小雅》也。而後人不知,故爲之作釋也。《釋詁》《釋言》之屬。"其中,古今語"語聲轉"是古今轉語音義的特點,"不失其方""皆本其言之所出"說明方言轉語是古今轉語的來源,"雅""釋"指《爾雅》。

以上"大"義條,本義有:夼、嘏、奕、奘。

《說文·大部》:"夼,大也。"段注:"此謂分畫之大。《方言》曰:夼,大也。東齊海岱之間曰夼,或曰憮。按經傳多叚介爲之。"

《說文·古部》:"嘏,大遠也。"段注:"《爾雅》、毛傳'假,大也。'假蓋即嘏之假借。"

《說文·亣部》:"奕,大也。"段注:"《大雅》:'奕奕梁山。'傳曰:'奕奕,大也。'《詩·周頌》箋云:'亦,大也。'段亦爲奕。"

《說文·亣部》:"奘,馹大也。從大壯,壯亦聲。"段注:"馬部馹下曰:'壯馬也。'士部壯下曰:'大也。'奘與壯音同,與馹義同。《釋言》曰:'奘,馹也。'此許所本也。"

引申義有:豐、厖、憮、京、將。

《說文·豆部》:"豐,豆之豐滿也。"段注:"謂豆之大者也。引伸之,凡大皆曰豐。《方言》曰:豐大也。凡物之大皃曰豐。又曰:朦𪊨豐也。豐其通語也。趙魏之郊燕之北鄙凡大人謂之豐。燕記豐人杼首。燕趙之閒言圍大謂之豐。許云豆之豐滿者,以其引伸之義明其本義也。"

《說文·厂部》:"厖,石大也。"段注:"石大其本義也。引伸之爲凡大之偁。《釋詁》曰:厖,大也。《左傳》'民生敦厖',《周語》'敦厖純固'

·299·

是也。"

《說文·巾部》："幠，覆也。"段注："《釋詁》：'幠，大也。''幠，有也。'皆覆義之引伸也。"《方言》卷一："幠，大也。"錢繹箋疏："舊本作憮。"《說文·心部》："憮，悉也。"段注："韓鄭曰憮。《方言》：亟憐憮俺，愛也。宋衛邠陶之閒曰憮，或曰俺。又曰：韓鄭曰憮。"憮、幠同聲符，"憮"用爲"大"義，當爲借字。

《說文·京部》："京，人所爲絕高丘也。从高省，丨象高形。"段注："《釋詁》云：'京，大也。'其引伸之義也。凡高者必大。"

《說文·寸部》："將，帥也。从寸，醬省聲。"又《手部》："拇，將指也。"段玉裁注："將指，謂手中指也。……手以中指爲將指爲拇，足以大指爲將指爲拇，此手足不同偁也。"《左傳·宣公四年》："子公之食指動。"孔穎達疏："謂大指爲中指者，將者，言其將領諸指也。""將""大"義依此引申。

借義有：敦、般、戎。

《說文·攴部》："敦，怒也。詆也。一曰誰何也。"段玉裁按："心部'惇，厚也。'然則凡云敦厚者，皆假敦爲惇。"戴震《方言箋疏》："敦、大語之轉。"《廣雅·釋詁》："敦，大也。"王念孫疏證："《方言》：'敦，大也。'陳鄭之間曰敦。"

《說文·殳部》："般，辟也。象舟之旋，从舟，从殳，殳，令舟旋者也。"段注："《釋言》曰：'般，還也。還者今之環字，旋也。荀爽注《易》曰：'盤桓者，動而退也。'般之本義如是，引伸爲般遊、般樂。"《說文·巾部》："幋，覆衣大巾也。"《爾雅·釋器》："幋，巾也。"王念孫疏證："幋之言般也。"《廣雅·釋詁一》："般，大也。"王念孫疏證："幋、鞶、磐義並與般同。"

《說文·戈部》："戎，兵也。从戈甲。"段注："兵者，械也。《月令》：'乃教於田獵，以習五戎。'注：'五戎謂五兵：弓矢、殳、矛、戈、戟也。'"《方言》卷一："戎，大也。"錢繹箋疏："戎之言重也。凡物之大者必重。戎、重古同聲。"這就是說，"戎"用爲"大"義是借爲"重"。

借字音：敦，端痕；般，幫寒；戎，日東。

第三章 《說文同文》聲義網絡系統

其餘各字：豐，敷東；厖，明東；奊，見曷；憮，曉模；椵，見模；奕，喻鐸；京，見唐；奘，從唐；將，精唐。

通語詞"大"，古音定母曷部。屬於舌音。借字聲類舌音2，脣音1。有相同相近，與其餘各字的主要差別在聲類上，其餘各字聲類數目是喉音類5，齒音類2，脣音類2，沒有舌音。由此可見，韻轉方音、聲轉方言是成立的。

上引"古雅之別語"出自《方言》第一卷第十三條："假音駕、狢古格字、懷、摧、詹、戾、艐古屆字，至也，邠唐冀兖之間曰假，或曰狢，邠在今始平，漆縣。唐，今在太原晉陽縣。齊楚之會郊兩境之間或曰懷。摧、詹、戾，楚語也。《詩》曰：'先祖於摧''六日不詹''魯侯戾止'之謂也。此亦方國之語，不專在楚也。艐，宋語也，皆古雅之別語也，雅謂風雅。今則或同。"

引申義：狢、懷、摧、戾、艐

《方言》："狢，至也。""狢，來也。"《說文解字通論》引郭崇元說："契文各作♂。上從止。各爲來格之本字。《方言》作狢。各與狢實爲一字。甲金文從止從各一也。"段玉裁注"格"："此接於彼曰至，彼接於此曰來。""狢至"義是狢來義的引申義。

《說文·心部》："懷，念思也。"段注："念思者，不忘之思也。……《釋詁》曰：至也。《匪風》《皇矣》傳曰：'歸也。'《皇皇者華》《板》傳皆曰：和也。皆引申之義，可以意會者也。"

《說文·手部》："摧，擠也。"段注："《釋詁》、毛傳皆曰：'摧，至也。'即抵之義也。"

《說文·犬部》："戾，曲也。"段注："訓爲至，訓爲來，訓爲止，訓爲待，訓爲定，皆見《釋詁》、毛傳，皆于曲引伸之。曲必有所至，故其引伸如是。"

《說文·舟部》："艐，船箸沙不行也。从舟夒聲。"段注："《尸部》'屆，行不便也。'郭注《方言》云：'艐古屆字。'按《釋詁》《方言》皆曰：'艐，至也。'不行之義之引伸也。"

假借：假、詹

《說文·彳部》："徦,至也。从彳叚聲。"段注："《方言》曰:'徦、 洛,至也。邠唐冀兗之閒曰徦,或曰洛。'按洛古格字。徦今本《方言》作 假,非也,《集韻》四十禡可證。《毛詩》三頌假字或訓大也,或訓至也。訓 至則爲徦之假借。《尚書》古文作格,今文作假,如'假於上下'是也。亦 假之假借。"

《說文·八部》:"詹,多言也。"華學誠《揚雄方言校釋匯證》:"詹字 从言,其本義與'至'無涉。詹,古音章母談部;至,古音章母質部。蓋通 語之'至'古楚人言之如'詹',是'詹'即'至'之楚音也。"[①]一聲之轉, 正與"韻轉之變,本乎方音"相合。

假,見模;詹,照(端)添;洛,見鐸;懷,匣灰;摧,從灰;戾,來 灰;䑳,精東。通語詞"至"字是照(端)組屑韻。借音字端組1,見組1; 其餘字見組2,精組2,半舌音1。

同語和轉語的區別在《說文同文》字組中體現很明顯,如:

【蓧同𥥦櫌】"蓧""𥥦""耰"同訓"田器","蓧"爲除草器具。《說 文·艸部》;"蓧,艸田器。从艸條省聲。《論語》曰'以杖荷蓧'。""𥥦, 田器也。"段玉裁注:"𥥦與蓧音義皆同,蓋一物也。"《集韻·嘯韻》:"蓧, 或从條。亦作𥥦。"《論語·微子》:"子路從而後。遇丈人以杖荷蓧。"陸德 明釋文:"蓧,本又作條。又作蓧。"《廣雅·釋器》:"𥥦,畚也。"王念孫 疏證:"𥥦、蓧、蓧、條並字異而義同。"蓧、𥥦爲狹異體變易。

《說文·艸部》:"櫌,摩田器也。从木憂聲。《論語》曰:'櫌而不輟'"。 徐鍇繫傳:"謂布種後以此器摩之,使土開發處復合以覆種也。"《論語·微 子》:"櫌而不輟。"何晏集解引鄭玄曰:"櫌,覆種也。"劉寶楠正義:"櫌 作耰,乃或體字。""蓧""櫌"同訓"田器",但二字聲符不同,音義理據 不同,用處不同。"蓧"用來除草,"櫌"用來覆種,類似今天鍬類器具。蓧, 定母蕭部;櫌,影母蕭部。二字疊韻聲轉,屬於轉語。

【翠同鶞】《說文·羽部》:"翠,青羽雀也,出鬱林。"《爾雅·釋鳥》: "翠,鷸。"郭璞注:"似燕,紺色。"《說文·鳥部》:"鷸,知天將雨鳥也。"

[①] 華學誠:《揚雄方言校釋匯證》,中華書局2006年版,第46頁。

第三章 《說文同文》聲義網絡系統

《左傳·僖公二十四年》："好聚鷸冠。"孔穎達疏引李巡曰："鷸,一曰爲翠,其羽可以爲飾。"二字聲符不同,沒部疊韻,"翠"清母,"鷸"喻母。爲齒音、喉音聲轉,屬於同語方音轉語。

【壻同甥倩】《說文·士部》："壻,夫也。夫者,丈夫也,从士胥。《詩》曰:'女也不爽,士貳其行。'士者,夫也。讀與細同。婿,壻或从女。"段注:"然則壻爲男子之美稱,因以爲女夫之稱。《釋親》曰:女子之夫爲壻。"《爾雅·釋親》:"女子之夫爲壻。"邢昺疏:"聞一知十爲士,胥者有才智之稱,故稱女子之夫爲壻。"《方言》:"東齊之閒,壻謂之倩。"《說文解字·人部》:"倩,人美字。東齊壻謂之倩。"《廣雅·釋詁》:"壻謂之倩。"王念孫疏證:"壻倩皆有才智之稱。壻之言胥也。"《字詁·倩》:"倩,少好之貌。壻謂之倩,猶以美少年稱之耳。"壻,心母灰部;倩,清母青部。"壻"音義从"胥","倩"音義从"青",二字同義方言轉語。

《說文·士部》:"壻,夫也。夫者,丈夫也,从士胥。《詩》曰:'女也不爽,士貳其行。'士者,夫也。讀與細同。婿,壻或从女。"又《男部》:"甥,謂我舅者吾謂之甥。"段玉裁注:"《釋親》文。此泛釋甥義也。若母之昆弟爲吾舅,則謂吾爲甥矣。若妻之父爲吾外舅,則亦謂吾爲甥矣。……舅者耆舊之偁,甥者後生之偁。故異姓尊卑異等者以此相偁。""壻"爲女婿,稱妻父爲外舅,則壻爲舅甥。壻,心母灰部;甥,疏母青部,疏母古即心母。二字一聲之轉。壻、甥二字爲方音音轉。"舅者耆舊之偁,甥者後生之偁。"這是二字的造字理據。因此舅、甥二字爲方言音轉。《孟子·萬章下》:"舜尚見帝,帝舘甥於貳室。"趙岐注:"《禮》謂妻父曰外舅,謂我舅者,吾謂之甥。堯以女妻舜,故謂舜甥。"

【逆同迎訝】《說文·言部》:"訝,相迎也。"徐鍇繫傳:"訝,謂以言辭迎而勞之也。"朱駿聲通訓定聲:"訝,俗字作迓。"《周禮·秋官·序官》:"掌訝中士八人。"孫詒讓正義:"訝、逆同義。"《說文·辵部》:"逆,迎也。从辵,屰聲。關東曰逆,關西曰迎。"《爾雅·釋言》:"逆,迎也。"邢昺疏:"逆,謂迎迓。"郝懿行義疏:"逆者,辵之迎也。"《說文·辵部》:"迎,逢也。"《史記·五帝本紀》:"迎日推筴。"張守節正義:"迎,逆也。"《方言》卷一:"逢、逆,迎也。自關而東曰逆,自關而西或曰迎,或曰逢。"

《經義述聞·國語下·迎公》："薰因迎公於河。"王引之按，"迎，本作逆。"逆，疑母鐸部；迎，疑母唐部；訝，疑母模部。三字意義相同，同語一聲之轉，爲方音音轉。

【榱同橑】《說文·木部》："橑，椽也。秦名屋椽也，周謂之榱，齊魯謂之桷。从木衰聲。"段注："上二句各本作秦名爲屋椽，周謂之榱，大誤。今依《左傳桓十四年》音義、《周易漸卦》音義正。謂屋椽，秦名之曰椽，周曰榱，齊魯曰桷也。……榱之言差次也，自高而下，層次排列如有等衰也。"又："桷，榱也。从木角聲。"《春秋傳》曰："刻桓宮之桷。""段注："榱也者，渾言之。《釋宮》云'桷謂之榱'是也。下文'椽方曰桷'者，析言之。形聲包會意也。……椽方曰桷。桷之言棱角也。椽方曰桷，則知桷圜曰椽矣。"椽，澄母寒部，古定母；桷，見母屋部；衰，疏母先部，古心母。"角"爲"桷"音義之源，"圜"爲"椽"音義之源，"衰"爲"榱"音義之源。三字是方言新造字，分別使用于周、齊魯、秦三地，爲轉語。

並不是說所有同義詞都可視爲轉語。轉語的特點是同義音轉，如果詞語相互之間語音關係很遠，那就只是同義詞。《方言偶憶》："欂櫨，蘄春謂膝頭骨曰欂櫨骨。"①《說文·木部》："欂，欂櫨，柱上枅也。"段注："欂櫨，絫呼之也。單呼亦曰櫨。詞賦家或言欂櫨，或言櫨，一也。《釋名》曰：'盧在柱端。如都盧負屋之重也。'此單言櫨也。《廣雅》曰：'欂謂之枅。'此單言欂也。李善引《蒼頡》篇曰：枅，上方木。許說楶也，欂櫨也，枅也，一物三名也。"《廣雅·釋器》："欂謂之枅。"王念孫疏證："《淮南子》本經云：'欒櫨欂櫨以相支持。'《漢書·王莽傳》作薄櫨，《明堂位》注作欂盧，並字異而義同。"欂櫨就是斗拱，柱端承重。薄、盧均記音借字。枅，見母清部；楶，精母灰部；欂，並母鐸部；櫨，來母模部。欂櫨韻對轉，屬於複音。枅、楶、欂三字聲韻相差很遠，故僅爲同義詞。蘄春語謂膝頭骨曰欂櫨骨，以膝頭骨所處位置和所起作用同斗拱，故以疊韻複音詞欂櫨和骨形成短語。

"一語"—"一語到別語"—"別語"就是語言發展的歷史層次，也是《說

---

① 黃侃述，黃焯編：《文字聲韻訓詁筆記》，上海古籍出版社1983年版，第138頁。

文同文》的音義網絡縱向的經。正如黃季剛先生《聲韻略說》[①]批注《文始》中所呈現的："變易橫列，孳乳縱列。"立足於一語以變易，"別語"縱向綿延，但在每一個"語"點上又都有同語變易。《說文同文》以語言發展層次搭建起的音義歷史平臺和框架，就是文字孳乳的脈絡，但在每一個音義平臺上又變易類聚。這就是以"文"統領的語言文字統系。

[①] 黃侃：《黃侃論學雜著》，中華書局1964年版，第93頁。

第四章 從《說文同文》看黃季剛語言文字學研究轉型特色

章黃是乾嘉小學向現代語言文字學過渡的承上啟下的人物，他們"以獨有的膽略和精湛的構思在純熟地繼承了乾嘉學者的高度成就後，成功地催發了漢語言文字學自身學術體系的誕生"①。承章太炎《文始》的研究思路，黃季剛《說文同文》打破了漢字和漢語字詞之間的個別聯繫和外在聯繫，對漢字的形、音、義從分而析之到綜而合之，從平面共時文字形義系統探討擴展到源流相系的語言音義系統梳理，其研究立足於漢民族語言文字陣地，體現出鮮明的學術轉型特色。

第一節　從假借、轉注看黃季剛語言文字學對傳統的突破

假借、轉注的性質，清代學者和近代學者有截然不同的判定，體現出不同的學術取向。段玉裁師承戴震，主張"四體二用"，黃季剛師承章太炎，主張"轉注假借悉爲造字之則"，看似截然不同的認定，實際有交叉有突破，反映出現代語言文字學對傳統的繼承和發展。

---

① 陸宗達、王寧：《訓詁與訓詁學》，山西教育出版社1994年版，第337頁。

第四章 從《說文同文》看黃季剛語言文字學研究轉型特色

一 從段玉裁、黃季剛"假借"看文字職能[①]

段玉裁《說文解字注》中分析假借存在造字和用字的矛盾。一方面,段玉裁承其師戴東原之"四體二用"說,反對視"六書"爲"倉頡造字六法":"異字同義曰轉注,異義同字曰假借。……趙宋以後言六書者,匈裣陋隘,不知轉注假借所以包括詁訓之全,謂六書爲倉頡造字六法,說轉注多不可通。戴先生曰:'指事、象形、形聲、會意四者,字之體也;轉注、假借二者,字之用也。聖人複起,不易斯言矣。'"[②]"異義同字曰假借"立足點是一字多職能問題。另一方面,又提出"凡事物之無字者皆得有所寄而有字"爲假借,《說文解字·敘》:"假借者,本無其字,依聲托事,令、長是也。"段玉裁注:"托者,寄也。謂依傍同聲而寄於此,則。如:漢人謂縣令曰令、長。縣萬户以上爲令,減萬户爲長。令之本義發號也,長之本義久遠也。縣令、縣長本無字,而由發號久遠之義引申、輾轉而爲之,是謂假借。"[③]"凡事物之無字者皆得有所寄而有字",這是一種不產生新字的造字現象。由此段玉裁提出了"引申假借"的術語來指稱詞義引申出新義不再造新的字形來記錄、仍然依托音義相關的舊字形的現象。與"引申假借"相應,段玉裁揭示出許慎"以爲"術語的特殊性,如"西"段注:"假借者,本無其字,依聲托事。古本無東西之西,寄托於鳥在巢上之西字爲之。凡許言'以爲'者類此。'韋'本訓相背,而以爲皮韋。'烏'本訓孝烏,而以爲烏呼。'來'本訓瑞麥,而以爲行來。'朋'本古文鳳,而以爲朋攩。'子'本訓十一月陽氣動萬物滋,而以爲人稱。後人習焉不察,用其借義而廢其本義。乃不知'西'之本訓鳥在巢,'韋'之本訓相背,'朋'之本訓爲鳳。逐末忘本,大都類是。微許君言之,烏能知之!"許慎"以爲"所釋字,總共以上六個,許慎都在分析本字本義基礎上,指出了引申線索和引申義,即段玉裁所說的"借義"。這種以不造字爲造字的假借不限於引申假借,《說文解

[①] 詳參拙文《從六書假借看段玉裁文字職用觀》,《勵耘語言學刊》2017年第1期;《從假借看黃季剛漢字職用觀》,《漢字漢語研究》2017年第2期。

[②] 段玉裁:《說文解字注》,上海古籍出版社1988年版,第756頁。

[③] 同上。

字·敘》注:"以許書言之,本無'難'、'易'二字,而以'難鳥'、'蜥易'之字爲之,此所謂'無字依聲'者也。""無字依聲"與"引申假借"相同之處即不造字的造字:"依傍同聲而寄""凡事物之無字者皆得有所寄而有字。"不同之處即"以爲"字爲引申假借,以假借字爲聲義符號,"難易字"爲純"無字依聲"者,以假借字爲純聲音符號。這種"無字依聲"的假借段玉裁稱爲"真假借"。《說文解字·斤部》:"所,伐木聲也。从斤户聲。"段注:"伐木聲,乃此字本義。用爲處所者假借爲處字也。若王所、行在所之類是也。用爲分別之詞者,又從處所之義引申之。若予所否者、所不與舅氏同心者之類是也。皆於本義無涉。是真假借矣。"這裡比較了"所"字三個義項,本義"伐木聲",假借義"處所"和"分別之詞",說明其得義途徑,後兩項命爲"假借"。所謂"皆於本義無涉,是真假借",有兩個考察角度:其一,從形義切合角度,字形與本義無涉的是真假借。其二,從命名角度看,"真"的對立面爲"假",既然與本義無涉爲真,那麼與本義有關者爲"假",即引申假借。引申假借字是聲義符號,"真假借"字是聲音符號,二者之共同點即"凡事物之無字者皆得有所寄而有字",從這點來看,段玉裁雖未提出"造字的假借",却已經用實踐用例揭示了這層道理。

　　黃季剛假借就建立在以上學術基礎上。分假借爲造字和用字兩類,究其動因,固然有辨析同名異實的一面,但承古維護傳統、爲闡明文字發展辯證統一規律張本應該是最主要最究竟的目的。段玉裁攪擾於假借真假,異名分列,說明其觀念深處,假借字是聲音符號,只是爲不違許慎初衷而將音義遷變的令、長與純依聲的假借並列,但對造字之假借未必真正從内心理解和接受。黃季剛先生與之相反,對純依聲假借並未全面展開論述,而是緊緊圍繞許慎例字深入分析:"造字之假借者,可造而不造,如《說文敘》所舉令長二字是。"[①]"可造而不造",從字的記錄功能角度分析,造字之假借實際上指一字多職能現象。"不造"是漢字發展史上節制文字規律所然,而以許慎例字令、長說明問題,黃季剛關注的重點在音義演變,正如段玉裁所分析:"漢人謂縣令曰令、長。縣萬户以上爲令,減萬户爲長。令之本義發號也,

---

[①] 黃侃述,黃焯編:《文字聲韻訓詁筆記》,上海古籍出版社1983年版,第183頁。

第四章 從《說文同文》看黃季剛語言文字學研究轉型特色

長之本義久遠也。縣令、縣長本無字,而由發號久遠之義引申、輾轉而爲之,是謂假借。"從號令到縣令,從長久到縣長,義自音衍,許慎的例字令、長反映了音義演變而節制字數的漢字發展規律,黃季剛命爲"造字之假借"是爲闡釋"轉注假借說"漢字發展對立統一規律相配合。

用字之假借和造字之假借相同之處在於"依聲托事",都造成一字多職能,是文獻領域依據聲音條件而記録他詞的現象。黃季剛先生假借理論、術語和語言材料中多爲用字之假借。黃季剛先生在《求本字捷術》①和《略論推尋本字之法》②對此作出深入分析。首先,假借以濟正字之窮:"因正字不足而用假借,有因遵守習慣而用假借,有因避同去忌而用假借。"這裡的"正字"指形義相合的字,漢字表意,但意不勝造,字不敷用,因而假借,漸成習慣。其次,假借依據聲音條件:"蓋假借之關乎音,猶魚之與水也;魚離乎水則困,假借離乎音則絶。"最後,假借有根本,"凡言假者,定有不假者以爲之根;凡言借者,定有不借者以爲之本。""不假者""不借者"即形義相合的本字,即前文所提到的"正字"。因此順著假借字的語音線索尋求本字就成爲文獻領域的核心任務。

段、黃對假借的分類共同的立足點即漢字的職能問題。段玉裁區分"引申假借"和"真假借"就是認識到"依聲托事"可以導致"異義同字",造成一字多職能,黃季剛先生進一步揭示:"用字之理與造字之理不必符同。"③作爲表意文字的代表,"造字"要求形義統一,漢字産生與漢語發展相對應。"用字"形義常脱節,同字異詞、同詞異字,形成文獻閲讀的最大障礙。假借本屬於用字的重要手段,施用於文字,"依聲托事",不産生新字形的"造字的假借"必然會象用字之假借一樣增加個體漢字的職能,使字詞關係趨於複雜。我們仍用許慎"假借"例字、"以爲"術語字以及段注説明的"純依聲托事"例字來説明這個問題。

"造字之假借"立足於爲新義新詞造字的基礎上,"依聲托事",假借舊字以限制字形,存在以下字詞關係:

---

① 黃侃:《黃侃論學雜著》,中華書局1964年版,第359頁。
② 黃侃述,黃焯編:《文字聲韻訓詁筆記》,上海古籍出版社1983年版,第53頁。
③ 同上書,第237—238頁。

读音不变，引申同形（意义符号）（正用）：

号令—县令、干支子—人子、韋背—韋束

音借同形（声音符号）（假用）：

蜥蜴—难易

读音改变，引申同形（声义符号）（兼用）：

久長—縣長、來麥—行來、孝鳥—嗚呼、
朋（古文鳳）—朋黨、鳥西—西方

音借同形（声音符号）（假用）：

難鳥—難易

以上新词新字，存在三种造字功能符号：表义符号、声义符号、表音符号，"凡字與形音義三者完全相當，謂之本義；與字之聲音相當，意義相因，而於字形無關者，謂之引申義；與字之聲音相當，而形義皆無關者，謂之假借義。"① 三种功能符号，三种意义关系，对应三种汉字使用职能，"文辭用字，自當從其本義。惟吾國文字正假兼用已成習慣。"② "從其本義"的文辭用字用本字记录本词，记词功能单一，是字的"正"用。李运富先生《汉字学新论》③ 中，词义引申依托本义字形属于本用，也即季刚先生所说的"正"用；依托旧字形记录相关的音义是字的"兼"用，将字形当作语音符号去记录与该字形体无关但音同音近的语词是字的"假"用。这样，一个字多功能，虽然缓解了词多字少的矛盾，但同字异词，词际界限不容易确定，不同程度影响了汉字明确表意。"蓋文字重論原理，而文辭則承習慣，二者不相侔也。"④ "論原理"指造字之理，形音义三者不可分离："有其一必有其二，譬如束蘆，相依而住矣。"⑤ "承習慣"指用字之理，经典用字，文字的形音义有变迁："論其勢則非至於分離不可。"⑥ 段玉裁"假借三變"⑦ 论可以看出

---

① 黄侃述，黄焯编：《文字声韵训诂笔记》，上海古籍出版社1983年版，第47页。
② 同上书，第197页。
③ 李运富：《汉字学新论》，北京师范大学出版社2012年版，第193页。
④ 黄侃述，黄焯编：《文字声韵训诂笔记》，上海古籍出版社1983年版，第185页。
⑤ 黄侃：《黄侃论学杂著》，中华书局1964年版，第93页。
⑥ 黄侃述，黄焯编：《文字声韵训诂笔记》，上海古籍出版社1983年版，第186页。
⑦ 段玉裁：《说文解字注》，上海古籍出版社1988年版，第757页。

第四章　從《說文同文》看黃季剛語言文字學研究轉型特色

此習慣形成的途徑：

"大氐假借之始，始於本無其字。"——兼用；

"及其後也，既有其字矣，而多爲假借。"——借用；

"又其後也，且至後代訛字亦得自冒於假借。"——訛用。

從以上分析可以看出，段玉裁和黃季剛假借研究思路基本相承，"文辭則承習慣"說明漢字的功能問題是經典文獻中的核心問題，明確漢字職用類型和特點是從小學趨入經學的必經之路。

二　從段玉裁、黃季剛"轉注"看語言文字地位與功用[①]

（一）段玉裁釋"轉注"

《說文解字·敘》："轉注者，建類一首，同意相受。考，老是也。"段玉裁從三個角度界定轉注，一是義首，二是意義，三是訓釋。

1. 義首類別

段玉裁認定"一首"是義類之"首"，有兩種角度。

其一，《說文》"考、老之例"。許慎以"考""老"爲例，同義詞義類即部首義類，如"老"注："戴先生曰：老下云考也，考下云老也。此許氏之恉，爲異字同義舉例也。一其義類，所謂建類一首也。互其訓詁，所謂同意相受也。考老適於許書同部，凡許書異部而彼此二篆互相釋者視此。如'寁，窒也'、'窒，寁也'、'但，裼也'、'裼，但也'之類。"同部互訓轉注，段注命之爲同部類見，如以考釋老、以老釋考，異字同義，一其義類，部首是部內字的形義統攝，部首"老"義即其義類。不同部互訓轉注也稱爲"考、老之例"。《說文解字·敘》注："但類見於同部者易知，分見於異部者易忽。如人部'但，裼也'、衣部'裼，但也'之類，學者宜通合觀之。"

其二，《爾雅》"始"義類。《說文解字·敘》注："'建類一首'謂分立其義之類而一其首，如《爾雅·釋詁》第一條說'始'是也。"《爾雅》彙聚經傳注疏同訓詞，如《爾雅·釋詁》第一條："初、哉、首、基、肇、祖、元、胎、俶、落、權輿，始也。"十一個詞，來源於經典文獻，出於不同的

[①] 詳參拙文《段玉裁"轉注"相關問題考察》，《勵耘語言學刊》2018年第2期。

語言環境，同訓爲"始"，但含義同中有異，如果統一以義界，能夠看出其意義構成和相互之間的差別，"始"爲主訓詞，和部首相關的意義是義值差：初，裁衣之始；哉，即才，草木之始；首，人體之始；基，築牆之始；肇，開門之始；祖，宗族之始；元，人體之始；胎，生命之始；俶，品德之始；落，宮殿之始；權輿，植物生長之始。十一個詞意義差別體現在部首意義上。"始"義只是一個意義大類別，是通用義。段玉裁"同意相受"，"謂無慮諸字意惜略同，義可互受相灌注而歸於一首。"如《爾雅·釋詁》第一條，"其於義或近或遠皆可互相訓釋而同謂之'始'是也。"

2. 意義類別

段玉裁闡釋轉注體例："有以叚借爲轉注者，如會下云：'曾，益也'，曾即增；自下云：'匕，合也'，匕即比；旞下云：'允，進也'，允即鞃是也。凡《爾雅》及傳注以叚借爲轉注者視此。……故轉注中可包叚借。必二之者，分別其用也。既叚借，而後與叚義之字相轉注；未叚借，則與本義之字相轉注也。"所謂分別其用，指區別不同角度，轉注專主義，假借兼主聲。與《說文》釋六書本義不同，《爾雅》與傳注訓釋的是文獻詞義，意義有不同來源，如《爾雅》第一條，初、基、祖、元、胎、俶出於本義；"落"本義爲草木葉落，《說文·艸部》："凡草曰零，木曰落。"清郝懿行《爾雅義疏》："落本隕墜之義，故爲殂落，此釋始者，始終代嬗，榮落互根，《易》之消長、《書》之治亂，其道胥然。……落之訓死又訓始，名若相反而義實相通矣。"①"以反而成"是意義引申的一條途徑。段玉裁已交代哉、肇訓始，源於假借："哉爲才之叚借字，才者艸木之初"；"肇爲肁之叚借，肁者始開"，《爾雅義疏》："權輿者，《廣雅疏證》以爲其萌虉蕍之假音。"②

3. 訓釋類別

段玉裁釋"轉注"："轉注猶言互訓。"釋"注"："注者，灌也。數字輾轉互相爲訓，如諸水相爲灌注，交輸互受也。""互相爲訓""交輸互受"說明轉注是一種雙向訓釋。與"義首"體系相聯繫，段玉裁《說文》"考老之例"多爲互訓，《爾雅》"始"義類相關論述和具體事例中，訓釋類型突破

---

① 郝懿行：《爾雅義疏》，《續修四庫全書》第187冊，上海古籍出版社2001年版，第357頁。
② 同上。

第四章　從《說文同文》看黃季剛語言文字學研究轉型特色

"直訓""互訓",有義界和單訓,訓釋術語既包含義訓又包含聲訓。

其一,義界類:和直訓相比,義界既交待詞義類別,又說明詞義特點,是一種完全訓釋。"有參差其辭者,如'初'下曰'始也','始'下曰'女之初也',同而異、異而同也。"《說文》釋"初"爲直訓,釋"始"爲義界,直訓建立在意義相同點的基礎上,義界訓釋既說明"同而異",又說明"異而同",初、始同義,"女"爲"始"區別於"初"的意義特點。"有綱目其辭者,如'詞'上意内言外,而'弞'爲況詞,'者'爲別事詞,'魯'爲鈍詞,'曾'詞之舒,'尒'爲詞之必然,'矣'爲語已詞,'乃'爲詞之難是也。"所謂"綱目其辭"實指上下位詞之間的關係,"綱"是上位詞,如"詞"爲虛詞義,"目"是下位詞,下面列舉的詞都是義界訓釋,以"詞"爲主訓詞,意義區別特點爲語氣、功能、語位等。這些詞義首爲主訓詞,以相同的義首歸爲同一義類,但並不能互換位置成爲互訓。

其二,單訓類:"轉注"段注:"異字同義不限於二字,如禓、嬴、裎皆曰'但也',則與但爲四字;室、寔皆曰'寏也',則與寏爲三字是也。"這裡所列舉的字組都是建立在《說文》同訓基礎上的同義詞。《爾雅》前三篇匯集同訓詞,"注"欄位注:"注,灌也。《大雅》曰:'挹彼注茲。'引伸爲傳注,爲六書轉注。注之云者,引之有所適也。故釋經以明其義曰注,交互之而其義相輸曰轉注。釋故、釋言、釋訓皆轉注也。"這裡將《爾雅》前三篇都列爲轉注,從"明其義"的角度是可以成立的,但從"交互之而其義相輸"的角度是不成立的。因爲《爾雅》纂集同訓詞,是一種單向訓釋的纂集,而互訓建立在雙向訓釋的基礎上,這是兩種不同的訓釋類型。

(二) 黃季剛釋"轉注"

《說文·示部》:"祼,灌祭也。"段注:"《周禮》注兩言祼之言灌。凡云之言者皆通其音義以爲詁訓。"《說文·老部》:"老,考也。七十曰老。从人毛匕。言須髮變白也。"段注:"此許氏之恉,爲異字同義舉例也。一其義類,所謂建類一首也。互其訓詁,所謂同意相受也。考老適於許書同部,老考以疊韻爲訓。"又:"考,老也。"段注:"凡言壽考者,此字之本義也。"可見,段玉裁認爲《說文》以"老"釋"考",並非單純同義詞相釋,考、老疊韻互訓,如同段注"之言""皆通其音義以爲詁訓。""年老""壽考"音

· 313 ·

義相因。但段玉裁拘於義類、互訓，釋考、老關係不究竟。黃季剛先生從文字和語言的關係角度否定這種觀點，對許慎"建類一首、同意相受"作出新的闡釋："轉注者，或說以同部之字，或說以同義諸文，是皆拘墟許書，以意爲說。質之倉頡，未云有合。夫文字之生，後於語言，聲音既具，六書乃成。凡一義而數聲者，依聲而制字，則轉注之例興。一聲而數義者，依聲而制字，則假借之用顯。職有專司，義歸一致。是故言轉注者，不越聲音轉變之則。建類者，言其聲音相類。一首者，言其本爲一字。同意相受，又言別造之文其受有所受也。"①"職有專司"指"老、考"造字各有本義，但"依聲而制字""義歸一致"。《文字聲韻訓詁筆記·初文多轉注》："聲音意義相連貫而造字即謂之轉注，否則謂之假借。"②黃季剛先生在解析許慎會意、形聲四個例字武、信、江、河結構功能構件都由初文構成的基礎上，明確指出："轉注、假借之例備于初文，而會意、形聲反居其後。衡斯四字，果孰爲造字之本耶？"③由此看出，"造字之本"不僅指清代"四體二用"中"四體"，而且從時間和功能上超越漢字的本體，明確了漢字發展過程中對立統一規律："轉注者，所以恣文字之孳乳；假借者，所以節文字之孳乳。舉此兩言，可以明其用矣。"④

（三）兩種學術體系

從段玉裁、黃季剛釋轉注，我們看到了傳統和現代兩種不同的學術視角和理論體系。

段注轉注從義首、意義到訓釋類型都體現了《說文》和《爾雅》兩大辭書系統之間的對立，進一步揭示出小學與經學的關係。黃季剛先生《文字聲韻訓詁筆記·說字之訓詁與解文之訓詁》："小學家之訓詁與經學家之訓詁不同。蓋小學家之說字，往往將一切義包括無遺；而經學家之解文，則只能取字義中之一部分。……小學之訓詁貴圓，而經學之訓詁貴專。"⑤《說文解字》爲"說字之訓詁"，以"六書"釋其形，字義與形相比附，但小學家說

---

① 黃侃述，黃焯編：《文字聲韻訓詁筆記》，上海古籍出版社1983年版，第61頁。
② 同上。
③ 同上書，第78頁。
④ 同上。
⑤ 同上。

第四章 從《說文同文》看黃季剛語言文字學研究轉型特色

字,不僅僅依靠字形,形、音、義統一,概括詞義。《爾雅》爲"說經之訓詁",依賴於文獻語境,釋具體經義。《說文解字·後敘》段注"庶有達者,理而董之":"許以形爲主,因形以說音說義,其所說義與他書絕不同者。他書多叚借,則字多非本義。許惟就字說其本義。知何者爲本義,乃知何者爲叚借。則本義乃叚借之權衡也。故《說文》《爾雅》相爲表裏。治《說文》而後《爾雅》及傳注明。《說文》《爾雅》及傳注明而後謂之通小學。"① "通小學"的目的是明經學。

黃季剛師承章太炎先生"轉注假借說"從語言文字學術角度提出了漢字發展的兩條重要規律,一即詞的派生推動字的孳乳規律,另一即漢字孳生與節制的辯證統一規律。相比段玉裁轉注體系,章黃的轉注體系中,"小學"已經爲"語言文字學"所取代,不再局囿於經學,而走上了獨立發展的道路,章太炎《國故論衡·小學略說》:"轉注、假借,爲文字繁省之例,語言變異之端,雖域外不得缺也。"② "文字繁省之例"說明文字發展中孳乳和節制對立統一的規律,超越了清代靜態探討文字的職能和功用的界域,將文字置於動態考察體系中。"語言變異之端"說明文字是記錄語言的載體,承載語言變化信息。"雖域外不得缺也"說明章黃轉注假借理論體系已經上升到世界語言文字高度,具有普遍語言學意義。

三 從小學到語言文字學的突破

《說文解字注跋》引用段玉裁的一段論述:"昔東原師之言:'僕之學,不外以字考經,以經考字'。余之治《說文解字》也,蓋竊取此二語而已。經與字未有不相合者。經與字有不相謀者,則假借、轉注爲之樞也。""樞"是樞紐,也是橋樑。《說文解字》彙集上古文字,以部首形義統攝文字,以六書疏通形義關係,經典就是字敷於用的演兵場。段玉裁認爲《說文解字》之六書假借一字數用可以濟文字之窮,轉注一義而數字,以義首類歸,彰顯意義體系。《說文》"考老之例"互訓類歸,《爾雅》同訓類歸,類歸方式有不同,似對立,實相承,正如黃季剛先生所言:"蓋一則可因文義之聯綴而

---

① 段玉裁:《說文解字注》,上海古籍出版社1981年版,第784頁。
② 章太炎:《國故論衡》,上海古籍出版社2003年版,第8頁。

· 315 ·

曲暢旁通；一則宜依文立意而法有專守故耳。"① 段玉裁假借、轉注正是溝通文字和文辭的津梁，進一步說是聯繫小學與經學的紐帶。

　　章太炎《論語言文字學》："自許叔重創作《說文解字》，專以字形爲主，而音韻訓詁屬焉。……合此三種，乃成語言文字之學。此固非兒童占畢所能盡者，然猶名小學，則以襲用古稱，便於指示。其實當名語言文字之學，方爲確切。此種學問，僅藝文志附於六藝，今日言小學者，皆似以此爲經學之附屬品，實則小學之用，非專以通經而已。"② 章太炎先生將小學易名，宣告了現代語言文字學的誕生。它不再是經學的附屬，而是一門獨立的專門的學科。傳統小學以字注經、以經注字，將語言文字理論湮沒在語文材料的解讀、校勘、考證中，忽視了語言文字作爲"學"的體系和價值。黃季剛先生首先總結了小學作爲"學"的價值和體系："夫所謂學者，有系統條理而可以因簡馭繁之法也。明其理而得其法，雖字不能遍識、義不能遍曉，亦得謂之學。不得其理與法，雖字書羅胸，亦不得名學。凡治小學，必具常識；欲有常識，必經專門之研究始可得之。故由專門而得之常識，其識也精；由流覽所得之常識，其識也迷。蓋專門之小學，持之若網在綱，揮之若臂使指；而流覽之學，如霧中之花，始終模糊耳。"③ 黃季剛先生以一種理性審視的態度指出傳統小學之專門性、體系性，其中蘊含了深刻的學理與方法，這是對傳統小學語文應用和語言學理論價值的肯定。從段玉裁轉注、假借體系看，"異字同義曰轉注、異義同字曰假借"，立足於"字"和"義"之間的錯綜複雜的關係，進行類歸和總結，抓住了文獻閱讀中的核心環節，其中蘊含的學理是漢語字詞關係、詞義系統性理論。假借"依聲托事"，宋元明學者攪擾於假借的"有義"與"無義"，僅辨析和分類，並未進行訓詁實踐。清代小學與前人異趣："有清一代，治學之法大進，其與小學，俱能分析條理而大成。"④ "極乎大成"的時代學術背景是清代古音學大昌。段玉裁"以聲音之道施之於文字"⑤，體現了清代超越前代的語言研究高度視野。

---

① 黃侃述，黃焯編：《文字聲韻訓詁筆記》，上海古籍出版社1983年版，第219頁。
② 《國粹學報》1906年第24、25期。
③ 黃侃述，黃焯編：《文字聲韻訓詁筆記》，上海古籍出版社1983年版，第2頁。
④ 同上。
⑤ 同上書，第4頁。

第四章　從《說文同文》看黃季剛語言文字學研究轉型特色

正是因爲把握住"專門之小學"這個"綱",清代小學"具有了更大的獨立性,從而將'小學'的研究水平提高到一個新的高度"①。

超越"專門之小學""工器"之見,黃季剛先生進一步提出"小學"應是"正當明確"之學問:"小學者,即於中國語言文字中研究其正當明確之解釋,藉以推求其正當明確之由來,正當明確之用法者也。所謂古書之啓鑰,古人之司閽,博乎古而通乎今者悉基於此。或以爲明小學特能爲讀古書作古文之工器。其所見則小也。"②這就爲小學過渡爲語言文字學確定了目標和任務。

黃季剛先生區分造字之假借和用字之假借揭示了文字與文辭關係的複雜性,這是其文字訓詁學體系的源頭,由此進一步梳理,得出三個不同角度的系統:

其一,字書與辭書系統:"《說文》明造字之理,用字之理以《爾雅》爲最古,治小學者須求造字之理與用字之理相比較。"③

其二,小學與經學系統:"《說文》爲專講文字根源之書,本之以馭其變。"④"《爾雅》一書,本爲諸經之翼,離經則無所用,即離《說文》,而其用亦不彰,此如根本之與枝葉也。"⑤

以上這兩個問題,段玉裁是通過轉注不同的義類闡明的,"《說文》與《爾雅》相表裏""以字考經、以經考字",還上升不到學術系統的高度。

其三,字根與語根系統。"凡假借必有本字,本字必有語根。能悉明其本字,則文字之學通;能悉明其語根,則聲音之學亦通也。""單獨之本,本字是也;共同之本,語根是也。"⑥依聲托事、依於一形的"用字之假借"揭示的是具體文獻中的同詞本借異字關係,故曰對應於假借字的本字是"字根""單獨之本";依於一形、義衍音轉的"造字之假借"揭示的是聲義牽屬的語言源流關係,故曰造字依據的音義爲"語根""共同之本"。依於語根

---

① 陸宗達、王寧:《訓詁與訓詁學》,山西教育出版社1994年版,第322頁。
② 黃侃述,黃焯編:《文字聲韻訓詁筆記》,上海古籍出版社1983年版,第1頁。
③ 同上書,第238頁。
④ 同上書,第19頁。
⑤ 同上書,第6頁。
⑥ 同上書,第60頁。

造字即轉注:"同聲同義而異字,即轉注也。其或聲音小變,或義界稍異,亦得謂之轉注。訓詁既有根原,文字何得無其根原?"①探求"根""本"正反映了近現代語言文字學超越傳統的視角和胸懷。

第二節　黃季剛漢字本體功能論

一　變易"一字重文"辨析

《論變易孳乳二大例(上)》:"《說文序》曰:'以迄五帝、三王之世,改易殊體。'此變易之明文也。"②《與人論小學書》:"變易者,形異而聲、義俱通……試以取譬,變易,譬之一字重文……今字或一字兩體,則變易之例所形也。"③這裡提到幾個相關的概念:形、一字重文、一字兩體。"形異而聲、義俱通","形"相對聲義而言,指文字的形體,聲義同條爲語言,不同的漢字形體承載相同的聲義爲變易。"重文""兩體"爲"形"所攝,"一字"即聲義俱通。三種表述,同一內涵,即將文字的形體與功能相承接。《說文解字·敘》:"今敘篆文,合以古籀。"篆文即《說文》正篆,是秦代書同文的結果,"皆取史籀大篆,或頗省改,所謂小篆者也。"

《說文綱領·字體》:"言古籀者意在較量用舍,得其同異。"④"較量用舍"之"用"指與小篆形體相同的古、籀,"舍"指異于小篆的古、籀。"《說文》之例,古籀之字散見重文者,又與正篆殊趣。其曰籀文某者,明其爲秦篆所不用。其曰古文某者,又明其爲籀文所不用。"⑤秦篆不用的古、籀,列于重文,所謂"重文"指正篆同功能異形字。

"凡《說文》明言古、籀之字必其信而有征者矣。"所謂"信而有征",指"皆取史籀大篆",與"信而有征"相違者指許慎不能定爲籀爲古的"蓋

---

① 黃侃述,黃焯編:《文字聲韻訓詁筆記》,上海古籍出版社 1983 年版,第 61 頁。
② 黃侃:《黃侃論學雜著》,中華書局 1964 年版,第 6 頁。
③ 同上書,第 164 頁。
④ 黃侃述,黃焯編:《文字聲韻訓詁筆記》,上海古籍出版社 1983 年版,第 75 頁。
⑤ 同上。

第四章 從《說文同文》看黃季剛語言文字學研究轉型特色

出於山川鼎彝"的或體和"義無所從""庸俗之變"的俗體。

由此可見,《說文》所列字體,帶著明顯的正統色彩,分不同的層級:

一是"並以《說文》正文爲主"的正體,屬於黃季剛先生字體分類中的"正"字類。"《說文》敘篆文,合古籀,遂爲正文之淵楲。""許君《說文》一書,不專爲秦篆作,蓋通古、籀、秦篆三者而並載之。"①《說文》正篆是古、籀、秦篆相合者。

二是異于秦篆但"皆取史籀大篆"信而有征的古文和籀文。

三是于史、籀無稽、來自民間的或體、俗體。

《論字體之分類》:"同。《說文》言五帝三王之世,改易殊體;又六國時,文字異形。今《說文》所載重文,皆此物也。"②重文"殊體""異形",但功能"同"正篆。"音義相讎,謂之變易。""相讎"不等於完全相同。《說文》重文中的殊體、異形,同義但聲音不盡相同。《論據說文以考古音之正變》③談到《說文》乃造字時音理,《說文》重文是推求古本音、理順古今音變的取證之資。並指出"依重文得聲之本"、據重文"以推音之變"。重文本是正篆同功能異形字,"重文之字,取聲多在同部;而亦有在異部者,則其變也。"④"依重文得聲之本"指造字時正篆和重文所取聲符應同韻部,如若《說文》所取聲符不在同部,說明已經產生音變。所取聲符同部如:

"髡,或作髨,髡,實从兀聲,可以知兀、元,本爲同韻也。"

"役,古文用殳,役从殳也,殳从豆聲,可以知殳、豆本爲同韻也。"

"瓊,或作琁,琁實从旋省聲,可知夐、旋本爲同部也。"

"本爲"說明形聲造字時所取聲符同韻部,但語音演變,可能變成異部,如"元"爲寒部,"兀"爲沒部。因此,《說文》重文也是音變的取證之資。

據重文"以推音之變者"如:

祹"鴂字也,而重作䳌、鷊,此可知齊通錫、鐸也。"

"雛,从隹聲,在灰,重文爲隼,蜀本从屯省聲,則入痕屬矣。"

---

① 黃侃述,黃焯編:《文字聲韻訓詁筆記》,上海古籍出版社 1983 年版,第 75 頁。
② 黃侃:《黃侃論學雜著》,中華書局 1964 年版,第 14 頁。
③ 同上書,第 105—108 頁。
④ 同上。

"扈，从户聲，在模，重文作岊，則入添屬矣。"

《論據〈說文〉以考古音之正變》談到傳統古韻學家以古韻文求古音，有三種弊端，一是聲、韻分離；二是"執字有定音，拘於韻部，偶有異同，則別立名目"；三是"不悟音之變轉，皆有成規"，"嬗變之理甚微，雖一字之音，同時可以異讀"。[①] 正篆和重文不同來源，僅以古文而言，來源有古籀大篆、孔子壁中書、民間獻經、山川鼎彝，正篆、重文同義音轉不可避免。"古人言語文字既隨方俗時代而變易，則以今之心度古之跡，其不合也必矣。"[②] 若僅以同音同義異體來界定重文勢必會忽視語言文字嬗變之理，限制研究眼界，不得語言文字真面目。

二 變易字體分類標準再闡釋

從本體和功能兩方面考察，黃季剛先生"字體分類"標準還可以重新闡釋，體現出不同層次。

第一個層次：分類標準偏重於漢字本體，指不同書寫單位和書寫風格導致的變易。如第一類"代異其體"的書法變易，指文字書體風格的變化，"書法變易者就一種字同時而言，如祀或禩，皆小篆也。或同類字相近者言，如祡古文作禷，蓋皆就一字全體而言也。""一種字同時而言"指同一書體，如同為小篆的"祀""禩"；同類字相近者言"指同一字不同書寫字體，如小篆"祡"和古文"禷"。第二類"就一字中一點一畫言之"的筆畫變易。《說文·示部》："祀，祭無已也。从示巳聲。禩，祀或从異。"段注："《周禮·大宗伯》《小祝》注皆云故書祀作禩。按禩字見於故書，是古文也。篆隸有祀無禩，是以漢儒杜子春、鄭司農不識，但云當為祀，讀為祀，而不敢直言古文祀，蓋其慎也。至許乃定為一字。至魏時乃入三體石經。古文巳聲、異聲同在一部，故異形而同字也。""異形而同字"是對重文的界定，段玉裁古韻十七部入聲未獨立，故曰"古文巳聲、異聲同在一部"，而在黃季剛先生古音體系中，"巳"在咍部，"異"在德部。據重文"以推音之變者"，季剛先生舉例分析："祡之重禷，祡在今韻齊屬，禷在今韻歌屬，此

---

① 黃侃：《黃侃論學雜著》，中華書局1964年版，第105—106頁。
② 黃侃述，黃焯編：《文字聲韻訓詁筆記》，上海古籍出版社1983年版，第3頁。

第四章　從《說文同文》看黃季剛語言文字學研究轉型特色

可悟齊、歌相轉也。"

第二個層次：分類標準偏重於漢字本體，指形聲字不同的功能構件導致的變易。如第三類傍音變易："謂一字其聲變而其形不變者也。蓋其變多由乎方音之不同，遂爾一字殊體。"①"一字殊體"從兩個層次界定正篆和同文之間的關係，"殊體"，指漢字本體字形，"聲變而形不變"立足於此；"一字"指同功能，雖然方音不同，導致造字取聲不同，但仍屬"一字"。此類例字是"瓊"的三個重文，造字取不同聲符，據重文"以推音之變者"舉例："瓊字也，而重作璚、瓗、琁，此可知青通沒、齊、寒也。"第四類全體變易："就一體中全變其形與聲者也。如秕之作蠙，賮之作歿。經、赬、赶、浾、泟之爲一字是也。"據重文"以推音之變者"："秕之重蠙，比在今韻灰屬，賓在今韻先屬，此可悟灰、先相轉也。"經、赬、赶、泟聲符都在青部。形聲造字，不同聲符，經常會導致不同的理據理解。《論變易孳乳二大例》："祀之與禩，一文也，使《說文》不以爲重文，未嘗不可爲二字也；瓊與琁，一文也，使《說文》不以爲重文，未嘗不可爲二字也。凡《說文》所云重文，多此一類。後世俗別字之多，又此例之行者也。"《說文·玉部》："璿，美玉也。"段注舉《文選》李善注補重文："琁，璿或從旋省。各本廁瓊璚瓗三字之下，解云：瓊或從旋省。"大徐本"經"字四個重文，段注僅列"赬""赶"，另列"浾"字頭，釋曰："棠棗之汁也。从赤水。各本轉寫舛誤，今正。浾與經音雖同而義異，別爲一字，非即經字也。棠棗汁皆赤，故從赤水會意。勑貞切。十一部。泟，浾或從正。正聲。"可見，僅關注重文形體關係往往會忽略字詞分別界限，降低研究結果的準確性。

第三個層次，分類標準偏重於字音所導致的字詞變化。如第五類聲轉韻轉變易："聲轉之變，由於方言；韻轉之變，本乎方音。故聲轉韻轉變易易與孳乳相混。惟孳乳之字之變，或不能與本義相通；而聲轉韻轉之變，百變而不離其宗者也。"所謂"百變而不離其宗"，區別於義衍孳乳字，指聲音變轉，其"宗"——意義不會改變。方音立足於時代地域導致的一字音轉，

---

① 黃侃述，黃焯編：《文字聲韻訓詁筆記》，上海古籍出版社1983年版，第30頁。

黄季剛《說文同文》研究

方言立足於異字音轉。"一字""異字"不僅僅指漢字本體字形，主要指由語言功能要素語音變轉所導致的漢字功能同異。以聲韻關係區別方音和方言是在掌握大量語言事實基礎上的經驗性總結。《方言·方音》："楊子雲爲《方言》，其方言與方音不同。知方言與方音之別，而後訓詁條理乃可言。《爾雅》溥、廓皆訓大，而溥與廓聲不同，此方言之變。凡發音必有其義，而所以呼溥呼廓，必有呼之故也。《爾雅》：'吾、卬，我也。'今言或謂我爲俺。此則方音之不同。"①從季剛先生所舉字例看，"方言"同義異字，造字不同理據，"溥"爲廣大周遍，"廓"爲張小使大，音義理據不同。溥，模部；廓，鐸部。韻部對轉。故爲方言之別。"方音"是以漢字爲記音符號，或音借字，或造字。如第一人稱代詞"卬""我"是方音借字。"吾""俺"是方音造字。我，疑母歌部；卬，疑母唐部；吾，疑母模部；俺，影母添部。方音造字是韻轉變易字。《說文》重文一字殊體，或音義完全同，或爲同義方音音轉。

正篆與重文音義全同，形體同聲符，如：《說文·巾部》："幝，幒也。从巾軍聲。裈，幝或从衣。""幒，幝也。从巾忽聲。䘳，幒或从松。"《方言》："裈，陳楚江淮之閒謂之䘳。"《釋名》："裈，貫也，貫兩腳上繫腰中也。"段注："按今之套褲，古之絝也。今之滿襠褲，古之裈也。自其渾合近身言曰幝，自其兩襱孔穴言曰幒。"重文"幝"與正篆"裈"音義同，見母痕部；重文"䘳"與正篆"幒"、《方言》"䘳"音義同，照母東部。"幝""幒"音義理據不同，爲方言轉語。

正篆與重文音義全同。不同聲符，但同韻部，如《說文·竹部》："箑，扇也。从竹疌聲。篓，箑或从妾。"段注："《户部》曰：'扇，扉也。'扉可開合，故箑亦名扇。"《方言》："扇，自關而東謂之箑，自關而西謂之扇。"郭璞曰："今江東亦通名扇爲箑。"段玉裁注："今江東皆曰扇，無言箑者。凡江東《方言》見於郭注者，今多不同，蓋由時移世易，士民遷徙不常故也。"重文"篓"與正篆"箑"音義同，疏母怗部；扇，審母寒部。"箑""扇"聲同類，韻變轉，爲方音音轉。

---

① 黄侃述，黄焯編：《文字聲韻訓詁筆記》，上海古籍出版社1983年版，第137頁。

第四章　從《說文同文》看黃季剛語言文字學研究轉型特色

段玉裁多以"合音""合韻""音轉"說明正篆與重文不同聲符之間的語音關係。"合音"如：《說文·衣部》："襱，絝踦也。從衣龍聲。襩，襱或從賣。"段注："絝踦對下文絝上言，袴之近足狹處也。……三部與九部合音爲近。"朱駿聲通訓定聲："襱者，蘇俗曰褲腳管。"襱，東部；賣，屋部。

"合韻"如：《說文·玉部》："瑻，石之美者。從王昆聲。《夏書》曰：'楊州貢瑤瑻。'瓘，瑻或從貫。"昆，痕部；貫，寒部。段注："貫聲在十四部，與十三部昆聲合韻最近，而又雙聲。"

"音轉"如：《說文·艸部》："葩，枲實也。從艸肥聲。蘈，葩或從麻賁。"段注："賁聲本在十五部，音轉入十三部。"

第四個層次，分類標準偏重于初文音義體系。如第六種字體分類："就一字而推變數字，其大較不變者也。就一義而多立異名，其本始不變者也。""就一字而推變數字"將漢字本體和功能相結合，"一字"指同功能，"數字"指殊體異形。"就一義而多立異名"將音和義相結合，在音義鏈條上看同義音轉，"本始不變"指音義同條。以"丂"喉舌齒三音兩義爲起點："以形而言，不出象形、指事、會意之外"說明音義系聯立足於初文層面；"以義而言，不出豕義之外，以聲而言，不出喉齒之外。則諸字或以聲變，或以韻變，然同一體也。"說明同義音轉系列造字，但"同一體"，即同功能，音義同條。

以上分類標準反映出關注角度的轉移和變化：一是由漢字本體轉向漢字功能；二是由同詞轉向異詞；三是由個體漢字本體功能轉向同詞統領的漢字平面體系。"音義相讎"說明聲義同條爲統攝，同義音轉變易，始終以意義爲核心，說明漢字形、音、義三要素中，形體和聲音僅是求取意義的工具，這就是傳統以意義爲中心的訓詁方法的主體思路。

三　變易"一字重文"實質

立足於漢字本體與功能相統一基點界定《說文》"重文"，需要借助於"廣異體"概念。《論變易孳乳二大例》："《說文·序》曰：'以迄五帝、三王之世，改易殊體。'此變易之明文也。變易之例，約分爲三：一曰，字形小變；二曰，字形大變，而猶知其爲同；三曰，字形既變，或同聲，或聲

· 323 ·

轉，然皆兩字，驟視之不知爲同。"①"改易殊體"即變易，是通過改變形體而產生記錄同一個詞的新形體。其下前兩個分類只言形體，說明僅涉及漢字本體的改易，音義不變。第三類強調伴隨聲音變轉的字形變化，變易範圍由單純音義全同的形體擴展到爲同一個詞所造的同義音轉的形體，這就是"廣異體"。黃季剛先生在《文字聲韻訓詁筆記》"古人訓詁之體不嫌重複"條引《廣雅疏證》卷十上"參也"條說："古人訓詁之體不嫌重複。如崧高字或作嵩。而《爾雅》云：'嵩，崧高也。'篤厚字，《說文》作竺，而《爾雅》云：'篤，竺厚也。'《字林》以䠽爲古嗟字，而《爾雅》云'䠽，嗟也。'孫炎以遹爲古述字，而《爾雅》云：'遹，述也。'若斯之流，即所以廣異體也。"②其中所舉的例字分兩大類型：

第一類是或體造字："崧高字或作嵩"：《說文·山部》："崧，嵬高也。"《釋名·釋山》："山大而高曰嵩。"畢沅疏證："嵩，古通作崧。"《爾雅·釋詁》："嵩，高也。"邵晉涵正義："嵩爲崧字之或體。"崧，冬部；嵩，豪部。

第二類是古文專用字：篤厚字：《說文·二部》："竺，厚也。"《爾雅·釋詁下》："竺，厚也。"邵晉涵正義："竺與篤通。"《說文·馬部》："篤，馬行鈍遲。"《釋名·釋言語》："篤，築也。"畢沅疏證："篤，古作竺。"二字古音同。許釋"篤"本義無文獻用例，朱駿聲通訓定聲："篤，假借爲竺。""篤"可視爲"竺"義專有字形。

"《字林》以䠽爲古嗟字"：《爾雅·釋詁下》："嗟，䠽也。"陸德明釋文引《字林》："古嗟字。"《玉篇·長部》："䠽，今作嗟。"

"孫炎以遹爲古述字"：《說文·辵部》："遹，回避也。"《爾雅·釋言》："遹，述也。"陸德明釋文引孫炎："古述字，讀聿。"《說文·辵部》："述，循也。"朱駿聲通訓定聲："經傳多以遹爲之。"《爾雅·釋詁上》："遹，循也。"郝懿行義疏："遹者，通作述。"二字同爲沒韻。

季剛先生以"古人訓詁之體不嫌重複"總攝四組字，"體"指字體，"重複"與"重文"旨同。但從所舉字例看，"崧嵩"是造字同功能，"䠽

---

① 黃侃：《黃侃論學雜著》，中華書局 1964 年版，第 6 頁。
② 黃侃述，黃焯編：《文字聲韻訓詁筆記》，上海古籍出版社 1983 年版，第 230 頁。

第四章　從《說文同文》看黃季剛語言文字學研究轉型特色

嗟""篤竺""遹述"屬於古文用字導致的同功能。《說文·屮部》:"屮,艸木初生也。象丨出形有枝莖也。古文或目爲艸字。"段注:"凡云'古文以爲'某字者,此明六書之假借。以,用也。本非某字,古文用之爲某字也。……皆因古時字少,依聲托事。""本非某字"是說其非本字,"古文用之爲某字"指出被借用來記錄他字,"古文字少,依聲托事"指出字少不敷用,依據聲音關係"假借以濟造字之窮"。可見,古文用爲某字實際上是一種造字行爲。黃季剛先生所謂"古人訓詁之體不嫌重複"與此同旨。"訓詁"指同一個詞,"體"指漢字本體,"不嫌重複"指造字同功能。命之爲"廣異體"是在"異體"基礎上的擴展,立足於造字同功能的形體變易。所謂的"廣"在原異體概念上有突破,不再局限於同音義,而擴展爲同義音轉。如"崇嵩","崇"是《說文》正字,"嵩"字後出,《說文·新附》:"嵩,中嶽嵩高山也。从山从高,亦从松。韋昭《國語》注曰:'古通用崇字。'"二字都應是"崨高"義的專用字,"崇"形聲字,"嵩"會意字。疊韻,聲同類。後世分化,"嵩"成爲山名。而所謂的"古嗟字""古作竺""古述字"說明在古文造字時代二者同功能,後來才產生分化。

"由乎方音之不同遂而一字殊體"的廣異體有一個從口語借音到造字然後積澱於書面語的過程,其實質是方音,而非方言。《方言·方音》:"聲韻本流轉之物,方言須求其不轉者。如以意推求,徒撼拾不相干之字,以爲真實。大抵今日方言,無不可徵於小學六書者。次則《三蒼》《急就》《字林》《通俗文》《玉篇》《廣韻》《一切經音義》《集韻》必有其文。但必須音理密合始爲得耳。"① "無不可徵於小學六書者"指方音方言的音義變化痕跡大多都能在《說文》中找到。因方音方言而造的字在其後的字書韻書定會有收錄。方音方言聲轉韻轉音理必須相合。如:

《說文·巫部》:"琴,艸木華也。从巫亏聲。荂,琴或从艸从夸。"段注:"此與下文鞏音義皆同。鞏,榮也。《釋艸》曰:'鞏,荂也。鞏、荂,榮也。'今字花行而琴廢矣。"《說文·華部》:"鞏,榮也。"段注:"華,俗作花。其字起於北朝。"可見,"琴、鞏"爲正篆,"荂"爲《說文》重文

---

① 黃侃述,黃焯編:《文字聲韻訓詁筆記》,上海古籍出版社1983年版,第138頁。

或體，"花"爲民間俗體。重文"蒡"實爲方言新造字，方言音與正篆音不同。《爾雅·釋艸》："蒡，榮也。"郭璞注："今江東呼華爲蒡。音敷。"《方言》："華，蒡䫨也。齊楚之間或謂之華，或謂之蒡。"從造字所取聲符看，"雩""蒡"同爲上古模部字，但"雩"匣母，"蒡"溪母。二字疊韻，喉牙聲轉。

《說文·韋部》："韏，收束也。讀若酋。䪅，或從要。揫，或從手。"段注："漢《津曆志》曰：'秋，韏也，物韏斂乃成孰。'《鄉飲酒義》曰：'西方者秋，秋之爲言揫也。'从韋，取圍束之義。"正篆"韏"與重文"䪅""揫"爲異構字，上古音義皆同。揫字《說文》重出。《說文·手部》："揫，束也。"段注："束者，縛也。《鄉飲酒義》曰：'西方者秋。秋之爲言愁也。'愁讀爲揫。按《韋部》'韏，收束也。或從要作䪅，或從秋手作揫。'揫即揫。然則此篆實爲重出也。"可見，重文"揫"聲中有義，秋斂，揫收，愁蕭殺。方言中也延"秋"字聲義造字，黃季剛《蘄春語》："《廣韻》有揫無韏。字變作瘷，《廣雅·釋詁三》：'瘷，縮也。'《僧祇律音義》引《通俗文》：'縮小曰瘷'。皺不申曰縮朒；《廣韻》去聲四十九宥：'瘷，縮小。'側救切。今吾鄉謂物體由長而短曰瘷，音即就切。《廣雅·釋詁三》："瘷，縮也。"王念孫《廣雅疏證》："今俗語謂物不伸曰瘷矣。""以文字代語言，各循其聲。"①"揫"與"瘷"以聲符"秋"聲義貫穿，其音義具有歷時性，文字產生之際，"瘷"與"韏（䪅、揫）"古本音同屬精母蕭部，"瘷"可看作"韏（䪅、揫）"同義方音新造字。從語言發展看，從"收束"到"物不伸"，意義有了變化，延聲義線索而爲方言造孳乳字。揫，《廣韻》即由切，精母尤韻開口三等；瘷，《廣韻》側救切，莊母宥韻開口三等。二字中古分聲。文字功能的拓展緣起於語言。這就是黃季剛先生語言文字觀的基石。

《論俗書滋多之故》："古字重複，皆由變易。變易之始，或不相知而變，各據音而加偏旁是也。或相蒙而變，籀不同于古，篆不同於籀，同字而異書是也。《說文》重文，大氐爲二例所攝……由晉迄清，又逾千歲，字書屢出，字數遞增；要其大半，皆爲變易。俗書滋多，此其一也。"②可見，漢

---

① 章太炎：《國故論衡》，上海古籍出版社2003年版，第36頁。
② 黃侃：《黃侃論學雜著》，中華書局1964年版，第10頁。

字遞增，完全受其功能的制約。而同字殊體"據音而加偏旁"造字，絕不僅僅是漢字形體的問題，是漢語漢方言在造字領域的折射和沉澱，應該引起學界重視。

第三節　黃季剛語言發生發展論

黃季剛先生語言發生發展觀與章太炎先生一脈相承。章太炎《語言緣起說》[①]："諸言語皆有根""物之得名大都由於觸受""有語言然後有文字"，主要涉及三個問題，一物名起源，即語言的緣起問題；二語根，即語言聲義結合的理據問題；三字根，即語言符號載體問題。這些問題對"約定俗成"論形成很大衝擊。黃季剛相關論述中用到"約定俗成"的主要有兩處：《求訓詁之次序》[②]："蓋萬物得名，各有其故，雖由約定俗成，要非適然偶會，推求其故，即求語根之謂也。""適然偶會"的約定自然不會成體系，何談"語根"？《論文字初起之時代》[③]："文字之生，必以寖漸，約定俗成，衆所公仞，然後形之而無閡。""衆所公仞"是被社會群體廣泛接受然後再施之於用。由此可見，"約定"的基礎是社會性。而約定之前必然有一個自然感知、音聲抒發的階段。黃季剛先生相關論述中這兩個階段是能够區分開的。作爲語言的記錄符號，文字的發展也如實記錄了這兩個不同的層次。

一　"名無固宜"自然音聲階段

《論斯學大意》："凡聲之起，非以表情感，即以寫物音，由是而義傳焉。"[④] 這裡交代了兩種字音的起源。

其一是表情感之音，"凡語言或文字中之感歎詞，此皆表情感之音。"如

[①] 章太炎：《國故論衡》，上海古籍出版社 2003 年版，第 31 頁。
[②] 黃侃述，黃焯編：《文字聲韻訓詁筆記》，上海古籍出版社 1983 年版，第 195 頁。
[③] 黃侃：《黃侃論學雜著》，中華書局 1964 年版，第 1 頁。
[④] 同上書，第 93 頁。

古今不甚差殊、至簡單之韻母，如：丆（反丂也讀若呵），即阿字之初文。哀、古音隈。烏、謳、號、唉。

如矢口可得、不煩思索的發語詞，季剛先生按五聲分別舉了例字，其中多數是以口爲意符的形聲字，下以喉音爲例：

"喉音則籲、呼、咍、嚇之類是也。"

《說文·口部》："籲，驚也。""籲"由"驚"發之於口表示驚怪、駭歎語氣。《書·堯典》："籲，嚚訟，可乎？"孔傳："籲，疑怪之辭。"江聲集注音疏："籲，驚異之詞。"揚雄《法言·君子》："籲，是何言歟？"李軌注："籲者，駭歎之聲。"

《說文·口部》："呼，外息也。"段注："外息，出其息也。""外息"與"吸"相對，使氣從口鼻出來。《素問·離合真邪論》："候呼引鍼，呼盡乃去。"王冰注："呼謂氣出。"通過吐氣而表達情緒抒發情感，《禮記·檀弓上》："曾子聞之，瞿然曰：'呼。'"鄭玄注："呼，虛憊之聲。"陸德明釋文："呼，音虛，吹氣之聲。"王引之《經義述聞·春秋左傳上》："《檀弓》：'曾子聞之，瞿然曰：呼！'《釋文》'呼'作'籲'。是籲、呼古字通也。籲，仍驚怪之聲。"

《說文新附·口部》："咍，蚩笑也。从口从台。"《楚辭·九章·惜誦》："行不群以巔越兮，又衆兆之所咍。"王逸注："咍，笑也。楚人謂相啁笑爲咍。"

《莊子·秋水》："仰而視之曰：'嚇'。"成玄英疏："嚇，怒而拒物聲也。"《助字辯略》卷五："嚇，恐之之聲也。"

以上四個字形體中都帶有口字，"口"是表意部件，聲符只是造字時"取譬相成"，與語言產生之初的發聲近似。字書對以上四字的解釋角度不同。"籲"側重於情感，"呼""咍"側重於口部動作，"嚇"側重於口部所發聲音。不同的角度說明動作、聲音、情感、意義既統一又相續的關係。"是故五音之起，皆以表情；推其起原，此種聲音，大氐與笑歎呻吟歌呼之音不相遠。此即一切聲韻自然之質也。"[①]

---

① 黃侃：《黃侃論學雜著》，中華書局1964年版，第95頁。

第四章 從《說文同文》看黃季剛語言文字學研究轉型特色

其二是寫物音,"皆借人音以寫物,而物名物義,往往傳寫。"包括兩種,一是疊音詞,如:"節節足足,肖鳥聲也;譆譆,肖火聲也;鼞鼞,肖鼓聲也;咿咿,肖雞聲也;淒淒瀟瀟,風雨聲也;玎玎錚錚,金玉聲也。"從字形上看,這些疊音詞多以發聲之事物爲意符,語言產生之初有音無字,形聲相益造字時期,取譬爲聲,合聲與發聲物而造字。其中還有借音疊音詞,如鳥聲。王充《論衡·講瑞》:"案《禮記·瑞命篇》云:'雄曰鳳,雌曰凰。雄鳴曰即即,雌鳴曰足足。'"唐段成式《酉陽雜俎·廣動植序》:"鳳雄鳴節節,雌鳴足足。""即即"即"節節"。這些詞不能單解記音字,疊音擬聲語音連綴而成詞。

二是聯綿詞,如:"豐隆以肖雷,咆哮以肖虎,鏗鞈以肖鐘,丁寧以肖鉦,砰磅匉磕以肖水之流,毗流暴樂以肖葉之落。"聯綿詞也是由語音連綴成詞,不能單解。如"豐隆"古代神話中的雷神。後多用作雷的代稱。《楚辭·離騷》:"吾令豐隆乘雲兮,求宓妃之所在。"《淮南子·天文訓》:"季春三月,豐隆乃出,以將其雨。"高誘注:"豐隆,雷也。"豐隆就是轟隆。形容雷聲、爆炸聲、機器聲等。又如,"鉦"爲一種古代樂器。形似鐘而狹長,有柄,擊之發聲,用銅製成。行軍時用以節止步伐。《詩經·小雅·采芑》"鉦人伐鼓"毛傳:"鉦以靜之,鼓以動之。"孔穎達疏:"《說文》云:'鉦,鐃也。似鈴,柄中上下通。'然則鉦即鐃也。""丁寧"就是類似鈴聲的鉦聲。

疊音詞和聯綿詞均爲語音構詞。"雙聲疊韻之字誠不可望文生訓,然非無本字,而謂其義即存乎聲,即單文觭語義又未嘗不存乎聲也。⋯⋯今謂凡疊字及雙聲疊韻連語其根柢無非一字者。"[①] 所謂根柢一字,是說疊音詞、聯綿詞是多音節單語素詞。語言初起,有音無字,"其義即存乎聲","今試繙字書,肖聲之字,觸目皆是;問嘗輯錄以爲一編,其字之多,殆不下一千也"。[②] 肖聲之字貯存了語言初起狀態的資訊。後世"殆不下一千"的造字,說明這個時期在語言發展初起階段是存在的,不容忽視的。

語言初起狀態在漢字領域的影響即造新字和以字記音。形聲造字,資訊

---

① 黃侃述,黃焯編:《文字聲韻訓詁筆記》,上海古籍出版社1983年版,第227頁。
② 黃侃:《黃侃論學雜著》,中華書局1964年版,第96頁。

保留在聲符,因此"古文一字兩用""一字多音",這是語言聲義約定俗成階段語根多源的直接緣起。

二 "約之以命"社會約定階段

《說文略說·論文字初起之年代》:"按文字之生,必以浸漸,約定俗成,衆所公仞,然後形之而無閡。"① 這裡所言"約定俗成"指文字形體記錄語言音義的過程。依聲義而制字形。如果不計聲音,唯從形義,則僅僅停留在漢字本體的層次還上升不到語言層次。潘重規《說文》借體說:"原借體之例,蓋古人制字之時或取他字之體以象事物之形,據形雖曰成文,責實僅同符號,故同一'一'也,或借以象天,或借以貌地,處'皿'中則象血,居'夫'上則象簪……是則所借之體因物寓形,與其本字之音義了不相涉,妄事比附,庸有當乎!"②

名必有義,義必出於音。黃季剛先生在《求訓詁之次序·求語根》中,闡述聲義"約定俗成"即成語根。"蓋萬物得名,各有其故,雖由約定俗成,要非適然偶會,推求其故,即求語根之謂也。"③ 有"約"說明聲義結合"非適然偶會",已經"俗成"得到社會成員廣泛的認可,可以反復使用、交流溝通了。語言是一種特殊的社會現象,社會性是這種聲義結合與自然聲韻階段聲義結合方式的最根本區別。最初聲韻"自然之質",同一種聲音可以表達不同的意義,同一個意義也可以用不同的聲音表達,聲和義的關係是偶然的。當這種偶然被約定俗成成爲当然,就會同條相貫,成爲語言傳承的血脈。因此我們可以說聲義約定俗成是建立在最初擬聲名物聲義偶然性的基礎上的。如:

《說文解字·烏部》:"烏,孝鳥也。象形。孔子曰:'烏,盱呼也。'取其助氣,故目爲烏呼。凡烏之屬皆从烏。䳜,古文烏,象形。於,象古文烏省。"段玉裁注:"謂其反哺也。《小爾雅》曰:'純黑而反哺者謂之烏。'……于,各本作盱,今正。于,於也。象氣之舒。于呼者,謂此鳥善舒氣自叫,

---

① 黃侃:《黃侃論學雜著》,中華書局1964年版,第1頁。
② 潘重規:《中國文字學》,三民書局股份有限公司2004年版,第193頁。
③ 黃侃述,黃焯編:《文字聲韻訓詁筆記》,上海古籍出版社1983年版,第197頁。

第四章 從《說文同文》看黃季剛語言文字學研究轉型特色

故謂之烏。……取其字之聲可以助氣,故以爲烏呼字。……古者短言於,長言烏呼,於烏一字也。……此即今之於字也,象古文烏而省之,亦革省爲革之類。此字蓋古文之後出者,此字既出,則又于、於爲古今字。《釋詁》《毛傳》、鄭注經皆云:'于,於也。'凡經多用于。凡傳多用於。而烏烏不用此字。"段玉裁釋"鵻":"凡鳥名多取其聲爲之。""鳥善舒氣自叫""取其字之聲可以助氣",說明"烏"最初是擬聲名物,後實物象形造漢字,"烏呼"是最早的象聲詞,"於烏一字""于於古今字"均立足於此。"烏烏不用此字"是說"于""於"從最初擬聲詞,後虛化成爲虛詞,象形字"烏"專門承擔烏鴉義,"烏呼"後造專用字"嗚"。《釋名·釋言語》:"嗚,舒也。氣憤懣,故發此聲以舒寫也。"畢沅疏證:"嗚,本作烏。加口傍,俗。"《廣韻·模韻》:"嗚,嗚呼。"《類篇·口部》引《說文》:"嗚,心有所惡若吐也。"《慧琳音義》卷九十"嗚噎"注:"《說文》或从欠作歍。"《說文·欠部》:"歍,心有所惡若吐也。从欠烏聲。"段注:"心有所惡,若欲吐而實非吐也。……所謂喑噁。噁即歍之或字也。喑,於鴆切。噁,烏路切。喑噁言其未發也,叱吒言其已發也。"烏、嗚、歍是引申分化孳乳。

從原生詞"烏"發展,呈現出兩條途徑:

(一)"一字含多義"傳承

"烏"聲義就體現了從自然聲義到社會聲義的過渡,"約定俗成謂之宜","烏"聲義成爲語根,詞義引申,分化孳乳。《小爾雅》所釋"純黑而反哺者謂之烏"。從"純黑"義引申發展出黑色義,仍用原字記錄,如:《史記·匈奴列傳》:"北方盡烏驪馬。"《古今注·草木》:"驁木出交州,色黑而有文,亦謂之烏文木也。"從"黑色"義引申出汙濁、淤積義,孳乳:《說文·疒部》:"瘀,積血也。从疒於聲。"《水部》:"淤,澱滓濁泥。从水於聲。""汙,薉也。从水于聲。"《艸部》:"菸,鬱也。从艸於聲。"

《略論推求語根之法》:"故凡推求語根,應知二事:一,一字一根;二,一字多根。"[①]一字多根指不同的音義傳承。推求語根一是從音近義通的字入手,一是從《說文》聲訓入手。"古人名義之學,散見於各書者非一,鄭王

[①] 黃侃述,黃焯編:《文字聲韻訓詁筆記》,上海古籍出版社1983年版,第60頁。

禮注……'䡖'出於檞與蒨，檞，棺也。蒨，赤色染艸也。……此一名二根，最爲有用，猶黃河並千七百條渠而成，非出於一源也。""非出於一源"是直接系源，從語義構成上看，檞、蒨分別立足於"䡖"義的兩個不同角度；從語音上看，䡖與檞不同聲符，與蒨同聲素。"一名二根"是追索音義結合的源頭。此處的一名二根是由多義造成的。"蓋古代一名之設，容涵多義。""初文爲字形、字義之根本，實一字而含多義矣。"[1]如"烏鴉"立足於鳥名、鳥色，"嗚呼"立足於鳥聲。

《文字聲韻訓詁筆記‧義訓與聲訓》："天之構成爲顛、至、上、大四者，此之說解爲一因而衆果，或衆果而一因。《爾雅》所謂黃河所渠並千七百一川色黃也。"[2]"黃河所渠"都是黃河的支流，其"一川色黃"，說明它們同根。都是以黃河所並渠爲例，前後表述不一致。"非出於一源"立足於分支，指一個詞的不同意義形成的系列；"一川色黃"立足於其共同的來源，指不同的音義分支實際上同一條血脈。其實質是"異狀而同所，予之一名"。

上面言"天之構成"是從訓釋語中找音義相關的初文以確定爲語根，《說文箋講》釋"天"："天之語即由'丨'引而上行讀若囟來。頭謂之囟，亦謂之天，《易》曰'天且劓'，天即髡首之形，《山海經》有'刑天'。亦謂之顛，囟、天、顛一語耳，亦可謂由'示'來，由'申'來，若讀爲喉音即由'玄'來。玄，幽遠也。以聲求之，不可勝數。《釋名》'天，顛'之訓，是讀'天'爲喉音，後世'袄教'字從天，即從此聲也。"[3]這裡列舉"天"的音義之源多途：丨、示、申、玄等。又釋示："示與上、申、辰、來、至、互、㐬、嵩諸文皆相應。"[4]"由來""相應"都是黃季剛求語根術語。所謂"以聲求之，不可勝數"，說明求語根，聲音要素舉足輕重。《求訓詁之次序》："夫文字雖至四萬有餘，而不出聲音四百之外。以有限之音馭繁多之文字，是則必相聯貫而有系統可尋。故吾國文字，音近者義往往相近，由聲

---

[1] 黃侃述，黃焯編：《文字聲韻訓詁筆記》，上海古籍出版社1983年版，第180頁。
[2] 同上書，第191頁。
[3] 黃侃著述，黃建中整理：《說文箋講》，華中師範大學出版社2005年版，第10頁。
[4] 同上書，第19頁。

第四章　從《說文同文》看黃季剛語言文字學研究轉型特色

音爲維繫語言文字之重要資料也。"①

(二)"古文一字兩用"傳承

《初文音義不定於一》:"蓋初期象形、象事諸文,只爲事物之象徵,而非語言之符識,故一文可表數義。如《說文》中古文以爲艸字;疋古文以爲《詩·大疋》字,亦以爲足字;如亥之古文與豕爲一,玄之古文與申實同。惟其一文而表數語,則不得不別其聲音,此聲母所以有多音之論也。"②這裡所說的初文多種音義是"一文數語"是由於造字時同形異用形成的,文字和語言的關係還沒有完全對應。而"一文數語"不僅僅限於同形異用,與"名無固宜""古文一字兩用"密切聯繫。如"于"字,"于呼"立足於舒氣自呼義,《說文同文》中有【于同丂乎余衾粵】條,是立足於本義類聚的變易,而以"于"爲聲的諧聲系統,音義傳承的血脈却不同,除上文提到的"于呼""汙濁"義外,還有以下幾個音義:

一是大義,如:

《說文·艸部》:"芋,大葉實根,駭人,故謂之芋也。"段玉裁注:"《口部》曰:'籲,驚也。'毛傳曰:'訏,大也。'凡于聲字多訓大。芋之爲物,葉大根實,二者皆堪駭人,故謂之芋。其字从艸于聲也。"

又《宀部》:"宇,屋邊也。从宀於聲。"段注:"宇者,言其邊,故引伸之義又爲大。《文子》及《三蒼》云:'上下四方謂之宇,往古來今謂之宙。'上下四方者,大之所際也。"

又《雨部》:"雩,夏祭樂於赤帝以祈甘雨也。从雨亏聲。"段注:"許獨云赤帝者,以其爲夏祭而言也。以祈甘雨,故字从雨。以亏嗟求,故从亏。服虔曰:'雩,遠也。'亦於从亏得義也。"

一是曲義,如:

《說文·允部》:"尪,股尪也。"段注:"尪之言紆也。紆者,詘也。"

又《辵部》:"迂,避也。"段玉裁注:"迂曲回避,其義一也。"

《右文說之推闡》引沈兼士曰:"有同聲之字而所衍之義頗有歧義者,如非聲字多爲分背義,而菲、翡、痱字又有赤義。吾聲字多有明義,而齬、

---

① 黃侃述,黃焯編:《文字聲韻訓詁筆記》,上海古籍出版社1983年版,第199頁。
② 同上書,第204頁。

語、敔、圄、悟等字又有逆止義。其故蓋由單音之語一音素孕含之義非一，諸家於此輒謂凡从某聲者皆有某義，不加分析，率而牽合。執其一而忽其餘矣。"①音符是記音之字元，如聲符；音素"依聲托事，而歸本於聲音"，"蓋音素者，語言之本質；音符者，字形之跡象。音素即本真，而音符有假借"。②音素是"依聲托事"的聲音，聲義雖然已約定俗成，但還不成系統，相承保留了"名無固宜"語言初起階段的特點，同一種聲音可以表達不同的意義，導致"一字多根"孳乳。

而建立在"依聲托事"音素基礎上的"一字多根"是由於"古文一字兩用"造成的。如"於"聲字有於義、大義、曲義三個聲義系統。

《說文箋講》中有"借體指事"："《說文》自言借體之文數十處，假借中有借體、借義、借音三種。借體如若，从艸右，右，手也。此借右爲又。借義如櫛，櫛从節聲，櫛與瑟古同音，此借節爲瑟。借音如祿，祿从彔聲，彔與鹿古同音，此借祿爲鹿也。"③漢字是表意文字，這裡所說的借形、借義，實從形音義結合而說字，可進一步合併爲兩種：一是音義相關，如：

《說文・艸部》："若，擇菜也。从艸右。右，手也。"段注："此會意。"《說文・口部》："右，助也。从口又。"段注："又者手也。手不足，以口助之，故曰助也。"上古又、右同爲影母哈部字，以"借右爲又"爲借體，是區分右、又不同義。實則右、又同音義通。

《說文・木部》："櫛，梳比之總名也。从木節聲。""比讀若毗。疏者爲梳，密者爲比。《釋名》曰：梳言其齒疏也，數言比。比於梳其齒差數也。比言細相比也。"又《珡部》："瑟，庖犧所作弦樂也。从珡，必聲。"段注："弦樂，猶磬曰石樂。清廟之瑟亦練朱弦。凡弦樂以絲爲之。象弓弦，故曰弦。"《詩・大雅・旱麓》："瑟彼玉瓚。"朱熹集傳："瑟，縝密貌。"二字都有比密義。"借義如櫛，櫛从節聲，櫛與瑟古同音，此借節爲瑟。"實則音義相連。

"借音如祿，祿从彔聲，彔與鹿古同音，此借祿爲鹿也。"實爲聲符

---

① 黃侃述，黃焯編：《文字聲韻訓詁筆記》，上海古籍出版社 1983 年版，第 213—214 頁。
② 同上書，第 213 頁。
③ 黃侃著述，黃建中整理：《說文箋講》，華中師範大學出版社 2005 年版，第 179 頁。

第四章 從《說文同文》看黃季剛語言文字學研究轉型特色

假借。

可見，形體表聲部件之借，可以分爲依音義的系源和純依聲的假借兩種。這兩種是形成"一字多音"的途徑。

《說文同文》中有："㲋，㲋，篆文㲋。兔㲋四字同文。《廣雅》'兔，脫也'，恒言亦曰免脫。蓋知兔㲋同文而有二讀"。《說文》釋㲋："獸也。似兔，青色而大。象形。頭與兔同，足與鹿同"。釋兔："獸名。象踞，後其尾形，兔頭與㲋頭同"。可見，"㲋""兔"同文表現在頭部形體相同。而"㲋"字音義有不同說法，張世超《釋逸》："《說文》'㲋'及古文字中的 、 都來自讀如'一'的古逸字。《說文》'㲋'的讀音和意義都是晚出的。"①陳劍未刊稿《甲骨文金文舊釋" "之字及相關諸字新釋》："現藏柏林東亞藝術博物館的西周早期的"叔㲋簋"，器主之名所謂'㲋'字作 ，蔡哲茂、吳匡先生以之與叔 方尊，大盂鼎之' '爲一字，也可能是正確的，其形略有訛變。"②黃季剛先生認爲兔、㲋同文，說明最早二字同形，後來才分化。古文字考釋中"㲋"多種音義解說正是古文一字多音義的體現。

三 "以文字代語言"文字區別階段

文字是應社會和語言的需求而產生的。《論斯學大意》："聲、義具而造形以表之，然後文字萌生。昔結繩之世，無字而有聲與義；書契之興，依聲義而構字形。"③"依聲義構字形"的第一個階段是"依類象形"的"文"，第二個階段是"形聲相益"的字。"文字者，言語之轉變，而形聲者，文字之淵海。"④語言變化，形聲相益不斷孳生新字形，形聲是語言分化和漢字產生的主要途徑。

支撐黃季剛先生形聲字體系的是兩個"相應"。一是"形聲字子母必須相應。"子，指"有聲之字"，即形聲字，由"無聲之字"象形、指事字充當其聲符；母，指充當聲符的象形、指事字，"有聲之字必从無聲，則有聲

---

① 張世超：《釋逸》，《中國文字研究》2005年版，第9—10頁。
② 陳劍：《甲骨文金文舊釋𪚥之字及相關諸字新釋》，《出土文獻與古文字研究》第二輯，復旦大學出版社2008年版，第18頁。
③ 黃侃：《黃侃論學雜著》，中華書局1964年版，第93頁。
④ 黃侃述，黃焯編：《文字聲韻訓詁筆記》，上海古籍出版社1983年版，第35頁。

· 335 ·

之字無聲之子，無聲之字有聲之母。子生於母者也，子所得音，母必有之；母無其音，子安得从，故形聲字子母必相應也"①。此相應的基礎是同音，子母同音相應，聲符與形聲字同聲，同聲符字同音。二是"形聲義三者必須相應"。"形聲之字雖以取聲爲主，然所取之聲必兼形、義方爲正派。"此相應建立在聲中有義、聲符示源的基礎上。這兩個相應是造字取聲的標準，是一種理想狀態。現實中形聲系統聲符與形聲字、同聲符字並不完全相應。黃季剛先生舉《說文》示部字具體說明。

（一）"形聲字子母必須相應"

聲符和形聲字同音相應有三種：

一是完全同音者，如"祐"以"右"爲聲符，"禮"以"豊"爲聲符。

二是四聲不同者，如"禧"平聲，"喜"上聲；"禫"上聲，"覃"平聲。"然古無四聲之分，分之自後人始，則子母古仍相應也。"

三是聲類不同，如"祜"爲喉音匣母，"古"爲喉音見母；"祇"爲舌音照母，"氐"爲舌音端母。"此類子母取聲雖不同，但喉舌四類大同，則子母仍相應。"

聲符和形聲字同音不相應在聲韻關係上有兩種表現：

1. "形聲之子間有聲類與母不同者，必通轉同也"②

禁，喉見；林，舌來。"林"古聲舌音，造字同音相應，"禁"古爲舌音，轉爲喉音。

禳，舌日；襄，齒心。"襄"古聲齒母，造字同音相應，"禳"古聲齒母，轉爲舌音。

祼，寒部；果，歌部。"果"古音爲歌部，造字同音相應，"祼"古爲歌部，轉入寒部。

祈，灰部；斤，痕部，造字同音相應，"祈"古爲痕部，轉入灰部。

由此我們清楚地看到，子母相應是形聲造字時的音韻狀況。"雖古韻不同，要知古有轉音，同出一源；既同出一源，亦即一音，則子母仍相應。"③

---

① 黃侃述，黃焯編：《文字聲韻訓詁筆記》，上海古籍出版社1983年版，第36頁。
② 同上。
③ 同上書，第38頁。

第四章 從《說文同文》看黃季剛語言文字學研究轉型特色

子、母雖然不同音，但可以在古音體系中找到音轉線索和途徑，即使聲韻有不同，子母仍相應。

2."與音韻不同者，必聲母多聲也"①

祥，齒音邪母；羊，喉音喻母。

祇，喉音群母；氏，舌音禪母。

衳，喉音喻母；勺，舌音照母。

造字同聲符，理論上古同聲者必同部。但現實中聲符和形聲字語音多有不合，不合是建立在聲符多音的基礎上。以此爲基點，黃季剛先生指出上古音研究中存在的兩種弊端，一種是拘執于古音無變論："顧炎武之前，研究音韻的學者往往執古音無變之論，因此不得不說古一字止一音。此說最大的弊端，即不能解釋《說文》形聲中的聲子與聲母語音不合者。"一種是改易偏旁就已意："段君《六書音韻表》專據《詩》《騷》以考古音。於形聲字有不可說者，則改易偏旁以就已意，此知《廣韻》有轉音，而不知《詩》《騷》有轉音之過也。"②段玉裁改易如：

《說文·女部》："妃，匹也。從女己。"

段注："各本己下有聲字，今刪。此會意字，從女儷己也。"

《說文·酉部》："配，酒色也。從酉己聲。"

段注："己非聲也，當本是妃省聲，故假爲妃字，又別其音，妃平配去。"

進而，黃季剛先生推究形成聲母多音的原因，"太古造字記言，崇尚簡便，然字簡語複，文少義繁。"③結果一字多音義，"古文同形異用""初文音義不定於一"，從而導致聲母多音。

關於聲母多音的原因，黃季剛先生認爲主要是由於"一字兩用"："古文有一字兩用者，……蓋古文異字同體者多，同形異義者衆也。"④"蓋初期象形、象事諸文，祇爲事物之象徵，而非語言之符識，故一文可表數義。……

---

① 黃侃述，黃焯編：《文字聲韻訓詁筆記》，上海古籍出版社1983年版，第36頁。
② 同上書，第86頁。
③ 同上書，第38頁。
④ 同上書，第50頁。

惟其一文而表數語，則不得不別其聲音。此聲母所以有多音之論也。"①

（二）"形聲義三者必須相應"

可以區分爲正例和變例。

同源相應正例："形聲義三者皆相應，本形聲之正規。然此類形聲易與會意混淆。惟會意者，會二意三意以成一意。此類形聲，難單舉聲以代本字，其義未始不可通也。"②聲義關係有兩種情況。

一是"聲與義同一"。如：

《說文·示部》："禷，以事類祭天神。从示類聲。"段注："凡經傳言禷者，皆謂因事爲兆，依郊禮而爲之。此當曰从示類，類亦聲。"

《說文·示部》："祰，告祭也。从示告聲。"

段注舉例曰："《曾子問》'諸侯適天子，必告於祖，奠於禰。''諸侯相見必告於禰，反必親告於祖禰。'伏生《尚書》'歸假於祖禰。'皆是也。"文獻中以"告"表示"祰"正是"舉聲以代本字，其義未始不可通也。"最初聲符字一字兼職，後加義符分化，所以文獻中可以聲符字代替後起分化字。

二是"聲之取義雖非本義，而可以引申者。"如：

《說文·示部》："禛，以真受福也。从示真聲。"釋語中"真"是真誠義。段注："此亦當云从示从真真亦聲。不言者省也。聲與義同原，故龤聲之偏旁多與字義相近。"《說文·七部》："真，僊人變形而登天也。"段注："此真之本義也。……引申爲真誠。"

《說文·示部》："禳，磔禳祀，除癘殃也。古者燧人禜子所造。从示襄聲。"《說文·衣部》："襄，漢令解衣耕謂之襄。"段注："引伸之爲除去。"

同源相應變例，指"聲與義不相應者"：

《說文·示部》："祿，福也。从示彔聲。"《說文箋講》釋祿："祿由'穀'來，一由'鹿'來，又或與'福'爲同字。"③《說文》："彔，刻木彔彔也。象形。"祿、彔意義無關。季剛先生按："彔、鹿同聲，以彔代鹿，謂狩獵之時以獲禽爲福也。"

---

① 黃侃述，黃焯編：《文字聲韻訓詁筆記》，上海古籍出版社1983年版，第205頁。
② 同上書，第40頁。
③ 黃侃著述，黃建中整理：《說文箋講》，華中師範大學出版社2005年版，第21頁。

第四章 從《說文同文》看黃季剛語言文字學研究轉型特色

《說文·示部》："祼，灌祭也。从示果聲。"段注："《詩》毛傳曰：祼，灌鬯也。《周禮》注曰：'祼之言灌。'灌以鬱鬯，謂始獻尸求神時，周人先求諸陰也。……注兩言'祼之言灌'。凡云'之言'者皆通其音義以爲詁訓，非如讀爲之易其字，讀如之定其音。"《說文·水部》："灌，灌水。出廬江雩婁，北入淮。"朱駿聲通訓定聲："今用爲灌溉、灌注字，亦盥之轉注（引申）。"《集韻·換韻》："祼，通作盥、灌。"《說文·皿部》："盥，澡手也。从臼水臨皿。"《春秋傳》曰："奉匜沃盥。"季剛先生按："果當作盥。从臼水臨皿也。灌、果同聲。""祼"讀"盥"，而不讀"果"，是因爲聲符假借造成的。

聲與義不相應者"皆爲形聲之變。蓋求之於義而不得，則進而求之於聲；求之於聲，求其假借也"①。"或以字體不便，古字不足，造字者遂以假借之法施之形聲矣。……顧假借施於形聲愈繁，而取聲本義愈不可得，故假借者，六書之癰疽也。惟凡言假者，定有不假者以爲之根；凡言借者，定有不借者以爲之本。則此類形聲必當因聲以推其本字，本字既得，則形聲義三者仍當相應。"② 從形聲義不相應者通過聲符求本得其相應的證據，貫穿的是求根本和根源的思路。其中呈現兩個層級，一是單獨之本，從聲符同音假借字求本字，其實就是在混雜多元的音義分支中找到傳承的血脈，最終落實在用作聲符的象形、指事字聲義上；二是共同之本，以聲符音義貫穿同聲符字。

梳理語言發展脈絡，從前語言階段臨時性的以聲傳義，到語言產生階段聲義的約定俗成，爲社會認可而廣泛使用，再到文字區別階段以文字爲符號記錄聲義，貫穿的是理想和現實的矛盾。理想總是那麼圓滿，聲義同條繁衍，語言與文字相應。現實也總是那麼不盡如人意，"假借"不論是"古文一字異用"的形借還是後來"依聲托事"的音借就象魔障時時伴随着語言和文字的發展。清除魔障，月朗風清，原來三個階段是層次分明、體系完整、前後相繼的系統，正所謂"有系統有根源才能謂之學"。陸宗達、王寧先生在《談章太炎、黃季剛的〈說文〉學》談到章黃《說文》學的三個特點：

---

① 黃侃述，黃焯編：《文字聲韻訓詁筆記》，上海古籍出版社1983年版，第42頁。
② 同上書，第39頁。

"語言的——由文字形義學上升到語言學,歷史的——用語言文字來溝通歷史,民族的——採用本民族的傳統方法來保存民族文化,增強民族自尊心,激起愛國熱忱。"① 這不僅抓住了章黃語言文字學的核心,更彰顯出章黃學術超越往古、既往開來的胸懷。

第四節　黃季剛"本字"系統論

黃季剛先生本字觀念常涉及造字和用字兩個角度:"蓋象形指事之初作,以未有文字時之言語爲之根,故其聲義必皆相應,而即所謂本字也。然最初造字之時,或因本字不足,即用本字以爲假字,故造字之時已有假字也。"②造字角度突出文字記錄語言的功能,形體與聲義相應;用字角度突出文字服務文獻的功能,形體與聲義相統一。可見"本字"在黃季剛文字學體系中居於銜接文字和語言、造字和用字的樞紐地位。與此相對應,"求本字"也存在兩種不同的內涵。《略論推求語根之法》:"凡會意、形聲之字必以象形指事字爲之根,而象形、指事字又以未造字時之語言爲之根。故因會意、形聲以求象形、指事之字,是求其本字也。由象形、指事字以推尋言語音聲之根,是求其語根也。然以假借以求本字者,既以音聲之多變而不易得;則以本字求語根者,亦必以音聲之多變而不易得也。"③因會意、形聲求本是從構形角度求初文組構字的形體來源,以假借以求本字是依據聲音條件求經典文獻具體語境中某詞的形義相合的字。依音聲求本立足於經典同詞異用的本、借關係。爲什麽會導致這種同名異實現象?究其根本在於黃季剛先生異于尋常的"本字"功能定位。

黃季剛先生的"本字"指造字之初形音義相合的"文",佔據文字系統和語言系統的起點、焦點位置,《略論推求語根之法》:"治《說文》欲

---

① 陸宗達、王寧:《訓詁與訓詁學》,山西教育出版社 1994 年版,第 342 頁。
② 黃侃述,黃焯編:《文字聲韻訓詁筆記》,上海古籍出版社 1983 年版,第 53 頁。
③ 同上書,第 57 頁。

第四章　從《說文同文》看黃季剛語言文字學研究轉型特色

推其語根，宜於文字說解及其所以說解三者細加推闡。凡文字解之至無可解，乃字形之根。純象形、指事字是所謂文。一面爲文字之根，一面又爲聲音之根，訓詁之根，形聲義三者實合而爲一，不可分離，故文爲形聲義之根。"① "文"作爲"形聲義之根"對漢字漢語關係具統領性作用，這就是黃季剛語言文字學術體系的總綱。

一 "文"爲文字之根

《說文解字·敘》："依類象形，故謂之文。形聲相益，即謂之字。字者言孳乳而浸多也。"季剛先生按："故獨體爲文，最朔之書也。合體爲字，後起之書也。"②"最朔"和"後起"交代了文和字才產生順序。這是從"書"——文字的形體產生的角度作出的論斷。黃季剛先生總結六書的孳生次第，"文"下分：一獨體象形指事字，二合體象形指事字，三變體字、複體、反文、倒文、省文之類；"字"下分：三變體字，四先出會意字，五形聲字，六後出會意字，七雜體字。③其中有四個"體"字：獨體、合體、變體、雜體，還有意、聲，這些都涉及"文"的組構功能。

《說文箋講》④中有"借體象形"，如：

借體象形，借一文："局（𠱾），一曰博，所目行棊。象形。按藉口。爲（𤓽），王育曰：爪象形也。按借爪。羽（羽），象形，按借彡。鳥（𠃉），象形，鳥之足似匕，從匕。"

段注"局"字一曰義："博當作簙。簙，局戲也。六箸十二棊，簙有局以行十二棊。局之字象其形。"段注"爲"字"爪"："王說全字象母猴形。"可見，上舉"借體象形"中的"借一文"，"文"既不表音，也不表意，唯以構形。而所構的形體實爲純實物象形字中的線條。應該屬於篆體的書寫單位，與構形單位不是一個層次。又如：

借體象形，又合一文："番，獸足謂之番。從釆，田象其掌。按借田。"

---

① 黃侃述，黃焯編：《文字聲韻訓詁筆記》，上海古籍出版社1983年版，第60頁。
② 同上書，第29頁。
③ 同上書，第42頁。
④ 黃侃著述，黃建中整理：《說文箋講》，華中師範大學出版社1993年版，第10頁。

· 341 ·

段注:"下象掌,上象指爪,是爲象形。許意先有来字,乃後從来而象其形,則非獨體之象形,而爲合體之象形也。"

這裡所說的"合一文","文"是象形符號,不表音,也不表意,唯以形體摹形。關於這種"文"的性質,黃季剛先生相關論述中說:

"象形、指事字中,有爲圖畫也,符號也。圖畫所以象形,符號所以表事,初皆尚簡,故爲獨體。"①

"圖畫所以象形,符號所以表事"交代出"文"的兩種功能。

"然物之形也易同,而象形之字不能同也。天中之日與樹間之果所圖不易別也,而象形之字必不可能率作○也。沙中之金與雨中之點不易分也,而率作,,亦必難識別矣。獨體象形有時而窮,於是進而衍爲合體象形,而象形之範圍廣矣。欲以名樹上之果也,乃畫果形以合於木,而果字出焉。欲以明將明之時也,乃畫日形升於地上,而旦字成焉。蓋萬物可象之形,有不可以獨體畫之者也。指事者,既以簡單符號以代複語,其不足用也固矣,況事不能盡以獨體表之者乎?方圓可指,大小不可指矣;大小可指,黑白不可指矣,於是進而爲合體指事焉。"②

爲表意明確,合體象形、合體指事產生,所謂"合體"其中由多種形體部件構成,一是成字的文,二是不成字的象形符號和指事符號兩種。

潘重規《說文》借體說:"原借體之例,蓋古人制字之時或取他字之體以象事物之形,據形雖曰成文,責實僅同符號,故同一'一'也,或藉以象天,或藉以貌地,處'皿'中則象血,居'夫'上則象簪⋯⋯是則所借之體因物寓形,與其本字之音義了不相涉,妄事比附,庸有當乎!"③

取"他字之體"的"文"實質是符號。象形符號是表形功能,指事符號是標示功能。因爲其不成字,所以其一定程度上表意,但形意不固定。季剛先生在《手批說文》頁眉用"從某文"類聚了許多這類符號,如第一卷"一"字頁眉列"从一"之"文"三十個。④

---

① 黃侃述,黃焯編:《文字聲韻訓詁筆記》,上海古籍出版社1983年版,第43頁。
② 同上。
③ 潘重規:《中國文字學》,三民書局股份有限公司2004年版,第193頁。
④ 黃侃:《黃侃手批說文解字》,上海古籍出版社1987年版,第33頁。

第四章　從《說文同文》看黃季剛語言文字學研究轉型特色

黃季剛先生在《說文略說・論文字製造之先後》提出的由文入字中間必經過的半字一級，包括合體象形、合體指事、省變、兼聲、複重等，都是在文"的基礎上形成，季剛先生界定說："此種半字，即爲會意、形聲之原。"除省變外，其餘幾種都是由部件組合而成，部件類型分形、聲、義、標四種。如：

合體指事：叉彐：彐（義）+ 一（標）

合體象形：朵枀：朩（義）+ 乁（形）

兼聲如：内肒：乚（形）+ 九（聲）

複重如：卅阴：⺕（義）+ 彐（義）

《說文綱領》："形聲、會意字皆合體，意其所生，必在初文備具之後，何則？江之字之爲形聲，從水工聲，工、水皆初文也，不有工、水，無以成江，則江字之造皆後於工、水矣。武之字爲會意，從止從戈，止、戈皆初文也，不有止、戈，無以成武，則武字之造必後於止、戈矣。"①

在形聲、會意字中，初文是聲、義功能構件。

"會意、形聲已成字矣，或又加以一文，猶留上古初造字之痕跡。……今爲定其名曰雜體。"如：

龍龖：𠃌（義）+ 龏（聲）+ 𠃊（形）

牽蕳；屮（義）+ 𠃊（聲）+ 𠂉（形）

從以上分析看出，"體"中包含形、標、義、聲四種功能部件，形、標是非字部件，其中有相當一部分由"文"充當象形、標示符號。這四種功能部件雖然是從《說文》中得出的，但有普遍的適用意義。

王寧先生在《漢字構形學導論》中說："現代人對'六書'有五花八門的分析講解，其實都難以超出許慎《說文解字・敘》的論說和章太炎對此的詮釋。'六書'所以能統帥漢字構形分析千年以上，主要是它的結構－功能分析法適合表意文字形體結構的特點。傳統'六書'不應當拋棄，而應當爲漢字構形學的總結提供一種合理的思路。"②

黃季剛先生"文—半字—字"漢字演進序列正是對這種合理思路的揭

---

① 黃侃述，黃焯編：《文字聲韻訓詁筆記》，上海古籍出版社1983年版，第78頁。
② 陸宗達、王寧：《訓詁與訓詁學》，山西教育出版社1994年版，第11—12頁。

示，根據章黃的思路分析小篆，得出的結論是"小篆具有一批數量有限的基礎元素，將這些元素依層次對小篆進行組構，實現了字際關係的有序性。"①這正是"文"作爲"文字之根"對生成有序的漢字序列的貢獻。

二 "文"爲聲音之根

聲音在黃季剛先生語言文字體系中佔有舉足輕重的作用。究其原因，一方面是由於語言文字要素產生順序，一方面是由於聲音在語言文字發生和發展過程中的統攝作用。

《論斯學大意》："小學分形、音、義三部。……三者之中，又以聲爲最先，義次之，形爲最後。凡聲之起，非以表情感，即以寫物音，由是而義傳焉。聲、義具而造形以表之，然後文字萌生。昔結繩之世，無字而有聲與義；書契之興，依聲義而構字形。如日月之字，未造時，已有日月之語。更分析之，聲則日月，義表實缺；至造字時，乃特製日月二文以當之。因此以談，小學徒識字形，不足以究言語文字之根本。"②從這段話可以看出，聲音處於語言初起階段，屬於語言構成要素，文字作爲記錄語言的符號系統，承載了語言中的聲和義，依據文字記錄的聲義，可以探求語言發生系統，把握語言使用規律。如前所引兩種"求本字"，因會意、形聲求本字，是在找文字形體之根；以假借求本，以本字求語根，要從音根著手，音聲多變而不易得，但"凡言變者，必有不變者以爲之根。由文字以求文字，由語言以求文字，固非求本字不可也"。③

求本字"不變之根"，就是造字之初形聲義相應的"文"。"由文字以求文字"主要體現在造字時假借造成的同文異用、一字多音上。"由語言以求文字"主要體現在以形聲保留的語言的聲義系統上。這二者之間不僅體現出用字和造字的相承關係，更重要反映出音聲之根在語言系統中的重要作用。

（一）同文異用

《古文一字兩用》："古文有一字而兩用者。如𩫏，城郭，城墉。坐，讀

---

① 陸宗達、王寧：《訓詁與訓詁學》，山西教育出版社1994年版，第14頁。
② 黃侃：《黃侃論學雜著》，中華書局1964年版，第93頁。
③ 黃侃述，黃焯編：《文字聲韻訓詁筆記》，上海古籍出版社1983年版，第55頁。

第四章 從《說文同文》看黃季剛語言文字學研究轉型特色

汪。封之古文。𢆯，申，玄，糸。屮，郊冂。墉之古文。蓋古文異字同體者多，同形異義者衆也。"①"同體""同形"而"異義""異字"，聯繫這幾個表述和所舉字例可以看出，所謂初文一字兩用，指同一個字形履行不同的記錄功能，記錄不同的音和義。依類象形謂之文，造字初期象形、指事諸文源於圖畫，尚未成爲語言符號時，音義尚未約定俗成，一文一義還没有固定下來。

《論文字製造之先後》："一𢆯也，既以爲玄之古文，又以爲糸之古文；一丨也，既以爲上行之進，又以爲下行之退；同文異用，叚借之例又行矣。"②《初文音義不定於一》："蓋初期象形、象事諸文，只爲事物之象徵，而非語言之符識，故一文可表數義。如《說文》中古文以爲艸字；疋古文以爲《詩·大疋》字，亦以爲足字；如亥之古文與豕爲一，玄之古文與申實同。惟其一文而表數語，則不得不別其聲音，此聲母所以有多音之論也。"③這裡所說的初文多種音義"一文數語"是由於造字時同形異用形成的，文字和語言的關係還没有完全對應。而"一文數語"不僅僅限於同形異用，與"名無固宜""古文一字兩用"密切聯繫。"同文異用"實爲借用相同的形體記錄不同的音義，和同音假借不同。其直接結果即導致一字多音。這樣從造字階段就解決了形聲字同聲符不同音的問題："一字多音之理，在音學上必須詮明，而後考古始無窒礙。……凡《說文》聲子與聲母不同者，皆可由此得其解說。……古人于象形指事字多隨意指稱，不以聲音爲限。"④"不以聲音爲限"即是同文假借和同音假借的根本性質不同。

（二）形聲字聲符多音

《推求古本音之法》："《說文》形聲，此造字時本音，最爲可信，後世雖有變遷，不得執後以疑古。"⑤季剛先生利用形聲字論證語音變遷問題，從造字角度聲符字和形聲字聲音應該相同，但聲符字和形聲字常常不一致，如《論據說文以考古音之正變上》所引"多"聲、"爲"聲的形聲字：

---

① 黃侃述，黃焯編：《文字聲韻訓詁筆記》，上海古籍出版社1983年版，第50頁。
② 黃侃：《黃侃論學雜著》，中華書局1964年版，第4頁。
③ 黃侃述，黃焯編：《文字聲韻訓詁筆記》，上海古籍出版社1983年版，第204頁。
④ 同上書，第52頁。
⑤ 同上書，第143頁。

"多之爲聲，兼入喉、舌"：䔟、蓫、迻、逐皆從多聲而入影；哆、疼則入端；胗、侈、銐、誃、袳、垑則入穿。

"爲之爲聲，兼入喉、牙"：蔿、鷈、癘、闈，皆從爲而入爲；隔、撝則入曉；䁲則入見；訛、僞則入疑。

季剛先生認爲一字多音說避免了古音學發展過程中的偏執："執字有定音，拘於韻部，偶有異同，則別立名目；是故有叶音之說，有合聲之說。其煩碎者，又多立稱號，徒使人眩亂而不得其真。"①這不僅爲同聲符字的異讀提供了理論支撐，而且爲語詞尋根探源提供了可靠依據。從源頭看，形聲字聲符多音，是由於充當聲符的象形指事字最初音義不定於一"緣初期象形指事字音義不定於一，一字而含多音，一形而包數義。"②形聲字聲符多音現象疊韻互音體現更爲明顯。

《疊韻互音》："疊韻字往往互音，如旚、旐一語，則膘可有喉音。《說文》：'膘，牛脅後髀前合革肉也。从肉，奥聲。讀若繇。'敷紹切。即今之脂油字。"③"所謂疊韻互音，就是作爲疊韻連綿詞的兩個字中的一個字的讀音可以讀成這個連綿詞中的另一個字的讀音。"④"旚、旐"一語，處於語言自然音聲語音構詞階段，疊韻連語"旚旐"記錄同一個詞，漢語兩音節記錄的是一個詞的緩讀。兩音節互音。到了異語階段，兩個音節分別記錄相關的兩個音義，如《說文·㫃部》："旚，旌旗旚繇也。从㫃奥聲。""旐，旌旗之流也。从㫃攸聲。""票"古幫母，攸，古喻母。段玉裁注："繇今之搖字，小徐作搖。旚今字作飄。飄搖行而旚繇廢矣。《廣成頌》曰：羽旄紛其髟鼬。髟鼬即旚搖之叚借字也。"這是分字釋連語，實際是望文生訓，並未能交待"旚繇"一詞的源頭。朱駿聲通訓定聲："（旚繇）亦疊韻連語。"黃季剛《雙聲疊韻字雖不可分別解釋然各有其本字》："雙聲疊韻之字誠不可望文生訓，然非無本字，而謂其義即存乎聲，即單文觭語義又未嘗不存乎聲也。自王君而來，世多謂雙聲疊韻之字無本字，則其所誤者大矣。今謂凡疊字及雙聲疊韻連語其根柢無非一字

---

① 黃侃：《黃侃論學雜著》，中華書局1964年版，105頁。
② 黃侃述，黃焯編：《文字聲韻訓詁筆記》，上海古籍出版社1983年版，第183頁。
③ 同上書，第101頁。
④ 龐光華：《上古音及相關問題綜合研究——以複輔音聲母爲中心》，暨南大學出版社2015年版，第361頁。

第四章 從《說文同文》看黃季剛語言文字學研究轉型特色

者。"①"存乎聲"的本字即言語音聲之根。同語同音根,故"疊字及雙聲疊韻連語其根柢無非一字者。"

以上這段話推理分三步:

其一,由"疊韻互音""旚、旐一語"而推知,疊韻連語"旚旐"是緩讀,旚、旐互音,聲符"票"最初有唇音和喉音兩種讀音。

其二,由"膘,讀若繇"知"膘可有喉音"。《說文·肉部》:'膘,牛脅後髀前合革肉也。从肉,㶠聲。讀若繇。'"王筠句讀:"當作讀若旚繇。""此類詞語,嘗無定字。"②"旚"字段注交代出旚旐又作旚繇、飄搖、髟鬣多個詞形。正體現了詞無定字。《說文·火部》:"㶠(票),火飛也。"段注:"漢有票姚校尉、票騎將軍。票姚,荀悅漢紀作票鷂,服虔音飄搖,小顏二字皆去聲,非古也。平聲者古音,去聲者今音耳。"錢坫《說文解字斠詮》:"旚繇即飄繇也。霍去病爲飄姚校尉亦以此得稱。"十七歲的霍去病被漢武帝任命爲驃姚校尉,故霍去病又稱霍驃姚。"驃姚"即"飄姚",本字爲"旚旐",以旌旗飄揚命名。驃姚、飄姚、飄搖、髟鬣,其根底無非一字,即疊韻連語"旚旐"。

其三,因聲符多音,"膘可有喉音",以聲音爲條件,明確"膘"即"脂油"之"油"的本字。《說文·水部》:"油,水。出武陵孱陵西,東南入江。"段注:"俗用爲油膏字。"季剛先生謂"膘,即今之脂油字。"指出脂油的油,本字爲膘。

(三)形聲字聲符正例與變例

與宋代學者以漢字本體爲基所主張的"一體主義一體主聲"謂之正,聲兼義謂之變的觀點相反,黃季剛先生以語言爲基,以聲兼義爲正,聲不兼義爲變:"凡形聲字以聲兼義者爲正例,以聲不兼義者爲變例。蓋聲先于文,世界通例;聞聲喻義,今昔所同。江从工聲,不可易以言河,猶河从可,不可易以言漠也。聲有所受,義亦隨之。其所重在工可之聲,而不在从水也。"③"以聲兼義爲正",聲符成爲語言聲義傳承資訊的承載者,季剛先

---

① 黃侃述,黃焯編:《文字聲韻訓詁筆記》,上海古籍出版社1983年版,第228頁。
② 同上書,第101頁。
③ 同上書,第79頁。

生舉"祀"字爲例。《說文·示部》:"祀,祭無巳也。从示巳聲。禩,祀或从異。"用爲干支字的"巳"爲終巳義,《說文·巳部》:"巳,巳也。四月,易氣巳出,陰氣巳臧,萬物見,成玟彰,故巳爲它,象形。"段注:"漢人巳午與巳然無二音,其義則異而同也。"漢人以地支與月份相配,又與《易經》十二辟卦相對應。冬至所在的十一月爲子月,一陽生,四月與巳相配,六個陽爻成乾卦,陽氣至極,桂馥義證引宋毛晃曰:"陽氣生於子,終於巳。巳者,終巳也。""巳"字取形于蛇,段注:"其字像蛇,則象陽巳出陰巳藏矣。""終巳"義引申爲巳然義,最初同音同形,後來別音別形。徐灝"祀"注箋:"辰巳之巳即巳然之巳,古無二音,故祀姒耜等字皆讀詳裡切。今人讀若肆之濁聲者,音轉也。"從終巳義到巳然義,"祀"許釋"祭無巳",段玉裁注:"析言則祭無巳曰祀。从巳而釋爲無巳,此如治曰亂,徂曰存,終則有始之義也。"這說明"祀"義由聲符義引申而來,反義爲訓。聲符"巳"形音義相符,音義同條,成爲音義傳承的鏈條,季剛先生按:"祀字古只作巳,巳本義爲巳止,借義爲祭無巳,迨既造祀字,與巳別行而借義遂廢矣。蓋自巳兼祀義言之,則爲假借;自別造祀字言之,則爲轉注,字祀字从巳聲言之,則爲形聲,取義不殊而三者之用備矣。"①這裡的"假借",就是以本字兼記引申義,孳乳分化,以原字爲聲符添加意符形聲造字產生"祀"字,聲符"巳"形音義相合,爲音義傳承的血脈。"祀"重文"禩",段注:"禩字見於故書,是古文也。篆隸有祀無禩,是以漢儒杜子春、鄭司農不識,但云當爲祀,讀爲祀,而不敢直言古文祀,蓋其愼也。至許乃定爲一字。至魏時乃入三體石經。古文巳聲、異聲同在一部,故異形而同字也。"巳、異同音,季剛先生按:"至祀之或體从異聲作禩者,此借異爲巳,以明假借之法也。"②"巳"爲本聲符,"異"謂借聲符,本聲符形音義相合,借聲符僅是音義相合。沈兼士稱形音義相合的聲符爲音符,僅是音義相合的聲符爲音素。

《文字聲韻訓詁筆記·右文說之推闡》引沈兼士曰:"有同聲之字而所衍之義頗有歧義者,如非聲字多爲分背義,而菲、翡、痱字又有赤義。……其故蓋由單音之語一音素孕含之義非一,諸家於此輒謂凡从某聲者皆有某義,

---

① 黃侃述,黃焯編:《文字聲韻訓詁筆記》,上海古籍出版社1983年版,第79頁。
② 同上。

第四章　從《說文同文》看黃季剛語言文字學研究轉型特色

不加分析，率而牽合。執其一而忽其餘矣。"① 音符是形音義相合的記音字元，而音素是依聲托事、歸本於聲音的記音字元，二者不同功能不同層次："蓋音素者，語言之本質；音符者，字形之跡象。音素即本真，而音符有假借。"② 所謂"語言之本質"，指音素是語言的組成要素，"依聲托事"，聲義約定俗成，但還不成系統，相承保留了"名無固宜"語言初起階段的特點，同一種聲音可以表達不同的意義。其後，形聲造字，同聲符但音義傳承鏈不同。音素處於語言的層次，音符處於文字的層次，語言早於文字。"凡從某聲者皆有某義"是以聲符的音義同條相貫，而與聲符意義無關而同條相貫是建立在"依聲托事"基礎上，黃季剛先生歸納爲兩種原因："章說謂同音之字取義於彼而見形於此者往往而有，非可望形爲驗。其說誠然。推究其理，蓋不外二途：或緣音近，用代本字；或本無字，只表音素。前者即通借之法，可依右文之義以求本字；後者則依聲托事，而歸本於聲音。"③ 有本字的通借是依據語音條件音借以記錄他詞，是聲符假借問題；無本字的音素是造字之初的語音以聲符爲記音符號。音符和音素都可以承載聲義傳承資訊。我們以"非"聲字說明這個問題。

《說文·非部》："非，韋也。从飛下翄，取其相背也。"段注："非以相背爲義，不以離爲義。謂从飛省而下其翄。翄垂則有相背之象。故曰非，韋也。"

《說文·牛部》："犇，兩壁耕也。从牛非聲。"段注："兩辟耕謂一田中兩牛耕，一從東往，一從西來也。……此形聲包會意，非从飛下翄，取其相背"。

《說文·言部》："誹，謗也。从言非聲。"段注："誹之言非也，言非其實。"

以上一組字，以"非"聲義貫穿。"非"既是音符，又是音素。

《說文·艸部》："菲，芴也。"《爾雅·釋艸》："菲，蒠菜也。"郭璞注："菲草生下濕地，似蕪菁，莖紫赤色可食。"

---

① 黃侃述，黃焯編：《文字聲韻訓詁筆記》，上海古籍出版社 1983 年版，第 213—214 頁。
② 同上。
③ 同上書，第 213 頁。

· 349 ·

《說文·羽部》:"翡,赤羽雀也。出郁林。从羽非聲。"

《說文·疒部》:"疿,風病也。"義爲中風偏癱。《玉篇·疒部》:"疿,熱生小瘡。"《素問·生氣通天論》:"汗出見濕,乃生痤疿。"王冰注:"疿,熱癮也。"張志聰集注:"疿,如小疹之類。""疿"後作"痱"。《廣韻·賄韻》:"痱,痱瘡。皮外小起。"又:《未韻》:"痱,熱瘡。"又《微韻》:"痱,小腫。"《正字通·疒部》:"夏季煩熱所發。"痱即痱子,一種夏令常見的皮膚病。由於皮膚不潔、出汗不暢引起。表現爲密集的紅色或白色小疹。易發於額、頸、上胸、肘窩等多汗部位。有刺癢和灼熱感。

以上一組字,以"非"爲聲,但記錄的是"赤"義。"非"屬於音素的承載體。

上面"非"聲,聲符"非"有兩種性質,一是形聲義相合的音符,以音符聲義同條相貫,系統傳承,我們可稱之爲本音符;音素"依聲托事,歸本於聲音",是語言產生時的音根層次,雖然音義同條相貫,但聲符字形與音義不統一,我們可稱之爲借音符。黃季剛先生指出:"清世自戴震創求本字之說,段玉裁注《說文》遂一意推求本字。惟本字、本義實不易斷。如一通假字,既指一文爲本字矣,雖更一文,以爲本字,亦可成立。緣初期象形指事字音義不定於一,一字而含多音,一形而包數義,如意義推尋,亦難指適。且古時一字往往統攝數義,如拘泥於一形一義,而不知所以通之,則或以通義爲借義。"[1] "近世古音師往往執古音無變之論,不得不說古一字止一音。……此說之弊最先可見者,即不能解釋《說文》形聲之理。"[2]

《說文》形聲字承載的是造字時的聲音。季剛先生在《說文綱領》中說:"凡形聲字以聲兼義者爲正例,以聲不兼義者爲變例。蓋聲先于文,世界通例;聞聲喻義,今昔所同。"[3] 造字之前的音是音素,"依聲托事",聲義關係多途,保留了"名無固宜"語言初起階段的特點,"文"作爲聲符兼具音素和音符兩種性質,是音根的依託,音素聲義同條,在語言層面;音符形、音、義結合,在文字層面。

---

[1] 黃侃述,黃焯編:《文字聲韻訓詁筆記》,上海古籍出版社1983年版,第183頁。
[2] 同上書,第52頁。
[3] 同上書,第79頁。

第四章 從《說文同文》看黃季剛語言文字學研究轉型特色

三 "文"爲訓詁之根

古代一名之設,容含多義,"蓋字雖與時俱增,而義類固屬有限。是則初文爲字形、字義之根本,實一字而含多義矣。"①

黃季剛先生主要從三個角度探討字義關係:

一是從詞義角度,從"名義相依"到詞義引申。"名義相依"指最初造字時初文記錄詞義的狀態。

《訓詁概述》:"古曰名,今曰字,名必有義即訓詁之根源。……名義相依,名多而義少。……蓋字雖與時俱增,而義類固屬有限。是則初文爲字形、字義之根本,實一字而含多義矣。"②一字多義,圍繞字的本義形成"義類",應社會需求和表達需要,"義類"細分,本義發展出後起義,隨至一字數義,後分化孳乳,多以形聲造字,形成義衍同源字詞系統。《以聲韻求訓詁之根源》:"本義進至後起義,一字之孳乳也。一字之義,初本不多,迨乎人事既緐,一義不足,於是引申推演之法興,而一字數義矣。《說文》列字多載本義,然後起之義,亦間載之。而本義晦矣。故欲推其本義,不外求之形、求之聲也。因流以探其源,因數以定其母,皆音韻之功也。"③

"源""流"即指義衍同源詞系統,"子""母"指聲符和形聲字之間的音義相因關係。引申義衍分化,形聲造字呈現出同源系統的層次性。

二是從訓釋角度,強調"古無訓詁書,聲音即訓詁。"④"故文字之訓詁必以聲音爲綱領,然則聲訓乃訓詁之真源也。"⑤漢代小學專著大量運用聲訓,雖然科學性、系統性、理論性有待加強,但大量的聲訓材料說明當時學者對漢語聲義關係已經有了較充分的理解和把握。清代古音學大昌,從段玉裁立足諧聲求聲義系統,到王念孫"引申觸類,不限形體",因聲求義,伴隨著聲義系統理論的總結和方法的提升,聲訓有了更深廣的用武之地。

《以聲韻求訓詁之根源》:"名必有義,而義必出於音,知聲、訓固同條也。若《說文》以聲訓者如天、顛;帝,諦之類猶難悉數。蓋古時文言合

---

① 黃侃述,黃焯編:《文字聲韻訓詁筆記》,上海古籍出版社1983年版,第180頁。
② 同上。
③ 同上書,第193頁。
④ 同上書,第180頁。
⑤ 同上書,第193頁。

黃季剛《說文同文》研究

一，聞聲即可知義。至時有古今，而音有轉變，猶地有南北，而轉多歧異。地遠須經翻譯，時遠須有訓詁，此訓詁之所由生也。"①

《說文・一部》："天，顛也。至高無上，从一大。"段注："天顛不可倒言之，蓋求義則轉移皆是。舉物則定名難假，然其爲訓詁則一也。顛者，人之頂也，以爲凡高之偁。始者，女之初也，以爲凡起之偁。然則天亦可爲凡顛之偁。臣于君，子于父，妻于夫，民於食皆曰天是也。"所謂"天顛不可倒言"，是說這兩個詞意義並不完全對等，不能互訓。一條訓釋，兩個層次，兩種詞義。天之訓爲顛爲聲訓，從詞彙意義來說，"天"有"天空"和"顛頂"兩個義項，"古者直以天爲首，在大字中則以天爲最高，在人身中則首爲最高，此所以一言天而可表二物也。""最高"即"顛"義，是從空間位置角度說明了"天空"與"顛"共同的特點。季剛先生給這組字定位呈現出層次性，一是天、顛音轉變易，最初是一個字，《說文》不言其同，吾儕驟視亦莫悟其同也。""《說文》不言其同"是說在《說文》時代兩個字已經各自表意，分化爲兩個詞。最初音轉屬於聲轉義轉變易，其後義衍分化，屬於聲義同條孳乳，從變易到孳乳，從同詞到異詞，漢語聲義系統日臻完善。

三是從名事關係角度。季剛先生主要分兩個角度談"名""事"關係問題。一是理順源流，從時間鏈條上續接名事關係：

"名事同源，其用不別。名者，名詞；事者，動詞、形容詞。凡名詞必皆由動詞來。如'羊，祥也。''馬，武也。'祥、武二字雖爲後制，而其義則在羊、馬之先，故古時當以羊代祥、以馬代武也。……蓋古代一名之設，容涵多義，凡若此者，其例實多矣。"②這裡重點交待了兩方面內容。首先是兩種截然相反的產生順序，其一是文字產生順序，"名"在"事"前，"名"即名詞，最初造字，依類象形，故象形初文爲最初產生的字形，如羊、馬。其二是語言發生順序，"事"在"名"前。"事"即動詞、形容詞，語言產生於文字之前，人類最早的語言交流，是官形感觸而擬聲，所以動詞、形容詞意義應產生在名詞之前。其次，所謂"名事同源"，"名""事"區分是語言發展的結果，最初源于初文一名多義，依音義孳乳分化。"同源"表明二者

---

① 黃侃述，黃焯編：《文字聲韻訓詁筆記》，上海古籍出版社1983年版，第193頁。
② 同上。

第四章 從《說文同文》看黃季剛語言文字學研究轉型特色

之間源流相系的規律。二是溯本求原,從文字根源回溯音聲根源。

"求其根源,……三以名與事之法推之者。太古人類本無語言,最初不過以呼號感歎之聲表喜怒哀樂之情,由是而達於物,於是見水之流也,則以潨潨、泄泄之聲表之;見樹之動也,則以瀟瀟、索索之音表之,然則感歎之間故爲語言真正根源。而亦即文字遠溯之祖。故名詞由是生焉。動詞由是生。……故名詞者,乃由動詞、形容詞擇一要義以爲之名,而動詞形容詞者亦即名詞之根源也。故求文字之根源,當推諸虛字;求虛字之根源,當自音聲。則三者始終不離乎音韻也。"①

"文字遠溯之祖"即語言。"以呼號感歎之聲表喜怒哀樂之情"是語言未發生時的狀態,虛字是"以音聲表之"的感歎擬物詞。以疊音詞表示水流和樹動,說明季剛先生認爲語言最早當起於擬聲名物,起初是動詞、形容詞,最後才"達於物"產生名詞。依類象形,隨體詰詘,才產生初文。從初文一字多義,到聲義同條、名事分化,是語言發展、文字孳乳、系統衍生的過程,其中蘊含了人類思維規律和語言分化規律。

四 黃季剛"本字"實質

通常本字的界定標準常設以下幾個參項。一是以《說文》爲本字依據;二是以假借字與本字相對應;三是以文獻詞義爲本借溝通的立足點。下面以段玉裁《說文解字注》說明這個問題。

《說文解字·敘》注主要從兩方面闡釋本字。一是本字形體承載本義本音。"雜廁"注:"許君以爲音生於義,義箸於形。聖人之造字,有義以有音,有音以有形。學者之識字,必審形以知音,審音以知義。聖人造字實自像形始,故合所有之字,分別其部爲五百四十,每部各建一首,而同首者則曰凡某之屬皆从某。於是形立而音義易明。"②這裡闡釋許慎音、義、形生成次序,說明造字和識字的次序相反。強調"形"是深入音義的關鍵。這正是段玉裁界定《說文解字》爲"形書"的依據。

二是本字本義是判別借字借義的依據。從本形趨入本音本義。形是字的

---

① 黃侃述,黃焯編:《文字聲韻訓詁筆記》,上海古籍出版社1983年版,第193頁。
② 段玉裁:《說文解字注》,上海古籍出版社1988年版,第764–765頁。

本體。本字承載音義，制字之本字昭然可知，經典假借援之以定。

"假借"段注："許之爲是書也，以漢人通借緐多，不可究詰，學者不識何字爲本字，何義爲本義。雖有倉頡、爰曆、博學、凡將、訓纂、急就、元尚諸篇，揚雄、杜林諸家之說，而其篆文旣亂雜無章，其說亦零星間見，不能使學者推見本始，觀其會通。故爲之依形以說音義，而制字之本義昭然可知。本義旣明，則用此字之聲而不用此字之義者，乃可定爲叚借。本義明而叚借亦無不明矣。"①

段玉裁以"本字"釋字在《說文》段注中共 68 例，除少數幾例以《說文》本字對應俗語俗字，其餘都是在明確經典本詞的基礎上，判別本字和假借字，如：

《說文·攴部》："敂，禁也。"段注："《說文》禦訓祀。圉訓囹圄，所以拘罪人。則敂爲禁禦本字，禦行而敂廢矣。"

《說文·邑部》："鄒，周邑也。"段注："按《春秋》經、《左傳》、《國語》、《史記》、《逸周書》、《竹書紀年》，凡云祭伯、祭公謀父，字皆作祭。惟《穆天子傳》云鄒父。注云：'鄒父，祭公謀父。'鄒者本字，祭者假借字。"

《說文·夂部》："㞢，風寒也。"段注："《豳風·七月》'一之日觱發'。傳曰：'觱發，風寒也。'按觱發皆叚借字，㞢冹乃本字。"

以上例子說明，段玉裁本字的立足點在漢字本體，依形以定音義；本字是經典本詞假借字的參照項，形義關係是判別本字的首選標準。這個趨入點成爲本字界定的主流，如《訓詁與訓詁學》："作爲表意文字的漢字，在造字初期是據義繪形的，所以，漢字的字形可以直接用它記錄的詞的意義來解釋，這就是許慎在《說文解字·敘》里所說的'厥意可得而說'，專爲記錄某詞並據這個詞的原始意義而造的字，稱作這個詞的本字。"②這個界說有兩個層次的界定。一是據義繪形，專爲記錄某詞，區分了漢字本體與其記錄功能，詞是音義結合體，從這個角度界定本字遵循的是形音義綜合分析、漢字本體與功能相結合的思路。二是突出據意造字，緊緊圍繞漢字的表意性這個

---

① 段玉裁：《說文解字注》，上海古籍出版社 1988 年版，第 757 頁。
② 陸宗達、王寧：《訓詁與訓詁學》，山西教育出版社 1994 版，第 410 頁。

第四章　從《說文同文》看黃季剛語言文字學研究轉型特色

根本，本字與本義嚴格對應。以形定本、以詞固本，立足於個體漢字，是點狀分析。

黃季剛先生所言之本字是從形音義綜合的角度提出的："凡言假借者，必有其本，故假借不得無根，故必有其本音、本形、本義在其間也。引申者由此而出，假借者則本無關係，蓋古者因倉促無其字，而以同音之字代之也。"① 造字之初形音義相合爲本字，季剛先生認爲造字時有假借，是故在漢字產生層次，假借的本字是形音義相合的。具體文獻中，同音替代，造成形與音義相脫節。"字之正假，只論聲義，不論字形。凡假字必有正字以爲之根。蓋造字時之假借，全用同音同義之例。鄭康成云：'倉促無其字，故以他字代之。'實則同聲同義之故。非如後世寫別字者可比。"②

可見，造字時之假借只論聲義，借用"他字"形體，使形體脫離音義；透過假借找尋本字，就是要恢復到假借的根，使本音、本義、本形相統一。而順著聲音軌跡找尋形義相合的本字，就是在恢復漢字形音義統一的起始格局。因此，通常以形義標準作爲判斷本字的標準，是建立在"依聲托事"前提基礎上，實質上也是形音義三合。季剛先生所言之後世"別字"等同於段玉裁在《說文解字·敘》注中提到"假借三變"中的第三變"後代訛字亦得自冒於假借。""別字"是另外的字，"訛"字是錯訛字，只是順著聲音的線索找到的同音替代符號，偏離了形聲義相合的軌道。

季剛先生將"本字"界定爲與聲義相應的象形指事字，這個界定立足於形音義統一的原理，綜合分析，區分層次和功能，把握住初文作爲形音義之根統攝漢語漢字這個總綱。側重於形義相合和形音義統一兩種本字界定標準，根本區別在於"單獨之本，本字是也；共同之本，語根是也。"③ "單獨之本"只關注個體漢字的形義是否相合，經典文獻中的本、借通用立足於這個角度；"共同之本"關係到語言文字的系統和根源，文字在聲義鏈條上繁衍屬於這個角度。因此，文字變易、孳乳要系"同文"，語言分化和變轉也僅僅圍繞"文"這一形聲義之根，這就是黃季剛先生所謂"小學徒識字形不

---

① 黃侃述，黃焯編：《文字聲韻訓詁筆記》，上海古籍出版社1983年版，第56頁。
② 同上書，第34頁。
③ 同上書，第60頁。

· 355 ·

足以言語言文字根本"的實質。

結　語

　　"學問文章，當以四海爲量，以千載爲心，以高明廣大爲貴。"①站在傳統與現代接軌的學術門檻上，季剛先生以超越往古、放眼未來的胸懷，將漢字、漢語的研究提高到綜合研究、源流相系、系統傳承的高度，使傳統語言文字學在新的學術高度和平臺上煥發出生機和魅力。《說文同文》正是這樣一個銜接傳統和現代的平臺。

　　通過對《說文同文》意義關係、聲義關係、聲義網絡的梳理和探討，關於黃季剛先生的語言文字觀，應該進一步明確以下幾點：

　　1. 黃季剛先生具有明確的語言、文字歷史發展觀念，分化語和轉語屬於語言層次，變易和孳乳屬於文字層次，這兩個層次既同步又各具特點，不能混同。

　　2. 黃季剛先生具有清晰的文字辯證發展觀。"轉注、假借爲中國文字盈虛消長之法，如鳥之兩翼，車之兩輪也。"②站在傳統和現代接軌的銜接點上，季剛先生跨越千古，從更高的歷史平臺、更寬廣的視角整體關照中國語言文字。

　　3. 在章黃語言文字系統中，"文"佔有舉足輕重的地位。"文"是音根、義根、形根，是語根所依，是語言系統發展的統繫。"文"又是形音義之根，是字根，是把握文字產生和文字使用的綱領。《說文同文》展示了從文字趣入語言、從小學趣入經學的門徑。

　　4.《訓詁與訓詁學·前言》："陸先生在 60 年代就告誡我們：要'先接受師承，再廣泛吸收；先弄懂前人，再加以評判。'……我們從自己的切身

---

　　① 殷孟倫：《談黃侃先生的治學態度和方法》，《量守廬學記》，生活·讀書·新知三聯書店 2006 年版，第 40 頁。
　　② 黃侃述，黃焯編：《文字聲韻訓詁筆記》，上海古籍出版社 1983 年版，第 56 頁。

第四章 從《說文同文》看黃季剛語言文字學研究轉型特色

體會中認識到，對中國的傳統語言學，先要認真讀懂，才有可能繼承。也只有在讀懂基礎上的批判，才可能掌握分寸，而不是輕率地全盤否定。"[1]以黃釋黃，重在闡釋，着力求真，以其人之原材料，構建其人之體系。非敢妄以今人之見竄亂。解釋完備才能明是非。同一術語，不同語境，不同指稱，這不僅是黃季剛先生的風格特點，更是傳統語言學的共性問題。是故非敢斷章取義，力圖在客觀分析中明真意。這就是本課題孜孜以求的目標。

---

[1] 陸宗達、王寧：《訓詁與訓詁學》，山西教育出版社1994年版，第2—3頁。

參考文獻

（一）工具書類

劉賾：《說文古音譜》，中華書局 2013 年版。

王力：《同源字典》，商務印書館 1982 年版。

徐中樞主編：《漢語大字典》，四川辭書出版社 1995 年版。

宗福邦主編：《故訓匯纂》，商務印書館 2003 年版。

（二）專著類

段玉裁：《說文解字注》，上海古籍出版社 1988 年版。

華學誠：《揚雄方言校釋匯證》，中華書局 2006 年版。

黃侃：《黃侃論學雜著》，中華書局 1964 年版。

黃侃：《黃季剛先生遺書・批注說文》，台灣石門圖書出版公司 1980 年版。

黃侃：《黃季剛先生遺書・手批文始》，台灣石門圖書出版公司 1980 年版。

黃侃箋識，黃焯編次：《說文箋識四種》，上海古籍出版社 1983 年版。

黃侃述，黃焯編：《文字聲韻訓詁筆記》，上海古籍出版社 1983 年版。

黃侃：《黃侃聲韻學未刊稿》，武漢大學出版社 1985 年。

黃侃：《黃侃手批說文解字》，上海古籍出版社 1987 年版。

黃侃：《黃侃手批說文解字》，上海古籍出版社 1987 年版。

黃侃著述，黃建中整理：《說文箋講》，華中師範大學出版社 1993 年版。

黃侃：《黃侃國學講義錄》，中華書局 2006 年版。

黃侃：《黃侃手批說文解字》，中華書局 2006 年版。

黃侃著，黃焯整理，黃延祖重輯：《說文箋識》，中華書局 2006 年版。

黃孝德：《黃侃小學述評》，武漢大學出版社 2005 年版。

黃易青：《上古漢語同源詞意義系統研究》，商務印書館 2007 年版。

李圃：《古文字詁林》第十冊，上海教育出版社 1994 年版。

李運富：《漢字學新論》，北京師範大學出版社 2002 年版。

李運富：《漢字漢語論稿》，學苑出版社 2008 年版。

陸宗達、王寧：《訓詁與訓詁學》，山西教育出版社 1994 年版。

陸宗達：《說文解字通論》，北京出版社 1981 年版。

馬敘倫：《六書解例》，商務印書館 1933 年版。

孟蓬生：《上古漢語同源詞語音關係研究》，北京師範大學出版社 2001 年版。

潘重規：《中國文字學》，三民書局股份有限公司 2004 年版。

龐光華：《上古音及相關問題綜合研究——以複輔音聲母爲中心》，暨南大學出版社 2015 年版。

王鳳陽著，張世超修訂：《漢字學》，吉林文史出版社 1986 年版。

王鳳陽：《古辭辨》（增訂版），中華書局 2012 年版。

王筠：《說文釋例》，中華書局 1987 年版。

王寧：《漢字構形學導論》，商務印書館 2015 年版。

王寧：《訓詁學原理》，中國國際廣播出版社 1996 年版。

王先謙：《釋名疏言征補》，上海古籍出版社 1984 年版。

王引之：《廣雅疏證》，中華書局 2004 年版。

王玉堂：《王玉堂語言文字學研究與書畫集》，湖南師範大學出版社 2012 年版。

章太炎：《文始》，浙江圖書館校刊。

章太炎：《章太炎全集》（三）（七），上海人民出版社 1999 年版。

章太炎：《國故論衡》，上海古籍出版社 2003 年版。

張儒：《漢字通用聲素研究》，山西古籍出版社 2002 年版。

周祖謨：《周祖謨語言文史論集》，浙江古籍出版社 1988 年版。

朱駿聲：《說文通訓定聲》，中華書局 1984 年版。

（三）論文集類：

程千帆、唐文主編：《量守廬學記》，生活·讀書·新知三聯書店 2006 年版。

張暉編：《量守廬學記續編》，生活·讀書·新知三聯書店 2006 年版。

鄭遠漢主編，楊合鳴常務編委：《黃侃學術研究》，武漢大學出版社 1997 年版。

（四）學術論文類

陳建初：《黃侃先生所批〈說文同文〉初探》，《古漢語研究》1990 年第 2 期。

陳劍：《甲骨金文舊釋𤔲之字及相關諸字新釋》，《出土文獻與古文字研究》第二輯，復旦大學出版社 2008 年版。

陳曉強：《說文同文》研究》，碩士學位論文，北京師範大學，2003 年。

李開：《黃侃的古音學：古本聲十九紐和古本韻二十八部》，《江蘇大學學報》2002 年第 1 期。

劉麗群：《論文始"變易"的性質》，《章黃學術思想研討會暨陸宗達先生誕生 110 周年紀念會論文集》上冊。

劉麗群：《章太炎〈文始〉研究》，博士學位論文，北京師範大學，2009 年。

王寧、黃易青：《黃侃先生古本音說中的聲韻相挾而變理論——兼論古今音變的條件》，《陝西師範大學學報》（哲學社會科學版）2003 年第 4 期。

章太炎：《論語言文字學》，《國粹學報》，1906 年。

張世超：《釋逸》，《中國文字研究》，2005 年。

附錄

表一 黃季剛《說文同文》聲轉頻數統計表

		喉音		牙音			舌音				齒音					唇音			合計
	影	曉	匣	見	溪	疑	端	透	定	泥	來	精	清	從	心	幫	滂	並	明	
喉音	影	262	53	106	90	45	44	26	55	49	26	29	18	10	12	34	3	3	3	6	874
	曉		64	47	27	28	14	6	14	12	5	8	3	0	1	11	2	6	3	25	276
	匣			135	79	67	40	2	14	31	7	13	7	0	2	17	4	2	5	7	432
牙音	見				166	62	75	9	20	32	5	17	8	8	9	18	4	4	3	2	442
	溪					112	29	9	8	18	10	8	6	2	0	6	1	1	0	1	207
	疑						90	5	8	10			3	6	1	5	4	1	1	3	148
舌音	端							135	44	115	37	16	37	23	8	26	1	0	4	1	447
	透								78	75	24	19	16	23	8	32	0	0	0	5	280
	定									128	11	23	25	19	21	45	1	1	5	1	280
	泥										77	7	12	10	13	8	1	1	2	2	133
	來											127	7	13	8	17	2	2	0	12	188
齒音	精												58	35	32	32	1	0	0	0	158
	清													34	10	13	1	6	0	0	64
	從														20	35	0	0	2	1	58
	心															78	7	3	0	1	89
唇音	幫																70	55	49	7	181
	滂																	48	54	6	108
	並																		45	15	60
	明																			130	130
合計		262	117	288	362	314	292	192	241	470	207	270	203	178	149	376	99	134	176	225	4555

· 361 ·

表二　黃季剛《說文同文》聲轉比率統計表（單位：%）

		喉音		牙音			舌音					齒音				唇音				合計
		影	曉	匣	見	溪	疑	端	透	定	泥	來	精	清	從	心	幫	滂	並	明	
喉音	影	5.75	1.16	1.40	2.33	1.98	0.99	0.97	0.57	1.21	1.08	0.57	0.64	0.39	0.22	0.26	0.75	0.07	0.07	0.07	0.13	19.21
	曉				1.03	0.59	0.61	0.31	0.13	0.31	0.26	0.11	0.18	0.07	0	0.02	0.24	0.04	0.13	0.07	0.55	6.05
	匣				2.96	1.73	1.47	0.88	0.04	0.31	0.68	0.15	0.29	0.15	0	0.04	0.37	0.09	0.04	0.11	0.15	9.46
牙音	見					3.65	1.36	1.65	0.20	0.44	0.70	0.11	0.37	0.17	0.17	0.20	0.40	0.09	0.09	0.07	0.04	9.71
	溪						2.46	0.64	0.20	0.18	0.40	0.11	0.18	0.13	0.04	0	0.13	0.02	0.04	0	0.02	4.55
	疑							1.98	0.11	0.18	0.22	0.22	0.07	0.13	0.02	0.11	0.09	0.02	0.02	0.02	0.07	3.26
舌音	端								2.96	0.97	2.52	0.81	0.35	0.81	0.51	0.18	0.57	0	0	0.02	0.02	9.81
	透									1.71	1.65	0.53	0.42	0.35	0.51	0.18	0.70	0.02	0.02	0.11	0.11	6.16
	定										2.81	0.24	0.51	0.55	0.42	0.46	0.99	0.02	0.02	0.04	0.02	6.15
	泥											1.69	0.15	0.26	0.22	0.29	0.18	0.02	0.02	0.04	0.04	2.91
	來												2.79	0.15	0.29	0.18	0.37	0.04	0	0	0.26	4.12
齒音	精													1.27	0.77	0.70	0.70	0.02	0.02	0	0	3.46
	清														0.75	0.22	0.29	0.02	0.02	0.13	0	1.41
	從															0.44	0.77	0	0	0	0.02	1.27
	心																1.71	0.15	0.07	0	0.02	1.95
唇音	幫																	1.54	1.21	1.08	0.15	3.98
	滂																		1.05	1.19	0.13	2.37
	並																			0.99	0.33	1.32
	明																				2.90	2.90
合計		5.75	2.56	6.32	7.95	6.89	6.43	4.21	5.31	10.32	4.54	5.96	4.43	3.92	3.28	8.26	2.16	2.93	3.87	4.92	100

· 362 ·

附　錄

表三　黃季剛《說文同文》韻轉頻數統計表

		歌組			灰組			屑組			齊組		模組			侯組			蕭組		冬組		哈組			合組		怗組		合計
		歌	曷	寒	灰	沒	痕	屑	先	齊	錫	青	模	鐸	唐	侯	屋	東	蕭	豪	沃	冬	哈	德	登	合	盇	怗	添	合計
歌組	歌	45	15	68	22	19	0	11	5	8	13	11	7	8	3	4	0	0	0	7	1	1	0	2	2	1	0	0	0	190
	曷		68		68	8	17	18	13	16	14	10	8	10	1	3	2	1	2	10	4	0	0	1	7	3	11	2	4	314
	寒			167	23	28	72	11	17	29	11	31	4	3	1	12	2	0	1	14	4	0	2	6	0	0	3	0	3	507
灰組	灰				41	21	50	10	7	11	12	4	0	1	1	2	4	1	1	10	5	0	1	4	0	1	0	0	5	232
	沒					43	22	9	1	2	5	0	9	4	1	3	3	2	0	8	0	0	2	6	0	0	9	1	0	133
	痕						68	19	10	6	10	4	15	4	2	5	2	0	2	14	2	0	1	3	0	1	0	1	2	207
屑組	屑							26	24	12	12	6	16	1	0	4	0	0	0	3	7	0	0	0	8	0	0	4	0	109
	先								60	22	12	33	4	4	1	5	2	0	2	5	5	0	0	4	3	1	2	7	4	151
	齊									36	24	8	10	0	4	0	0	1	3	2	1	0	0	0	2	0	1	2	0	123
齊組	錫										38	24	8	2	0	4	1	0	0	5	3	0	0	1	2	1	0	0	0	87
	青											38	3	0	2	0	0	1	5	2	0	0	0	2	0	1	0	2	1	100
模組	模												55	124	51	96	20	8	4	20	6	2	4	0	8	3	7	1	3	362
	鐸													24	24	26	7	1	0	6	0	0	1	0	2	1	0	0	3	65
	唐														38	85	0	1	1	6	2	2	0	2	5	0	0	2	1	127
侯組	侯															54	3	1	6	42	22	6	1	0	5	5	2	0	2	241
	屋																38	28	29	9	11	7	0	4	0	7	0	4	0	82
	東																	28	52	38	16	3	9	4	1	0	5	6	7	164

· 363 ·

黃季剛《說文同文》研究

续表

	歌組		灰組			屑組		齊組		模組			侯組			蕭組				哈組			合組		怗組		合計
	葛	寒	灰	没	痕	屑	先	錫	青	模	鐸	唐	侯	屋	東	蕭	豪	沃	冬	哈	德	登	合	覃	怗	添	
歌																											426
蕭																	176	86	22	14	32	4	5	11	44	10	225
豪																		102	29	2	11	0	0	5	13	20	64
沃																			22	3	4	0	0	10	2	2	11
冬																				0	4	0	1	0	3	1	190
哈																					102	27	44	9	0	2	66
德																						45	9	6	1	3	34
登																							20	1	5	1	76
合																								26	6	21	126
覃																									41	20	60
怗																										22	104
添																											
合計	45	83	257	96	104	241	93	295	155	128	207	187	87	266	85	81	378	273	97	35	206	111	105	102	150	127	4555

·364·

表四 黃季剛《說文同文》韻轉比率統計表（單位：％）

		歌組		灰組			屑組		齊組			模組			侯組			蕭組		豪組			合組		帖組		合計
		歌	曷	寒	灰	沒	痕	屑	先	齊	錫	青	模	鐸	唐	侯	屋	東	蕭	豪	沃	冬	哈	德	登	合	盍	帖	添	合計
歌組	歌	0.99	0.33	1.49	0.48	0.42	0	0.24	0.11	0.18	0.29	0.24	0.15	0.18	0.07	0.09	0	0	0	0.15	0.02	0.02	0	0.04	0.04	0.02	0	0	0	4.17
	曷		1.49		0.37	0.18	0.40	0.29	0.35	0.31	0.22	0.18	0.22	0.02	0.07	0.04	0.02	0	0.22	0.09	0	0	0.02	0.15	0.07	0.24	0.04	0.09	0.11	6.89
	寒			3.67	0.50	0.61	1.58	0.24	1.43	0.68	0.37	0.64	0.24	0.02	0.26	0.04	0.04	0.04	0.31	0.09	0.11	0	0.04	0.13	0	0.07	0	0.07	0.29	11.12
灰組	灰				0.46	0.90	1.10	0.22	0.90	0.26	0.15	0.24	0.09	0.02	0.04	0.09	0.02	0.22	0.18	0	0.11	0	0.02	0.09	0	0	0	0	0.11	5.09
	沒					0.94	0.48	0.20	0.44	0.11	0.22	0.20	0.09	0.02	0.02	0.07	0.07	0.04	0.31	0.22	0.04	0	0.04	0.13	0.18	0.02	0.20	0	0.02	2.91
	痕						1.49	0.42	1.34	0.26	0.13	0.04	0.33	0.04	0.07	0.02	0.04	0	0.07	0.18	0.15	0	0	0.07	0.07	0.02	0	0	0.04	4.53
屑組	屑							0.57	0.53	0.26	0.48	0.13	0.35	0	0	0.11	0	0	0.11	0.07	0.11	0	0	0.09	0.18	0.02	0.04	0.15	0.09	2.39
	先								1.32	0.79		0.84	0.73	0.02	0	0.09	0.02	0	0.07	0.11	0.04	0	0.04	0	0.07	0.02	0.04	0.04	0	3.31
齊組	齊									0.79	0.53	0.84	0.53	0.22	0.02	0.11	0	0.02	0.11	0.04	0.02	0	0.04	0.02	0.04	0	0.02	0.04	0.02	2.68
	錫												1.21	0.07	0.04	0.09	0	0	0.04	0.11	0.02	0	0.02	0.04	0	0.02	0.15	0.04	0	1.81
	青													0.07	0.04	0.44	0.09	0	0.11	0.04	0.07	0	0	0.18	0	0.02	0.15	0.04	0.02	2.19
模組	模													2.72	1.12	2.11	0.15	0.18	0.04	0.44	0.48	0.09	0.02	0.02	0.07	0.02	0.15	0.22	0.07	7.94
	鐸														0.53	0.57	0	0.02	0.13	0.13	0.24	0.04	0	0.15	0.04	0.11	0.04	0	0.02	1.42
	唐															1.87	0.07	0.02	0.13	0.13	0.35	0	0.20	0	0.11	0.15	0	0.04	0.04	2.77
侯組	侯																1.19	0.84	0.64	0.92	0.48	0.13	0.02	0.09	0.02	0.15	0	0.09	0.04	5.07
	屋																	0.61	0.48	0.20	0.24	0.15	0.20	0.09	0	0.11	0.13	0.15	0.02	1.79
	東																		1.14	0.84	0.35	0.07	0.31	0.09	0.04	0.11	0.24	0.96	0.40	3.60
蕭組	蕭																			3.86	1.88	0.48	0.04	0.72	0.09	0.11	0.24	0.29	0.48	9.35
豪組	豪																				2.24	0.64	0.07	0.24	0	0	0.11	0.04	0.44	4.94
	沃																					0.48	0	0.09	0	0.02	0.22	0.07	0.04	1.40
	冬																						0	0	0	0	0	0	0.04	0.24

·365·

黃季剛《說文同文》研究

续表

		歌組	灰組		屑組		齊組		模組		侯組		蕭組		蒙組			哈組			合組		帖組		合計
		曷	灰	沒	痕	屑	先	齊	青	錫	模	鐸	唐	侯	屋	東	蕭	豪	沃	冬	哈	德	登	合	覃	帖	添	
歌		1.82																										
哈組	哈		5.64	2.11	2.27	5.29																2.24	0.59	0.97	0.20	0	0.04	0.13	4.17
	德						2.05	6.49															0.99	0.20	0.13	0.02	0.07	0.04	1.45
	登								3.40	2.80	4.54														0.02	0.11	0.02	0.15	0.74
合組	合											4.12	1.90	5.84										0.44	0.57	0.13	0.46	0.50	1.66
	覃														1.87	1.78											0.44	1.43	2.77
帖組	帖																2.81	8.30								0.90	0.48	0.84	1.32
	添																		5.99	2.13	0.77						2.28	2.28
合計		0.99	5.64	2.11	2.27	5.29	2.05	6.49	3.40	2.80	4.54	4.12	1.90	5.84	1.87	1.78	2.81	8.30	5.99	2.13	0.77	4.52	2.44	2.30	2.24	3.29	2.79	9.51	100

表五　　　　　　　　　　《說文同文》三種版本對勘表

序号	《黄侃手批說文解字》	頁碼	《說文箋識四種》	頁碼	《說文箋識》	頁碼
1	天同囟、顛、頂、題	34	天同匃、顛、頂、題。	3	天同匃、顛、頂、題。	1
2	丕同韶	34	丕同韶。	3	丕同韶（薏）。	1
3	瑞同卪。亦同質、贄。後出作璲。	46	瑞同卪。亦同質、贄。後出作璲。	4	瑞同卪。亦同質、贄。後出字作璲。	2
4	芋同枲蕒蕉	59	芋同枲、蕒、蕉。	4	芋同枲、蕒、蕉。	2
5	蓋同苫箁	80	蓋同苫、箁。	5	蓋同苫、箁。	3
6	八同仌必分敉副卯	92	八同仌、必、分、敉、副、卯。	5	八同仌（确）、必、分、敉、副、卯。	4
7	吃同欥	106	吃同欥。	7	吃同欥。	6
8	噉即嚴之變	108	嚴。噉即嚴之變。	7	嚴。噉即嚴之變。	6
9	喈同呝、嚶	110	喈同呝、嚶。	7	喈同呝、嚶。	6
10	台同䫉、术	111	台同䫉、术。	7	台同䫉、术。	6
11	𧺆同趨	113	走同趨。	7	走同趨。	7
12	越同蹇	117	越同虔。	8	越同虔。	7
13	躄同尪亦同瘻	119	躄同尪。亦同瘻。	8	躄同尪。亦同瘻。	8
14	延同延	125	延同延。	8	延同延。	8
15	逷同韋蔓敹	128	逷同韋、蔓、敹。	9	逷同韋、蔓、敹。	9
16	道同衞衕	132	道同衞、衕。	9	道同衞、衕。	10
17	衕同台䫉	137	衕同台、䫉。	10	衕同台、䫉。	11
18	衞同徬	137	衞同徬。	10	衞同徬。	11
19	跟同𧿈友	145	跟同𧿈、跂。	10	跟同𧿈、友。	11
20	嚚同歆 嚚同叩謹嘆眡	152	嚚同歆、叩、謹、嘆、眡。	11	嚚同歆、叩、謹、嘆、眡。	12
21	囩同函同舌	154	囩同函。同舌。	11	囩同函。同舌。	12
22	㐭同喜台怡傆意欯嬰喒傜嫵	158	㐭同喜、台、怡、傆、意、欯、嬰、喒、傜、嫵。	12	㐭同喜、台、怡、傆、意、欯、嬰、喒、傜、嫵。	13
23	鞈近絡縷	185	鞈同絡、縷。	15	鞈同絡、縷。	17
24	鹽同鷥甄甗鑣	190	鹽同鷥、甗、鑣。	15	鹽同鷥、甗、鑣。	17
25	殺見殳下同扰 殳同殺扰 同敿投	204	殺同扰、殳。同殺、扰。同敿、投。	16	殺同扰、殳（久）。同殺、扰。同縛、投。	19
26	凤同顛	206	㐱同䫉。	16	㐱同䫉。	19
27	毃同奭叟	207	毃同叟、奭。	17	毃同叟（綾）、奭。	19
28	歐同設肄攸	210	歐同設、肄、攸。	17	歐同設、肄、攸。	20

· 367 ·

续 表

序号	《黃侃手批說文解字》	頁碼	《說文箋識四種》	頁碼	《說文箋識》	頁碼
29	敽同韋夒遹	211	敽同韋、夒、遹。	17	敽同韋、夒、遹。	20
30	眼或同瞖	218	眼或同瞖。	18	眼或同瞖。	21
31	再同舁舁仔禹 以再訓举言之，此與載同語，又與戴同語，又與曾同語	256	再同舁、舁、仔、禹。與載同語。又與戴與登同語。	20	再同舁、舁、仔、禹。與載同語。又與戴與登同語。	24
32	㾾同瘥、瘅	262	㾾同瘥、瘅。	21	㾾同瘥、瘅。	25
33	癩同癘	263	癩同癘。	21	癩同癘。	25
34	腄同胝	270	腄同胝。	22	腄同胝。	26
35	副同別牌劈擘卯 侃云同畐	278	副同別、牌、劈、擘、卯又同畐。	23	副同別、牌、劈、擘、卯（𠂈）又同畐。	27
36	剖又同副 劇同礫庐	279	剖又同副、——劇。同礫、庐。	23	剖又同副、劇。同礫、庐。	27
37	劈同擘別牌 又同攦破判 又同辨 又同卯副	279	劈同擘、別、牌。又同攦、破、判。又同卯、副。	23	劈同擘、別、牌。又同攦、破、判。又同卯（𠂈）、副。	28
38	刐同䚷	280	刐同䚷。	23	刐同䚷。	28
39	筥同凵盧匚	293	筥同凵、盧、筐。	24	筥同凵、盧、筐。	29
40	亏同乎余粵𤳳，古文但作丂。	309	于古文但作丂。同丂、于、乎、余、粵。	25	于古文但作丂（沴）。同丂、于、乎、余、粵。	31
41	䇶同丕	310	䇶同丕。	25	䇶同丕。	31
42	箮亦同悙竺	342	箮亦同悙、竺。	28	箮亦同悙、竺。	34
43	來同秾䴺	345	來同秾䴺。	29	來同秾䴺。	34
44	韋同夒敽遹 侃云同違	349	韋同夒、敽、遹。同違。	29	韋同夒（圍）、敽、遹。同違。	35
45	䄱同迾過跨趌越遃	352	䄱同迾、過、跨、趌、越、遃。	29	䄱同迾、過、跨、趌、越、遃。	35
46	橞同橋	358	橞同橋。	30	橞同橋。	35
47	橋同橞	359	橋同橞。	30	橋同橞。	35
48	樣近疏	365	樣同疏。	30	樣同疏。	36
49	梟同櫫箸 近洎	367	梟同櫫、箸、近、洎。	30	梟同櫫、箸、近、洎。	36
50	滕同梬	376	㯳同梬。	31	滕同梬。	37
51	無	386	棽同叕。	31	棽同叕。	38
52	烎同早肅	433	烎同早夙。	35	烎同早夙。	42
53	稐同樵	441	稐同樵。	36	稐同樵。	43
54	稛同絜括	444	稛同絜、括、稭。同其。〔禮記作秎。〕	36	稛同絜、括、稭。同其。〔禮記作秎。〕	44
55	稭禮記作秎 侃云與其同	445	稛同絜、括、稭。同其。〔禮記作秎。〕	36	稛同絜、括、稭。同其。〔禮記作秎。〕	44
56	釋同淅溲	450	釋同淅、溲。	36	釋同淅、溲。	44

附 錄

续表

序号	《黃侃手批說文解字》	頁碼	《說文箋識四種》	頁碼	《說文箋識》	頁碼
57	糠同麵	451	糠同麵。	36	糠同麵。	44
58	瘺同疧	474	瘺同疧。	38	瘺同疧。	47
59	月所生字略與月同	478	月同月	39	月同月	48
60	企同跂 今云同起興	494	企同跂，今云同启、興。	41	企同跂，今云同启興。	50
61	儼同广 又同夒	497	儼同广。又同夒。	41	儼同广。又同夒。	50
62	億同意	504	億同意	42	億同意	52
63	呢同涅濘	515	呢同泥濘	44	呢同泥濘	54
64	裹同繚繞	526	裹同繚、繞。	44	裹同繚、繞。	55
65	老同考壽叟	527	老同考、壽、叟。	45	老同考、壽、叟。	56
66	屑同肖肹	530	屑同肖、肹。	45	屑同肖、肹。	55
67	領同臣顲頰 頸領並同䭇咽	555	領同臣、顲、頰、頸。並同䭇、咽。	47	領同臣、顲、頰、頸。並同䭇、咽。	59
68	䭇同頌顲顀	565	䭇同頌、顲、顀。	48	䭇同頌、顲、顀。	60
69	卯同別牌擘副 侃云同叺	570	卯同別、牌、擘、副。又同叺。	48	卯同別、牌、擘、副。又同叺。	60
70	巖同嵒嵒又同厱砮險阽坫 同巌礛岑	584	巖同嵒嵒。又同厱、砮、險、阽、坫。又同巌、礛、岑。	50	巖同嵒嵒。又同厱、砮、險、阽、坫。又同巌、礛、岑。	62
71	礣同峭	595	礣同峭。	51	礣同峭。	63
72	赭同赤赫	649	赭同赤、黑。	55	赭同赤、黑。	69
73	夾同盜佻攴婾	651	夾同盜、佻、偷、攴。	56	夾同盜、佻、偷、攴。	69
74	尫同壁又同瘺蹁瘺 又同蹇痿 侃云同跛	653	尫同壁。又同瘺、蹁、瘺、蹇、痿。又同跛。	56	尫同壁。又同瘺、蹁、瘺、蹇、痿。又同跛。	70
75	懿同龔恭竦慺恐	663	懿同龔、恭、竦、慺、愻。	57	懿同龔、恭、竦、慺、愻。	71
76	愻同竦慺	671	愻同竦慺。	59	愻同竦慺。	73
77	恟同欼悒 恙同忏	676	恟同欼、悒、恙。同忏。	59	恟同欼、悒、恙。同忏。	74
78	濫同汎	699	濫同汎	60	濫同汎	76
79	澱同瀵又同垐	713	澱同瀵。又同垐	62	澱同瀵。又同垐	78
80	染同霝霖霈潤搖	716	染同霝、霖、霈、潤、搖。	62	染同霝、霖、霈、潤、搖。	79
81	鹵同鹽 疑同鹽 又同鹺 庐鹵蓋同字故玉篇有澖字云昌石切苦地也引書曰海濱廣澖	748	鹵同鹽。又同鹺。疑同鹽、庐、鹵。蓋同字。故玉篇有澖字，云昌石切、苦地也。引書曰海濱廣澖。	64	鹵同鹽。又同鹺。疑同鹽、庐、鹵。蓋同字。故玉篇有澖字，云昌石切、苦地也。引書曰海濱廣澖。	81
82	撕同鈔捷攦撩	765	撕同鈔、捷、攦、撩。	66	撕同鈔、捷、攦、撩。	85

续　表

序号	《黃侃手批說文解字》	頁碼	《說文箋識四種》	頁碼	《說文箋識》	頁碼
83	técniques同妍	770	技同研	67	技同研	86
84	嫵與傒同音與侍同意	781	嫵與傒同音。與侍同意。	68	嫵與傒同音。與侍同意。	88
85	嬹同怨誋悁慰慍恨嫜恚懪盼	791	嬹同怨、誋、悁、慰、慍、恨、嫜、恚、懪、盼。	69	嬹同怨、誋、悁、慰、慍、恨、嫜、恚、懪、盼。	89
86	緄同緓	825	緄同緓。	72	緄同緓。	94
87	繫同絓	830	繫同經。	73	繫同經。	94
88	剚同𣂇、寚	864	剚同𣂇、寚。	75	剚同𣂇、寚。	97
89	埊同顥瀫	866	埊同顥瀫	75	埊同顥瀫	98
90	且同几 同𠀚 侃云同柤	895	且同几。同𠀚。又同柤。	78	且同几。同𠀚。又同柤。	101
91	輂同輖	904	輂同輖。	78	塾同輖。	102
92	韻同𠫉。或作兌。亦同術。	916	韻同♧。或作兌。亦同術。	79	韻同𠫉。或作兌。亦同術	103
93	离同螭	920	离同螭。	80	离同螭。	104

注：版本說明：

《黃侃手批說文解字》，上海古籍出版社1987年版。

《說文箋識四種》，上海古籍出版社1983年版。

《說文箋識》，中華書局2006年版。

後 記

2005年，我在北京師範大學完成博士畢業論文《黃侃字詞關係研究》，當時王寧先生給出以下評語："論文構建了一個平實的框架，對章黃語言文字學有所推進。"這一評語讓我看到了黃季剛語言文字學研究的空間和層次，進而明確了進一步努力的方向。李國英老師在論文答辯時給我提出一個問題：你論文中總結出的同源字、假借字、異體字是你自己的概念還是季剛先生的概念？這一問題一直鞭策我杜絕先入為主、以今人覆蓋古人的傾向，敦促我一直紮根於第一手語言材料，致力於還經典及古人以本來面目。我的導師李運富先生最初給我論文的定位"字詞關係"無異於一把趣入傳統、把握現代遊刃有餘的金鑰匙，讓我在傳統與現代接軌特色鮮明的黃季剛語言文字學海遨遊中一直保持正確的方向。這些都是我進行《黃季剛〈說文同文〉研究》的動力和源泉。涵泳於季剛先生的語言文字學術成果中，我真實感悟到章黃語言文字學中體現出的國學大師立足民族、放眼世界的博大胸懷，也深深折服於老一輩學者敏銳的洞察力和高屋建瓴的學術眼光。本課題結稿後，曾送呈王寧先生審閱，王老師"學術轉型"的提示頓時讓我豁然開朗，本書的最後一章由此誕生，學術境界得以擴開，學術層次得到提升。作為後學，我謹以太炎先生"勿捷徑窘步"之教導為立業之根本，從季剛先生每一個批語、每一條論述入手，審辨論證，不敢懈怠，也常感受到破冰攻堅後的愉悅。季剛先生沉甸甸的學術成果豈是短時間內即可參透，從2012年北京市社科重點立項到今天已經有八個年頭，日常教學常觸發我對季剛先生的真知灼見的思考和感悟，寒暑假為我抽繹和總結其中的規律提供了便利。如今懷抱這部書稿，我倍感珍惜，倘能有益於章黃學術，實爲師大學風的滋養和諸位前輩教導的功勞，倘有失誤不足，是自己學力淺薄所致。還望學界同人海涵！

　　課題進行過程中常有阻礙，是中央民族大學文學院的領導和老師們給了我寬鬆的研究環境和回味空間，我的家人給了我仁厚的關愛，在此一並感謝。最讓我欣慰的是學生們在幫助我做課題時體會到傳統學術的魅力，培養了甘坐冷板凳的定力和底氣。學海無涯，倘能以此爲契機催發幾束嫩柳長成參天大樹，實乃幸事。中國社會科學出版社的郭曉鴻老師曾戲說我"只負責簽約不負責交稿"，實在是汗顏，編輯先生一遍遍催稿，我總以要出精品爲口實，今日完稿，倘能真成精品，也不枉出版社先生的一片傾心！感恩所有幫助過我的人！

著　者

2019 年 3 月